Lew Besymenski, geb. 1920, war während des Zweiten Weltkrieges Dolmetscher und Aufklärungsoffizier in den Stäben der Sowjetmarschälle Rokossowski und Shukow. In dieser Funktion nahm er an den Schlachten um Stalingrad, Orel, Kursk, Bobruisk, Warschau und Berlin sowie an Vernehmungen von Generalfeldmarschall Paulus, Großadmiral Dönitz, Generalfeldmarschall Keitel, Generaloberst Jodl und General Warlimont teil.

Nach dem Krieg wurde er Historiker und Journalist. Er schrieb mehrere Bücher über den Zweiten Weltkrieg und den Faschismus sowie über Raoul Wallenberg. Seit 1985 gehört er dem Beirat des Zentrums für Studien zur Deutschen Geschichte in Moskau an, 1999 erhielt er eine Professur für Militärgeschichte an der Akademie für Militärwissenschaften.

Die westlichen Demokratien hatten vergeblich gehofft, mit dem Münchner Abkommen den »Frieden in Europa« vorübergehend zu sichern. Auch Stalins Strategie, Hitlers Kriegspläne zu durchkreuzen, scheiterte.

Warum wurde im August 1939 der Molotow-Ribbentrop-Pakt mit geheimen Zusatzprotokollen geschlossen? Wieso rollten bis zum 21. Juni 1941 nach Deutschland Güterzüge mit Getreide und Rohstoffen? Weshalb schenkte Stalin Hitlers Friedensbeteuerungen gegenüber der Sowjetunion noch im Frühjahr 1941 Glauben und ließ trotz genauer Informationen über Vorbereitungen zum Unternehmen »Barbarossa« gegen den Rat seiner Militärs nur höchst widersprüchliche Gegenmaßnahmen ergreifen?

Lew Besymenski enthüllt Ursachen und Motive der heute absurd erscheinenden Geschehnisse. Die von ihm erstmals veröffentlichten und kommentierten Dokumente werfen ein neues Licht auf die brutalen Säuberungen der Roten Armee, den finnisch-sowjetischen Krieg und die Annexion der baltischen Staaten. Zudem skizziert er ein kontrastreiches Porträt Stalins und gibt Aufschluß über das Schicksal mancher sowjetischer Diplomaten.

Lew Besymenski

Stalin und Hitler

Das Pokerspiel der Diktatoren

Aus dem Russischen von Hilde und Helmut Ettinger

Aufbau Taschenbuch Verlag

Archive des Kommunismus – Pfade des 20. Jahrhunderts
Herausgegeben von
Bernhard H. Bayerlein · Marc Ferro · John Haynes · Eric Hobsbawm · Jerzy Holzer · Vladimir Petrovic Kozlov · Moshe Lewin · Ulrich Mählert · Wilfriede Otto · Michal Reiman · Brigitte Studer · Aleksandr Tsubarjan · Hermann Weber · Serge Wolikow

Mit 41 Abbildungen

ISBN-10: 3-7466-8109-X
ISBN-13: 978-3-7466-8109-2

2. Auflage 2006
Aufbau Taschenbuch Verlag GmbH, Berlin

Die Originalausgabe unter dem Titel
»Gitler i Stalin pered schwatkoi«
erschien 2000 im Verlag Wetsche, Moskau
Umschlaggestaltung gold, Anke Fesel/Kai Dieterich
unter Verwendung eines Fotos von corbis
»Porträt von Adolf Hitler«, 14. April 1939
und eines Fotos von Getty Images
»Porträt von Stalin«, ca. 1935
Druck und Binden
AALEXX Druck GmbH, Großburgwedel
Printed in Germany

www.aufbau-taschenbuch.de

INHALT

ANSTELLE EINES VORWORTS

Stalins Archiv im Kreml

Der Dichter Wladimir Majakowski, dem Jossif Stalin postum den Titel des »besten und begabtesten Dichters der Sowjetzeit« verlieh, hat einmal geschrieben:

»Unsere Welt beginnt,
das weiß jedes Kind –
mit dem Kreml.«

Was spricht aus diesen Zeilen – sowjetischer Patriotismus oder eher versteckte Ironie? Darüber läßt sich streiten. Aber so merkwürdig es erscheinen mag: Der Verfasser dieser Zeilen folgt dem Beispiel Majakowskis. Und das aus gutem Grund.

... Das Senatsgebäude mitten im Moskauer Kreml gilt seit langem als Kleinod der Architektur. Zwar wurde es viel später erbaut als die berühmten Kathedralen und Glockentürme, dafür aber von Matwej Kasakow, dem großen Meister des frühen 19. Jahrhunderts. Zu der Zeit, da Moskau nicht mehr Hauptstadt, sondern nur noch die »Zarin-Witwe« des Russischen Reiches war, saßen hier der Senat, verschiedene Gerichtsinstanzen und weitere Behörden. Als jedoch die junge Sowjetregierung unter Wladimir Lenin (Uljanow) im Herbst 1918 aus dem bedrohten Petrograd überstürzt nach Moskau umzog, mußte man für sie rasch Arbeitsräume und für ihre Mitglieder Wohnungen finden. Da kam der Kreml gerade recht. In den früheren Poteschny dwor (Lustschloß) zog Lenin ein. Später wechselte er ins Senatsgebäude hinüber, wo der Rat der Volkskommissare seinen Sitz hatte. In den anderen Gebäuden ließen sich die Volkskommissare (Minister) nieder, darunter auch der Volkskommissar für Nationalitätenfragen, Jossif Dshugaschwili (Stalin) mit seiner Familie. Sie bezogen mehrere Zimmer im sogenannten Offiziersblock. Aber diese Wohnung brachte Stalin kein Glück. Im Jahre 1932 nahm sich hier seine Frau, Nadeshda Allilujewa, unter ungeklärten Umständen das Leben. Stalin – damals bereits Generalsekretär des Zentralkomitees der Kommunistischen Partei der Sowjetunion (Bolschewiki) – KPdSU(B) – fühlte sich in dieser Wohnung nicht wohl. Er hielt sich lieber im ehemaligen Landhaus des Fabrikanten Subalow auf. Seine Wohnung im Kreml tauschte er mit seinem späteren Opfer Nikolai Bucharin, der mit seiner jungen Frau im Zwischengeschoß des Senatsgebäudes wohnte und keine Einwände hatte. Aus dem neuen Quartier konnte der Generalsekretär direkt in sein Büro gelangen. Später richtete man im Keller für ihn noch einen eigenen Luftschutzraum ein. All das nutzte Stalin allerdings kaum. Mit den Jahren gewöhnte sich der alternde Generalsekretär mehr und mehr an seine »nahe Datsche« im Dorf Wolynskoje bei Moskau. Hier endete am 5. März 1953 auch sein Lebensweg.

Für die leere Wohnung im Kreml fand man bald eine neue, ungewöhnliche Bestimmung. Zum ersten war sie wie alle Räume, in denen sich Stalin aufgehalten hatte, hervorragend gesichert und von einer Atmosphäre höchster Geheimhaltung umgeben. Zum zweiten ließen sich in den hohen Zimmern des alten Hauses sehr gut Regale aufstellen. Deshalb hielt in Stalins Wohnung nun Stalins Archiv Einzug, und zwar die Bestände des berühmten Sektors VI der Allgemeinen Abteilung des ZK der KPdSU.

Was müssen wir uns unter dem Begriff »Archiv Stalins« vorstellen? Hat es diese Einrichtung überhaupt je gegeben? Besteht sie immer noch? Diese Fragen zu ergründen ist heute besonders wichtig, da nach der Öffnung der sowjetischen Archive jeder, der etwas über die Beziehungen zwischen Rußland und Deutschland zu Papier bringen will, in dieser oder jener Form auf Dokumente aus Stalins Archiv Bezug nehmen muß. So auch der Verfasser dieser Zeilen. Das verpflichtet ihn dazu, die Verwendung des Begriffes »Stalins Archiv« zu erläutern, wenn das auch heute noch nicht abschließend geschehen kann.

Von vornherein sei klargestellt: Dieses geheimnisumwitterte, vielfach abgesicherte Archiv hat es in der Tat gegeben. Mehr noch: Es mußte es geben. Als das Mitglied des Zentralkomitees der Russischen Kommunistischen Partei (Bolschewiki) – RKP(B) – Jossif Wissarionowitsch Dshugaschwili (Stalin) im April 1922 zum Generalsekretär des ZK gewählt wurde, bestand bereits ein Apparat des Zentralkomitees, der über ein eigenes, wenn auch nicht sehr großes Archiv verfügte. Oberstes Führungsorgan der Partei war damals das Zentralkomitee mit seinem Politischen Büro (Politbüro). Letzteres wurde am 10. (23.) Oktober 1917 gewählt. Es bestand damals aus sieben Mitgliedern, darunter Stalin. Zunächst nannte man es »Büro des ZK«.[1] Die Bezeichnung »Politbüro« wurde auf dem VIII. Parteitag der RKP(B) im März 1919 eingeführt. Das ZK gab sich damals insgesamt drei Organe – das Politbüro, das Orgbüro und das Sekretariat. Auf seiner Plenartagung vom 25. März 1919 wählte das Zentralkomitee zu Mitgliedern des Politbüros Wladimir Lenin (Uljanow), Lew Kamenew, Nikolai Krestinski, Jossif Stalin und Leo Trotzki. Den Vorsitz im Politbüro (wie auch im Rat der Volkskommissare – der Regierung) führte Lenin. Das blieb auch so, nachdem Stalin 1922 zum Generalsekretär gewählt worden war. Für alle Dokumente war das Sekretariat des ZK zuständig, das nur aus zwei leitenden und fünf technischen Mitarbeitern bestand. Das Sekretariat schuf sich mehrere Abteilungen. Eine davon war das Archiv. Es trug zunächst den Namen Geheimarchiv des ZK der RKP(B).[2] Daneben gab es ein offenes Archiv, wo man seit Gründung der Sozialdemokratischen Arbeiterpartei Rußlands (SDAPR), ihrer Spaltung und der Machtergreifung der Bolschewiki im Oktober 1917 Akten gesammelt hatte. Aber das waren politische Dokumente allgemeinen Inhalts, die nach 1917 nur noch historischen Wert hatten. Das Archiv, das vor allem Dokumente zur Geschichte der Oktoberrevolution sammelte, wurde 1920 abgetrennt und unter dem Namen »Istpart« [russische Abkürzung für Parteigeschichte – d. Ü.][3] weitergeführt. Es interessiert uns hier weniger. Viel interessanter sind die Geheimakten der RKP(B).

Am 19. März 1926 wurde die Geheimabteilung des ZK gebildet, die die Funktionen des Büros des Sekretariats übernahm. Dieses hatte bisher die Akten der Führungsorgane der Partei und deren geheime Korrespondenz geführt. Die Geheimabteilung leitete der langjährige Bolschewik Iwan Towstucha (1889–1935).[4] Dort waren 103 Mitarbeiter tätig – die zweitgrößte Abteilung im Apparat des ZK! Towstuchas Abteilung gliederte sich in sieben Sektoren. Sektor VI war das Geheimarchiv des ZK, also vor allem Stalins Archiv. Am 22. Juli 1930 nahm Alexander Poskrjobyschew (1891–1965) Towstuchas Platz ein. Von nun an arbeitete die Geheimabteilung nur noch für das Politbüro und war Stalin persönlich unterstellt. Im Jahre 1934 wurde aus der Geheimabteilung der Sondersektor.[5] Ihn leitete viele Jahre lang Alexander Poskrjobyschew, der zugleich Stalins persönlicher Sekretär war. Die Bezeichnung Sektor VI behielt man bei, als der Sondersektor in die Allgemeine Abteilung des ZK einging.

In den dreißiger Jahren verschmolz die Allgemeine Abteilung des ZK faktisch mit dem Apparat des politischen Geheimdienstes Vereinigte Politische Staatsverwaltung (OGPU), der die technische Betreuung (den Kurierdienst und weitere Funktionen) übernahm. Diese gingen später an die Nachfolgeorgane der OGPU – das Volkskommissariat für Innere Angelegenheiten (NKWD), das Volkskommissariat für Staatssicherheit (NKGB) und schließlich das Komitee für Staatssicherheit (KGB) – über.[6] Diese Symbiose erwies sich als äußerst langlebig. So paradox das klingt, sie funktioniert noch heute, da es den KGB gar nicht mehr gibt.

Die gegenwärtigen russischen Geheimdienste – der Abwehrdienst der Föderation (FSK) und schließlich der Sicherheitsdienst der Föderation (FSB) – haben sich ihre Sonderrechte über das Archiv des Politbüros und die Dokumente Stalins bewahren können. Als z. B. das Archiv des ZK der KPdSU auf Erlaß von Präsident Boris Jelzin der Öffentlichkeit übergeben werden sollte, verzögerten die Geheimdienste dies zunächst, bis sie sich das Recht gesichert hatten, den Aktenbeständen Dokumente nach ihrem Gutdünken zu entnehmen. Diese Praxis waltete auch, als ein Teil der Dokumente Stalins aus dem Archiv des Präsidenten in die allgemein zugänglichen Bestände überführt wurde.

Die Bolschewiki hatten Geheimhaltung und Konspiration in der Zarenzeit gründlich erlernen müssen. Als sie 1917 die Macht übernahmen, blieben sie dabei. So faßte das ZK am 19. August 1924 einen besonderen Beschluß über den Umgang mit Geheimdokumenten. Nur die im Verteiler genannten Personen durften davon Kenntnis erhalten. Das Kopieren oder Anfertigen von Auszügen war streng verboten. Wer ein solches Dokument las, hatte es abzuzeichnen. Ein Geheimdokument durfte man nur 24 Stunden bei sich behalten. Danach mußte es laut Beschluß des Politbüros vom 5. Mai 1927 an den Sondersektor zurückgegeben werden.[7] Das Archiv Stalins entstand in der Amtszeit Poskrjobyschews. Zunächst legte man dort handschriftliche Chiffretelegramme Stalins, seine Briefe, Mitschriften seiner Ausführungen auf verschiedenen Sitzungen sowie Dokumente ab, die der Generalsekretär mit dem Vermerk »In mein Archiv« oder dem Kürzel »Arch.« versah. Als der Parteiapparat größer wurde, wuchs auch die Zahl der Dokumente, die an Stalin persönlich adressiert waren. Sie kamen von Mitgliedern des Politbüros oder den Leitern von Unionsbehörden (Volkskommissariaten) und wurden nach ihrer Herkunft abgelegt. Leider ist der Aktenplan der damaligen Zeit verlorengegangen. Nach Stalins Tod wurde er immer wieder verändert und durcheinandergewirbelt. Natürlich ist es auch möglich, daß der Generalsekretär in seinen letzten Lebensjahren belastende Dokumente vernichtete. Eine weitere Säuberung wurde nach dem Machtantritt Nikita Chruschtschows vorgenommen. Ihm lag daran, daß Dokumente aus der Zeit der Repressalien verschwanden, die er abgezeichnet hatte.

In den siebziger Jahren wurden die alten Bestände des Sektors VI mehrfach neu geordnet, so z. B., als man zur Herstellung von Mikrofiches überging. Die Akten aus Stalins persönlichem Archiv wurden als Sonderbestände mit den Nummern 3 und 45 sortiert und in das Archiv des Präsidenten der Russischen Föderation eingegliedert.

Dieses bürokratische Wirrwarr zu durchschauen ist nicht unwichtig, wenn man das komplizierte Schicksal der Dokumente der KPdSU und ihrer Führer begreifen will. Dazu gehört ein weiteres, auf den ersten Blick absurdes Phänomen, mit dem sich der Forscher auseinanderzusetzen hat. Faktisch bestehen seit langem zwei Archive Stalins. Wer in früheren Jahren beim Zentralen Parteiarchiv (ZPA) den Antrag stellte, zu Forschungszwecken Dokumente Stalins einzusehen, der konnte sich davon überzeugen, daß es dort unter der Nummer 558 tatsächlich einen Bestand von Akten Stalins gibt. Er wurde aus dem ZPA ins Zentrum für die Aufbewahrung und Erforschung von Dokumenten der neuesten Geschichte Rußlands (RZChIDNI) übergeben. Seit 1999 trägt dieses den Namen Russisches Staatsarchiv für Sozial- und Politikgeschichte (RGASPI). Der Bestand 558 umfaßte Anfang der neunziger Jahre 16174 Akten aus dem Zeitraum von 1866 bis 1986. Darunter waren von Personen verfaßte Dokumente (5112 Akten), Bücher aus Stalins Bibliothek mit Randbemerkungen von seiner Hand (734 Bände), biographische Dokumente (552 Akten), an Stalin gerichtete Grußschreiben (4011 Akten) sowie Dokumente zu Krankheit und Tod Stalins (5765 Akten). Sie alle sind heute in zehn Findbüchern erfaßt und waren nie im Bestand des Sektors VI. Das ist quasi ein Stalinarchiv zweiter Klasse. Diese Dokumente hatten mit politischen Entscheidungen Stalins wenig zu tun. Ausgesprochen gewichtig sind dagegen die im Sektor VI der Allgemeinen Abteilung gesammelten Bestände. Der größte Teil der Dokumente, die sich auf Stalin beziehen, liegt nach wie vor im Archiv des Präsidenten. Umfang und Inhalt dieser Bestände werden bisher nicht offiziell bekanntgegeben. Sie sind auf merkwürdige Weise sortiert: Neben der einleuchtenden Zuordnung zu den Parteitagen und Plenartagungen des ZK werden Episoden in der Tätigkeit Stalins besonders herausgehoben, so seine Reise nach Sibirien im Jahre 1928 oder das Stoppen von Stalins Eisenbahnzug im Jahre 1929. Einzelne Materialien befassen sich mit Wirtschaft, Industrie, Verkehr, Landwirtschaft, Außenhandel, Finanzen, Gesundheitswesen oder Wissenschaft. Die Dokumente zu Stalins militärischer Tätigkeit, einschließlich der im zweiten Weltkrieg, werden gesondert aufbewahrt. Die Papiere zur Außenpolitik sind nach Ländern und innerhalb dieser chronologisch geordnet. Stalins Korrespondenz ist nach den Empfängern in alphabetischer Reihenfolge sortiert. Gesondert abgelegt sind auch die Dokumente, die aus verschiedenen Behörden (Volkskommissariat für Auswärtige Angelegenheiten – NKID –, später Außenministerium, OGPU, später Volkskommissariat für Innere Angelegenheiten – NKWD –, Komsomol oder Gewerkschaften) stammen. Die Dokumente der Komintern sind getrennt ausgewiesen.[8]

Heute ist nicht mehr feststellbar, wie dieses Archiv während Stalins Amtszeit ausgesehen hat. So sind z. B. solche Bestände wie seine handschriftlichen Notizen (und Zeichnungen!) von Sitzungen sicher zu seinen Lebzeiten eingerichtet worden. Gleiches gilt für die Sammlungen von Briefen und Notizen, die Stalin im Urlaub schrieb. Chiffretelegramme, die Stalin empfing oder selbst absandte, wurden natürlich gesammelt. Ebenso die Berichte der Geheimdienste (der Auslandsaufklärung der OGPU, bzw. des NKWD oder der Militäraufklärung GRU).

Nach und nach entstand auch eine Sammlung von Denunziationen, d. h. kompromittierenden Materials, z. B. über die Mitglieder des Politbüros Andrejew, Malenkow und Chruschtschow, über Generalstaatsanwalt Wyschinski oder Stalins Sekretär Poskrjobyschew. Von Veteranen ist bekannt, daß Stalin stets ein wachsames Auge auf sein Archiv hatte und bei seinem phänomenalen Gedächtnis sofort feststellte, wenn ein Dokument fehlte.

An dieser Stelle ist ein Wort zu den sogenannten Sondermappen angebracht. Dieser Begriff ist ein Euphemismus, denn er bezeichnet nicht wirkliche Mappen, sondern die höchste Geheimhaltungsstufe, die es gab. Inzwischen weiß man, daß eine Reihe Dokumente, die den Sondermappen zugeordnet waren, im Jahre 1974 erneut durchgesehen und in besonderen, verschlossenen Paketen abgelegt wurden. So enthielt Paket Nr. 1 die Dokumente zu dem Massaker an polnischen Offizieren bei Katyn und Paket Nr. 34 die Originale der geheimen Zusatzprotokolle zu den sowjetischen Verträgen von 1939. Es gab über 100 derartige Pakete.

Eine merkwürdige Geschichte hat Paket Nr. 34. Sie soll hier erzählt werden, weil sie mit dem Gegenstand dieses Buches eng zusammenhängt und weil sie zeigt, wie das Thema des bewaffneten Konflikts zwischen der Sowjetunion und Deutschland in dem Lande behandelt wurde, dessen Bürger der Verfasser dieser Zeilen ist.

Es heißt, die Wahrheit sei immer konkret. Wir wollen diesem Prinzip folgen und den Tatsachen entsprechend nachzeichnen, wie eine konkrete Wahrheit ans Licht kam – die schamlose Lüge, auf der die sowjetische Interpretation der Vorkriegszeit fast ein halbes Jahrhundert lang beruhte. Der Trick war einfach: Man behauptete rundheraus, daß es die Geheimprotokolle zu den beiden sowjetisch-deutschen Verträgen vom 23. August und 28. September 1939 nie gegeben hat.

Zunächst wurde ihre Existenz einfach verschwiegen. Dann bestritt man sie ganz bewußt und behauptete, es handle sich um eine »bürgerliche Geschichtsfälschung«. Später hieß es, der veröffentlichte Wortlaut der Protokolle sei eine Erfindung, ebenso die Unterschriften der sowjetischen Vertreter. Dabei verwies man darauf, daß Molotows Name in lateinischen Buchstaben geschrieben war. Alle offiziellen sowjetischen Geschichtsdarstellungen gingen von der »Schuldvermutung« aus, die Geheimprotokolle seien gefälscht. Als im Westen Kopien aus deutschen Geheimarchiven veröffentlicht wurden, die die Echtheit der

Protokolle bezeugten, ging Moskau zur Rundumverteidigung über. Über Kopien rede man nicht, hieß es nun, solange man die Originale nicht gefunden habe. Diese aber seien weder in den Archiven der Regierung, noch des diplomatischen Dienstes vorhanden. Es gab keine Geheimprotokolle, behauptete Wjatscheslaw Molotow bis ins hohe Alter. Diese Protokolle hat es nie gegeben, pflichtete ihm Andrej Gromyko, langjähriger Chef des diplomatischen Dienstes der UdSSR, bei.

Mit der Perestroika brach die Konstruktion zusammen. Das geschah aber nicht sofort. Gorbatschow stellte sich gleichfalls auf den Standpunkt, im Westen seien zwar Kopien der Protokolle aufgetaucht, diese könnten aber nicht als hinreichender Beweis dafür angesehen werden, daß die Dokumente tatsächlich existierten. Dies erklärte er sowohl bei seinem Besuch in Polen im Jahre 1988 als auch auf dem I. Kongreß der Volksdeputierten der UdSSR im Mai 1989, wo gegen seinen Willen eine Untersuchungskommission zur Frage der Protokolle gebildet wurde.

Diese war unter sehr schwierigen Umständen bis zum Dezember 1989 tätig. Als ihr Vorsitzender, Alexander Jakowlew, seinen ersten Bericht präsentierte, lehnte es die stalinistisch eingestellte Mehrheit der Abgeordneten rundweg ab, die Existenz der Protokolle anzuerkennen. Der Widerstand der Stalinisten konnte erst am nächsten Tag durch das Verlesen eines Dokuments (aus der Akte Nr. 600/700) gebrochen werden, das man in Molotows Archiv gefunden hatte. Daraus ging hervor, daß die Originale der Protokolle existierten. Das Außenministerium der UdSSR hatte sie an das Archiv des ZK der KPdSU abgegeben.

Bei einem großen Dramatiker heißt es, es sei keine traurigere Geschichte auf der Welt als die von Romeo und Julia. In Anlehnung daran könnte man sagen, daß es für die Historiker keine traurigere Geschichte gibt als die der Geheimprotokolle von 1939. Wie die Montagues und die Capulets sich erst im Angesicht ihrer toten jungen Helden versöhnten, konnten sich auch die Anhänger der Reformen und ihre Widersacher erst auf den Trümmern des Sowjetsystems einigen. Aber auch das sollte noch viel Zeit und Mühe kosten.

Was enthielt die Akte Nr. 600/700? Vor allem ein Protokoll, das die Mitarbeiter von Molotows Sekretariat D. Smirnow und Boris Podzerob im April 1946 verfaßt hatten. Darin waren acht Dokumente aufgeführt, darunter die Originale der Geheimprotokolle vom 23. August und 28. September 1939. Das Protokoll hat folgenden Wortlaut:

»Die Unterzeichneten, der stellvertretende Leiter des Büros des Genossen W. M. Molotow, Genosse D. W. Smirnow, und der persönliche Mitarbeiter des Außenministers der UdSSR, Genosse B. F. Podzerob, haben folgende Dokumente des Sonderarchivs des Ministeriums für Auswärtige Angelegenheiten der UdSSR übergeben, bzw. übernommen:

I. Dokumente Deutschland betreffend

1. Das Original des Geheimen Zusatzprotokolls vom 23. August 1939 (in russischer und deutscher Sprache). Dazu drei Kopien dieses Protokolls.
2. Das Original der Erläuterungen zum ›Geheimen Zusatzprotokoll‹ vom 23. August 1939 (in russischer und deutscher Sprache). Dazu zwei Kopien der Erläuterungen.
3. Das Original des Vertraulichen Protokolls vom 28. September 1939 (in russischer und deutscher Sprache). Dazu zwei Kopien dieses Protokolls.
4. Das Original des Geheimen Zusatzprotokolls vom 28. September 1939 (›Über polnische Agitation‹) (in russischer und deutscher Sprache). Dazu zwei Kopien dieses Protokolls.
5. Das Original des Geheimen Zusatzprotokolls vom 28. September 1939 (über Litauen) (in russischer und deutscher Sprache). Dazu zwei Kopien dieses Protokolls.
6. Das Original des Geheimprotokolls vom 10. Januar 1941 (über einen Teil des litauischen Territoriums) (in russischer und deutscher Sprache).

7. Das Original des Zusatzprotokolls zwischen der UdSSR und Deutschland vom 4. Oktober 1939 (über den Grenzverlauf) (in russischer und deutscher Sprache).
8. Das Original des Protokolls – Beschreibung des Verlaufs der Staatsgrenze der UdSSR und der Staatsgrenze der Interessen Deutschlands (zwei Bände in russischer und deutscher Sprache) ...«[9]

Einem solchen Dokument hatten auch die Konservativen nichts mehr entgegenzusetzen. Der II. Kongreß der Volksdeputierten der UdSSR bestätigte den Bericht Alexander Jakowlews. Damit war das Problem politisch geklärt. Für die Geschichtsschreibung blieb allerdings nach wie vor die Frage offen, was mit den Originalen der Geheimprotokolle geschehen war, die auch die Jakowlew-Kommission nicht hatte finden können. Dieser letzte Akt des Dramas um die Protokolle ging erst am 27. Oktober 1992 über die Bühne, als das Präsidentenarchiv sein Geheimnis preisgab: Dort hatte man das Paket Nr. 34 entdeckt. Es enthielt die Originale der Geheimprotokolle zusammen mit einer ausführlichen Beschreibung des Weges, den sie durch die Archive genommen hatten.[10] Daraus ging hervor, daß die Originale der Geheimprotokolle bis zum Oktober 1952 bei Außenminister Wjatscheslaw Molotow gelegen hatten. Am 30. Oktober jenes Jahres hatte er sie an die Allgemeine Abteilung des ZK abgegeben. Wie ist dieser Zeitpunkt zu erklären? Der Stern des Ministers war im Sinken begriffen. Er hatte Stalins Vertrauen verloren. Äußeres Anzeichen dafür war die Verhaftung seiner Ehefrau, Polina Shemtschushina, im Januar 1949.

Die Protokolle erhielten im Sektor VI der Allgemeinen Abteilung des ZK die Signatur Bestand Nr. 3, Findbuch Nr. 64, Aktenstück Nr. 675a, 26 Blatt. Dieses Aktenstück wanderte in das verschlossene Paket Nr. 34, das seinerseits die Signatur Nr. 46-G9A/4-1/ und den Titel »Sowjetisch-deutscher Vertrag von 1939« erhielt. In dem Paket lag ein Verzeichnis der Papiere, die das Außenministerium übergeben hatte – insgesamt acht Dokumente und zwei Landkarten:

1) das Geheime Zusatzprotokoll über die Abgrenzung der Interessensphären vom 23. August 1939;
2) Erläuterungen dazu vom 28. August (einschließlich des Grenzverlaufs am Fluß Pissa);
3) das Vertrauliche Protokoll vom 28. September zur Übersiedelung der polnischen Bevölkerung;
4) das Geheime Zusatzprotokoll über die Abänderung der Interessensphären vom 28. September;
5) ein ebensolches Protokoll über die Nichtduldung polnischer Agitation vom 28. September;
6) das Protokoll über den Verzicht Deutschlands auf Ansprüche bezüglich eines Teils des litauischen Gebietes vom 10. Januar 1941;
7) die Erklärung über gegenseitige Konsultation vom 28. September 1939;
8) der Briefwechsel über die wirtschaftlichen Beziehungen (vom gleichen Tag).

Das Ende der Suche nach den Protokollen, die Chruschtschow und Breshnew nie eingesehen haben, ist offiziell auf das Jahr 1992 datiert, fand aber in Wirklichkeit bereits im Dezember 1991 statt. Damals erschien der erste und letzte Präsident der UdSSR, Michail Gorbatschow, in der früheren Stalinwohnung, wo seit den dreißiger Jahren der Sektor VI schaltete und waltete. In einem Raum hatte man lange Tische aufgestellt, auf denen die bisher verschlossenen Pakete mit den Dokumenten höchster Geheimhaltungsstufe auslagen. Darunter befand sich auch das Paket Nr. 34. Der Mitarbeiter des Sektors J. G. Murin machte den scheidenden Präsidenten darauf aufmerksam. Michail Gorbatschow reagierte mit einem Satz, der zumindest merkwürdig anmutet: »Na und? Wir haben sie doch als von Anfang an ungültig erklärt …«[11]

Dieser Exkurs in die Geschichte der Geheimprotokolle soll nicht als Abschweifung von unserem Thema verstanden werden. Er soll nur zeigen, wie kompliziert und eingeschränkt der Zugang der Öffentlichkeit zum Archiv Stalins war und ist, das die historische Forschung in seinem vollen Umfang noch gar nicht erschließen konnte. Daher hält es der Verfasser dieser Zeilen für einen großen Glücksfall, daß es ihm gelungen ist, Zugang zu den Beständen des Archivs des Präsidenten der Russischen Föderation zu erhalten. Ungeachtet allen Chaos, aller Umwälzungen und Säuberungen liefern sie Material von unschätzbarem Wert für das Verständnis der dramatischen und tragischen Epoche der Geschichte Europas, die von der Auseinandersetzung zwischen Adolf Hitler und Jossif Stalin geprägt war. Eine komplizierte und widersprüchliche Zeit. Die Generation der Kriegsjahre, deren Reihen sich immer mehr lichten, hat die Pflicht, sich mit ihrer Sicht und ihrem Verständnis der Kriegsjahre dem Urteil der künftigen Generationen zu stellen. Daher hat sich der Verfasser, der sich dieser Generation zugehörig fühlt, vor allem mit den Dokumenten befaßt, die im Archiv Stalins lagern. Materialien aus anderen Archiven sind hinzugekommen.

Dieses Buch basiert auf dem im Jahr 2000 im Verlag ВЕЧЕ, (Moskau) erschienenen Band »Гитлер и Сталин перед схваткой«. Für den deutschen Leser habe ich den Text 2002 bearbeitet.

ERSTES KAPITEL

Lange vor dem Unternehmen Barbarossa

Politische Kalender gehen anders als Mondkalender, julianische, gregorianische Kalender und sonstige Mittel, die Zeit einer gesellschaftlichen oder persönlichen Existenz zu bemessen. Jahre schmelzen zu Monaten, Monate zu Wochen oder gar Tagen zusammen. Ein Monat kann so endlos erscheinen wie ein Jahr. Historiker sind stets bestrebt, die politischen Wendepunkte möglichst exakt zu bestimmen. Zuweilen gelingt ihnen das auch: die Iden des März, der Neunte Thermidor oder der Achtzehnte Brumaire. Wer Daten nennt wie den 25. Oktober, den 23. August oder den 22. Juni, muß kaum noch das Jahr hinzufügen – 1917, 1939, 1941. Sie markieren tiefe Einschnitte im Lauf der Geschichte. Schwieriger ist es schon, ihre Ursprünge zu datieren, aber gerade da wird es interessant ...

Wann erwähnte Hitler zum ersten Mal seinen Plan, die Sowjetunion zu überfallen?

Die Antwort auf diese durchaus nicht rhetorische Frage muß man sicher in der Zeit suchen, da Hitler noch nicht Hitler war. In den zwanziger Jahren, als er seine politische Laufbahn als unbekannter Redner auf kleinen Versammlungen deutscher Rechtsradikaler begann. Die heute berühmten Passagen aus dem Buch »Mein Kampf«, das er 1924 und 1925 als Häftling in der Festung Landsberg schrieb, konnten damals als unbesonnene Äußerungen eines verantwortungslosen Politikers erscheinen. Hitler hatte noch kein Staatsamt; seine Partei kannte selbst in Deutschland kaum jemand. Seine Worte wurden jedoch in der Sowjetunion zur Kenntnis genommen, gegen die sich die programmatischen Erklärungen des Herrn Adolf Hitler bereits damals richteten. Nikolai Bucharin erklärte am 31. Januar 1934 auf dem XVII. Parteitag der KPdSU(B):

»Gegenwärtig kann ein konterrevolutionärer Überfall auf unser Land von zwei Seiten ausgehen – vom faschistischen Deutschland und vom japanischen Kaiserreich. Genossen, ich erlaube mir, hier einige Stellen aus sehr ›seriösen‹ Quellen zu zitieren, damit die Orientierung unserer Gegner ganz klar wird. So schrieb Hitler in seiner Werbebroschüre ›Mein Kampf‹:

1. ›Wir stoppen den ewigen Germanenzug nach dem Süden und Westen Europas und weisen den Blick nach dem Land im Osten. Wir schließen endlich ab die Kolonial- und Handelspolitik der Vorkriegszeit und gehen über zur Bodenpolitik der Zukunft. Wenn wir aber heute in Europa von neuem Grund und Boden reden, können wir in erster Linie nur an Rußland und die ihm untertanen Randstaaten denken. Das Schicksal selbst scheint uns hier einen Fingerzeig geben zu wollen. Indem es Rußland dem Bolschewismus überantwortete, raubte es dem russischen Volk jene Intelligenz, die bisher dessen staatlichen Bestand herbeiführte und garantierte. Denn die Organisation eines russischen Staatsgebildes war nicht das Ergebnis der staatspolitischen Fähigkeiten des Slawentums in Rußland, sondern vielmehr nur ein wundervolles Beispiel für die staatsbildende Wirksamkeit des germanischen Elements in einer minderwertigen Rasse.‹
2. Die Mission Deutschlands liegt in der ›emsigen Arbeit des deutschen Pfluges, dem das Schwert nur den Boden zu geben hat‹.
3. Das ›politische Evangelium des deutschen Volkes‹ in der Außenpolitik: ›Seht in jeglichem Versuch, in den deutschen Grenzen eine zweite Militärmacht zu organisieren, ... einen Angriff gegen Deutschland... Erblickt darin nicht nur das Recht, sondern die Pflicht, mit allen Mitteln, bis zur Anwendung von Waffengewalt, die Entstehung eines solchen Staates zu verhindern, bzw. einen solchen, wenn er schon entstanden ist, wieder zu zerschlagen.‹
4. ›Nicht West- und nicht Ostorientierung darf das künftige Ziel unserer Außenpolitik sein, sondern Ostpolitik im Sinne der Erwerbung der notwendigen Scholle für unser deutsches Volk.‹

Hitler ruft also ganz unverhüllt dazu auf, unseren Staat zu zerschlagen. Er spricht offen aus, daß das deutsche Volk zum Schwert greifen muß, um sich Gebiete der heutigen Sowjetunion anzueignen, die es angeblich braucht.

So sieht die tierische Fratze des Klassenfeindes aus! Das ist der Gegner, Genossen, mit dem wir es zu tun haben! Er wird uns in all den gewaltigen Schlachten entgegentreten, die die Geschichte uns auferlegt«...[1]

Ich zitiere Hitler bewußt nicht nach »Mein Kampf«, sondern nach Nikolai Bucharin, dem Politiker der Sowjetunion, der die Gefahr bereits damals erkannte, auf den aber niemand hörte und dessen Warnung Stalin nicht dazu brachte, seine Schlüsse zu ziehen. Oder doch – in Gestalt des verhängnisvollen Paktes von 1939.

In Hitlers Reden und Artikeln der zwanziger und frühen dreißiger Jahre lassen sich zahlreiche antisowjetische Äußerungen finden. Er erläuterte sie bereitwillig den deutschen Politikern, die damals Verantwortung trugen, zum Beispiel 1931 Richard Breiting. Der einflußreiche Chefredakteur der »Leipziger Neuesten Nachrichten« war Mitglied der Deutschnationalen Volkspartei und uterhielt enge Beziehungen zu deren Vorsitzendem Alfred Hugenberg, dem führenden Mann der Konservativen. Das sind Hitlers Worte:

»An dem Tag, wenn wir die Auseinandersetzung mit der Sowjetunion auf unser Programm setzen, dann werden auch die isolationistischen Kräfte in Amerika auf unserer Seite stehen ... Wir dürfen aber nicht gleichgültig dem gegenüberstehen, was sich in Rußland abspielt, denn das geschieht auf unserem Kontinent. Das Russentum, das Slawentum in Verbindung mit der Diktatur des Proletariats, ist die gefährlichste Kraft in der Welt. Wenn sich diese Symbiose vollzieht? Denken Sie doch an das Menschenreservoir und an den Rohstoffreichtum, die Stalin zur Verfügung stehen!

Unsere Publizisten sollten schon heute die Trommel rühren. Die Gefahr für die westliche Zivilisation war noch nie so groß. Wir müssen schon vor der Machtübernahme den Engländern, den Franzosen, sogar den Amerikanern und dem Vatikan klarmachen, daß wir früher oder später gezwungen sein werden, einen Kreuzzug gegen den Bolschewismus zu führen. England und Frankreich sollten uns dankbar sein, wenn wir die Gefahren rechtzeitig erkannt haben ... Wir müssen den Osten rücksichtslos kolonisieren!

... Wir wollen von Nordnorwegen bis zum Schwarzen Meer einen Schutzwall gegen das Russentum oder die Slawen errichten, denn wir wollen doch nicht vergessen, daß Stalins Kommunismus eine neue Form des Russentums ist. ... Stalin ist nichts weiter als ein Großrusse, ein Nachfolger von Iwan dem Schrecklichen.«[2]

Hitlers Stärke lag darin, daß er keine Hemmungen hatte, über seine Pläne offen zu sprechen. Auch aus seinem Opportunismus machte er keinen Hehl. Wenn es darum ging, seine Ziele zu erreichen, war er bereit, sich mit jedem zu verbünden. Er brandmarkte England als Weltgendarm und war zugleich voller Bewunderung darüber, wie es seine Kolonien beherrschte. Er bot Polen ein Bündnis gegen Rußland an, dann wieder schwor er ihm ewige Feindschaft wegen Danzig und Gdingen. In einem jedoch blieb er sich treu – als unversöhnlicher Feind der UdSSR, des »Russentums«, der »jüdisch-bolschewistischen Diktatur«. Später sollte er einmal erklären: »Alles, was ich unternehme, ist gegen Rußland gerichtet.«[3]

Er jonglierte mit den Begriffen je nachdem, mit wem er sprach. So näherte er sich Schritt für Schritt dem Feldzugsplan, den er 1940 »Fall Barbarossa« nannte.

Als Hitler am 3. Februar 1933 – damals schon Reichskanzler – in einer Rede vor den Spitzen der Reichswehr ganz offen von seinen Plänen sprach, gab es diesen Namen noch nicht. Aber das künftige Unternehmen »Barbarossa« wurde bereits in ersten Konturen sichtbar. General Liebmann, der damals anwesend war, hat Hitlers Worte für die Nachwelt festgehalten. Sie sind wichtig, um den weiteren Gang der Ereignisse zu verstehen, die auch General Hammerstein, einst Gesprächspartner des sowjetischen Verteidigungsministers Woroschilow, nicht abzuwenden vermochte.

»Erste Besprechung Hitlers
mit den Befehlshabern der Reichswehr am 3. 2. 33
(bei General der Infanterie, Baron Hammerstein)

Ziel der Gesamtpolitik allein: Wiedergewinnung der pol. Macht. Hierauf muß gesamte Staatsführung eingestellt werden (alle Ressorts!)

1. Im Innern. Völlige Umkehrung der gegenwärt. innenpol. Zustände in D. Keine Duldung der Betätigung irgendeiner Gesinnung, die dem Ziel entgegensteht (Pazifismus!). Wer sich nicht bekehren läßt, muß gebeugt werden. Ausrottung des Marxismus mit Stumpf und Stiel. Einstellung der Jugend und des ganzen Volkes auf den Gedanken, daß nur d. Kampf uns retten kann u. diesem Gedanken gegenüber alles zurückzutreten hat. (Verwirklicht in d. Millionen d. Nazi-Beweg. Sie wird wachsen.) Ertüchtigung der Jugend und Stärkung des Wehrwillens mit allen Mitteln. Todesstrafe für Landes- und Volksverrat. Straffste autoritäre Staatsführung. Beseitigung des Krebsschadens der Demokratie!
2. Nach außen. Kampf gegen Versailles. Gleichberechtigung in Genf; aber zwecklos, wenn Volk nicht auf Wehrwillen eingestellt. Sorge für Bundesgenossen.
3. Wirtschaft! Der Bauer muß gerettet werden! Siedlungspolitik! Künft. Steigerung d. Ausfuhr zwecklos. Aufnahmefähigkeit d. Welt ist begrenzt u. Produktion ist überall übersteigert. Im Siedeln liegt einzige Mögl., Arbeitslosenheer z. T. wieder einzuspannen. Aber braucht Zeit u. radikale Änderung nicht zu erwarten, da Lebensraum für d(eutsches) Volk zu klein.
4. Aufbau der Wehrmacht wichtigste Voraussetzung für Erreichung des Ziels: Wiedererringung der pol. Macht. Allg. Wehrpflicht muß wieder kommen. Zuvor aber muß Staatsführung dafür sorgen, daß die Wehrpflichtigen vor Eintritt nicht schon durch Pazif., Marxismus, Bolschewismus vergiftet werden oder nach Dienstzeit diesem Gifte verfallen.

Wie soll pol. Macht, wenn sie gewonnen ist, gebraucht werden? Jetzt noch nicht zu sagen. Vielleicht Erkämpfung neuer Export-Mögl., vielleicht – und wohl besser – Eroberung neuen Lebensraums im Osten und dessen rücksichtslose Germanisierung. Sicher, daß erst mit pol. Macht u. Kampf jetzige wirtsch. Zustände geändert werden können. Alles, was jetzt geschehen kann – Siedlung – Aushilfsmittel.

Wehrmacht wichtigste u. sozialistischste Einrichtung d. Staates. Sie soll unpol. u. überparteilich bleiben. Der Kampf im Innern nicht ihre Sache, sondern der Nazi-Organisationen. Anders wie in Italien keine Verquickung v. Heer u. SA beabsichtigt. – Gefährlichste Zeit ist die des Aufbaus der Wehrmacht. Da wird sich zeigen, ob Fr(ankreich) Staatsmänner hat; wenn ja, wird es uns Zeit nicht lassen, sondern über uns herfallen (vermutlich mit Ost-Trabanten).«[4]

War Hitler klar genug? Allerdings mußten noch sechs Jahre vergehen, bis er sich entschloß, seinen Plan in die Tat umzusetzen.

Das Europa nach Versailles galt zu Recht als hochexplosiv – nach innen und außen. Der erste Grund dafür war, daß sich niemand – auch nicht die Schöpfer des Versailler Friedens – Illusionen über die Folgen machte, die die Teilung unseres alten Kontinents in Sieger und Besiegte mit sich bringen mußte. Sie konnten nicht darauf hoffen, daß das besiegte Deutschland sich damit abfinden werde, eine Macht zweiter Klasse zu bleiben. Dagegen sprachen sowohl die Erfahrungen früherer Kriege als auch die reale Lage in Europa, das starke Wirtschaftspotential, über das Deutschland nach wie vor verfügte.

Zudem war auf der politischen Karte Europas ein neuer Staat erschienen – Sowjetrußland. Wie sich das zaristische Rußland verhalten hätte, wäre nach der dreihundertjährigen Geschichte der Romanow-Dynastie absehbar gewesen. Was aber sollte man von dem neuen Arbeiter- und Bauernstaat, der Russischen Sozialistischen Föderativen Sowjetrepublik (RSFSR), der späteren Union der Sozialistischen Sowjetrepubliken (UdSSR) erwarten? War sie doch gleichsam die Hegelsche Negation alles dessen, was Rußland unter den Zaren dargestellt hatte! Die Deklarationen aus Petrograd signalisierten, daß die neue Macht und ihr Außenminister Leo Trotzki, der sich nun Volkskommissar nannte, alle bekannten und geheimen Verträge Rußlands feierlich offenlegten und für null und nichtig erklärten.

Blieb Rußland der Entente treu, so fragte man sich, mit der es gegen Deutschland und dessen Verbündete in den Krieg gezogen war? Bereits die ersten Monate nach dem Oktober 1917 gaben einen Vorgeschmack, wie die Antwort aussehen konnte. Die Bolschewiken konnten sich aufgrund einer Welle des Protests gegen den Weltkrieg an der Macht halten, der das Volk ins Elend gestürzt und dem Staat nur Verluste gebracht hatte. In Brest-Litowsk erklärten sowjetische Militärs und Diplomaten 1918 den Austritt Rußlands aus dem Krieg und einen separaten Waffenstillstand selbst um den Preis bedeutender Teile des eigenen Staatsgebietes. Daraus ergab sich eine neue, bisher unbekannte Konstellation in der europäischen Politik. Deutschland und Rußland waren mit einem Mal nicht mehr Todfeinde, sondern neutrale Staaten, die sogar eines Tages Freundschaft schließen konnten.

Als über den Brester Frieden verhandelt wurde, dachte Lenin, der Gründer des Sowjetstaates, gar nicht daran, das damalige Deutschland zu idealisieren. Am 7. März 1918 sagte er in seiner Rede auf dem VII. Parteitag der RKP/B:

»Wir wissen nicht, wie lange diese Atempause dauern wird – wir werden versuchen, den Augenblick zu nutzen. Vielleicht wird die Atempause von längerer Dauer sein, vielleicht aber wird sie nur einige Tage dauern. Alles ist möglich, niemand weiß es, niemand kann es wissen, denn alle Großmächte sind gebunden und bedrängt, alle sind gezwungen, an mehreren Fronten zu kämpfen. Die Haltung Hoffmanns [des Generals, der die deutsche Delegation bei den Verhandlungen von Brest-Litowsk anführte – L. B.] wird erstens dadurch bestimmt, daß er vor der Aufgabe steht, die Sowjetrepublik zu zerschlagen, zweitens dadurch, daß Deutschland an einer ganzen Anzahl von Fronten Krieg führen muß, und drittens dadurch, daß in Deutschland die Revolution heranreift, daß sie wächst, und Hoffmann weiß das, er kann nicht, wie behauptet wird, jetzt sofort Petrograd nehmen, Moskau nehmen. Aber er kann das morgen tun, das ist durchaus möglich. Ich wiederhole, in einem Augenblick, wo die Erkrankung der Armee eine Tatsache ist, wo wir jede Gelegenheit um jeden Preis ausnutzen, um auch nur einen Tag Atempause zu bekommen, sagen wir, daß jeder ernste Revolutionär, der mit den Massen verbunden ist, der weiß, was Krieg, was Masse heißt, diese Masse disziplinieren muß, sie heilen, sie für den neuen Krieg auf die Beine zu bringen versuchen muß – daß jeder derartige Revolutionär uns Recht geben, den Abschluß eines jeden, auch des schändlichsten Vertrags als richtig anerkennen wird, denn dies liegt im Interesse der proletarischen Revolution und der Erneuerung Rußlands.«[5]

Für Lenin stand die Erhaltung der Basis der proletarischen Weltrevolution, der RSFSR, über allem, was auch daran zu erkennen ist, daß er im deutschen Imperialismus einen potentiellen Gegner Sowjetrußlands in der künftigen Weltrevolution sah. So teilte er Stalin, der sich damals an der Südfront des russischen Bürgerkrieges aufhielt, am 23. Juli 1920 in einem chiffrierten Telegramm mit:

»Die deutschen Kommunisten glauben, daß Deutschland in der Lage ist, gegen uns eine Truppe von 300000 Mann aus Lumpenproletariern aufzustellen.«[6]

Hier galt Deutschland, mit dem Rußland zwei Jahre später in Rapallo enge wirtschaftliche, politische und selbst militärische Beziehungen vereinbaren sollte, noch als dem gegnerischen Lager zugehörig, als Feind der Weltrevolution.

Unter diesen Bedingungen nahmen die russischen Bolschewiken den ersten Anlauf zu Beziehungen mit Deutschland. Dieser war aber nicht mehr Sache des bereits todkranken Lenin, sondern seines baldigen Nachfolgers Stalin.

Es ist überaus verlockend, die sowjetisch-deutschen Beziehungen auf das Verhältnis von Stalin und Hitler zu reduzieren. In der Tat hängen zwischenstaatliche Beziehungen in Diktaturen entscheidend davon ab, welche Haltung der Diktator persönlich dazu einnimmt. Wie viele kluge und wohlinformierte Berater er auch haben mag, die Entscheidung fällt der Diktator, und nur Gott ist sein Richter. Aber jegliche Vereinfachung wäre hier fehl am Platz. Schon allein deswegen, weil jeder der beiden Despoten die Schreckensherrschaft zu seiner Zeit und auf seine Weise errichtete.

Im Leben des Jossif Wissarionowitsch Stalin – mit bürgerlichem Namen Dshugaschwili – spielte Deutschland kaum eine Rolle. Was konnten dem Schuhmachersohn aus der georgischen Kleinstadt Gori, der ein Priesterseminar in der Hauptstadt Tbilissi besucht hatte, Deutschland, das Deutsche Reich, deutscher Geist und deutsche Geschichte bedeuten? Selbst wenn man der Legende Glauben schenken will, der kleine Sosso sei ein unehelicher Sproß des großen russischen Geographen und Reisenden Prshewalski, bringt ihn auch das weder geistig noch historisch dem Lande näher, das Ende des 19. Jahrhunderts, als der Mann aufwuchs, der unter dem Namen Stalin in die Geschichte einging, im damaligen Europa einen gewichtigen Platz einnahm. Zwar erhielt er eine solide geistliche Ausbildung, aber auch diese ebnete ihm nicht den Weg nach Deutschland. In der Bibliothek des Priesterseminars fanden sich wohl kaum Bücher zur deutschen Geschichte oder – Gott bewahre! – gar Arbeiten deutscher Sozialdemokraten. Davon kann der junge Seminarschüler am ehesten von Freunden aus Arbeiterkreisen gehört haben. Tiflis entwickelte sich rasch zum Industriezentrum Transkaukasiens, wo schon frühzeitig sozialdemokratische Zirkel entstanden. Böse Zungen behaupten allerdings, der künftige Führer habe sich nicht so sehr mit dem Studium des Marxismus und der Ideen der russischen Sozialdemokratie befaßt, als vielmehr an Terrorakten teilgenommen, um die finanzielle Basis der Partei der Bolschewiki zu stärken. Es heißt, er habe bereits 1906 den Überfall auf einen Postzug in Tschiaturi und auf die Kassen von Schiffen organisiert, die in transkaukasischen Häfen lagen, was der Sozialdemokratischen Arbeiterpartei Rußlands viele tausend Rubel einbrachte. Die größte Beute machte man jedoch bei dem kühnen Raubzug im Schatzamt am Eriwan-Platz von Tiflis im Jahre 1907. Stalin und dessen Komplize

Kamo (Ter-Petrossjan) kamen damit in den Ruf, Meister der »Ex« (Expropriation) zu sein. Damals erhielt Stalin auch den Parteinamen »Koba« nach einem edlen Räuber aus dem Roman des georgischen Schriftstellers Kasbegi. In den Akten der russischen Polizei taucht er am 15. September 1907 zum ersten Mal auf. Er sollte Jossif Dshugaschwili lange begleiten und sagte ihm von all seinen Decknamen am meisten zu.[7]

Wenn nicht auf Deutschland, so mußte der junge Stalin unweigerlich auf die deutsche Sozialdemokratie stoßen. Denn die gesamte revolutionäre Arbeiterbewegung Rußlands, all ihre Ideologen gehen im Grunde genommen auf sie zurück. Der junge Seminarschüler widmete sich, des Verbots seiner geistlichen Ziehväter nicht achtend, bald mit großem Eifer dem Studium der Werke von Karl Marx und Friedrich Engels. Das tat er gründlich: In seinen Artikeln in der georgischen und russischen Presse konnte man Bezüge auf den »Anti-Dühring«, die »Kritik des Gothaer Programms«, den »Achtzehnten Brumaire des Louis Bonaparte«, die »Klassenkämpfe in Frankreich«, das »Elend der Philosophie«, den »Ursprung der Familie, des Privateigentums und des Staates« und andere Werke finden. Ein Zeitgenosse Stalins schrieb daher aus gutem Grund, er habe in Georgien als »der beste Kenner des Marxismus« gegolten[8]; ständig habe man ihn mit einem Buch in der Hand gesehen. Die Werke deutscher Geistesgrößen (wenn auch nur einer bestimmten Richtung) inspirierten den jungen Georgier bereits 1895 zu den pathetischen Versen:

»Von dieser Hoffnung hoch emporgetragen,
Freut sich das Herz, beginnt wie wild zu schlagen.
Kann jener wunderbare Traum gelingen,
Der mir in diesem Augenblick erschienen?«[9]

Diese jugendlich naiven Zeilen enthüllen, wie Jossif Dshugaschwili dachte, als er noch nicht Stalin war. Seine ganze Hoffnung setzte er darauf, daß die in Georgien noch junge, in Deutschland aber schon sehr erfahrene sozialdemokratische Bewegung Erfolg haben möge.

Eine der ersten Druckschriften Stalins war ein Flugblatt zum 70. Geburtstag August Bebels, das das Komitee der SDAPR(B) von Baku im März 1910 in viertausend Exemplaren verbreitete. Hier ein kurzer Auszug:

»Wer kennt nicht Bebel, den anerkannten Führer der deutschen Arbeiter, einst einfacher Dreher, heute aber ein berühmter Politiker, der mit seiner Kritik wie mit Hammerschlägen gekrönte Häupter und ehrwürdige Gelehrte in die Flucht schlägt, dem die Millionen Proletarier wie einem Propheten lauschen?»[10]

In dieser Lobpreisung Bebels beschrieb Stalin sehr lebendig dessen Leben und die ersten Kongresse der Sozialdemokratischen Partei Deutschlands. Er rief vor allem junge Leute aus der Arbeiterklasse auf, sich der sozialdemokratischen Bewegung anzuschließen, eine Forderung, die damals in Kreisen der Intelligenz sehr verbreitet war. Das Flugblatt endete mit der euhorischen Erklärung:

»Nur das kämpfende Proletariat konnte einen so lebendigen, ewig jungen, stets nach vorn blickenden Mann wie Bebel hervorbringen.

Nur die Theorie des wissenschaftlichen Sozialismus konnte der kämpferischen Natur Bebels, der unermüdlich für die Zerstörung der alten, verfaulten kapitalistischen Welt kämpft, so weiten Raum geben.

Mit seinem Leben und seiner Arbeit zeugt Bebel von der Kraft und Unbesiegbarkeit des Proletariats, vom unausbleiblichen Sieg des Sozialismus ...

Unser Gruß, Genossen, gilt unserem teuren Lehrer, dem Dreher August Bebel!

Möge er uns russischen Arbeitern, die für ihre Bewegung einen Bebel dringend brauchen, zum Vorbild dienen.«

Offenbar hatte sich der junge Stalin mit der Geschichte der SPD gründlich befaßt, war von der historischen Rolle der Arbeiterklasse und ihrer politischen Partei tief überzeugt. Aber schon nach wenigen Jahren, als er in Wien an seiner ersten größeren Schrift »Marxismus und nationale Frage« arbeitete, schloß er sich den Kritikern der deutschen und österreichischen Sozialdemokratie an. Als dann nach der

Oktoberrevolution in Deutschland, Österreich und weiteren Ländern Europas kommunistische Parteien gegründet wurden, gab es keinen Vertreter der Partei der Bolschewiki, der die Sozialdemokratie als führende Kraft der europäischen und internationalen Arbeiterbewegung mit größerer Erbitterung bekämpfte. Später sollte er sie gar als »sozialfaschistisch« denunzieren. So ändern sich die Zeiten.

Der junge georgische Bolschewik hatte jedoch nur minimale Berührung mit dem realen Leben der westlichen Welt, wo die sozialdemokratische Bewegung entstanden war. Im Januar 1913 floh Jossif Dshugaschwili aus der Verbannung und ging nach Österreich-Ungarn. In Wien, der Hauptstadt des Habsburgerreiches, ließ er sich nieder. In den Beständen des Stalin-Archivs findet sich ein Blatt aus dem Register der Wiener Polizei, aber nicht auf den Namen Stalin, sondern Alexander Antonowitsch Trojanowski, in dessen Wohnung der Neuankömmling aufgenommen wird. Dort heißt es:

> »XII. Bezirk, Maidling. Schönbrunner Schloßstrasse 20
> Zweite Etage, Wohnung Nr. 7
> Alexander Trojanowski
> Journalist
> Geboren in Tula/Rußland
> Früher wohnhaft in Warschau und Rußland
> Geb. 20. Dezember 1881, russisch-orthodox, verheiratet
> Ehefrau Elena, 27 Jahre
> Tochter Galina, sechs Jahre
> In Wien eingereist 19. Oktober 1912
> Ausgereist 1. November 1913 in die Schweiz.«[11]

Daß Bolschewiken in der Emigration bei bekannten Genossen Unterkunft fanden, kam häufig vor, vor allem war es kostengünstig. Alexander Trojanowski lebte bereits einige Jahre im Ausland, sprach im Unterschied zu Stalin Deutsch und orientierte sich gut in diesem fremden Land. Stalin fiel alles viel schwerer; er war auf die Hilfe von Freunden angewiesen. Unschätzbare Dienste leistete ihm Nikolai Bucharin, damals ebenfalls Emigrant in Wien. Mit seinen guten Deutschkenntnissen half er Stalin, seinen Parteiauftrag zu erfüllen und ein programmatisches Dokument zum Thema »Marxismus und nationale Frage« zu verfassen. Hilfe kam auch von Trotzki, der damals ebenfalls in Wien lebte.

Seine Umwelt nahm Stalin in Wien kaum wahr. Nach Aussage Trojanowskis führten ihn Spaziergänge mit dessen Tochter nicht weiter als bis zum naheliegenden malerischen Park des Schlosses Schönbrunn. Die Arbeit an seinem Parteiauftrag nahm alle seine Zeit in Anspruch. Eine russische Studentin, noch mehr aber Nikolai Bucharin und Alexander Trojanowskis Frau Elena Rosmirowitsch halfen ihm.

Stalins Arbeit gefiel dem anspruchsvollen Auftraggeber Lenin, der ihn in jener Zeit einmal den »wunderbaren Georgier« nannte und nicht mehr aus den Augen ließ. Während des Aufenthalts in Wien wandelte sich Stalin von einem Bewunderer der deutschen und österreichischen Sozialdemokratie zu einem ihrer scharfen Kritiker. Im Lande Otto Bauers und Karl Renners, die als Klassiker sozialdemokratischen Denkens gelten, wurde Stalin zum Kritiker des Austromarxismus. Er lehnte die austromarxistische Konzeption von der »national-kulturellen Autonomie« ab und forderte statt dessen das Recht der Nationen auf Selbstbestimmung, das die Bolschewiki auf ihre Fahnen schrieben.

Zur Sowjetzeit kam Jossif Dshugaschwili erstmalig mit dem deutschen Staat in Berührung, nicht aber mit den deutschen Sozialdemokraten, denen es nicht gelang, die Macht zu erobern. Das geschah auf seinem ersten staatlichen Posten – dem des Volkskommissars (Ministers) für Nationalitätenfragen. Im Jahre 1921 interessierte er sich für die Tätigkeit der deutschen Wirtschaftsmissionen im Nahen Osten und in Mittelasien. Hauptfeind Sowjetrußlands war damals das mächtige Britische Empire. Der Volkskommissar suggerierte Lenin, daß man zur Schwächung des britischen Einflusses die deutschen Handelsleute und Industriellen nutzen konnte, die daran interessiert waren, sich in der Region niederzulassen. Der Gedanke gefiel Lenin.

Hier der Wortlaut eines geheimen Briefes Stalins an Lenin vom 21. Dezember 1921. In einem kurzen Anschreiben hieß es: »Wir übermitteln zu Ihrer Begutachtung den Vorschlag des Genossen Stalin, eine Kommission zu bilden, die die Zweckmäßigkeit der Herstellung russisch-deutscher Wirtschaftskontakte für den Handel mit Persien untersuchen soll.« Dann der eigentliche Brief:

»Ich schlage vor, aus Vertretern der Volkskommissariate für Auswärtiges, für Außenhandel und für Finanzen eine zeitweilige Kommission zu bilden, die die Zweckmäßigkeit der Gründung einiger russisch-deutscher Gesellschaften für den Handel mit Persien (über Armenien, Aserbaidshan und Turkestan), mit der Mongolei und China (über die Fernöstliche Republik und Urga) untersucht und das Ergebnis dem Politbüro zur Entscheidung vorlegt.

Wir bieten den Deutschen für den Transit so wichtige Verbindungen an wie Batum–Täbris, Batum–Baku–Enseli, Baku–Krasnowodsk–Chukscha, Petrograd–Irkutsk–Werchneudinsk–Urga–Peking, wofür wir natürlich bestimmte Gegenleistungen fordern (Gewinnbeteiligung, Transport-, Zollgebühren u. a.). Die Deutschen übernehmen die Verpflichtung, diese Verbindungswege auszubauen, wenn sie tatsächlich solche Märkte wie die Türkei, Persien, Afghanistan und besonders China zurückerobern wollen.

Unsere Vorteile:

1) Wir verschärfen damit schlagartig den Kampf der imperialistischen Gruppen um den ›Wiederaufbau‹ Rußlands, und das zu unseren Gunsten, denn bei dieser Kombination steigt Rußland unweigerlich im Kurs.
2) Wenn wir den Handel mit den Ländern des Ostens unter Mitwirkung der Deutschen beleben, schaffen wir dadurch die wirtschaftliche Grundlage für unsere Ostpolitik und verstärken die Anziehungskraft Rußlands für diese Länder.
3) Wir verbessern mit Hilfe der Deutschen das Verkehrswesen, lernen bei ihnen, Handel zu treiben, erhalten eine gewisse Vergütung (möglichst in Waren) und mildern unsere Finanzkrise.

Wenn man bedenkt, daß den russisch-deutschen Handelsfirmen russisch-deutsche Kreditinstitute folgen (wenn sie nicht sogar gleichzeitig entstehen), dann wird klar, daß wir uns mit dieser Frage gründlich befassen müssen.

Außerdem ist zu beachten, daß die Georgier in Transkaukasien diesen Weg im Grunde bereits beschreiten. Zwar erklären unsere Außenhandelsstellen vollmundig, sie hätten alles monopolisiert, aber in Wirklichkeit haben die Georgier im Raum Batum die freie Einfuhr und teilweise Ausfuhr gegen eine bestimmte Zollgebühr in Warenform verkündet, wobei sie selbst entweder die Rolle von Kommissionären zwischen Importeuren und Markt oder von Kompagnons der Importeure spielen wollen.

Zusammensetzung der Kommission: Tschitscherin, Leshawa und Sokolnikow.

J. Stalin«[12]

Lenin vermerkte auf diesem Brief: »Ich bin dafür.« Offenbar imponierte ihm, wie geschickt der Verfasser mit seiner eigenen Methode umging, einzelne Imperialisten gegeneinander auszuspielen.

Bald sollte Stalin jedoch sehr direkt mit Deutschland zu tun bekommen, und das in einer ganz besonderen Angelegenheit.

ZWEITES KAPITEL

Warum am 9. November 1923 kein Sowjetdeutschland entstand

Am 10. Oktober 1923 erschien die »Rote Fahne«, Organ der Kommunistischen Partei Deutschlands, in ungewöhnlicher Aufmachung. Auf Seite 1 ein Text in russischer Sprache, noch dazu nicht in Lettern gesetzt, sondern von Hand geschrieben. Die Schrift war leserlich, aber unbekannt. Auch der Namenszug darunter sagte dem deutschen Leser kaum etwas, selbst wenn er Parteimitglied war. Der mit deutscher Übersetzung abgedruckte Text lautete:

»Die kommende Revolution in Deutschland ist das wichtigste Weltereignis unserer Tage. Der Sieg der Revolution in Deutschland wird für das Proletariat Europas und Amerikas von größerer Bedeutung sein als der Sieg der russischen Revolution vor sechs Jahren. Mit dem Sieg des deutschen Proletariats wird sich das Zentrum der Weltrevolution unweigerlich von Moskau nach Berlin verlagern.

Die ›Rote Fahne‹ kann sich zu einem großartigen Erfolg gratulieren, denn sie hat sich als sehr verläßlicher Leuchtturm erwiesen, der dem deutschen Proletariat den Weg zum Siege gezeigt und ihm geholfen hat, wieder zum Führer des europäischen Proletariats zu werden. Von ganzem Herzen wünsche ich der ›Roten Fahne‹ weitere entscheidende Erfolge in den bevorstehenden Kämpfen für die Eroberung der Macht durch das Proletariat, für die Einheit und Unabhängigkeit des im Entstehen begriffenen Deutschlands der Werktätigen.

J. Stalin«[1]

Diesen Text ließ Stalin nicht in die Sammlung seiner Werke aufnehmen. Dafür hatte er gute Gründe. Zum ersten handelte es sich um einen diplomatischen Skandal. Ein führender Vertreter der Regierungspartei Rußlands, das zum damaligen Deutschland freundschaftliche Beziehungen unterhielt, rief zum Umsturz in diesem Lande auf. Zum zweiten – und das war offenbar der Hauptgrund – wollte

Stalin diese halbvergessene Episode in den sowjetisch-deutschen Beziehungen nicht wieder aufwärmen. Aber damit verschwand sie nicht aus der Geschichte. Es gab den Versuch, eine bürgerliche deutsche Regierung mit Waffengewalt zu stürzen. Sowjetrußland hatte ihn nicht nur unterstützt, sondern selbst initiiert.

Dokumente zu dieser wenig bekannten Episode liegen im Geheimarchiv des Politbüros des ZK der RKP(B), wie die KPdSU von 1918 bis 1925 hieß, unter dem Titel »KPD – Deutsche Revolution«[2] sowie in weiteren Beständen und Akten des Politbüros. Heute lesen sie sich wie ein utopischer Roman, in dem immer wieder bekannte Namen auftauchen – Sinowjew, Trotzki, Molotow, Thälmann, Zetkin. Und Stalin!

Es wird allgemein angenommen, daß sich Stalin in den ersten Jahren der Sowjetmacht mit Fragen der Innen- und Militärpolitik befaßte, vor allem mit den Angelegenheiten der Nationalitäten. Die Dokumente belegen jedoch etwas anderes: Als er im April 1922 Generalsekretär des ZK der RKP(B) wurde, wandte er sich sofort auch den internationalen Problemen zu. Das fiel ihm um so leichter, da die von Lenin geschaffene Kommunistische Internationale (Komintern) und ihr Stab, das Exekutivkomitee (EKKI), die Fragen der kommenden proletarischen Weltrevolution in unmittelbarem Zusammenhang mit der Entwicklung in der Sowjetunion und ihrer Partei sahen. Die KPD nahm in der Komintern nach der RKP den zweiten Platz ein. Daher widmete ihr der Generalsekretär der Partei der Bolschewiki besondere Aufmerksamkeit.

Anfang 1923 kam man in Moskau (auch auf Grund von Informationen aus Kreisen der KPD) zu dem Schluß, daß in Deutschland eine revolutionäre Situation heranreife. Die RKP(B) beschloß, diesem Prozeß nachzuhelfen. Im Juli 1923 nahm das Politbüro einen Bericht seines »Deutschlandexperten« Karl Radek über die heraufziehende politische Krise entgegen: Die Führung der KPD sah sie als Symptom einer revolutionären Situation. Für das Politbüro der RKP(B) war die Sache eindeutig. Auf Vorschlag Stalins entschied es, die Führung der KPD sofort nach Moskau zu beordern. Auf einer gemeinsamen Sitzung am 22. August wurde folgender Beschluß gefaßt:

»1) Ausgehend von Dokumenten, die dem ZK vorliegen, darunter Briefe von Genossen, die die Kommunistische Partei Deutschlands führen, schätzt das ZK ein, daß das deutsche Proletariat unmittelbar vor dem Entscheidungskampf um die Macht steht.

2) Die gesamte Tätigkeit nicht nur der KPD und der RKP, sondern der ganzen Kommunistischen Internationale, ist auf diese Tatsache von grundsätzlicher Bedeutung einzustellen.

3) Aus diesem Grunde beauftragt das ZK die Delegation der RKP in der Komintern, alle notwendigen Schlußfolgerungen aus dieser internationalen Situation zu erarbeiten und dem Politbüro zur Bestätigung vorzulegen.

4) Für die RKP ergeben sich daraus folgende aktuelle Aufgaben:

a) Die werktätigen Massen der Union der Republiken sind auf die kommende Entwicklung politisch vorzubereiten.

b) Die Kampfeinheiten der Republik sind in den Mobilisierungszustand zu versetzen (u. a. ist die von Gen. Brandler gestellte Frage zu klären).

c) Die deutschen Arbeiter sind wirtschaftlich zu unterstützen.

d) Es sind die notwendigen diplomatischen Vorkehrungen zu treffen.

Für letztere Fragen ist eine Kommission zu bilden, der die Gen. Sinowjew, Stalin, Trotzki, Radek und Tschitscherin angehören. Sie wird von Gen. Sinowjew einberufen. Die Kommission erhält zugleich den Auftrag, den Entwurf eines internen Schreibens an die Gouvernementkomitees der Partei und Thesen für eine Pressekampagne auszuarbeiten.

5) Alle Entscheidungen der Kommission sind den Mitgliedern des Politbüros zur Kenntnis zu geben. Falls keine Einwände erhoben werden, gelten sie als vom Politbüro beschlossen.

6) Das Sekretariat wird beauftragt, die Information der Mitglieder des ZK über diese Beschlüsse zu organisieren.«[3]

Was erwartete man in Moskau von der deutschen Revolution? Auf diese Frage sollten die von Grigori Sinowjew ausgearbeiteten und auf Weisung Stalins an die Mitglieder des Politbüros verteilten Thesen Antwort geben. Sie wurden von allen Mitgliedern, darunter auch Stalin, am 23. September bestätigt und an die Mitglieder des ZK versandt. Dieses Dokument sagt viel darüber aus, welch eklatantem Selbstbetrug über die Lage in Deutschland sich die Moskauer Bolschewiken hingaben und wie absolut offen sie damit umgingen. Hier einige Auszüge aus diesem umfänglichen Opus Sinowjews, das sogar in gedruckter Form verbreitet wurde:

»4. Was kann ein Bündnis Sowjetdeutschlands mit der UdSSR bringen?

Die Vorstellung von einem Bündnis Deutschlands mit der UdSSR ist dort ungeheuer populär und hat Millionen Anhänger.

Sowjetdeutschland wird unmittelbar nach seiner Entstehung einen engen Bund mit der UdSSR schließen. Dieser wird den werktätigen Massen Deutschlands und der UdSSR zahllose Vorteile bringen.

Die UdSSR, die überwiegend landwirtschaftlich, und Deutschland, das vor allem industriell entwickelt ist, passen ideal zueinander. Eine Allianz Sowjetdeutschlands mit der UdSSR wird in kürzester Zeit eine starke wirtschaftliche Kraft darstellen. Sie hätte alle ökonomischen Ressourcen zur Verfügung, die für das Aufblühen Sowjetdeutschlands und der UdSSR erforderlich sind. Die Landwirtschaft der UdSSR würde davon ungeheuer gewinnen, denn unser Dorf erhielte zu günstigen Bedingungen die notwendigen landwirtschaftlichen Geräte, Düngemittel usw. Nicht weniger profitierte davon auch die Großindustrie Sowjetdeutschlands, denn Rohstoffe und Absatzmärkte wären hier in bedeutendem Maße garantiert. Damit könnten auch die Risikofaktoren der Neuen Ökonomischen Politik (NÖP) Sowjetrußlands auf höchst wirkungsvolle Weise ausgeschaltet werden.

Das Bündnis Sowjetrußlands mit Sowjetdeutschland wird eine neue Phase der NÖP in Rußland einleiten, die Entwicklung der sozialistischen staatlichen Industrie der UdSSR beschleunigen und stärken. Es wird unweigerlich das Bestreben der neuen Bourgeoisie zunichte

Экз. I №

Строго-секретно.

Только членам ЦК и членам Президиума ЦКК.

Грядущая германская революция и задачи РКП.

(Тезисы доклада тов. Зиновьева на Пленуме ЦК РКП и Совещании ЦК с парторганизациями, принятые за основу Политбюро ЦК 21/IX-23 г. и одобренные с поправками Комиссией Политбюро 22/IX 23 г.).

1. Неизбежность и близость германской революции.

В настоящее время уже совершенно выяснилось, что пролетарский переворот в Германии не только неизбежен, но уже совершенно близок—надвинулся вплотную. Германская Компартия завоевала большинство активных слоев пролетариата. В самом ближайшем будущем Германская Компартия будет в состоянии повести за собою большинство всего пролетариата.

Новой, своеобразной чертой германской пролетарской революции будет та особая роль, которую сыграет в ней мелкая буржуазия городов: чиновничество, мелкие и средние служащие, мелкие торговцы и т. п.

Можно сказать, что до известной степени ту роль, которую сыграли в русской революции уставшие от войны крестьяне, в германской революции сыграют уставшие от экономической разрухи и приведенные развитием капитализма на край экономической пропасти широкие слои мелкой буржуазии городов.

Уже сейчас Германская Компартия в течение сравнительно очень короткого времени завоевала поддержку весьма значительных слоев мелкой буржуазии. Уже сейчас часть служащих, мелких чиновников и т. п. участвуют в нелегальных заседаниях фабрично-заводских комитетов, устраиваемых Германской Компартией. Уже сейчас Германской Компартии удается заключать соглашения с некоторыми слоями крестьянства, склонными поддерживать рабочих в предстоящей борьбе. Правильная политика Германской Компартии в отношении к крестьянству привела к тому, что германская социал-демократия, пытавшаяся заигрывать с крестьянством, теперь обрушивает на него громы и молнии. Позиция германской мелкой буржуазии, обусловленная, с одной стороны, брутальной политикой Антанты, с другой, узко-классовой политикой германской крупной буржуазии, облегчит германскому про-

Erste Seite der Thesen Sinowjews, die auf dem Plenum des ZK der RKP am 23. September 1923 bestätigt wurden

machen, in der Wirtschaft unserer Union eine beherrschende Stellung zu erlangen. Bereits die erste deutsche Revolution von 1918 hat bei aller ihrer Halbherzigkeit und ungeachtet des Verrats der deutschen Sozialdemokratie der Sowjetmacht in Rußland wesentlich geholfen, den Bürgerkrieg zu überstehen. Die heraufziehende zweite Revolution in Deutschland, die wahrhaft proletarischen Charakter tragen wird, hilft Sowjetrußland, an der entscheidenden Front des Aufbaus der sozialistischen Wirtschaft den endgültigen Sieg zu erringen. Damit wird die unerschütterliche Grundlage für den Sieg sozialistischer Wirtschaftsformen in ganz Europa gelegt.

Das Bündnis Sowjetdeutschlands mit der UdSSR stellt eine nicht weniger starke Militärmacht dar. Beide Republiken werden mit gemeinsamen Anstrengungen in der Lage sein, in relativ kurzer Zeit einen solchen Kern von Streitkräften zu schaffen, die ihre Unabhängigkeit gegen jegliche Anschläge des Weltimperialismus sichern.

5. Vereinigte Staaten der Arbeiter- und Bauernrepubliken Europas.

Angesichts der Lage in ganz Europa, im Lichte der heraufziehenden proletarischen Revolution in Deutschland und der Möglichkeit eines neuen Krieges ist es durchaus an der Zeit, die Losung von Vereinigten Staaten der Arbeiter- und Bauernrepubliken Europas auszugeben.

Die zentrale Kampflosung der deutschen Revolution, die bereits jetzt das Denken breitester Schichten der Werktätigen Deutschlands beherrscht und immer weitere Kreise erfaßt, ist das Bündnis Deutschlands mit der UdSSR. Aber die deutsche Revolution und mit ihr die ganze Komintern müssen bereits jetzt Antwort auf die Frage geben, wie sie sich das Zusammenleben der europäischen Staaten bei einem Sieg der Revolution in den entscheidenden Ländern Europas vorstellen.«[4]

Bescheidenheit in den politischen Ambitionen war dem Vorsitzenden der Komintern und mit ihm dem Generalsekretär der RKP(B) nun wahrlich nicht vorzuwerfen. Aber wenn man diese Zeilen heute liest, dann kann man sich des Eindrucks nicht erwehren, daß diese Ideen das historische und politische Denken Stalins für lange Zeit prägten. Wie sehr er später auch zu beweisen suchte, daß von Sinowjews Erbe nichts geblieben sei, war es doch ein veritables Déjà-vu-Erlebnis, Stalin und Molotow im Jahre 1939 plötzlich von der historischen Bedeutung eines Bündnisses zwischen der Sowjetunion und Deutschland, von den Vorzügen der wirtschaftlichen und militärischen Zusammenarbeit sprechen zu hören. Das kannten wir doch von Sinowjew! Als ob er die Gedanken des toten Sinowjew und des lebenden Stalin lese, schrieb Joachim von Ribbentrop in der von ihm vorgeschlagenen Präambel zum sowjetisch-deutschen Nichtangriffspakt:

»Die Erfahrung von Jahrhunderten beweist, daß zwischen dem deutschen und dem russischen Volk eine angeborene Sympathie besteht. Die Lebensräume beider Völker berühren sich, überlappen sich aber nicht in ihren natürlichen Bedürfnissen.

Die wirtschaftlichen Erfordernisse und Möglichkeiten beider Staaten ergänzen einander in jeder Hinsicht.«[5]

Zwar kam Sowjetdeutschland im Jahre 1923 nicht zustande, aber sub specie aeternitatis (aus der Sicht der Ewigkeit) ging es Stalin stets um das gleiche Ziel. Für viele Jahre – im Grunde genommen bis zur Gründung der DDR 1949 – war sein Denken von der Idee beherrscht, daß ein sowjetisch-deutscher Block unbesiegbar sei.

Auch im Herbst 1923 blieb dieser Gedanke nicht nur auf dem Papier. Am 20. Oktober legte die Militärkommission des ZK einen Plan zur Mobilmachung von bis zu 2,5 Millionen Angehörigen der Roten Armee vor, die dem deutschen Proletariat, falls erforderlich, militärisch zu Hilfe eilen sollten. Der Plan beinhaltete die Aufstellung von 20 neuen Divisionen. Deutsche Sprachkenntnisse, die zumeist aus der Gefangenschaft im ersten Weltkrieg stammten, waren besonders gefragt. Am 4. Oktober 1923 faßte das Politbüro den lapidaren Beschluß:

»Punkt 3. Übereinstimmung mit der Kommission in der Frage des Termins – 9. November d. J.«[6]

Damit hatte man in Moskau beschlossen, an welchem Tag die deutsche Revolution ausbrechen sollte. Eine Revolution, die aus einem ganz einfachen Grund dann doch nicht stattfand: Das deutsche Proletariat, das Stalin in seinem Interview für die »Rote Fahne« so in den Himmel gehoben hatte, konnte und wollte sie nicht durchführen. Intern äußerte Stalin allerdings Zweifel, daß die Deutschen zur Revolution bereit seien. In einem Brief an Sinowjew vom 7. August 1923 schrieb der Generalsekretär nicht ohne Ironie:

»Was Deutschland betrifft, so geht es natürlich nicht um Radek. Sollen die Kommunisten (zum gegenwärtigen Zeitpunkt) ohne die S.-D. [Sozialdemokraten] nach der Machtergreifung streben? Sind sie schon reif dafür? Das ist, so meine ich, die Frage. Als wir die Macht übernahmen, hatten wir in Rußland solche Reserven wie: a) Frieden, b) das Land den Bauern, c) die Unterstützung der überwältigenden Mehrheit der Arb[eiter]klasse, d) die Sympathien der Bauernschaft. Nichts davon haben die deutschen Kommunisten heute. Natürlich haben sie das Sowjetland in ihrer Nähe, was wir nicht hatten, aber was können wir ihnen im Augenblick geben? Wenn heute in Deutschland die Macht sozusagen stürzt und die Kommunisten sie aufheben, dann werden sie mit Pauken und Trompeten scheitern. Im besten Falle. Im schlechtesten wird man sie in Stücke hauen und weit zurückwerfen. Es geht nicht darum, daß Brandler ›die Massen lehren‹ will, sondern darum, daß die Bourgeoisie plus die rechten S.-D. das Lehrbeispiel in einen Generalangriff umwandeln und sie am Boden zerstören würden (wofür sie vorläufig alle Möglichkeiten haben). Die Faschisten schlafen natürlich nicht, aber für uns ist es von Vorteil, wenn sie als erste angreifen. Das wird die ganze Arbeiterklasse um die Kommunisten zusammenschließen (Deutschland ist nicht Bulgarien). Aber nach allen Informationen zu urteilen, sind die Faschisten in Deutschland schwach. Meiner Meinung nach muß man die Deutschen zurückhalten und nicht ermuntern.

Beste Grüße,
J. Stalin«[7]

Auch später verhehlte Stalin seine Skepsis nicht. Am 8. November 1923 schrieb er an Pjatakow (der sich unter dem Decknamen »Arvid« in Berlin aufhielt):

»Die Kommunisten hatten keine Mehrheit unter den Arbeitern. Es gab Zeiten, da die Mehrheit die Revolution verteidigen wollte, aber wenn diese Mehrheit gewußt hätte, daß die Kommunisten ohne die Sozialdemokraten die Führung übernehmen ... Diese Mehrheit muß erst noch gewonnen werden! In Wirklichkeit liegt die Macht in Deutschland nicht am Boden, wie die deutschen Genossen behaupten, sondern sie ist quicklebendig und hat genügend Kräfte zur Verfügung, um die Kommunisten aufs Haupt zu schlagen.

Wenn Iljitsch in Deutschland wäre, würde er wohl sagen, der Hauptfeind der Revolution seien die Sozialdemokraten, besonders ihr linker Flügel, der das Vertrauen der Arbeiter noch nicht verloren hat ... Diesen Linken muß man sagen: Entweder unsere Plattform, oder geht zum Teufel!«[8]

In dem Briefwechsel mit Pjatakow kam Stalin wieder auf den Gedanken zurück, den Radek lange vorher ausgesprochen hatte. Man solle die »Faschisten« (d. h. Hitler) agieren lassen. Gewannen sie zunächst die Oberhand, konnten die Kommunisten sie dann um so besser schlagen. Leider ging nur der erste Teil dieser Prophezeiung in Erfüllung.

Es ist geradezu eine Ironie des Schicksals, daß sich am 8. und 9. November 1923 eine andere »Revolution« ereignete – Hitlers berühmter »Novemberputsch« im Münchener Bürgerbräukeller. Es kam, wie es Stalin vorausgesagt hatte.

DRITTES KAPITEL

Rapallo mit anderen Augen gesehen

Der Vertrag von Rapallo, den der Volkskommissar für Auswärtige Angelegenheiten der RSFSR, Georgi Tschitscherin, und der deutsche Außenminister Walter Rathenau im April 1922 in dem kleinen Kurort bei Genua unterzeichneten, ist längst zur Legende geworden. Er kam für das damalige Europa völlig überraschend, wo man nichts für möglich hielt, was sich nicht nach dem Willen Englands und Frankreichs, der Triumphatoren und Diktatoren von Versailles, vollzog. Und dieser Vertrag wurde gegen ihren Willen geschlossen.

Legende ist inzwischen auch, wie rasch sich die Partner einig waren. Damit konnte man sich in der Downing Street und am Quai d'Orsay ein wenig trösten: Die hinterhältigen Deutschen und die bösartigen Russen, die sich auf der Wirtschaftskonferenz von Genua trafen, hätten sich »plötzlich« miteinander verschworen. Nicht ganz so plötzlich kam der Vertrag für die unmittelbar Beteiligten, besonders für die sowjetische Diplomatie. Die Idee, die RSFSR auf den Kontakt mit der Weimarer Republik zu orientieren, hatte Außenminister Tschitscherin persönlich ins Spiel gebracht.

Die Geschichte der Konferenz von Genua und des Vertrages von Rapallo gehört zu den Eigentümlichkeiten der sowjetischen Außenpolitik. Zwei Wendungen kamen hier zusammen: Die eine – in der bislang negativen Haltung der Westmächte zur jungen Sowjetrepublik, die andere – im Verhalten der führenden Männer Sowjetrußlands, die zum ersten Mal die internationale Bühne betraten. Die kommunistische Orthodoxie im Sinne der soeben gegründeten Komintern hätte gefordert, dort mit Donnerstimme zu verkünden, daß der Zusammenbruch des kapitalistischen

Systems und die Weltrevolution unmittelbar bevorstehen. Aber nichts davon geschah. Die neue Taktik, die Lenin und Tschitscherin unter Mitwirkung von Sinowjew und Stalin ausarbeiteten, bedeutete, keine derart maximalistischen Erklärungen mehr abzugeben und statt dessen einen bislang ungeliebten pazifistischen Kurs einzuschlagen. Tschitscherin schrieb darüber 1922 an Lenin:

»Die Befürchtungen des ausländischen Kapitals sind durch keinerlei Versicherungen unsererseits zu zerstreuen. Es wird nur ins Land kommen, wenn wir es durch unser gesamtes Verhalten davon überzeugen, daß ihm keine Gefahr droht, daß unser gegenwärtiges System, die politische Macht des Proletariats, die dem Kapital aus Eigeninteresse einen gewissen Handlungsspielraum gewährt und dessen Interessen in diesem Rahmen garantiert, ein wirklich dauerhaftes, stabiles System darstellt. Die Tatsachen in ihrer Gesamtheit, insbesondere unser Auftreten in Genua müssen das Auslandskapital zu dem Schluß führen, daß unser Kurs, mit dem Kapital Geschäfte zu machen, dauerhaft und stabil ist. Wenn unser Verhalten in Genua dem widerspricht, dann werden wir – ohne funktionierenden Verkehr und mit ruinierter Landwirtschaft – langsam zugrunde gehen.

Als Marxisten und Realisten müssen wir nüchtern sehen, wie kompliziert unsere Lage ist ... Letzten Endes wirkt unsere Diplomatie im Interesse der Produktion, begreifen wir unsere Außenpolitik so, daß sie die Produktion in Rußland voranzubringen hat. Wenn dies heute unsere aktuelle Aufgabe ist, dann müssen wir uns bewußt sein, daß jegliche Aktionen revolutionären Charakters in eklatantem Widerspruch dazu stehen. Längst ist es Praxis, und selbst eine Plenartagung des Zentralkomitees hat festgestellt: Sowjetstaat und Komintern sind streng auseinanderzuhalten. Kommunistische Agitation ist Sache der Komintern. Der Sowjetstaat dagegen verteidigt die politischen und wirtschaftlichen Interessen der werktätigen Massen Rußlands. Sollten wir in Genua diese strikte Trennung nicht einhalten, dann stellen wir alles in Frage, was wir bisher wirtschaftlich erreicht haben und was unsere aktuelle Aufgabe ist. Wenn wir die ›sympathische‹ Losung ausgeben, daß die Weltwirtschaft wiederhergestellt werden muß, dann wird das für unsere kaufmännischen Aktivitäten nicht von Schaden sein.

Und wir müssen stets im Auge haben, daß unser Auftrag in Genua eben darauf hinausläuft.«[1]

Den Zusammenhang von Politik und Ökonomie brauchte den Bolschewiken niemand zu erklären. Daß alle politischen und geistigen Erscheinungen in der Wirtschaft, in der Sphäre der materiellen Produktion ihre Grundlage haben, hatten sie mit der Muttermilch des Marxismus aufgesogen – zuweilen etwas dogmatisch und theoretisch, meist aber in einem zutiefst praktischen und pragmatischen Sinne. Die Partei Lenins war sofort nach der Machtergreifung mit dem realen Leben und der harten Notwendigkeit konfrontiert, generell und auch in der Außenpolitik in ökonomischen Begriffen zu denken. Lenin und seine treuesten Schüler, unter denen Georgi Tschitscherin hervorstach, taten das ohne Zögern. Dabei kam den Wirtschaftsbeziehungen zum nächsten Nachbarn Deutschland erstrangige Bedeutung zu, denn die anderen entwickelten kapitalistischen Staaten galten seit 1917 als Gegner. Diese Problematik war auch einem weiteren Mitglied des Rates der Volkskommissare nicht fremd – dem Volkskommissar für Nationalitätenfragen, Jossif Dshugaschwili-Stalin.

Da er von Natur aus mißtrauisch war, überall Intrigen und Machenschaften der Imperialisten witterte, hielt er Skepsis für angebracht. Zu diesem Thema ist ein Briefwechsel zwischen Stalin und Sinowjew erhalten geblieben. Letzterer hatte hochfliegende Pläne, wie man die reichen Länder des Westens für die Interessen des Sowjetstaates und der kommenden Weltrevolution einspannen könnte. Dazu schrieb ihm Stalin:

»Einige beobachten uns, andere treiben ihr Spiel mit uns, dritte machen uns einfach etwas vor. Wenn wir das alles für bare Münze nehmen, wie es Gen. Tschitscherin tut, dann können wir in die Irre gehen. Eines ist jedenfalls klar: Für seriöse Geschäfte mit den Deutschen oder den Engländern ist die Zeit noch nicht reif (sie zieht gerade erst herauf). J. Stalin. 30. XI. [1921]«[2]

Bald aber war es soweit – als nämlich die größten deutschen Firmen am russischen Markt Interesse zeigten. Noch vor Rapallo reiste der damalige Volkskommissar für Handel und Industrie, Leonid Krassin, auf Beschluß des Politbüros des ZK der RKP(B) zu Geheimverhandlungen mit Bankiers und Industriellen nach Deutschland. Dort sollte es u. a. auch darum gehen, in Rußland Rüstungsproduktion für den Bedarf der Reichswehr aufzubauen, die Deutschland nach dem Versailler Vertrag untersagt war.[3] Über Krassins Gespräche in Berlin war Stalin voll informiert.[4] Bereits damals zeichnete sich eine bevorstehende internationale Konferenz, an der die junge Russische Sowjetrepublik teilnehmen sollte, in Umrissen ab. Karl Radek, ebenfalls Mitglied des ZK, sandte Lenin nach seinem Deutschlandbesuch einen Bericht, den auch Stalin zur Kenntnis erhielt. Nach Radeks Auffassung war es notwendig:

»1. die Konferenz von Genua nicht abzuwarten, sondern die Separatverhandlungen fortzusetzen, Geschäfte abzuschließen und unseren Standpunkt zu erläutern;
2. bei der Vorbereitung von Vereinbarungen mit England und Deutschland eine Zuspitzung der Beziehungen zu Frankreich zu vermeiden, weil sonst unsere Abhängigkeit von England verstärkt und Druck auf Deutschland erschwert werden könnte;
3. in Genua von einer realistischen Plattform auszugehen, das heißt, die faktischen Grenzen unserer Zugeständnisse grob zu umreißen, nicht wie Zigeuner alle übers Ohr hauen zu wollen, sondern eine großangelegte Politik zu betreiben und mit relativ offenen Karten zu spielen, was sich an historischen Wendepunkten stets als zweckmäßig erwiesen hat;
4. ein Programm der nächsten praktischen Schritte zur Wiederherstellung der russischen Wirtschaft vorzulegen;
5. eine reale Vereinbarung anzustreben, aber auch ein Scheitern in Kauf zu nehmen, wenn die kapitalistische Welt die souveränen Rechte Sowjetrußlands verletzen und uns Belastungen aufzwingen will, die wir nach unserer Überzeugung nicht tragen können.«[5]

Die Vereinbarungen von Rapallo liefen auf folgendes hinaus: Die RSFSR und Deutschland als vollkommen gleichberechtigte Partner verzichteten gegenseitig auf jegliche Ansprüche aus dem Kriege. Deutschland gab die Forderung auf, enteignete Unternehmen den ehemaligen deutschen Besitzern zurückzugeben, wenn die RSFSR gegenüber anderen Staaten gleichermaßen verfuhr. Die diplomatischen Beziehungen wurden wiederaufgenommen. Beide Seiten gewährten einander die Meistbegünstigung im Handel. So wurde Rapallo zu einer Realität der internationalen Politik.

Stalin behielt den Vertrag von Rapallo im Auge, was sein Archiv beweist.[6] Darin findet sich ein Brief Krassins vom 27. Mai 1922 über die sogenannte »Sondergruppe« (eine in der Reichswehr geschaffene Gruppe zur Zusammenarbeit mit der Roten Arbeiter- und Bauernarmee – RKKA) und die Firma Junkers. Am 10. August informierte Tschitscherin Stalin in einem Brief über den sowjetisch-deutschen Handelsvertrag. Im September erhielt Stalin einen Bericht zu diesem Thema von einer Kommission, der der Diplomat Stomonjakow sowie die Ökonomen Varga, Trachtenberg und Goldstein angehörten. Im Januar 1923 ging Stalin die Einschätzung einer weiteren Kommission (Frunse, Lebedew und Rosenholz) zu, die den Auftrag hatte, »die Voraussetzungen, Methoden und Mittel der militärischen Verteidigung für den Fall auszuarbeiten, daß beiden Staaten ein Existenzkampf aufgezwungen wird«. Darauf Stalins Vermerk: »Keine Einwände«. Offenbar ging es dabei um ein mögliches gemeinsames Vorgehen der RSFSR und Deutschlands gegen Polen, das die deutschen Diplomaten angedeutet hatten. Dazu schrieb Litwinow an Stalin:

»Der Erfolg oder die Aufrechterhaltung mehr oder weniger freundschaftlicher Beziehungen mit Deutschland sind nur möglich, wenn wenigstens in einem großen europäischen Land feste Stützpunkte geschaffen werden ... Besonders sorgfältig müssen alle Ursachen für mögliche zeitweilige Konflikte mit Deutschland und unfreundliche Akte seinerseits ausgeräumt werden. Daher sollten wir die Forderungen Deutschlands bei den Handelsverträgen ernst nehmen und, soweit es sich um vernünftige Forderungen handelt, diesen maximal entgegenkommen. Litwinow«[7]

Stalin vermerkte seine Zustimmung auf dem Brief mit dem Signum »St.«.

Dem Vertrag von Rapallo folgten die sowjetisch-deutschen Abkommen von 1926 und 1931. Zweifellos hatten hier einflußreiche Finanz- und Industriegruppen Deutschlands ihre Hände im Spiel, wofür der Name Rathenau, Generaldirektor des mächtigen Elektrokonzerns AEG, steht (wenn dieser auch nicht zu den überzeugtesten Anhängern des Vertrages von Rapallo gehörte). Die Liste der Großunternehmen, die die sowjetisch-deutsche Zusammenarbeit in Theorie und Praxis unterstützt haben, ist lang und enthält viele klingende Namen. Die sowjetische Geschichtsschreibung hob an Rapallo vor allem die De-facto-Anerkennung Sowjetrußlands durch Deutschland und einen Aufschwung der günstigen Wirtschaftsbeziehungen hervor. Aber das war nur der äußere Eindruck. Seit in den neunziger Jahren die sowjetischen Archive geöffnet wurden, kommt nach und nach auch der bisher verborgene Teil des Eisberges mit dem Namen »Kurs von Rapallo« zum Vorschein. Er betrifft die militärische Zusammenarbeit zwischen der Roten Armee und der Reichswehr.

Der Gerechtigkeit halber sei gesagt, daß die Haupttriebkraft für die Annäherung beider Staaten Militärkreise waren, vor allem diejenigen ihrer Vertreter, die begriffen, welche Rolle die Rüstungswirtschaft dabei spielen konnte. Sie stellte den Politikern konkrete Aufgaben, die allerdings für beide Länder unterschiedlich ausfielen. Deutschland wollte die Fesseln abwerfen, die man seiner Armee und seiner Rüstungsindustrie in Versailles angelegt hatte. Rußland strebte danach, seine Isolierung in Europa und der Welt zu überwinden, um die junge Sowjetmacht zu konsolidieren. Pioniere der deutsch-sowjetischen Annäherung waren die führenden Köpfe der Reichswehr, an ihrer Spitze Generaloberst

Hans von Seeckt. Auf sowjetischer Seite engagierten sich besonders die Vertreter der Partei und der Regierung Viktor Kopp und Karl Radek. Von Seeckt mit seinem Ruf eines Deutschnationalen ohne Fehl und Tadel konnte es sich leisten, für die Annäherung an Sowjetrußland zu werben, denn er war am wenigsten verdächtig, Sympathien für den Kommunismus oder die Komintern zu hegen.

Viktor Kopp und Karl Radek, die Vorkämpfer für Rapallo auf sowjetischer Seite, sind weniger bekannt. Sie gehören der ersten Generation sowjetischer Diplomaten und Außenpolitiker an. Kopp war 1920 Bevollmächtigter des Volkskommissariats für Auswärtige Angelegenheiten in Deutschland (nicht Botschafter – das war seit 1918 Adolf Joffe gewesen, den man wegen revolutionärer Propaganda bald darauf aus Deutschland ausgewiesen hatte). Karl Radek, Mitglied dreier kommunistischer Parteien – der polnischen, russischen und deutschen, Mitglied des ZK der RKP(B), ein begabter, tatkräftiger Politiker, hielt sich ebenfalls in Deutschland auf, aber mit einem sehr eigenen Status: 1919 hatte ihn die deutsche Polizei wegen revolutionärer Betätigung festgenommen. Aber im Gefängnis Moabit erfreute er sich der Protektion des ... Kriegsministeriums der Weimarer Republik. Wie er selbst berichtete, erkor man ihn zum Verbindungsmann zwischen Sowjetrußland und »Vertretern der Ostorientierung in der deutschen Politik«. Diese verloren keine Zeit. Im Kriegsministerium wurde eine »Sondergruppe R« ins Leben gerufen, die an die praktische Vorbereitung der Zusammenarbeit mit Russland ging. In den russischen Dokumenten trägt sie den (Kodenamen »Wogru«, was als Abkürzung für »Wojennaja gruppa« – »militärische Gruppe« – steht.[8]

Heute ist das alles kein Geheimnis mehr. In Rußland sind erste, zum Teil als Sensation vermarktete Informationen und Erinnerungen an die Zusammenarbeit zwischen Reichswehr und Roter Armee erschienen. Ich ziehe dieser Effekthascherei nüchterne Dokumente vor. Hier ein Bericht über diese Zusammenarbeit vom Jahre 1928 aus der Feder von

Jan Bersin (mit bürgerlichem Namen Peter Kjusis), der in jenen Jahren als oberster Kundschafter der Roten Armee galt. Im Unterschied zu vielen Äußerungen über dieses »heiße« Thema hielt sich Bersin strikt an die Tatsachen. Ohne seine Skepsis zu verhehlen, beleuchtete er alle Vor- und Nachteile des von Partei und Regierung eingeschlagenen Kurses. Hier sein Bericht im Wortlaut:

»An den Volkskommissar für Heer und Flotte der UdSSR
Gen. Woroschilow

BERICHT
ÜBER DIE ZUSAMMENARBEIT ZWISCHEN RKKA UND REICHSWEHR

Verhandlungen über die Zusammenarbeit zwischen RKKA und Reichswehr begannen, soweit mir bekannt ist, bereits 1922 (über genaue Angaben verfügt die Verwaltung IV nicht).* Sie wurden damals vom Mitglied des Revolutionären Militärrates [RWS – das höchste Führungsorgan der Roten Armee], Gen. Rosenholz, geführt und mündeten im Herbst 1923 nach einem ausführlichen Meinungsaustausch in Verträgen:

a) mit der Firma Junkers über die Lieferung von Flugzeugen und den Bau eines Flugzeugwerkes auf dem Gebiet der UdSSR,
b) mit dem Oberkommando der Reichswehr über den gemeinsamen Bau eines Werkes für die Produktion von Senfgas (die Aktiengesellschaften ›Wiko‹, ›Metachim‹ und ›Bersol‹).

1924 erhielt unsere Industrie über die Firma Metachim einen Auftrag der Reichswehr über 400000 Drei-Zoll-Granaten für Feldgeschütze.

Die genannten Verträge [mit der Firma Junkers und über den Bau des Senfgaswerkes] brachten unserer Seite keine positiven Ergebnisse. Die Firma Junkers erfüllte ihre Zusage zur Lieferung von Metallflugzeugen nicht, und auch das Werk wurde nicht gebaut. Daher wurde der Vertrag in den Jahren 1926–1927 gekündigt. Auch der Vertrag über den gemeinsamen Bau einer Senfgas-Produktionsanlage mußte 1927 gekündigt werden. Die Firma Stolzenberg, der die Reichswehr die technische Ausführung der Bestimmungen des Vertrages (Lieferung der

* Bersin wußte offenbar nichts von den Verhandlungen Kopps und Radeks in den Jahren 1920/21, da die Verwaltung Aufklärung daran nicht beteiligt war.

Maschinen und Aufbau der Produktion) übertragen hatte, führte die Reichswehr und uns faktisch an der Nase herum, nachdem sie von der Reichswehr 20 Millionen Mark kassiert hatte. Die Ausrüstungen, die die Firma lieferte, und das Verfahren zur Herstellung von Senfgas wurden von unseren Fachleuten, später auch von den deutschen, als veraltet und ungeeignet eingeschätzt.

Zwar haben wir in dieser Sache keinen materiellen Schaden erlitten, jedoch drei Jahre Zeit verloren, denn in Erwartung dieses Werkes wurde nichts für den Aufbau einer eigenen Senfgasproduktion getan.

Der Auftrag der Reichswehr über die Drei-Zoll-Granaten wurde erfüllt. Wir lieferten sie im Jahre 1926 nach Deutschland. Jedoch die Abrechnung erfolgte erst Ende dieses Jahres (woran allerdings unsere Industrie schuld ist). Die ganze Sache hat uns, wie bekannt, großen politischen Schaden gebracht, da die Tatsache, daß wir Granaten für Deutschland herstellen, durch Verschulden der Deutschen den Sozialdemokraten bekannt wurde, die (soviel wir wissen) mit Zustimmung Stresemanns eine wilde Pressekampagne gegen uns entfachten.

Die erste Etappe unserer Zusammenarbeit mit der Reichswehr hat uns also keinerlei positive Ergebnisse gebracht (wobei ich die rein politische Seite der Sache hier ausklammere).

Seit 1925, als die Fehlschläge mit Junkers und dem Senfgaswerk sich abzeichneten, hat sich die Zusammenarbeit nach und nach auf andere Bereiche verlagert.

Mit den Verträgen von 1923 hatten die Deutschen – wie aus einem geheimen Brief des Oberkommandos der Reichswehr vom 7. Januar 1927 an ihren Vertreter in Moskau, Lith, hervorgeht – das Ziel verfolgt, uns in den Bereichen Luftfahrt und Chemie zu beliefern und sich dadurch Einfluß auf die entsprechenden Bereiche unserer Industrie zu verschaffen. Seit 1925 sind sie jedoch ›mehr daran interessiert, möglichst rasch größeren Einfluß auf das russische Heer, die Luftwaffe und die Marine zu bekommen‹. Offenbar sind damit Organisation und taktische Ausbildung unserer Armee gemeint.

In diesem Zusammenhang stimmen die Deutschen bereits 1925 zu, fünf unserer Kommandeure (nach dem Prinzip der Gegenseitigkeit) zu ihrer taktischen Feldausbildung und ihren Manövern zuzulassen. 1926 schlagen sie bereits Beratungen über operative Fragen vor, um hier einheitliche Auffassungen zu erzielen.

1926 werden unsere Kommandeure (die Gen. Swetschnikow und Krassilnikow) als Hörer in das letzte Ausbildungsjahr des akademischen Lehrgangs der Deutschen Militärakademie aufgenommen.

Im selben Jahr schließen die Deutschen mit uns einen Vertrag über den Aufbau einer Panzerschule in Kasan und über gemeinsame Gasversuche in Podossinki ab (heute Unternehmen ›Tomka‹).

Gegenwärtig gestalten sich unsere Beziehungen zur Reichswehr konkret wie folgt:

a) gegenseitige Information über Stand und Methoden der Ausbildung in beiden Armeen durch Entsendung von Kommandeuren zu Manövern, Feldübungen und Lehrgängen der Militärakademien;
b) gemeinsame chemische Versuche (Unternehmen ›Tomka‹);
c) gemeinsamer Aufbau der Panzerschule in Kasan (Projekt ›Kama‹);
d) Errichtung einer Fliegerschule in Lipezk (Projekt ›Lipezk‹);
e) Entsendung von Vertretern einzelner Verwaltungen (Verwaltung für die Versorgung mit Bekleidung und Ausrüstung, Verwaltung wissenschaftlich-technische Entwicklung, Verwaltung Artillerie, Hauptverwaltung Sanitätsdienste u. a.) nach Deutschland, wo sie einzelne Probleme studieren und sich ansehen, wie die Arbeit organisiert ist.

…

Bis Anfang 1928 (dem Eintreffen von Oberst Mittelberger) nahmen die Deutschen zu der Zusammenarbeit eine abwartende Haltung ein, die recht deutlich das Schwanken zwischen Ost und West widerspiegelte, das in der deutschen Außenpolitik allgemein zu beobachten war. Die militärische Zusammenarbeit mit der Sowjetunion galt für die deutsche Diplomatie nur als Trumpf in den Verhandlungen mit Frankreich und England. Seit der erneuten Annäherung von England und Frankreich Anfang 1928 und dem Scheitern der deutschen Hoffnungen auf eine günstige Lösung der Reparationsfrage sowie der Probleme des Rheinlandes (Abzug der französischen und belgischen Truppen) beginnt sich die Haltung führender Kreise der Reichswehr zur Zusammenarbeit mit der RKKA allmählich zu ändern. Zum Kennenlernen der RKKA und zur Sondierung der Möglichkeiten für die Zusammenarbeit werden so hochgestellte Persönlichkeiten wie der stellvertretende Generalstabschef Mittelberger und danach auch Generalstabschef Blomberg in die UdSSR entsandt. Der Umgangston ist freundschaftlicher geworden. Im Moment ist es noch zu früh, bereits von einer langfristigen Umorientierung auf den Osten zu sprechen, aber das Scheitern der Versuche der Deutschen, in den Fragen der Reparationen und des Abzuges der Okkupationstruppen aus dem Rheinland zu Vereinbarungen zu kommen, wird die Ostorientierung stärken. Das ist eine Erklärung für die neuen Vorschläge der Reichswehrführung, die Zusammenarbeit beider Armeen zu regeln und zu erweitern, die über Niedermayer und Gen. Kork zu uns gelangt sind.

Dabei geht es konkret um folgendes:

1. Austausch des Personals der Projekte, das bisher aus Reserveoffizieren besteht, gegen qualifizierte aktive Reichswehroffiziere.
2. Eröffnung der Panzerschule in Kasan im Frühjahr 1929, Ausrüstung der Schule mit den neuesten Modellen schwerer und mittlerer Panzer.
3. Abschluß eines Vertrages über Gasversuche und deren Erweiterung. Lieferung von Gasgranaten und vier Feldhaubitzen für das Versuchsschießen aus Deutschland.
4. Bereitstellung von Funkstationen, um eine Verbindung zwischen der Panzerschule in Kasan und der Schule in Lipezk herzustellen; Flugverbindung zwischen den beiden Schulen für das Testen von Funkstationen in Flugzeugen über größere Entfernungen, als es der Flugplatz in Lipezk gestattet.
5. Allmähliche Annäherung der Marinestäbe beider Staaten durch Reisen von Vertretern unserer Seestreitkräfte nach Deutschland oder von Vertretern der deutschen Flotte nach Moskau; persönliches Kennenlernen der Verantwortlichen beider Flotten, Erörterung von gemeinsamen Problemen usw.
6. Feststellung der Aufklärungstätigkeit beider Armeen gegen Polen; Austausch von Daten über Polen, Treffen von führenden Vertretern beider Aufklärungsorgane zur gemeinsamen Erörterung vorliegender Informationen über Mobilmachungsgrad und Aufmarsch der polnischen Armee.
7. Zusammenarbeit der Konstrukteure im Bereich von Artillerie und Maschinengewehren, wobei die Ergebnisse der deutschen und sowjetischen Industrie auf diesem Gebiet unter der Voraussetzung der Gleichberechtigung (entsprechend dem über Professor Schmitz zugeleiteten Vorschlag) gemeinsam genutzt werden sollen.

8. Weitere gegenseitige Entsendung von Kommandeuren zu Manövern und Feldübungen, Zulassung unserer Kommandeure zum höchsten Studienjahr der Militärakademie der Reichswehr, Aufnahme einiger deutscher Offiziere als Praktikanten in unseren Truppenteilen.

Außerdem hat die Firma Junkers bei einem privaten Treffen mit unserem Militärattaché in Berlin die Wiederaufnahme ihrer Tätigkeit in der UdSSR angesprochen. Dabei geht es um den Bau eines Flugzeugwerkes in Form einer Konzession. Die Firma Junkers will ihre Vorschläge konkretisieren, wenn sie unsere grundsätzliche Zusage zur Aufnahme von Verhandlungen erhält.

Zusammenfassend halte ich folgendes für zweckmäßig:

1. Die Zusammenarbeit mit der Reichswehr ist in den bestehenden Formen fortzusetzen.
2. Die Möglichkeiten zur Aus- und Weiterbildung unseres Kommandeursbestandes durch den Besuch des letzten Studienjahres der deutschen Militärakademie, durch Anwesenheit bei Manövern, Feldübungen usw. sind maximal zu nutzen. Ebenso sind einzelne Fachleute zum Kennenlernen von Arbeitsweise und -methoden in einzelne Zweige der Rüstungsindustrie zu entsenden.
3. Von den Deutschen ist die schnellstmögliche Eröffnung der Panzerschule zu fordern, die maximal für die Ausbildung von Kommandeuren der Panzertruppen genutzt werden muß.
4. Die Ergebnisse der Versuche der Deutschen in der Schule Lipezk sind dadurch maximal zu nutzen, daß die vom Vertrag gestattete Zahl unserer Schüler dort eine Ausbildung aufnimmt.
5. Die chemischen Versuche sind fortzusetzen, wobei im Vertrag die Möglichkeit vorzusehen ist, daß wir diese einstellen, wenn wir es für nötig halten.
6. Auf den Vorschlag, Kontakt zwischen den führenden Vertretern beider Flotten herzustellen, ist einzugehen. Dieser sollte auf das persönliche Kennenlernen der Kommandeure und die Erörterung von Fragen allgemeinen Charakters beschränkt bleiben.
7. Der Vorschlag über den Austausch von Nachrichten über Polen sowie die gemeinsame Erörterung von Mobilmachung und Aufmarsch der polnischen Armee ist anzunehmen. Versuche, organisierte Kontakte zwischen den Nachrichtendiensten herzustellen, sind dagegen abzulehnen.

8. Das Problem gemeinsamer Konstruktionsarbeiten ist zu entscheiden, wenn konkrete Vorschläge der Reichswehr vorliegen.

Zur Bestätigung eingereicht von:

dem Leiter der Verwaltung IV des Stabes der RKKA, Bersin

24. Dezember 1928

Moskau

in 6 Exemplaren.«[9]

Nüchterne Prosa, und ziemlich kritische dazu. Bersins Bericht zeigt, daß die Führung der RKKA über die Zusammenarbeit der beiden Armeen nicht gerade begeistert war und die negativen Seiten durchaus sah. Aber unter dem Strich stimmte sie – entsprechend dem politischen Willen der Sowjetregierung – der Fortsetzung der Kontakte zu und ließ sich sogar auf eine Weiterentwicklung ein. Offenbar versprach man sich davon große Vorteile.

In die Zusammenarbeit mit der Reichswehr setzte man in Moskau in der Tat große Erwartungen. Das ergibt sich aus dem folgenden Dokument, einem Bericht des Chefs Nachrichtenwesen der RKKA an den stellvertretenden Volkskommissar Michail Tuchatschewski vom 9. Dezember 1934:

»Bericht

Ich melde Überlegungen zum Import von Artikeln der Fernmelde- und Fernwirktechnik aus Deutschland, ebenso von Ausrüstungen, die erforderlich sind, damit die Schwachstrom- und Bauelementeindustrie die Aufträge des Volkskommissariats für Verteidigung besser erfüllen kann.

I. Das System der Funkmittel soll im zweiten Fünfjahrplan auf eine neue technische Grundlage gestellt werden, die neben neuen Grundeigenschaften der Geräte vor allem eine hohe Qualität der Werkstoffe, Röhren und Stromquellen erfordert. Bei den neuesten im Ausland hergestellten Funkgeräten wird durchweg das Spritzgußverfahren angewandt; sie sind mit Stromquellen hoher Qualität ausgestattet. Einige Modelle, die bei uns für das System der Funkmittel des zweiten Fünfjahrplanes entwickelt wurden, können von der Radiogeräteindustrie nicht hergestellt werden, da sich die Produktion von Röhren und Stromquellen auf sehr niedrigem Niveau befindet. Der Spritzguß wird in unserem Lande überhaupt noch nicht angewandt. Daher können wir einige Typen deutscher Funkgeräte auch nicht nachbauen, die unseren Anforderungen entsprechen.

Ich halte es deshalb für notwendig:

1. Für GLAWESPROM ist ein kompletter Satz von Spritzgußausrüstungen zu bestellen, dessen Spezifikation von der Industrie anzufordern ist.
2. Für das im Bau befindliche Werk ›Radiolampa‹ sind die notwendigen Ausrüstungen für eine vollständige Anlage zur Herstellung von Sender- und Empfängerröhren einzukaufen. Die Spezifikation ist von der Industrie anzufordern.
3. Um die Fabrik ›RADIOPRIBOR‹, die neue Fernwirktechnik herstellt, zu voller Leistung zu bringen, sind die notwendigen Ausrüstungen zu beschaffen. (Die Spezifikation ist von GLAWESPROM anzufordern.)
4. Für das Bauelementewerk Irkutsk ist die erforderliche Ausrüstung zu erwerben, um dort die Produktion von Anodenbatterien und Bauelementen in der Quantität und Qualität aufzubauen, die eine volle Versorgung der Fernöstlichen Rotbannerarmee (OKDWA) sicherstellt. (Die Spezifikation ist beim Unionstrust für Akkumulatoren – WAKT – anzufordern).

II. Um die RKKA besser mit Funkgeräten und Spezialtechnik auszustatten, halte ich es für notwendig, die interessantesten Geräte in geringer Stückzahl einzuführen, um sie in unserem Lande zu produzieren. Dazu zähle ich in erster Hinsicht Gerätetypen, die bei uns völlig fehlen und die vom Hersteller nicht in Einzelexemplaren verkauft werden. Zweitens solche Geräte, die sich bei der Erprobung in unserem Lande bewährt haben, für deren Nachbau unsere Industrie aber mindestens zwei Jahre brauchte, und drittens, die neuesten Muster von Funk- und Spezialtechnik, um die Zweckmäßigkeit ihres Nachbaus einschätzen zu können.

A) Zum Einkauf vorgesehene Warenpartien:

1) Bataillons-Funkgerät mit Wechselsprechsystem auf einer Wellenlänge,	50 Stück	125 000 Mark

Baujahr 1934. Nach vorliegenden Informationen hat Japan eine Großserie dieses Gerätes bei TELEFUNKEN geordert. Der Kauf soll dem Nachbau für die Ausstattung einer Versuchseinheit dienen.
2) Leichte Flugplatz-Funkstation mit kombiniertem Wellenbereich und Wechselsprechsystem auf einer Wellenlänge.
Ein vorliegendes Muster hat gute Ergebnisse gebracht …

…

4) Muster eines neuen Panzerfunkgerätes (soll von der Firma TELEFUNKEN Ende 1934 gebaut werden)	5 Stück	30 000 Mark
5) Peilgerät mit kombiniertem Wellenbereich, Baujahr 1934	5 Stück	25 000 Mark
6) Muster einer Apparatur für Infrarotfotografie aus bis zu 500 km Entfernung	2 Kameras	20 000 Mark
7) In Flugzeugen verwendete Anlagen zum Senden und Empfangen von Wetterberichten in Form von Abbildungen	2 Stück	20 000 Mark
8) UKW-Röhren mit der höchsten in Deutschland vorhandenen Leistung	5 Stück	25 000 Mark
9) Magnettonröhren mit der höchsten in Deutschland vorhandenen Leistung	10 Stück	25 000 Mark
10) Neuestes Fernschreibgerät für militärische Zwecke (soll von der Firma SIEMENS für die Reichswehr produziert werden)	2 Stück	10 000 Mark
11) Muster verschiedener Fotoelemente zum Bau einer Infrarot-Spezialanlage	50 Stück	5 000 Mark
12) Muster von Ladegeräten für kleine Truppeneinheiten und Gebirgsjäger	5 Stück	5 000 Mark
13) Muster von Aggregaten für die volle Stromversorgung von Funkgeräten in Flugzeugen und Panzern (Empfängern und Sendern)	10 Stück	2 500 Mark

14) Muster von Anodenbatterien, Bauteilen und leichten Akkumulatoren	100 Stück	5 000 Mark
15) Sprechanlage für schwere Flugzeuge, gekoppelt mit Funkgerät	5 Stück	20 000 Mark
16) Sprechanlage für Panzer, gekoppelt mit Funkgerät	5 Stück	20 000 Mark
17) Muster von Nautofonanlagen für öffentliche Bekanntmachungen der Luftverteidigung, die aus dem städtischen Wechselstromnetz gespeist werden	2 Stück	5000 Mark
18) Muster einer automatischen Telegrafenstation mit 15 Anschlüssen, die wie eine automatische Telefonzentrale funktioniert und Nachrichten auf Band speichert	1 Komplex	50 000 Mark
19) Muster von Generatoren von 0 bis 10 000 Perioden zum Einmessen von Funkgeräten und zur Verwendung für Truppen-Standardsignale	je 1 Stück pro Militärbezirk	

KURZE AUFSTELLUNG DER AUSRÜSTUNGEN,
DIE IM RAHMEN DES KREDITES VON 200 MILLIONEN MARK
IN DEUTSCHLAND ZU ORDERN SIND

Artikel	Stück	Orientierungspreis in Rubel	Anmerkungen
45-PS-Turbinen mit Hilfsschaltwerk für den Zerstörer Leader (Deschimag)	2	2 Millionen	–
Geräte und Vorrichtungen zur Erprobung neuer Flugzeuge und Motoren	–	150000	–
Zielgeräte für Torpedowurf aus großer Höhe	100	250000	Zur Ausstattung von Torpedoflugzeugen

Artikel	Stück	Orientierungspreis in Rubel	Anmerkungen
Kreiselvisiere für Panzer	300	600000	Zur Ausstattung von Führungspanzern
Entfernungsmesser, Basis 4 m	40	480000	Zur Ausstattung von Küsten- und Flakartillerie (darunter 10 für die Verwaltung zur Mechanisierung der Sreitkräfte – UMWS)
Entfernungsmesser, Basis 3 bzw. 1 m	30	160000	Für Küstenverteidigung und U-Boote in Fernost
9-m-Periskope	9	270000	Für U-Boote
Mehräugige Fotoapparate	–	1 Million	Zur Ausstattung von Flugzeugen der Fernaufklärung
Reflektoren für Flakscheinwerfer	200	360000	Für die Luftverteidigung
Kurzwellen- und akustische Peilgeräte und dazugehörige Nachrichtentechnik	36	847000	Für U-Boote in Fernost
Hochempfindliche Filme für Luftaufnahmen	–	300000	Für die Luftstreitkräfte
Dieselmotoren, 100, 140 und 150 PS	50	600000	–
Motoren für die Junkers L-88, 300 PS mit dreistufigem Verdichter und Höhentauglichkeit von 10–12000 m«[10]	5	200000	Erprobungsmuster für Studienzwecke

Das sind nur zwei Dokumente von Hunderten, die viele Jahre unter Verschluß gehalten wurden. Aus ideologischen Gründen wollten beide Seiten nicht an diese Zeit erinnert werden. Jetzt dagegen verfällt man in das andere Extrem: Man schreibt Bücher mit dem Titel »Das Schwert der Faschisten – in der Sowjetunion geschmiedet« oder man entdeckt uneheliche Kinder Görings in Lipezk, wohin er niemals seinen Fuß gesetzt hat. Eine seriöse Untersuchung der sowjetisch-deutschen Zusammenarbeit steht noch bevor, sie muß den historischen Kontext berücksichtigen. Denn manche Verbindungen, die die Rote Armee zur Reichswehr entwickelt hatte, wurden mit den Repressalien von 1937 zerstört. Und den Ruf, den Aufbau der Panzerkolonnen Guderians aus dem Ausland beeinflußt zu haben, machen uns zu Recht die Schöpfer englischer Panzer streitig. Eines ist jedoch unbestritten: Für die RKKA war dies die erste und letzte Gelegenheit, ihre Isolation zu durchbrechen und einen Eindruck davon zu erhalten, was in den Armeen Europas vor sich geht. Im praktischen Sinne erhielt die sowjetische Verteidigungsindustrie und die gesamte Industrialisierung Anfang der dreißiger Jahre sehr viel an deutschem Know-how. Noch längere Zeit spürbar war die psychologische Wirkung der Zusammenarbeit auf die generelle Haltung der Stalinschen Führung zu Deutschland, das seit 1933 einen entschiedenen Bruch mit den Traditionen von Rapallo vollzog.

Wenn man den hier zitierten Bericht liest, sollte man eine »Kleinigkeit« nicht übersehen: Er trägt das Datum 9. Dezember 1934, als Hitler bereits alle Macht an sich gerissen hatte. Ein halbes Jahr später erfolgte die Umgestaltung der Reichswehr zur Wehrmacht. Selbst zu jener Zeit hofften die sowjetischen Militärs (und Politiker!) noch, die fruchtbare Zusammenarbeit könnte auch unter der neuen deutschen Regierung weitergeführt werden. Das stellte sich als schwerer Irrtum heraus. Man kann sich vorstellen, welch harter Schlag das für die sowjetische Rüstungswirtschaft war und wie verzweifelt Stalin versuchte, die Lage zu retten.

VIERTES KAPITEL

David Kandelakis Mission

Zeitzeugen, darunter auch der Verfasser dieser Zeilen, erinnern sich an die Atmosphäre der ersten Monate des Jahres 1933. In Deutschland kam Hitler ans Ruder, wurde Reichskanzler des Landes, ohne einen Umsturz oder Putsch initiieren zu müssen. Aus den Händen des Reichspräsidenten, Generalfeldmarschall von Hindenburg, eines greisen Veteranen der Kaiserzeit, nahm er die Macht entgegen – zunächst für ein Mehrparteienkabinett, bald aber ohne jede Einschränkungen. Die Welt, von den Flammen des Reichstagsbrandes am 28. Februar geblendet, sah fassungslos zu, wie ein »neues« Deutschland entstand, in dem die Nationalsozialistische Partei und ihr Führer schalteten und walteten. Daran änderte sich auch nichts, als die neue Macht im Prozeß von Leipzig gegen deutsche und bulgarische Kommunisten, die der Brandstiftung beschuldigt wurden, »nur« Marinus van der Lubbe zum Tode verurteilen konnte. Für uns Moskauer Komsomolzen war es Herzenssache, daß wir zum Moskauer Stadtflughafen am Leningrader Prospekt eilten (wo sich noch heute die Stadtabfertigung der Moskauer Flughäfen befindet), um Georgi Dimitroff mit seinen Genossen Popov und Tanev zu begrüßen, die das Reichsgericht in Leipzig freigesprochen hatte und die nun die Sowjetunion unter ihren Schutz nahm.

An der antifaschistischen Grundorientierung der sowjetischen Politik jener Zeit ist nicht zu zweifeln. Allerdings fiel uns damals nicht auf, wie vorsichtig Stalin auf dem XVII. Parteitag im Januar/Februar 1934, dem ersten Kongreß nach dem Triumph des deutschen Faschismus, seine Worte wählte. Dort erklärte er:

»Aus der Reihe der Tatsachen, die die Erfolge der Friedenspolitik der UdSSR widerspiegeln, sind zwei besonders hervorzuheben, die zweifellos große Bedeutung haben.

1. Ich meine erstens den Umschwung zum Besseren in den Beziehungen zwischen der UdSSR und Polen sowie zwischen der UdSSR und Frankreich, der in der letzten Zeit eingetreten ist. In der Vergangenheit bestanden bekanntlich zwischen Polen und uns keine besonders guten Beziehungen. In Polen wurden Vertreter unseres Staates ermordet. Polen hielt sich für einen Schutzwall der westlichen Staaten gegen die UdSSR. Auf Polen setzten alle möglichen Imperialisten als Vortrupp im Falle eines militärischen Überfalls auf die UdSSR. Nicht besser stand es um die Beziehungen zwischen der UdSSR und Frankreich. Man braucht sich bloß der Tatsachen aus der Geschichte des Prozesses gegen die Schädlingsgruppe Ramsin in Moskau zu erinnern, um sich das Bild der Beziehungen zwischen der UdSSR und Frankreich zu vergegenwärtigen. Diese unerwünschten Beziehungen beginnen nun nach und nach zu verschwinden. Sie werden durch andere Beziehungen abgelöst, die man nicht anders denn als eine Art der Annäherung bezeichnen kann.

Dabei geht es nicht allein darum, daß wir mit diesen Ländern einen Nichtangriffspakt abgeschlossen haben, obwohl der Pakt schon an sich von größter Bedeutung ist. Es geht vor allem darum, daß die von gegenseitigem Mißtrauen vergiftete Atmosphäre sich zu reinigen beginnt. Das bedeutet natürlich nicht, daß der beginnende Annäherungsprozeß als nachhaltig genug betrachtet werden kann, um den Enderfolg der Sache zu garantieren. Überraschungen und Zickzackbewegungen der Politik, zum Beispiel in Polen, wo die sowjetfeindlichen Stimmungen noch stark sind, können bei weitem noch nicht als ausgeschlossen betrachtet werden. Aber der Umschwung zum Besseren in unseren Beziehungen, unabhängig von seinen Ergebnissen in der Zukunft, ist eine Tatsache, die es verdient, daß man sie festhält und in den Vordergrund rückt als einen Faktor, der die Sache des Friedens fördert.

Wo liegt die Ursache für diesen Umschwung, wodurch wird er gefördert?

Vor allem durch die wachsende Macht und Stärke der UdSSR.

In unserer Zeit ist es nicht üblich, mit Schwachen zu rechnen, man rechnet nur mit Starken. Dann aber auch durch gewisse Veränderungen in der Politik Deutschlands, die das Anwachsen der Revanchestimmungen und imperialistischen Stimmungen in Deutschland widerspiegeln.

Manche deutschen Politiker reden aus diesem Anlaß davon, daß die UdSSR sich jetzt auf Frankreich und Polen orientiere, daß sie aus einem Gegner des Versailler Vertrages zu dessen Anhänger geworden sei, daß diese Änderung sich aus der Errichtung des faschistischen Regimes in Deutschland erkläre. Das ist nicht richtig. Gewiß, wir sind weit davon entfernt, von dem faschistischen Regime in Deutschland entzückt zu sein. Doch geht es hier nicht um den Faschismus, wie allein die Tatsache zeigt, daß der Faschismus zum Beispiel in Italien für die UdSSR kein Hindernis war, die besten Beziehungen zu diesem Lande herzustellen. Es handelt sich auch nicht um vermeintliche Änderungen in unserer Stellung zum Versailler Vertrag. Uns, die wir die Schmach des Brester Friedens ausgekostet haben, liegt es fern, den Versailler Vertrag zu lobpreisen. Nur sind wir nicht damit einverstanden, daß die Welt dieses Vertrages wegen in den Abgrund eines neuen Krieges gestürzt wird. Dasselbe ist von der vermeintlichen Neuorientierung der UdSSR zu sagen. Wir haben keine Orientierung auf Deutschland, ebensowenig wie wir eine Orientierung auf Polen und Frankreich haben. Wir orientierten uns in der Vergangenheit und orientieren uns in der Gegenwart auf die UdSSR und nur auf die UdSSR. *(Stürmischer Beifall.)* Und wenn die Interessen der UdSSR eine Annäherung an diese oder jene Länder erfordern, die nicht an der Störung des Friedens interessiert sind, so sind wir dazu, ohne zu schwanken, bereit.

Nein, nicht darum geht es. Es geht um die Veränderungen in der Politik Deutschlands. Es geht darum, daß bereits vor dem Machtantritt der jetzigen deutschen Politiker, besonders aber nach ihrem Machtantritt, in Deutschland ein Kampf zwischen zwei politischen Linien begonnen hat – zwischen der alten Politik, die in den bekannten Verträgen der UdSSR mit Deutschland ihren Ausdruck gefunden hat, und der ›neuen‹ Politik, die im wesentlichen an die Politik des ehemaligen deutschen Kaisers erinnert, der eine Zeitlang die Ukraine besetzt hielt, einen Feldzug gegen Leningrad unternahm und die baltischen Staaten als Aufmarschgebiet für einen solchen Feldzug benutzte. Dabei gewinnt die ›neue‹ Politik in offenkundiger Weise die Oberhand über die alte. Man kann es nicht für einen Zufall halten, daß die Männer der ›neuen‹ Politik in allem das Übergewicht erlangen, die Anhänger der alten Politik aber in Ungnade gefallen sind. Kein Zufall ist auch das bekannte Auftreten Hugenbergs in London, genauso wie die nicht minder bekannten Deklarationen Rosenbergs nicht zufällig sind. Darum geht es, Genossen.

2. Ich meine zweitens die Wiederherstellung normaler Beziehungen zwischen der UdSSR und den Vereinigten Staaten. Es kann kein Zweifel daran bestehen, daß dies für das ganze System der internationalen Beziehungen von größter Bedeutung ist. Dadurch werden die Chancen für die Erhaltung des Friedens erhöht, die Beziehungen zwischen den beiden Ländern verbessert, die Handelsverbindungen zwischen ihnen gefestigt, wird eine Basis für die wechselseitige Zusammenarbeit geschaffen. Es wurde ein Trennungsstrich gezogen zwischen dem Alten, der Zeit, als man die Vereinigten Staaten in verschiedenen Ländern als Bollwerk gegen alle möglichen sowjetfeindlichen Tendenzen angesehen hat, und dem Neuen, der Zeit, da dieses Bollwerk freiwillig aus dem Weg geräumt wurde – zum gegenseitigen Vorteil beider Länder.

Das sind die beiden grundlegenden Tatsachen, die die Erfolge der sowjetischen Friedenspolitik widerspiegeln …

Unsere Außenpolitik ist klar. Sie ist eine Politik der Erhaltung des Friedens und der Verstärkung der Handelsbeziehungen mit allen Ländern. Die UdSSR denkt nicht daran, jemanden zu bedrohen, und erst recht nicht, jemanden zu überfallen. Wir sind für den Frieden und verteidigen die Sache des Friedens. Aber wir fürchten keine Drohungen und sind bereit, auf einen Schlag der Kriegsbrandstifter mit einem Gegenschlag zu antworten. *(Stürmischer Beifall.)* Wer den Frieden will und sachliche Beziehungen mit uns anstrebt, wird stets bei uns Unterstützung finden. Denjenigen aber, die versuchen sollten, unser Land zu überfallen, wird eine vernichtende Abfuhr zuteil werden, damit ihnen in Zukunft die Lust vergeht, ihre Schweineschnauze in unseren Sowjetgarten zu stecken. *(Beifallssturm.)* «[1]

Stalins vorsichtige Worte erschienen uns damals weise. Heute, viele Jahre später, sehen wir, daß sie realen Umständen geschuldet sind.

Hitlers Machtantritt war ein Einschnitt nicht nur in der deutschen Geschichte. Er hatte auch für die UdSSR tiefgreifende Folgen. Bestimmte eingefahrene Vorstellungen von den sowjetisch-deutschen Beziehungen, die seit Rapallo entstanden waren und sich über ein Jahrzehnt lang entwickelt hatten, mußte man neu überdenken. Das soll nicht negativ verstanden werden. Wir wissen, daß die sowjetische Außenpolitik auf dem dornenreichen Weg von der revolutionären Romantik zum Realismus, den Lenin, Tschitscherin und ihre engsten Mitstreiter in der Führung der Partei und der Sowjetdiplomatie als erste beschritten, im Jahre 1922 einen großen Erfolg errungen hatte. Lenin wies sofort darauf hin, daß künftig mit dem Westen nur noch Verträge vom Typ Rapallo abzuschließen seien. Dieser Durchbruch wurde in einer ganzen Reihe sowjetisch-deutscher Vereinbarungen festgeschrieben: im Neutralitätsvertrag von 1925, im Protokoll von 1931 sowie in den regelmäßigen Handels- und Kreditvereinbarungen. Die Sowjetunion sah es damals als zulässig an, auch einige Geheimabkommen auf militärischem Gebiet zu schließen.

Daß man in Moskau so beunruhigt auf die Bildung der ersten Regierung Hitler reagierte, hat mehrere Gründe. Selbst wenn man nur die unmittelbaren Folgen bedenkt, gab es für die sowjetischen Diplomaten keinen Zweifel, daß der Machtantritt der Nazis Gefahren für die Sowjetunion heraufbeschwor. Zum ersten konnte die europäische Politik aus der prekären Balance gebracht werden, bei der die sowjetisch-deutschen Beziehungen das Gegengewicht zu dem Monopol bildeten, das England und Frankreich in den zwanziger Jahren für sich beanspruchten. Lange Zeit hatte die sowjetische Diplomatie die hartnäckigen britischen Versuche, Deutschland auf seine Seite zu ziehen und eine Einheitsfront gegen die UdSSR zu bilden, durchkreuzen können. Jetzt wurde dies zu einer realen Gefahr. Zum zweiten war für Moskau ein günstiges Verhältnis zu Berlin auch als Gegengewicht zu den gespannten sowjetisch-polnischen Beziehungen von Bedeutung. Bekanntlich hatte Hans von

Seeckt seinerzeit Berlins polenfeindliche Einstellung als Argument für die deutsch-sowjetische Annäherung auf militärischem Gebiet gebraucht. Zum dritten war nicht nur der diplomatische Spielraum der UdSSR, sondern die Sicherheit des Sowjetstaates als solche bedroht. Diese These vertrat Michail Tuchatschewski zwei Jahre nach Hitlers Machtantritt öffentlich in der »Prawda«. Schließlich – und das nahm man damals besonders ernst – stand die weitere Entwicklung der Handelsbeziehungen auf dem Spiel, die sich seit Ende der zwanziger Jahre mit Deutschland als wichtigstem ausländischem Partner erfolgreich entwickelt hatten.

Hitlers Machtantritt brachte eine rapide Verschlechterung der gesamten Atmosphäre in den sowjetisch-deutschen Beziehungen. Die antisowjetischen Ausfälle in seiner Rede 1933 im Berliner Sportpalast wurden in der sowjetischen Presse scharf zurückgewiesen. Karl Radek hob in seinem Artikel »Wohin geht Deutschland?« in der »Iswestija« vom 22. März 1933 den aggressiven Kurs der Nazipartei hervor und kommentierte: »Die Nationalsozialisten haben ein außenpolitisches Programm gegen die Existenz der UdSSR entwickelt, die mit Deutschland gutnachbarliche Beziehungen unterhält. Das fordert von der deutschen Regierung, klar zu sagen, wohin sie steuert.« In der Tat: Wohin steuerte Deutschland?

Mitte der dreißiger Jahre begann für die UdSSR eine besonders wichtige Etappe der Wirtschaftsentwicklung, die von den beiden Hauptsäulen Kollektivierung und Industrialisierung getragen war. Auf dem bereits erwähnten XVII. Parteitag der KPdSU(B) wurden die Aufgaben bei der Errichtung der Industriebasis des Landes beschlossen, die ohne Beteiligung des Westens nur schwer zu erfüllen waren. Bereits auf der internationalen Wirtschaftskonferenz von London im Juni 1933 hatte Litwinow erklärt, die UdSSR sei bereit, Aufträge in Höhe von einer Milliarde Dollar an das Ausland zu vergeben. Für 100 Millionen Dollar wollte sie Buntmetalle, für 200 Millionen Dollar Eisen und Stahl sowie für weitere 400 Millionen Dollar Ausrüstungen kaufen.

Bei der Realisierung dieser Pläne gab es jedoch Schwierigkeiten. Die sowjetisch-amerikanischen Beziehungen standen noch ganz am Anfang. Der Handel mit England und besonders mit Frankreich stieß auf große Hindernisse. Denken wir nur an die Kampagne gegen angebliches sowjetisches Dumping. Um so größere Bedeutung gewann Deutschland – nicht als politischer, wohl aber als Handelspartner. Der sowjetische Import aus Deutschland war von 353,9 Millionen Mark im Jahre 1929 auf 625,8 Millionen im Jahre 1932 angewachsen. In den Jahren 1931 und 1932 war die UdSSR der größte Abnehmer von Maschinen aus Deutschland (1932 erhielt sie 43 Prozent des gesamten deutschen Maschinenexports).[2]

Wie sich das weitere Schicksal dieses Handels gestaltete, war eine Frage von höchster Bedeutung: Hatten 1931 der Export der UdSSR nach Deutschland 566,5 Millionen Rubel und der Import 1,798 Milliarden Rubel betragen, so standen diese Werte im Jahre 1935 bei 289,3 bzw. 95,1 Millionen Rubel. Zugleich stieg der Anteil Englands, der USA und Frankreichs am Ex- und Import der Sowjetunion.[3]

Die Gründe für den Rückgang der Zusammenarbeit zwischen beiden Staaten auf allen Gebieten versuchte am 13. Dezember 1933 der deutsche Botschafter in der UdSSR, Rudolf Nadolny, in einem Gespräch mit Volkskommissar Litwinow zu klären. Wie sich später herausstellte, war dies eine persönliche Initiative des im August 1933 nach Moskau entsandten Diplomaten. Im März 1934 stellte er seinen Posten auf eigenen Wunsch zur Verfügung und widmete sich bis zum Ende des Zweiten Weltkrieges der Landwirtschaft.

Die sowjetische Führung unternahm einige inoffizielle Schritte, um über die Verschlechterung der sowjetisch-deutschen Beziehungen zu sprechen. Ich bestreite kategorisch die Argumente vieler meiner Kollegen, für die *jeder* sowjetisch-deutsche Kontakt in jener Zeit beinahe ein

Verbrechen der sowjetischen Diplomatie ist. Man muß schließlich sehen, daß damals bei weitem nicht für alle feststand, auch für den Westen nicht, wohin sich Deutschland entwickelt. Daher war der Versuch, hinter die Kulissen der offiziellen Politik zu schauen, durchaus berechtigt.

Im Sommer 1933 hatte Stalins langjähriger Kampfgefährte Awel Jenukidse, damals Sekretär des Zentralexekutivkomitees (ZEK) der UdSSR, den deutschen Botschafter Herbert von Dirksen, Botschaftsrat von Twardowski, den stellvertretenden Volkskommissar für Auswärtige Angelegenheiten Krestinski und dessen Amtskollegen Karachan in seinem Landhaus zu Gast. Nach einem Bericht, den von Dirksen nach Berlin sandte, sagte Jenukidse dort, daß »die führenden Vertreter der Sowjetunion für die Entwicklung in Deutschland volles Verständnis« hätten. Ihnen sei klar, daß sich die »agitatorischen« und die »staatspolitischen« Elemente in der Partei nach der Machtergreifung bald voneinander trennen würden. Die »staatspolitische Linie« werde sich nach und nach herauskristallisieren. Jenukidse äußerte die Meinung, daß »die nationalsozialistische Umgestaltung des deutschen Staates für die deutsch-sowjetischen Beziehungen günstige Folgen haben« könne. Laut von Dirksens Bericht (der bestimmt zutrifft) sagte Jenukidse:

»Die innenpolitische Gleichschaltung wird Garantien dafür schaffen, daß der Politik der Annäherung der Interessen beider Staaten seitens der Öffentlichkeit und der Reichstagsmehrheit (offensichtlich meinte er [Jenukidse – L. B.] die Beseitigung der sozialdemokratischen Opposition, von den Kommunisten ganz zu schweigen) keine Hindernisse mehr in den Weg gelegt werden. Die deutsche Regierung ist jetzt offenbar dabei, sich durch entsprechende innenpolitische Regelungen die außenpolitische Handlungsfreiheit zu schaffen, über die die sowjetische Regierung bereits seit vielen Jahren verfügt.«

Zum Zusammenhang zwischen Innen- und Außenpolitik erklärte Jenukidse von Dirksens zufolge:

»Wie in Deutschland gibt es auch in der UdSSR eine Menge Leute, die vor allem die parteipolitischen Ziele sehen und die man mit staatspolitischen Argumenten zügeln muß.«[4]

Das durch von Dirksen aufgezeichnete Gespräch mit Jenukidse wurde von sowjetischer Seite nicht veröffentlicht. Es galt als Erfindung, als Verleumdung der antifaschistischen Prinzipien der sowjetischen Politik. Heute ist klar, daß dies einer der Sondierungsversuche war, die Stalin damals startete.

Als Hitler zur Macht kam, nahm Stalin die Handelsbeziehungen mit Deutschland unter strikte persönliche Kontrolle. Er steuerte das Vorgehen der sowjetischen Handelsvertretung gegenüber den deutschen Behörden bis in die kleinsten Einzelheiten. So schrieb er zum Beispiel am 11. September 1934 aus dem Urlaub in Gagra zur Frage eines Kreditabkommens mit Deutschland nach Berlin:

»Ich kann mich nur dazu äußern, wenn Sie mir eine genaue Warenliste schicken, die sicher noch verbessert werden muß. Wenn Sie mir mitteilen können, ob und für wie lange unser knechtender Goldvertrag mit den Deutschen in Kraft bleibt, wonach wir alles in unserem Lande geförderte Gold an sie verkaufen müssen, wenn ich den endgültigen Wortlaut des Protokolls über den Valutakredit in der Hand habe.«

Und auf das Verhalten des stellvertretenden Handelsvertreters gemünzt, fügte er hinzu:

»Friedrichson ist jung und stürmisch, aber Eile bei einer so großen Sache ... Eilig haben es in diesem Falle nicht wir, sondern die Deutschen, weil sie durch den Vertrag mit uns die Karten in Deutschland neu mischen, den schlechten Eindruck ihrer Verweigerung des Ostpaktes beseitigen, die Franzosen gegen uns mißtrauisch machen und ihre eigene innere Lage verbessern wollen. Ich rate von jeglicher Eile ab.«[5]

Stalin sah also im Handel einen Hebel für seine politischen Schachzüge. Die Unterzeichnung des Abkommens wurde verzögert, als es aber soweit war, holte man Friedrichson kurzfristig aus dem Urlaub nach Berlin zurück. Die Verhandlungen hatte allerdings bereits der neue Handelsvertreter Kandelaki zu führen, was Stalin der Handelsvertretung persönlich mitteilte.[6] Im neuen Abkommen waren die Anträge des Volkskommissariats für Verteidigung in Höhe von 25 Millionen Mark berücksichtigt.

Diese wenig bekannten Begebenheiten aus den sowjetisch-deutschen Beziehungen sind mit dem Namen eines Mannes verbunden, der nicht aus freien Stücken nach Berlin ging – David Wladimirowitsch Kandelaki (1895–1938). Einst Mitglied der Partei der Sozialrevolutionäre in Georgien, schloß er sich nach der Revolution den Bolschewiki an und leitete das Bildungswesen in Georgien, wo er wegen seiner hohen Intelligenz und seines Organisationstalents bald populär wurde. Stalin und er kannten sich bereits vor der Revolution. Der Generalsekretär erinnerte sich an ihn und berief ihn nach Moskau. Hier ernannte man ihn zunächst zum Handelsvertreter in Schweden, wo Alexandra Kollontai als Botschafterin wirkte. Obwohl er nicht lange in Stockholm tätig war, hinterließ er dort einen ausgezeichneten Eindruck. Bereits 1935 wurde er auf den Posten des Handelsvertreters in Berlin versetzt.[7]

Daß Kandelaki Stalin persönlich kannte, half ihm in seiner neuen Funktion. Stalin seinerseits hatte einen Vertrauensmann in Berlin, den er mit delikaten Aufträgen betrauen konnte. Weniger begeistert von dessen unerwartetem Auftauchen war Volkskommissar Litwinow. Mit Prognosen und Wertungen hielt er sich jedoch zurück. David Kandelaki arbeitete sich indessen rasch ein und schuf sich eine günstige Ausgangsposition, denn als Gesprächspartner gewann er den Bankier der NSDAP, Finanzminister Hjalmar Schacht. Schachts Referent Herbert Göring, ein Cousin des allmächtigen Hermann Göring, vermittelte die Gespräche.

Kandelakis Mission vollzog sich in mehreren Anläufen. Den ersten unternahm er im Frühjahr 1935 während der regulären Kredit- und Handelsgespräche. Die Initiative ging von Schacht aus. Wie der Rat der sowjetischen Handelsvertretung Bessonow nach Moskau berichtete, sprach Schacht mehrfach davon, daß eine weitere wirtschaftliche Annäherung der UdSSR und Deutschlands notwendig sei. Er sagte, er werde »festen Kurs auf die Vertiefung und Verbesserung der Wirtschaftsbeziehungen zur Sowjetunion halten, worin er ein Unterpfand für das Aufblühen beider Staaten« sehe. Auf die Frage einer notwendigen Annäherung beider Staaten eingehend, »bekräftigte Schacht noch einmal mir und Gen. Kandelaki gegenüber, daß er mit Wissen und Billigung Hitlers eine Annäherung an die UdSSR« anstrebe.[8]

Diese ersten Erfolge beflügelten Stalins Emissär. Volkskommissar Litwinow beschloß jedoch, Kandelakis Eifer zu bremsen. Er schlug Stalin vor, für den Handelsvertreter schriftliche Instruktionen auszuarbeiten. Stalin stimmte zu. So entstand eine »Weisung« für Kandelaki, die in Stalins Archiv erhalten geblieben ist. Sie hat folgenden Wortlaut:

»Geheim. 5. Mai 1935. Ich habe den Inhalt Ihres Gesprächs mit mir [über Schacht – L. B.] den Genossen übermittelt, die für unsere Außenpolitik verantwortlich sind, und möchte Ihnen die Eindrücke mitteilen, die ich aus dem Meinungsaustausch mit ihnen gewonnen habe. Bei keinem habe ich Anzeichen von Feindseligkeit gegenüber Deutschland und seinen Interessen festgestellt. Sie alle bestätigen, daß die Veränderung der Beziehungen zu Deutschland in den letzten zwei Jahren nicht auf Initiative der UdSSR erfolgt ist. Die Sowjetregierung mischt sich nicht in die inneren Angelegenheiten anderer Staaten ein, und deren inneres Regime hat keinen Einfluß darauf, welche Haltung die Sowjetreg[ierung] zu ihnen einnimmt. Daher war sie bereit, mit Deutschland weiterhin bestmögliche Beziehungen zu unterhalten, besonders wirtschaftliche, die sie sehr schätzt. Leider haben bestimmte Drohungen gegen die UdSSR von sehr hohen deutschen Verantwortlichen die Sowjetregierung veranlaßt, bestimmte Vorsichtsmaßregeln zu treffen. Wir haben uns bemüht, Garantien der deutschen Regierung zu erhalten, aber ohne Erfolg. So kam es zum Abschluß des sowjetisch-französischen Paktes über gegenseitigen Beistand, falls einer dieser Staaten in den Zustand der Selbstverteidigung gerät. Unser Beistand gilt jedoch nur für französisches Staatsgebiet. Da Deutschland nicht die Absicht hat, Frankreich zu überfallen, kann dieser Pakt ihm nicht schaden. Mitteleuropäische und andere Probleme, die Deutschland ohne direkten Schaden für die UdSSR interessieren könnten, werden von dem Pakt bekanntlich nicht berührt. Meine Genossen sind der Meinung, daß dieser Pakt die Herstellung stabiler, in jeder Hinsicht korrekter Beziehungen zu Deutschland sowie die weitere Entwicklung der Wirtschaftsbeziehungen nicht behindert, sondern im Gegenteil sogar begünstigen kann. Meine Regierung ist immer bereit, Vorschläge zum Ausbau der Wirtschaftsbeziehungen aufmerksam zu prüfen und zu erörtern. Aktuell wird jetzt der Abschluß eines Östlichen Regionalpaktes über Konsultationen, Nichtangriff und Nichtunterstützung jeglichen Aggressors. Die deutsche Regierung soll den Briten offiziell erklärt haben, daß sie sich an einem solchen Pakt beteiligen will. Sollte dieser wirklich zustande kommen, dann wären damit zweifellos die Voraussetzungen für eine bedeutende Verbesserung der sowjetisch-deutschen Beziehungen in allen Bereichen gegeben.«[9]

In Moskau nahm man diese Sondierung sehr ernst, was aus der Bemerkung in Litwinows Direktive hervorgeht, daß selbst eine persönliche Begegnung Kandelakis mit Hitler möglich sei. Jedoch im Jahre 1935 war der Mission des Handelsvertreters kein Erfolg beschieden. Hitler ging nicht auf den Ausbau der Wirtschaftsbeziehungen und schon gar nicht auf eine Entspannung des politischen Verhältnisses zu Moskau ein. Die sowjetische Seite ließ sich davon aber nicht beirren. Mit Wissen des Politbüros setzte Kandelaki seine Kontakte fort. Im Januar 1936 berichtete er, Schacht sei »einer der eifrigsten Befürworter der Entwicklung normaler Beziehungen und umfangreicher Geschäfte mit der Sowjetunion. Schacht erklärte, das Kreditabkommen könnte den politischen Horizont in den sowjetisch-deutschen Beziehungen ein wenig aufhellen. Nach kurzem Nachdenken äußerte er dann folgenden Satz: ›Ja! Wenn es zu einer Begegnung zwischen Stalin und Hitler käme, dann könnte vieles anders werden.‹« Auf Kandelakis Bericht notierte Stalin: »Interessant. J. St.« Und schickte ihn an Woroschilow und Kaganowitsch.[10]

Die Dokumente des Stalin-Archivs enthüllen einen weiteren hochinteressanten Aspekt der sowjetischen Versuche, Berlins Absichten zu sondieren: In den Jahren 1935/36 prüfte man die Möglichkeiten, den Handel mit Deutschland zur Stärkung der sowjetischen Verteidigungskraft zu erweitern. Als Schacht einen neuen deutschen Kredit in Höhe von 500 Millionen ins Gespräch brachte, erklärte Kandelaki bei einer Begegnung mit ihm am 16. Dezember 1935, die UdSSR nehme diesen Vorschlag an, wenn sie für die Hälfte der Summe militärische Lieferungen in Auftrag geben könnte, darunter Kriegsschiffe, U-Boote, Flugzeuge und Ausrüstungen für die chemische Industrie. Aber auch darauf folgte 1936 eine Absage.[11]

Gepokert wurde auf beiden Seiten. Die sowjetische gab zu verstehen, sie sei bereit, das vor Hitlers Machtantritt entstandene Niveau der Zusammenarbeit und der Wirtschaftsbeziehungen aufrechtzuerhalten. Die deutsche schlug unvermittelt einen neuen Kredit in Höhe von einer Milliarde Mark mit einer Laufzeit von zehn Jahren vor. Kandelaki erhielt Weisung, diesen nicht abzulehnen, jedoch gleichzeitig zu beklagen, daß man selbst den bisherigen Kreditrahmen von 200 Millionen kaum habe ausfüllen können. Um seriös zu erscheinen, reduzierten die Deutschen daraufhin ihr Angebot und sprachen nur noch von 500 Millionen Reichsmark.

Auf die politische Seite der Sondierung Kandelakis ließ sich der schlaue Finanzier Schacht nicht ein, sondern erklärte, Vorschläge zur Verbesserung der politischen Beziehungen müßten nicht an ihn, sondern an Außenminister von Neurath gerichtet werden. Er versprach aber, diesen zu informieren. Die Taktik, sich für nicht zuständig zu erklären, benutzte Schacht mehrmals, denn ihm war klar, daß Kandelaki die Gespräche nicht auf offizieller diplomatischer Ebene führen wollte.

Als der Rat der Handelsvertretung der UdSSR in Berlin, Bessonow, in Moskau weilte, stellte er in einem Gespräch mit seinem Amtskollegen in der deutschen Botschaft, Fritz von Twardowski, am 7. Oktober 1935 die Frage:

»Was könnte Ihrer Meinung nach die sowjetisch-deutschen Beziehungen verbessern?«

Der Kredit von 200 Millionen Mark werde bald ausgeschöpft sein, fuhr er fort, aber Kandelaki, der hier in Moskau »über ausgezeichnete Verbindungen verfügt«, habe »grandiose Pläne« für die Weiterentwicklung des sowjetisch-deutschen Handels, »wenn es nicht zu politischen Zwischenfällen kommt«.[12]

Die Verhandlungen in Berlin waren für die sowjetische Führung von höchstem Interesse. In den Sitzungsprotokollen des Politbüros des ZK der KPdSU(B) ist festgehalten, daß die Handelsbeziehungen mit Deutschland mehrfach Diskussionsthema waren und Litwinow häufig zu dieser Frage gehört wurde. Das geschah am 15. September, am 9. November und am 5. Dezember 1934, am 3. und 22. März, am 7., 17. und 27. April, am 2. Mai, am 25. Juni und am 22. Juli 1935. Interessant ist auch folgende Begebenheit: Am 31. März 1935 erschien in der »Prawda« der sensationelle Artikel des Marschalls der Sowjetunion Michail Tuchatschewski »Deutschlands aktuelle Kriegspläne«. Der Verfasser entlarvte Hitlers Kriegsvorbereitungen gegen die UdSSR (mit Hinweisen auf »Mein Kampf« und andere Quellen), zeigte deren eindeutig antisowjetische Stoßrichtung auf. In Berlin reagierte man beunruhigt und verärgert, es gab halboffizielle Proteste, die Außenminister Litwinow zurückwies. Tuchatschewskis Artikel hatte jedoch eine Vorgeschichte. Er war mit Stalin abgestimmt, der einige Veränderungen vornahm. Vor allem milderte er die verbale Schärfe: Aus der ursprünglichen Überschrift »Hitlers Kriegspläne« wurden »Deutschlands aktuelle Kriegspläne«. Stalin strich einige Zitate über den antisowjetischen Charakter der militärischen Ziele Deutschlands und verstärkte andere Formulierungen, die sich nicht allein gegen die Sowjetunion richteten. Schließlich strich er einen ganzen Absatz über die Abfuhr, die Deutschland im Falle einer Aggression von der Roten Armee und dem Land »mit der großen Kommunistischen Partei und seinem großen Führer, Gen. Stalin« zu gewärtigen habe. Stalin ordnete sogar an, das berühmte Zitat aus »Mein Kampf« kursiv zu setzen, obwohl er sich gut vorstellen konnte, wie Berlin darauf reagieren werde.[13] Das war einer von Stalins diplomatischen Schachzügen, mit dem er der deutschen Seite zu verstehen gab, daß er zwei Karten im Spiel hatte – die Normalisierung der Beziehungen (Kandelakis Sondierungsversuche), aber auch die harte Konfrontation. Diese Taktik von Zuckerbrot und Peitsche sollte signalisieren, daß die Sowjetunion zwischen beiden Alternativen wählen konnte.

Litwinow blieb unverändert skeptisch. Bereits am 12. März 1935 hatte er an Stalin geschrieben:

»Entsprechend der in Moskau empfangenen Weisung hat [Botschafter] Suritz nach seiner Rückkehr die Kontakte mit deutschen Politikern in Berlin intensiviert. Jetzt schreibt er: ›Alle meine Begegnungen mit den Deutschen haben mich in der Überzeugung bestärkt, daß Hitlers Kurs gegen uns beständig ist und in naher Zukunft keine wesentlichen Veränderungen zu erwarten sind. Alle meine Gesprächspartner stimmen in dieser Hinsicht überein. Hitler hat drei fixe Ideen: die Feindschaft gegen die UdSSR, die Judenfrage und den Anschluß. Die Feindschaft zur UdSSR ergibt sich nicht nur aus seiner ideologischen Haltung zum Kommunismus, sondern liegt seiner taktischen Linie im Bereich der Außenpolitik zugrunde. Hitler und seine nähere Umgebung sind zu der festen Überzeugung gelangt, daß das Dritte Reich nur dann seine Ziele erreichen, Verbündete und Freunde gewinnen kann, wenn es unbeirrt an seinem antisowjetischen Kurs festhält. Auch mein Gespräch mit Neurath war nicht gerade ermutigend. Er hat mir klar zu verstehen gegeben, daß unsere Beziehungen sich in der nächsten Zeit nur auf den engen wirtschaftlichen Bereich beschränken sollten. Er hat eindeutig unterstrichen, daß jegliche Versuche, in der nächsten Zeit eine Verbesserung unserer Beziehungen erreichen zu wollen, zum Scheitern verurteilt sind.‹ Neurath sagte weiter, auch kulturelle Kontakte zwischen unseren Ländern seien im gegenwärtigen Klima kaum zu realisieren.

Einen ähnlichen Eindruck vermittelte nach den Worten des Gen.

Suritz auch der deutsche Botschafter in Moskau, Schulenburg, der sich gegenwärtig in Berlin aufhält.

Die erste TASS-Meldung aus Genf über Schachts Erklärung gegenüber dem Direktor der französischen Tannery-Bank, Deutschland wolle sich die Sowjetukraine mit Polen teilen, habe ich mit gewisser Skepsis aufgenommen. Die Gen. Potjomkin und Rosenberg haben von mir den Auftrag erhalten, das nachzuprüfen ... Schacht, den wir nach dem kürzlichen Vorschlag des Gen. Kandelaki gegen Hitler stärken sollten, unterstützt nun selbst Hitlers Eroberungsziele im Osten.«[14]

Diese Bemerkung, die der Volkskommissar gleichsam nebenbei fallen ließ, enthüllt das eigentliche Ziel von Kandelakis Berliner Gesprächen: In der politischen Auseinandersetzung, die in den ersten Jahren der Nazidiktatur um den weiteren Weg Deutschlands ablief, sollten sie nicht für Hitler, sondern gegen ihn wirken. Man kann einwenden, daß das eine Illusion war. Gegen Hitler war weder mit Schacht noch mit Göring etwas auszurichten. Aber um der Gerechtigkeit willen muß man sagen, daß es derartige Hoffnungen (und Illusionen) nicht nur in Moskau, sondern auch in London gab. Und vor allem auch in Deutschland, in dessen Führungskreisen! Es ist doch kein Geheimnis, daß die führenden Männer der Weimarer Parteien die Hoffnung hegten, Hitler mit Hilfe von Schacht und Göring »zähmen« zu können. Und wer die britischen Archive kennt, weiß auch, daß das Foreign Office, vor allem aber Chamberlain und Sir Horace Wilson stark auf Göring als politischen Gegenspieler Hitlers setzten. Leider verrechneten sie sich alle.

Auch Stalins und Kandelakis Winkelzüge führten nicht zum Erfolg. Für Hitler spielte Stalin damals keine Rolle.

Eine Gesamteinschätzung der Sondierungsversuche des Jahres 1935 findet sich in einem Brief, den Litwinow am 4. Dezember 1935 an Botschafter Jakow Suritz schrieb:

»Die Schlüsse, die Sie aus Ihren verstärkten Kontakten mit den Deutschen ziehen, wundern mich am allerwenigsten ... In dieser Hinsicht habe ich schon lange keine Illusionen mehr.«

Der Volkskommissar stimmte Suritz' Auffassung zu, daß man »mit Deutschland vor allem auf wirtschaftlichem Gebiet verstärkt arbeiten« müsse. Allerdings war er dagegen,

»daß wir den Löwenanteil unseres Imports in den nächsten Jahren aus Deutschland beziehen. Wir haben keinen Grund, das Deutschland von heute wirtschaftlich zu stark werden zu lassen. Aus meiner Sicht sollte man die Wirtschaftsbeziehungen mit Deutschland nur so weit aufrechterhalten, daß es nicht zu einem völligen Bruch zwischen beiden Staaten kommt.«

Diesen Standpunkt wollte Litwinow der Sowjetregierung nahelegen.[15]

Hier werden die Wurzeln seiner späteren Konflikte mit Stalin sichtbar. Von Kandelakis Sondierungsgesprächen hielt der Volkskommisaar überhaupt nichts. Wußte er, daß der Generalsekretär persönlich dahinterstand? Am 3. Dezember 1935 informierte Litwinow Stalin über Botschafter Suritz' Kontakte mit deutschen Politikern und dessen Schlußfolgerung, daß sich an Deutschlands antisowjetischem Kurs nichts geändert habe. In seinem Anschreiben unterstützte Litwinow Suritz' Vorschlag, »unsere wirtschaftliche Tätigkeit in Deutschland fortzusetzen«, regte aber an, den Umfang der Aufträge an Deutschland auf 100–200 Millionen Mark zu beschränken. In Punkt 2 dieses Schreibens schlug Litwinow vor, als Reaktion auf die antisowjetische Kampagne in Deutschland »unserer Presse den Auftrag zu geben, mit regelmäßiger Konterpropaganda gegen den deutschen Faschismus zu beginnen«. Dieser Schritt allerdings hätte Stalins Schachzüge durchkreuzt.

1936 folgte die zweite Phase von Kandelakis Mission. Wiederum ging die Initiative von den Deutschen aus. Das hatte seinen Grund. Weshalb Deutschland erneut Verhandlungen über den Ausbau der wirtschaftlichen Zusammenarbeit mit der UdSSR aufnahm, wird aus einem Bericht des Leiters der Abteilung IV (Wirtschaftsbeziehungen) im Auswärtigen Amt, Karl Schnurre, vom 19. Oktober 1936 deutlich:

»In Führungskreisen ist anerkannt, daß die Rohstoffsituation und der Prozeß der Umrüstung in Deutschland uns in Abhängigkeit von russischen Rohstoffen gebracht haben. Deshalb müssen die deutsch-sowjetischen Wirtschaftsbeziehungen über den gegenwärtigen toten Punkt gebracht werden ... Lieferungen nach Rußland sind jetzt mehr als je zuvor im Interesse der deutschen Politik, denn nur so können wir im Austausch die notwendigen Rohstoffe erhalten.«[16]

Am 18. Oktober 1936 wurde Hermann Göring zum Beauftragten für den Vierjahresplan mit totaler Kontrolle über die Durchführung des »Nürnberger Rohstoffplanes« ernannt. Bereits seit dem 27. April jenes Jahres war er Generaloberst sowie Rohstoff- und Devisenkommissar. Die Dinge entwickelten sich rasch: Am 7. Dezember 1936 meldete Suritz dem Volkskommissariat für Auswärtige Angelegenheiten den Vorschlag Herbert Görings, eine Begegnung mit Hermann Göring zu einem »unverbindlichen Meinungsaustausch« zu organisieren. Litwinow antwortete: »Gegen ein Treffen mit Göring keine Einwände.« Und er fügte hinzu: »Geben Sie ihm von Anfang an zu verstehen, daß Sie seiner Einladung folgen.«[17]

Bei diesem Stand der Verhandlungen nutzte Kandelaki seinen direkten Draht, um Stalin zu suggerieren, seine Mission sei trotz allem auf Erfolgskurs. Am 20. Oktober 1936 schrieb er an den Chef:

»Lieber Jossif Wissarionowitsch,

ich sende Ihnen einen kurzen Bericht über einige Entwicklungen in Deutschland.

I. Zu Göring

Vor dem Nürnberger Parteitag hat mir Göring über seinen Cousin, von dem ich Ihnen bereits schrieb, den Vorschlag übermittelt, mit ihm zusammenzutreffen und folgende von ihm genannte Fragen zu besprechen:

a) die Überwindung der Schwierigkeiten in den Beziehungen zwischen der UdSSR und Deutschland;

b) sowjetische Rohstofflieferungen an Deutschland;
c) eine Liste von Militärgütern, die Deutschland der UdSSR liefern könnte.

Da diese Mitteilung vor dem Nürnberger Parteitag kam, wich ich der Begegnung unter passenden Vorwänden aus. Nach dem Nürnberger Parteitag bot Göring erneut ein Treffen an, das, wie Sie wissen, aber nicht zustande kam.

Görings Cousin, Otto Wolff und andere aus dieser Gruppe haben mir immer wieder dringend geraten, mit Göring zusammenzukommen, weil dieser eine besondere Meinung zu den sowjetisch-deutschen Beziehungen habe. Görings Cousin drückte das im Gespräch mit mir so aus: ›Wenn Sie schon nichts tun wollen, dann hören Sie ihm wenigstens zu und überzeugen sich davon, daß nicht alle Hunde, die bellen, auch beißen.‹ Otto Wolff führte selbst ein langes Gespräch mit Göring, das die Industrie eingefädelt hatte. Wolff berichtet, im Gespräch mit ihm habe Göring betont, er sei in Nürnberg nicht gegen die UdSSR aufgetreten und habe das im Unterschied zu anderen auch nicht vor.

II. Zur Versetzung Mosdorfs

Der Ministerialdirektor im deutschen Wirtschaftsministerium, der lange Zeit für den sowjetisch-deutschen Handel zuständig war, ist in diesem Ministerium auf einen anderen Posten versetzt worden. Mosdorf hat Schacht in unseren Angelegenheiten direkt zugearbeitet. Jetzt wird sich damit sowohl im Wirtschafts- als auch im Verteidigungsministerium Görings Cousin Herbert befassen.

Diese Umstellung zeigt, daß Göring bestrebt ist, die sowjetisch-deutschen Beziehungen persönlich in die Hand zu nehmen.

III. Zu Schachts Stellung

Nach Aussagen führender Industrieller ist Schachts Position stark erschüttert. Unter den deutschen Faschisten gibt es Unzufriedenheit über seine ›Krittelei‹. Deutschlands Schwierigkeiten bei der Versorgung mit Rohstoffen und Devisen haben Schachts Stellung weiter geschwächt und die Vorbehalte in der faschistischen Partei gegen ihn anwachsen lassen.«[18]

Suritz' Treffen mit Hermann Göring kam schließlich am 15. Dezember 1936 zustande und lief von Anfang an als Monolog ab. Wie bereits Schacht sprach auch er davon, daß die Wirtschaftsbeziehungen »unabhängig vom Zustand unserer politischen Beziehungen« entwickelt werden sollten, daß man »nicht versuchen sollte, unsere Wirtschaft der Politik anzupassen«, daß es notwendig sei, wie er sich ausdrückte, die Wirtschaftsbeziehungen zwischen der UdSSR und Deutschland zu »entpolitisieren«. Allerdings wollte er in der Warenliste, die Kandelaki übergeben hatte, eine gewisse »Voreingenommenheit« erkennen. In der Tat ging es dort um Panzerplatten, Katapulte, Kriegsschiffe im Werte von 200 Millionen Mark, U-Boote, akustische Geräte sowie einen Technologieaustausch mit den Firmen IG Farben und Bosch. Dazu erklärte Göring: »Das sind Sachen, die kein Staat einem anderen verkauft, selbst wenn sie die besten Freunde sind.« Darauf antwortete Suritz, man habe aufgeschrieben, was die UdSSR interessiere. Die Wirtschaftsbeziehungen könnten sich in dem Maße entwickeln, »wie wir das aus Deutschland erhalten, was für uns von Interesse ist«. Zum Abschluß gab Göring dem Botschafter zu verstehen, »daß er beim derzeitigen Stand der Dinge nur dann auf eine Veränderung der politischen Beziehungen Einfluß nehmen könne, wenn er über reale Fakten verfüge und selbst überzeugt sei, daß die UdSSR normale Beziehungen mit Deutschland wolle, vor allem auf wirtschaftlichem Gebiet«.[19]

Das ließ zumindest hoffen. In den letzten Dezembertagen des Jahres 1936 traf Kandelaki in Begleitung des stellvertretenden Handelsvertreters Friedrichson erneut mit Schacht zusammen. Darüber berichtete Schacht an Außenminister Hermann Neurath:

»Im Verlaufe des Gesprächs habe ich ausgeführt, daß ich die Möglichkeiten einer lebhaften Handelsentwicklung zwischen Rußland und Deutschland nur dann sähe, wenn die russische Regierung eine deutliche politische Geste machte und am besten durch ihren hiesigen

Botschafter die Versicherung abgäbe, von jeder kommunistischen Agitation außerhalb Rußlands abzusehen.«[20]

Damit stellten die Deutschen faktisch ein Ultimatum, auf das Stalin nicht eingehen konnte.

Die Haltung der UdSSR zu dem 500-Millionen-Kredit blieb zweideutig. So schrieb der stellvertretende Volkskommissar Krestinski am 11. August 1936 an Botschafter Suritz: »Vor einigen Tagen ist die Frage des sogenannten 500-Milllionen-Kredits erörtert worden. Sie wurde negativ entschieden.« Am 19. August 1936 teilte Litwinow Suritz mit, Kandelaki habe Weisung erhalten, »den Deutschen mitzuteilen, daß wir eine Vereinbarung vorerst ablehnen. Zugleich bekam er die Erlaubnis anzufragen, ob sie einige uns besonders interessierende Artikel in dem Ihnen bekannten (militärischen) Bereich liefern werden. Sollten sie darauf positiv reagieren, könnte man ein Kreditabkommen noch einmal in Betracht ziehen.«[21] Alle diese diplomatischen Verschleierungsmanöver vermochten allerdings den Pferdefuß von Stalins Absicht nicht zu verhüllen: die Deutschen dazu zu bringen, der sowjetischen Rüstungsindustrie auf die Sprünge zu helfen.

Daß zwischen Stalin und Kandelaki ein besonderes Vertrauensverhältnis bestand, hat mir dessen Tochter Tamara bestätigt. In einem Brief an mich berichtete sie von einem Besuch mit ihrer Mutter bei Molotows Familie in dessen Landhaus. Stalin war auch da. Das Kind lief zu ihm und fragte:

»Genosse Stalin, wann kommt unser Papa wieder nach Moskau zurück?«

Stalin antwortete: »Dein Vater hat in Berlin einen sehr wichtigen Auftrag zu erfüllen. Ein bißchen wirst du noch warten müssen ...«[22]

Diese »väterliche Sorge« kam Kandelakis Familie teuer zu stehen: Er selbst wurde später erschossen, seine Angehörigen in die Verbannung geschickt.

Bald nach der genannten Begegnung mit Schacht fuhr

Kandelaki nach Moskau, um der sowjetischen Führung Bericht zu erstatten. Daraufhin wurde am 8. Januar 1937 der »Entwurf einer mündlichen Antwort Kandelakis« bestätigt, den Litwinow ausgearbeitet hatte. Das Dokument ist von fünf Mitgliedern des Politbüros des ZK der KPdSU(B) abgezeichnet – Stalin, Molotow, Kaganowitsch, Ordshonikidse und Woroschilow. Darin heißt es:

»Die Sowjetregierung ist politischen Verhandlungen mit der deutschen Regierung niemals ausgewichen, sondern hat ihr seinerzeit sogar bestimmte politische Vorschläge übergeben. Die Sowjetregierung ist keinesfalls der Meinung, daß ihre Politik sich gegen die Interessen des deutschen Volkes richten sollte. Daher ist sie auch jetzt bereit, im Interesse der Verbesserung der gegenseitigen Beziehungen und des Friedens mit der deutschen Regierung in Verhandlungen zu treten. Die Sowjetregierung ist nicht gegen direkte Verhandlungen offizieller diplomatischer Vertreter. Wenn die deutsche Regierung allerdings darauf besteht, ist sie auch bereit, die jüngsten Gespräche und alle weiteren als geheim zu behandeln und die Öffentlichkeit nicht darüber zu informieren.«[23]

Wieder tauchen hier jene Hauptgedanken auf, die Stalin Kandelaki bereits im Mai 1935 auf den Weg gegeben hatte.

Am 14. Januar 1937 sandte Litwinow einen persönlichen Brief an Suritz, aus dem hervorgeht, daß in dem von ihm vorgelegten Entwurf ursprünglich nur von Verhandlungen des Botschafters mit Außenminister Neurath die Rede war. Stalin hatte den Text dahingehend verändert, daß »die Sowjetregierung nicht gegen direkte Verhandlungen ist«. Das hieß, Kandelakis Gespräche mit Schacht durften fortgesetzt werden. Dazu der Volkskommissar:

»Diese Veränderung wurde vorgenommen, obwohl Gen. S. mehrfach bestätigt hat, man dürfe die Verhandlungen auf keinen Fall K. übertragen, da er diplomatisch unerfahren sei und er mir zustimmte, daß Sie die Verhandlungen führen sollen.«

Litwinow teilte dem Botschafter mit, er habe »Gen. K.« den Entwurf einer Antwort an die deutsche Seite mit dem Hinweis übermittelt:

»Wenn Sch. [Schacht] unsere Antwort zufriedenstellend findet, dann soll K. ihn fragen, wer der Verhandlungsführer auf deutscher Seite sein wird. Sollte dies Neurath oder eine andere Person passenden Ranges sein, könnte K. erklären, Sie hätten sich aus eigener Initiative an diese Person gewandt. Dabei könnten Sie auf den Meinungsaustausch zwischen Sch. und K. verweisen.«[24]

Nun schien alles im Lot zu sein. Am 27. Januar 1937 schrieb Suritz an den stellvertretenden Volkskommissar Krestinski:

»Die deutsche Diplomatie wird wieder aktiv. Sie erinnern sich sicher, als wir diese Frage in Moskau erörtert haben, stimmten wir darin überein, daß die Deutschen wahrscheinlich versuchen werden, in dieser Etappe die schärfsten Kanten ihrer außenpolitischen Linie abzuschleifen. Wir waren der Meinung, daß Deutschlands schwierige wirtschaftliche Lage, die Tatsache, daß es noch nicht zum Krieg bereit ist, es dazu veranlassen werden, Kompromisse mit anderen Staaten, darunter auch der UdSSR, zu suchen.«

Als der Botschafter die Ergebnisse der ersten vier Wochen des Jahres 1937 zusammenfaßte, mußte er jedoch feststellen, daß diese noch keine »volle Bestätigung unseres Standpunktes« gebracht hatten. Am 16. Januar war er mit Neurath zusammengetroffen, der »die Hoffnung auf eine Verbesserung der Beziehungen« zwischen der UdSSR und Deutschland bestätigt hatte. Am 21. Januar »hat er mir noch einmal erklärt, er sei Optimist; weiter ist er aber nicht gegangen«.

Die Deutschen stellten sich stur. Am 12. Januar 1937 sprach Suritz mit Schacht, der sich erneut »im wesentlichen zur Komintern und der Notwendigkeit äußerte, daß alle, darunter auch wir, aus Spanien abziehen«. Zum Ergebnis seiner Begegnungen mit Schacht äußerte der Botschafter die Vermutung:

»Wenn die Gespräche Schachts mit Gen. Kandelaki nach unserer Antwort auf seine letzte Sondierung in die gleiche Richtung laufen, dann kann sich die ganze deutsche ›Aktion‹ uns gegenüber als reine Verzögerungstaktik herausstellen«, die den Deutschen »bereits als

Erfolg erscheint, da sie auf diese Weise einer Antwort auf die konkreten Fragen (Liste) ausweichen können. Ein endgültiges Urteil über diese Frage kann man aber erst nach den Gesprächen des Gen. Kandelaki mit Schacht fällen.«[25]

Die Begegnung Kandelakis mit Schacht fand, wie erwartet, am 29. Januar 1937 statt. Kandelaki verlas den bereits zitierten Text der sowjetischen Erklärung. Darauf erwiderte Schacht erneut, mit allen Demarchen müsse sich der Botschafter der Sowjetunion unmittelbar an das Auswärtige Amt wenden. Kandelaki stimmte zu, bat aber um einen Hinweis, ob derartige Verhandlungen auch nur die geringste Chance auf Erfolg hätten. Schacht sandte einen Bericht über dieses Treffen an Neurath, in dem er empfahl, dem Handelsvertreter zu antworten, Deutschland sei zu Verhandlungen mit Moskau bereit, wenn dieses eindeutig erkläre, künftig auf Propaganda im Stile der Komintern zu verzichten.

Neurath war einverstanden. An Schacht schrieb er:

»Habe gestern bei persönlichem Vortrag dem Führer von Ihren Gesprächen mit Kandelaki berichtet, besonders von der Erklärung, die im Namen Stalins und Molotows abgegeben wurde … Ich stimme dem Führer zu, daß sie [Verhandlungen mit den Russen] gegenwärtig zu nichts führen und eher von ihnen genutzt werden, um das Ziel eines engen Militärbündnisses mit Frankreich oder, wenn möglich, einer weiteren Annäherung an England zu erreichen. Eine eventuelle Erklärung der russischen Regierung, sie grenze sich von der Komintern ab, bringt nach den Erfahrungen derartiger Äußerungen gegenüber England und Frankreich keinerlei praktischen Nutzen und wäre daher nicht ausreichend. Wenn sich die Lage in Rußland allerdings in Richtung eines absoluten Despotismus auf militärischer Grundlage entwickeln sollte, wäre das etwas ganz anderes. In diesem Falle würden wir nicht säumen, mit Rußland erneut in Kontakt zu treten… Ihr Neurath«[26]

So endete auch der dritte Anlauf der Mission Kandelakis ergebnislos. Verdrossen sandte der Handelsvertreter kurz darauf den folgenden persönlichen Brief an Stalin:

»In meinem Telegramm vom 29. Januar d. J. habe ich Ihnen bereits berichtet, daß ich entsprechend Ihrer Direktive gegenüber Schacht eine Erklärung zu den Vorschlägen der Deutschen über politische Verhandlungen mit uns abgegeben habe. Schacht zeigte sich über unsere Antwort zufrieden, steckte sofort einen Plan für die Verhandlungen ab und erklärte, diese könnten in den nächsten Tagen beginnen, nachdem er der deutschen Regierung unsere Antwort übermittelt habe.

Bis zum 16. März war dann von Schacht nichts zu hören.

Am 16. März lud mich der Ihnen bekannte Herbert Göring (der Cousin von General Göring und enger Mitarbeiter Schachts) zu sich ein. Er erklärte, er sei beauftragt, mir folgendes mitzuteilen: ›Nach gründlicher Prüfung und ausführlicher Erörterung der Antwort, die Sie am 29. Januar Herrn Schacht übergeben haben, ist die deutsche Seite zu folgendem Schluß gekommen: Ihre Antwort an Schacht enthält keine konkreten Vorschläge zur Diskussion. Das Hauptproblem liegt jedoch darin, daß die deutsche Seite gegenwärtig keinen Unterschied zwischen der Sowjetregierung und der Komintern erkennen kann. Daher hält es die deutsche Seite nicht für zweckmäßig, die Verhandlungen fortzusetzen, da sie dafür keine Grundlage sieht.‹

Ich antwortete Göring, erstens seien politische Verhandlungen von Schacht, nicht von uns vorgeschlagen worden, daher müßten konkrete Vorschläge von den Deutschen ausgehen, was bisher auch aus allen Gesprächen mit Schacht hervorging. Wenn die deutsche Seite, zweitens, keinen Unterschied zwischen der Sowjetregierung und der Komintern sehen wolle, dann sei in der Tat auch keine Grundlage für Verhandlungen zu erkennen.

Uns vorliegende Informationen geben Grund zu der Annahme, daß Schacht sich nicht selbst desavouieren wollte, weshalb der erwähnte Göring mir diese unverschämte Antwort der Deutschen überbrachte.«[27]

Das bedeutete das Scheitern von Kandelakis Bemühungen. Der skeptische Litwinow war weitblickender gewesen als der listenreiche Stalin. Kaum zwei Wochen nach den hier erwähnten Begegnungen erschien in der Presse eine Meldung über die Ablösung David Kandelakis von der Funktion des Handelsvertreters der UdSSR in Deutschland. Die Zeitungen vom gleichen Tage enthielten auch den Beschluß des Präsidiums des Zentralexekutivkomitees der UdSSR, mit dem Kandelaki als Stellvertreter des Volkskommissars für Außenhandel der UdSSR bestätigt wurde. Ein für die damalige Zeit typisches Verfahren: Der Mißerfolg von Berlin mußte verschleiert werden.

Am 5. April 1937 fuhr Suritz zu Konsultationen nach Moskau. Am 7. April wurde er als Botschafter der UdSSR in Deutschland abgelöst und auf die gleiche Funktion in Frankreich versetzt.

Hitler blieb bei diesem Spiel im Vorteil: Geschickt lancierte er Andeutungen über die stattgefundenen Geheimtreffen in die Presse, wodurch der UdSSR ein diplomatischer Skandal drohte. Sie hatte alle Mühe, ihre Vertragspartner von 1935 – Frankreich und die Tschechoslowakei – zu besänftigen. Am 17. April 1937 sandte Litwinow dem zeitweiligen Geschäftsträger der UdSSR in Frankreich, J. Hirschfeld, und dem Botschafter in der Tschechoslowakei, Sergej Alexandrowski, Telegramme mit dem Auftrag, den Gerüchten entgegenzutreten:

»Versichern Sie dem Außenministerium, daß die im Ausland verbreiteten Gerüchte über eine Annäherung an Deutschland jeglicher Grundlage entbehren. Wir führten und führen zu diesem Thema keinerlei Verhandlungen mit den Deutschen, wovon allein schon die gleichzeitige Abberufung des Botschafters und des Handelsvertreters zeugt.«[28]

Die politische Bilanz der Versuche Stalins in den Jahren 1935–1937, Hitlers Erscheinen auf der politischen Bühne Europas irgendwie zu neutralisieren, war nicht erfreulich. Die Absicht, Göring gegen Hitler auszuspielen und Deutschland damit auf die alte Linie von Rapallo zurückzubringen, erwies sich als Illusion. Vergeblich hatte man Hitler mit sowjetischen Rohstoffen dazu bringen wollen, Lieferungen an die sowjetische Rüstungsindustrie zuzustimmen. Verärgert mußte der »große Führer« feststellen, daß der allseits beliebte künftige Marschall Tuchatschewski, der ihm schon lange ein Dorn im Auge war, recht behalten hatte. Auch von David Kandelaki mußte er sich trennen, da er ihm aus Berlin nicht die gewünschten Ergebnisse gebracht hatte. Kandelaki wurde bald ein Opfer der Repressalien.

Man schrieb das Jahr 1937.

FÜNFTES KAPITEL

Das Jahr 1937 in Berlin und Moskau

Am 5. November 1937 versammelten sich bei Adolf Hitler in der Berliner Reichskanzlei die höchsten Militärs des Landes zu einer Besprechung – der Kriegsminister, die Oberbefehlshaber der Waffengattungen, dazu der Außenminister. Der militärische Adjutant des Führers, Oberst Friedrich Hoßbach, notierte. Seine Niederschrift wurde später als »Hoßbach-Protokoll« bekannt. Dieses Dokument, das für das Verstehen der Ursachen und Ziele des Zweiten Weltkrieges grundlegende Bedeutung hat, ist vielfach analysiert worden. Auch für uns ist es unverzichtbar, denn Hitler zeigte sich hier selbst für seine engsten Mitstreiter von einer unerwarteten Seite.

Es war schon paradox: Hitler, der bereits im Jahre 1925 einen künftigen Ostfeldzug verkündet hatte, beeilte sich nach der Machtergreifung durchaus nicht, die Divisionen der Reichswehr gegen die UdSSR in Marsch zu setzen. Als er diese Truppe von kaum 100000 Mann im Jahre 1935 zur Wehrmacht mit vielen hunderttausend Soldaten umformte, schien er den Lebensraum im Osten und seine antisowjetischen Tiraden vergessen zu haben. Weshalb? Und traf es wirklich zu?

Natürlich nicht. Nur war aus dem Versammlungsredner inzwischen ein Politiker geworden, der sein Programm ernst nahm. Das Protokoll, das Hitlers Adjutant, Oberst Hoßbach, am 10. November 1937 von der Begegnung des Führers mit den Spitzen der Wehrmacht verfaßte, gibt uns die seltene Möglichkeit, dieses Programm im Original zur Kenntnis zu nehmen. Die Jahre an der Regierung waren für Hitler Jahre des Lernens, die ihn in die Lage versetzten, der Generalität nun einen Vortrag in Geopolitik zu halten. (Stalin enthüllte übrigens der Führung der Roten Armee zu keiner Zeit die Motive seines Handelns in dieser Ausführlichkeit). Hitler läßt uns gleichsam in das Labor der Aggression schauen, wo noch nicht alles glatt und widerspruchsfrei abläuft. Daß er seine (nicht immer unbestreitbaren) Argumente den Generälen so offen darbot, mußte auf diese Eindruck machen. Und Hitler erreichte sein Ziel.

»Berlin, den 10. November 1937

NIEDERSCHRIFT ÜBER DIE BESPRECHUNG
IN DER REICHSKANZLEI
am 5. November 1937 von 16.15 bis 20.30 Uhr

Anwesend: Der Führer und Reichskanzler,
der Reichskriegsminister Generalfeldmarschall von Blomberg,
der Oberbefehlshaber des Heeres
Generaloberst Freiherr von Fritsch,
der Oberbefehlshaber der Kriegsmarine
Generaladmiral Dr. h.c. Raeder,
der Oberbefehlshaber der Luftwaffe Generaloberst Göring,
der Reichsminister des Auswärtigen Freiherr von Neurath,
Oberst Hoßbach.

Der Führer stellte einleitend fest, daß der Gegenstand der heutigen Besprechung von derartiger Bedeutung sei, daß dessen Erörterung in anderen Staaten wohl vor das Forum des Regierungskabinetts gehörte, er – der Führer – sähe aber gerade im Hinblick auf die Bedeutung der Materie davon ab, diese in dem großen Kreis des Reichskabinetts zum Gegenstand der Besprechung zu machen. Seine nachfolgenden Ausführungen seien das Ergebnis eingehender Überlegungen und der Erfahrungen seiner viereinhalbjährigen Regierungszeit; er wolle den anwesenden Herren seine grundlegenden Gedanken über die Entwicklungsmöglichkeiten und -notwendigkeiten unserer außenpolitischen Lage auseinandersetzen, wobei er im Interesse einer auf weite Sicht eingestellten deutschen Politik seine Ausführung als seine testamentarische Hinterlassenschaft für den Fall seines Ablebens anzusehen bitte.

Der Führer führte sodann aus:

Das Ziel der deutschen Politik sei die Sicherung und die Erhaltung der Volksmasse und deren Vermehrung. Somit handele es sich um das Problem des Raumes.

Die deutsche Volksmasse verfüge über 85 Millionen Menschen, die nach der Anzahl der Menschen und der Geschlossenheit des Siedlungsraumes in Europa einen in sich so fest geschlossenen Rassekern darstelle, wie er in keinem anderen Land wieder anzutreffen sei und wie er andererseits das Anrecht auf größeren Lebensraum mehr als bei anderen Völkern in sich schlösse. Wenn kein dem deutschen Rassekern entsprechendes politisches Ergebnis auf dem Gebiet des Raumes vorläge, so sei das eine Folge mehrhundertjähriger historischer Entwicklung und bei Fortdauer dieses politischen Zustandes die größte Gefahr für die Erhaltung des deutschen Volkstums auf seiner jetzigen Höhe. Ein Aufhalten des Rückganges des Deutschtums in Österreich und in der Tschechoslowakei sei ebensowenig möglich wie die Erhaltung des augenblicklichen Standes in Deutschland selbst. Statt Wachstum setze Sterilisation ein, in deren Folge Spannungen sozialer Art nach einer Reihe von Jahren einsetzen müßten, weil politische und weltanschauliche Ideen nur solange von Bestand seien, als sie die Grundlage zur Verwirklichung der realen Lebensansprüche eines Volkes abzugeben vermöchten. Die deutsche Zukunft sei daher ausschließlich durch die Lösung der Raumnot bedingt, eine solche Lösung könne naturgemäß nur für eine absehbare, etwa 1–3 Generationen umfassende Zeit gesucht werden.

***

Wenn die Sicherheit unserer Ernährungslage im Vordergrund stände, so könne der hierfür notwendige Raum nur in Europa gesucht werden, nicht aber ausgehend von liberalistisch-kapitalistischen Auffassungen in der Ausbeutung von Kolonien. Es handele sich nicht um die Gewinnung von Menschen, sondern von landwirtschaftlich nutzbarem Raum. Auch die Rohstoffgebiete seien zweckmäßiger im unmittelbaren Anschluß an das Reich in Europa und nicht in Übersee zu suchen, wobei die Lösung sich für ein bis zwei Generationen auswirken müsse. Was darüber hinaus in späteren Zeiten notwendig werden sollte, müsse nachfolgenden Geschlechtern überlassen bleiben. Die Entwicklung großer Weltgebilde gehe nun einmal langsam vor sich, das deutsche Volk mit seinem starken Rassekern finde hierfür die günstigsten Voraussetzungen inmitten des europäischen Kontinents.

Daß jede Raumerweiterung nur durch Brechen von Widerstand und unter Risiko vor sich gehen könne, habe die Geschichte aller Zeiten – Römisches Weltreich, Englisches Empire – bewiesen. Auch Rückschläge seien unvermeidbar. Weder früher noch heute habe es herrenlosen Raum gegeben, der Angreifer stoße stets auf den Besitzer.

Für Deutschland laute die Frage, wo größter Gewinn unter geringstem Einsatz zu erreichen sei.

Die deutsche Politik habe mit den beiden Haßgegnern England und Frankreich zu rechnen, denen ein starker deutscher Koloß mitten in Europa ein Dorn im Auge sei, wobei beide Staaten eine weitere deutsche Erstarkung sowohl in Europa als auch in Übersee ablehnten und sich in dieser Ablehnung auf die Zustimmung aller Parteien stützen könnten. In der Errichtung deutscher militärischer Stützpunkte in Übersee sähen beide Länder eine Bedrohung ihrer Überseeverbindungen, eine Sicherung des deutschen Handels und rückwirkend eine Stärkung der deutschen Position in Europa …

Immerhin seien heute in unsere politischen Berechnungen als Machtfaktoren einzusetzen: England, Frankreich, Rußland und die angrenzenden kleineren Staaten.

Zur Lösung der deutschen Frage könne es nur den Weg der Gewalt geben, dieser könne niemals risikolos sein. Die Kämpfe Friedrichs d. Gr. um Schlesien und die Kriege Bismarcks gegen Österreich und Frankreich seien von unerhörtem Risiko gewesen, und die Schnelligkeit des preußischen Handelns 1870 habe Österreich vom Eintritt in den Krieg ferngehalten. Stelle man an die Spitze der nachfolgenden Ausführungen den Entschluß zur Anwendung von Gewalt unter Risiko, dann bleibe noch die Beantwortung der Fragen ›wann‹ und ›wie‹. …«[1]

In einer erstaunlichen Mischung aus rhetorischen Floskeln, falschen Behauptungen und vernünftigen Thesen gab Hitler Antwort auf folgende Fragen:

Wann? Sobald wie möglich, auf jeden Fall vor 1943.

Wie? Durch Krieg.

Und er wurde deutlicher: Zuerst gegen die Tschechoslowakei, oder gegen die Tschechei, wie er gewöhnlich sagte, denn offenbar war er bereits damals entschlossen, den Marionettenstaat Slowakei zu gründen. Der Plan »Grün« gegen die Tschechoslowakei lag in der ersten Fassung am 20. Mai 1938 vor, in der überarbeiteten Fassung im September 1939.[2] Da war der Anschluß Österreichs bereits erfolgreich und ohne Blutvergießen vollzogen. Europa fand sich schweigend damit ab. So verlief die erste Phase der Aggression, die mit dem Unternehmen »Barbarossa« 1941 ihren Höhepunkt finden sollte.

Aber verweilen wir noch ein wenig im Jahre 1937.

Für die Geschichte des Sowjetstaates und seiner Streitkräfte war das ein verhängnisvolles Jahr. Eine in ihrem Umfang ungeheuerliche und in ihren Motiven völlig unbegreifliche Operation – Stalins Abrechnung mit der Führung der Roten Armee – wurde auf die Spitze getrieben.

Eine gewisse Logik konnte man ihr allerdings nicht absprechen. Von dieser ließ sich Stalin seit jenem Wintertag im Dezember 1934 leiten, als er dem Sarg eines seiner engsten Mitstreiter, des Führers der Leningrader Kommunisten Sergej Kirow, gefolgt war, den man im Smolny, einst Sitz der ersten Sowjetregierung, ermordet hatte. Der Hintergrund dieses Attentats in Leningrad ist niemals aufgeklärt worden. Einige Historiker sprechen von einer direkten Mitwirkung Stalins am Tode seines Freundes und Rivalen, der in der KPdSU(B) manchmal als Nachfolger des Generalsekretärs galt. Andere sind der Meinung, daß er die Situation lediglich für den Beginn einer durchgreifenden Säuberung der Partei und der gesamten sowjetischen Führung genutzt habe. Es war sehr einfach, das sowjetische Volk mit dem Schlachtruf »Vergeltung für Kirow!« aufzuhetzen, überall im Lande nach eingeschleusten imperialistischen Agenten und Spionen zu suchen. Zuerst war die Staats- und Parteiführung an der Reihe (siehe die Prozesse gegen den Vorsitzenden des Rates der Volkskommissare, Alexej Rykow, später gegen Sinowjew, Kamenew, Radek, Bucharin und andere). Danach nahm sich Stalin die Militärs vor.

Es ist einfach schockierend, mit welcher Konsequenz Stalin, unterstützt von Woroschilow und Budjonny, die ihm blinde Gefolgschaft leisteten, mit der obersten Führung der RKKA Abrechnung hielt.

Welche geheime Kraft trieb Stalin dazu, die Rote Armee zu enthaupten? Seine Motive sind nicht nur im militärischen Bereich zu suchen. Ganz im Gegenteil: Da er genau wußte, daß der Sowjetunion keine Gefahr drohte und der künftige Feind noch Kräfte sammeln mußte, konnte Stalin an die Beseitigung der militärischen Führung der RKKA gehen, die er von der Spitze her vornahm. Hitler hatte dazu im Gespräch mit Carl Burckhardt geäußert: »Ein Land mordet nicht seine Offiziere, wenn es beabsichtigt, einen Krieg zu führen.«[3] 1937 war Deutschland noch nicht zum Angriff bereit. Wie aus Dokumenten in Stalins Archiv hervorgeht, mußte er dem Chef des Geheimdienstes OGPU – damals Wjatscheslaw Menshinski – erst Weisung geben, in den Programmen seiner Gegner im Lande dringend Spuren von Kriegsvorbereitung festzustellen und – wenn es diese nicht gab – selbst zu erfinden.

Die Säuberung der Armee war Bestandteil eines gewaltigen Programms, das bereits in Stalins Kopf entstand, als er die Losung vom Aufbau des Sozialismus in einem einzelnen Land herausgab. Für die breite Masse, darunter auch die Mitglieder der herrschenden Partei, war diese Losung attraktiv, weil sie eine bereits seit dem Bürgerkrieg im Lande vorhandene fremdenfeindliche Stimmung ansprach, weil sie eiserne Disziplin und Opferbereitschaft rechtfertigte, damit sich die neue Gesellschaftsordnung wenigstens in einem Lande durchsetzen konnte. Stalin erfand damit nichts Neues. Eigentlich folgte er nur Lenin, der den Grundsatz von Marx und Engels verworfen hatte, die sozialistische Revolution müsse in den führenden Ländern des entwickelten Kapitalismus allmählich reifen. Das Scheitern der proletarischen Revolutionen – oder, genauer gesagt, der Versuche, sie in Deutschland und Ungarn zu initiieren – lehrte Stalin, die Entwicklung in Rußland, die bereits Hunderttausende Opfer im In- und Ausland gekostet hatte, pragmatisch zu sehen. Da sein neues Postulat in führenden Kreisen der

RKP(B) auf Unverständnis und bald auch auf Widerstand stieß, stand der Generalsekretär vor der komplizierten Aufgabe, alles niederzuwalzen, was sich seinem Streben nach Alleinherrschaft und Diktatur in den Weg stellte.

Die Armee befand sich zunächst außerhalb der Kampfzone. Leo Trotzki, der rasch von den militärischen Dingen abgedrängt wurde, konnte nicht mehr genügend Anhänger unter den Kommandeuren der RKKA sammeln, da die noch nicht demobilisierte Millionenarmee mit dem schwierigen Übergang von der Kriegs- zur Friedenszeit beschäftigt war. Die Auseinandersetzungen entfalteten sich zunächst im Rahmen der Partei, deren Politbüro als einziger Militär Woroschilow angehörte. Aber nach dem ZK mußten weitere wichtige Strukturen einer gründlichen Säuberung unterzogen werden, darunter auch die Streitkräfte. Stalin hatte einen besonderen Grund, sich mit ihnen gründlich zu befassen. Während er die Alte Garde in den Reihen des ZK und des Politbüros wegen grundsätzlicher Meinungsverschiedenheiten über den künftigen Sowjetstaat aus dem Wege räumte, hatte er mit der Militärführung eine persönliche Rechnung offen. Die Armee hatte Stalins frühe Mißerfolge an der polnischen Front und bei Zarizyn, von wo er abberufen werden mußte, nicht vergessen. Die Armeeoffiziere, die ihn damals abgelöst hatten, wußten, wie es um Stalins militärische Fähigkeiten tatsächlich stand. Das machte sie zu potentiellen Gegnern. Stalin verfügte in der Tat über keinerlei besondere militärische Kenntnisse, was er natürlich nicht zugeben wollte. Er umwarb zwei der populärsten Figuren aus dem Bürgerkrieg – Kliment Woroschilow und Semjon Budjonny –, beide von begrenztem Horizont und mit geringen persönlichen Ambitionen. Er sah voraus, daß ihr Stern in der Führung der RKKA in dem Maße sinken werde, wie diese sich auf Kriege neuer Art, auf die Motorisierung und die Modernisierung der militärischen Strukturen vorzubereiten hatte. Woroschilow und Budjonny mußten unweigerlich ins Feuer der Kritik geraten, und in der Tat war bald von ihrer Ablösung die Rede. Darauf hatte

Stalin nur gewartet, um den Militärs eine »parteifeindliche Verschwörung« und angebliche antisowjetische Pläne vorwerfen zu können. Die notwendigen »Beweise« lieferte ihm das NKWD.

Das ungeheure Ausmaß der Säuberungen kannte Stalin selbst am besten. Nach offiziellen Angaben wurden in den Jahren 1937–1938 35000 (laut Woroschilow sogar 50000) Kommandeure inhaftiert, darunter 5000 Politkommissare. Nach den Repressalien kehrten etwa 12000 in die Armee zurück, die übrigen verschwanden spurlos. Opfer der Repressalien wurde die gesamte oberste Führung der Armee, darunter drei Marschälle, alle Chefs der Militärbezirke und alle Befehlshaber der Luftstreitkräfte. Vom 27. Februar 1937 bis zum 12. November 1938 wurden über 3000 Kommandeure der Flotte und 38679 Offiziere der Landstreitkräfte zum Tode verurteilt. Von den 101 Mitgliedern der obersten Militärführung wurden 91 verhaftet, und von diesen mehr als 80 erschossen. Darunter drei von fünf Marschällen, drei von vier Armeebefehlshabern 1. Ranges, ein Armeekommissar 1. Ranges, alle 15 Armeebefehlshaber 2. Ranges, zwei Flottenadmirale 1. Ranges und 51 von 57 Korpskommandeuren. Von den zehn höchsten Militärs, die in Freiheit blieben, hatten sieben in Zarizyn unter Stalin gekämpft, so Woroschilow, Budjonny, Kulik und Timoschenko. Zu den Repressierten aus nachfolgenden Ebenen gehörten mindestens 140 von 186 Divisionskommandeuren, über 200 Kommandeure von Schützenkorps, von Schützendivisionen und -brigaden. Der Korpskommandeur A. Todorski, der damals verhaftet wurde und 17 Jahre Lagerhaft überlebte, berichtet, er habe auf einer militärischen Beratung im Herbst 1938 gehört, wie Stalin Woroschilow fragte:

»Klim, hast du noch Leutnants, die Divisionen befehligen können?«[4]

In diesen Zustand hatte Stalin seine Streitkräfte gebracht, als das Münchener Abkommen geschlossen wurde.

Wieviel Zeit hätten sie wohl gebraucht, um sich von diesem Schlag zu erholen? Die Antwort auf diese Frage gibt ein wichtiges Dokument – der »Plan zur Entwicklung und Reorganisation der RKKA in den Jahren 1937–1942«, den Stalin am 9. November 1937 bestätigte. Er enthielt die von Stalin ins Auge gefaßten neuen Parameter der Streitkräfte:

»SOLLBESTAND DER RKKA ZU FRIEDENSZEITEN
Stand am 1. 1. 1938 und am 1. 1. 1943

ANTEILE DER WAFFENGATTUNGEN

Bezeichnung	Stärke der RKKA zum 1.1.1938	Anteil in Prozent	Stärke der RKKA zum 1.1.1943	Anteil in Prozent
A Landstreitkräfte				
Schützentruppen (einschließlich befestigte Räume)	636940	39,4	744569	41,82
Kavallerie	195690	12,2	138560	7,79
Panzertruppen	90880	5,66	95866	5,39
Artillerie (Reserve des Oberkommandos)	34160	2,13	43160	2,43
Luftabwehr	45280	2,82	72081	4,06
Chemische Truppen	9370	0,58	9370	0,53
Nachrichtentruppen	19510	1,22	19620	1,10
Pioniertruppen	16590	1,03	13910	0,78
Eisenbahntruppen und Militärtransportwesen	11800	0,74	11800	0,66
Topografische Einheiten	2930	0,18	2930	0,16
Fuhrpark	11120	0,69	10550	0,59
Militärische Lehreinrichtungen der Landstreitkräfte	91100	5,67	104200	5,85
Gesamt	1165370	72,59	1266616	71,16
Außerdem Luftabwehrtruppen der Küstenverteidigung der Seestreitkräfte	–	–	4560	0,36
B Luftstreitkräfte				
Armeefliegerkräfte	146850	9,15	143576	8,06
Reserve der Luftstreitkräfte	–	–	15000	0,84
Lehreinrichtungen der Luftstreitkräfte	47120	2,93	56486	3,18
Gesamt	193970	12,08	215062	12,08
Marinefliegerkräfte	26540	1,65	26080	1,47
Luftstreitkräfte ges.	220510	13,73	241124	13,55

Bezeichnung	Stärke der RKKA zum 1.1.1938	Anteil in Prozent	Stärke der RKKA zum 1.1.1943	Anteil in Prozent
C Seestreitkräfte				
Seekriegsflotte, Küstenverteidigung und Lehreinrichtungen	132030	8,22	193460	10,87
An die Küstenverteidigung im Bestand der Luftabwehr der Landstreitkräfte abzugeben	–	–	-4560	-0,26
Seestreitkräfte gesamt	132030	8,22	188900	10,61
D Rückwärtige Dienste				
Örtliche Schützentruppen	3268	2,04	10000	1,12
Fuhrwerkstransport, Etappen- und Arbeitseinheiten	3094	0,19	3094	0,17
Organe der Bezirks- und Lokalverwaltungen, Lagerhaltung und andere Einrichtungen	51836	3,23	55688	3,13
Rückwärtige Dienste gesamt	87610	5,46	78782	4,42
INSGESAMT	1605520	100 %	1780000	100 % [5]

Wir wollen zunächst außer acht lassen, ob diese Parameter für den kommenden Krieg ausreichten, und den von Stalin gesetzten Termin – Januar 1943 – ins Auge fassen. Er war nicht willkürlich gewählt, sondern taucht in Stalins Gesprächen mit den Spitzen von Partei und Armee immer wieder auf: Ende 1942 mußte man bereit sein! Davon haben hohe Funktionäre der KPdSU(B) berichtet, so z. B. Pantelejmon Ponomarenko, der vor dem Krieg Sekretär des ZK der KP Weißrußlands war und Stalins Vertrauen genoß. Auch bei Shukow, bei Wassilewski und in den Gesprächen Timoschenkos mit Militärhistorikern taucht dieses Datum auf. Das heißt, bereits zur Zeit des Münchener Abkommens hatte Stalin ein verhängnisvolles Timing: Er wollte den Krieg mindestens bis zum Jahre 1942 hinausschieben.

Dafür gibt es zahlreiche Zeugen. Der Historiker G. Kumanew, einer der wenigen russischen Wissenschaftler, der die im Westen seit langem gängige Methode der »Oral history« nutzt, hat folgende Aussagen von Zeitzeugen aufgezeichnet:

Anastas Mikojan: »Stalin hat sich den Überraschungseffekt der Aggression der Faschisten mit all seinen schwerwiegenden Folgen faktisch selber zuzuschreiben. Im Frühjahr und besonders Anfang 1941 mit ihm darüber zu sprechen, daß Deutschland die UdSSR jederzeit überfallen konnte, war ein hoffnungsloses Unterfangen. Stalin glaubte fest daran, daß der Krieg gegen die Deutschen irgendwann gegen Ende 1942, frühestens Mitte des Jahres beginnen werde, wenn Hitler England in die Knie gezwungen hatte. Er meinte, der Führer werde sich nie dazu entschließen, an zwei Fronten zu kämpfen. ›Zu der Zeit haben wir unseren dritten Fünfjahrplan erfüllt, und dann soll Hitler nur kommen‹, fügte Stalin selbstsicher hinzu.«[6]

Lasar Kaganowitsch: »Wir rechneten damit und Stalin rechnete damit, Zeit zu gewinnen. Das war seine wohldurchdachte Strategie.«[7]

Alexander Wassilewski: »Stalin, der wußte, daß die Sowjetunion auf einen großen Krieg noch nicht vorbereitet war, hielt es für das beste, Zeit zu gewinnen, um die Verteidigungskraft des Staates stärken zu können. Wir brauchten dringend noch ein, zwei Jahre Frieden, um alle militärischen Probleme lösen zu können.«[8]

Stalin versuchte seine Prognose mehrfach zu prüfen. Zu dieser Erkenntnis kam ich auf merkwürdige Weise. Eines Tages suchte mich Oberst a. D. J. Tabolin auf, der mit der Familie des sowjetischen Botschafters in Deutschland, Merekalow, befreundet war. Der Botschafter, Alexej Fjodorowitsch, starb im Jahre 1983; sein Sohn Sokrat folgte ihm 1992 nach. Wie sich herausstellte, haben beide Aufzeichnungen über wichtige Vorgänge hinterlassen. Teils stammen sie von dem Botschafter selbst, teils von seinem Sohn, der mit dem Vater ausführliche Gespräche über dessen Erlebnisse als Diplomat führte. Ich habe diese wertvollen Dokumente eingehend studiert.

Alexej Merekalow wurde nicht zufällig Botschafter in Berlin.[9] Aus einer Proletarierfamilie stammend, hatte er im Bürgerkrieg gekämpft, danach in Tscheka und OGPU gearbeitet. Da er nur eine kirchliche Gemeindeschule besucht hatte, schickte man ihn auf die Arbeiter- und Bauernfakultät und später ans Institut für Chemische Verfahrenstechnik. Als er schließlich 1937 einen Lehrgang an der Akademie für Außenhandel besuchte, kam er ins Visier des ZK der KPdSU(B), das die stark gelichteten Reihen der Führungskräfte in allen Bereichen dringend aufzufüllen hatte. Georgi Malenkow, der damals für die Kader verantwortlich war, lud ihn zum Gespräch ein, danach Wjatscheslaw Molotow. Zu seiner Überraschung erfuhr er am 3. September 1937 aus der Zeitung, daß das Zentralexekutivkomitee ihn zum Stellvertreter des Volkskommissars für Außenhandel der UdSSR ernannt hatte.

Seit jener Zeit war er der eigentliche Leiter des Volkskommissariats und mußte zusätzlich auch noch den Vorsitz des Konzessionsausschusses übernehmen, da der Amtsinhaber, Lew Kamenew, bereits Opfer der Repressalien geworden war. In dieser Eigenschaft nahm er zum ersten Mal an einer Sitzung des Politbüros teil und wurde Stalin vorgestellt. Automatisch erhielt er ein Abgeordnetenmandat im Obersten Sowjet der UdSSR von der Autonomen Sowjetrepublik der Komi, wo er noch nie gewesen war. Im April 1938 machte Molotow, der die Tätigkeit des jungen stellvertretenden Volkskommissars mit Aufmerksamkeit und Wohlwollen verfolgte, ihm dann unerwartet den Vorschlag, als Botschafter nach Deutschland zu gehen. Merekalow wollte eigentlich ablehnen, wurde aber sogleich in eine Sitzung des Politbüros beordert, wo nicht Molotow, sondern Stalin persönlich mit ihm sprach. Merekalow wandte ein, er sei für diese Tätigkeit nicht ausgebildet und spreche nicht Deutsch. Davon ließ sich Stalin aber nicht beeindrucken:

»Sie müssen fahren. Wir vertrauen Ihnen ...«

Merekalow blieb keine Wahl – im Schnellverfahren verschaffte er sich einen Überblick über die Lage in Deutschland und begann Deutsch zu lernen. Aus seinen Aufzeichnungen geht hervor, daß Stalin rührend um ihn bemüht war und sich für seine Fortschritte in der deutschen Sprache interessierte. Bei seiner Verabschiedung fiel der bedeutungsschwere Satz:

»Wenn wir uns bis zu einem großen Krieg doch noch vier, fünf Jahre halten könnten.«[10]

Also doch 1942?

Wie die russischen Bolschewiken zur Frage von Krieg und Frieden standen, scheint klar: Seit Gründung der Komintern galten für sie die berühmten Einundzwanzig Bedingungen für die Aufnahme einer Partei in die neue Internationale. Die RKP(B) ließ keinen Zweifel an ihrer Bereitschaft aufkommen, den europäischen Frieden einer Weltrevolution zu opfern, die Europa neue proletarische Staaten bringen sollte. In den bereits erwähnten Thesen Grigori Sinowjews von 1923 wurde ein europäischer Krieg in Kauf genommen, sollten Frankreich und seine Verbündeten eine entstehende Sowjetmacht in einem europäischen Land mit militärischer Gewalt unterdrücken. Sowjetrußland wollte diesen zu Hilfe eilen. Nach einer nicht ganz verständlichen Logik erklärte Sinowjew allerdings den Eintritt der RSFSR in einen solchen Krieg zu einem Verteidigungsakt, den die Öffentlichkeit als legitim akzeptieren werde.

Die praktischen Schritte der Sowjetregierung fielen dann allerdings wesentlich vorsichtiger aus, als es die abenteuerlichen Eskapaden des Generalsekretärs der Komintern erwarten ließen. So schickte sich Deutschland Ende 1920 an, wegen Schlesien in Polen einzumarschieren. In dieser Situation erhielt der Vertreter der RSFSR in Berlin, Viktor Kopp, vom Volkskommissar für Heer und Flotte, Leo Trotzki, eine strikte Weisung zum möglichen Verhalten Rußlands, mit dessen Unterstützung die deutschen Militärs rechneten. »Ich bin der Meinung«, schrieb Trotzki an Kopp, »und finde damit hier allgemeine Zustimmung, daß unsere Politik eindeutig friedliebend sein muß. Die Partei hat die Absicht, fest und unerschütterlich an einer Politik des Friedens festzuhalten. Alle unsere Kräfte werden jetzt auf die wirtschaftlichen Aufgaben konzentriert.« Und an die Adresse jener, die Rußland gern in einem Krieg gesehen hätten, fügte Trotzki hinzu: »Diese Schurken möchten uns um jeden Preis in einen neuen Krieg hineinziehen. Aber wir wollen keinen Krieg – weder im Westen, noch im Osten.«

Da es sich hier nicht um Propagandamaterial, sondern um die interne Weisung eines Volkskommissars handelt, muß sie berücksichtigt werden, wenn man die Position der RKP zu Krieg und Frieden erhellen will. Noch erstaunlicher war, welche Position Stalin damals einnahm. Er nutzte die Gelegenheit nicht, um gegen seinen ständigen Rivalen zu schießen. Im Gegenteil, er unterstützte Trotzki. Als dieser im Januar 1923 bekräftigte, daß »wir keinen Krieg wollen«, schrieb Stalin in einem Brief an Radek: »Ich denke, Gen. Trotzki hat recht. J. Stalin.«[11]

Der Meinungsaustausch Stalins mit seinen damaligen Kampfgefährten ist wichtig, wenn wir die Haltung des Generalsekretärs der RKP(B) zu dieser Frage ergründen wollen. Sie war durchaus nicht so eindeutig, wie diejenigen behaupten, die Stalin heute gern die Schuld für den Ausbruch des Zweiten Weltkrieges geben möchten. Die Historiker, die das behaupten, zitieren immer wieder Stalins Rede auf dem Plenum des ZK der RKP(B) vom 19. Januar 1925. Stalins Ausführungen zu dieser Frage kamen in der Tat unerwartet, da dort eigentlich Fragen der Innenpolitik und die Finanzierung des Revolutionären Kriegsrates debattiert wurden, als dessen Vorsitzender Michail Frunse eingesetzt wurde. Stalin begann mit innenpolitischen Problemen, wandte sich jedoch bald der Außenpolitik zu. Hier der Wortlaut dieser Rede, wie ihn die Stenografen festgehalten haben:

»Ich habe das Wort ergriffen, um den Antrag des Genossen Frunse in jeder Weise zu unterstützen. Ich denke, daß wir hier über drei Dinge zu beschließen haben.

Erstens muß der Antrag des Genossen Frunse auf Bewilligung neuer Mittel – 5 Millionen Rubel, insgesamt 405 Millionen – angenommen werden.

Zweitens muß ein Beschluß über die Bestätigung des Genossen Frunse als Vorsitzender des Revolutionären Kriegsrates gefaßt werden.

Drittens muß die Partei verpflichtet werden, den neuen Revolutionären Kriegsrat auf jegliche Weise zu unterstützen, indem sie ihm Mitarbeiter zur Verfügung stellt.

Ich muß sagen, im Zusammenhang damit, daß der Bedarf unserer Wirtschaftsorgane gestiegen ist, daß die Erfordernisse von Wirtschaft und Kultur über unsere Möglichkeiten hinauswachsen, hat sich bei uns in letzter Zeit eine gewisse liquidatorische Stimmung in Bezug auf die Armee breitgemacht. Es gibt bei uns Genossen, die da sagen, man solle die Armee allmählich, nach und nach, auflösen und sie auf eine Miliz reduzieren. Dabei geht es nicht um ein Milizsystem, sondern um eine Friedensarmee, die Umwandlung der Armee in eine einfache Miliz, die unfähig ist, kriegerischen Verwicklungen gerüstet zu begegnen.

Ich muß auf das kategorischste fordern, daß mit dieser liquidatorischen Stimmung entschieden Schluß gemacht wird.

Warum? Weil sich in letzter Zeit die internationale Lage von Grund auf zu ändern beginnt. Es reifen neue Voraussetzungen heran, die uns neue Verwicklungen ankündigen, und wir müssen auf diese vorbereitet sein.

Was sind dies für Tatsachen?

Erstens die Verstärkung der kolonialen und überhaupt der Befreiungsbewegung im Osten. Indien, China, Ägypten, der Sudan – das sind wichtige Basen für den Imperialismus. Dort wächst die [anti]koloniale Bewegung und wird weiter wachsen. Das muß die herrschenden Schichten der Großmächte zwangsläufig gegen uns, gegen die Sowjets, aufbringen, denn sie wissen, daß der Samen, der auf diesen fruchtbaren Boden im Osten fällt, keimt und aufgehen wird.

Die zweite Tatsache: In Nordafrika, im Gebiet von Marokko und Tunesien, reifen Verwicklungen heran. Im Zusammenhang hiermit geht eine neue Umgruppierung der Kräfte, die Vorbereitung zu neuen kriegerischen Verwicklungen unter den Imperialisten vor sich. Die Tatsache, daß Spanien eine Niederlage in Marokko erlitten hat; daß Frankreich seine Hände nach Marokko ausstreckt; daß England die Stärkung Frankreichs in Marokko nicht dulden wird; daß Italien versucht, sich die neue Lage zunutze zu machen, um die Hände nach Tunesien auszustrecken; daß die anderen Staaten das nicht zulassen werden; daß England und Frankreich, miteinander wetteifernd, in jeder Weise bemüht sind, ihren Einfluß auf dem Balkan, in den durch den Zerfall Österreich-Ungarns entstandenen neuen Staaten, zu sichern – all das erinnert an die uns bekannten Tatsachen aus der Geschichte des vergangenen Krieges, erinnert an die Geschehnisse, die dem vergangenen Krieg vorausgingen. Albanien – hier kann von Zufall keine Rede sein, hier haben wir es mit dem Kampf der Großmächte um die Festigung ihres Einflusses auf diesem kleinen Fleck zu tun. All das zeugt davon, daß im Zusammenhang mit den begonnenen Verwicklungen im Fernen Osten und mit den sich in Nordafrika eröffnenden neuen Perspektiven eine Vorbereitung der Kräfte und ihre Umgruppierung in ganz Europa erfolgt. Das ist die zweite Tatsache.

Die dritte Tatsache: Die Verstärkung der revolutionären Bewegung und der revolutionären Stimmung in England. Das ist eine Tatsache von erstrangiger Bedeutung. England ist das Land, das die Vormachtstellung in Europa innehat. Die beginnende Spaltung zwischen dem Generalrat der Gewerkschaften Englands und der Labour Party, die Risse, die sich innerhalb der Labour Party in England gebildet haben und die tiefer werden – all das zeugt davon, daß dort etwas Neues heranwächst. Das alarmiert die herrschenden Schichten Englands. Das muß sie gegen Sowjetrußland aufbringen.

Die vierte Tatsache: Im Zusammenhang mit jenen Voraussetzungen, über die ich sprach, im Zusammenhang damit, daß die Voraussetzungen für einen Krieg heranreifen und der Krieg, natürlich nicht morgen oder übermorgen, wohl aber in einigen Jahren, unvermeidlich werden kann, im Zusammenhang damit, daß der Krieg die innere, die revolutionäre Krise verschärfen muß – im Zusammenhang damit stehen wir zwangsläufig vor der Frage, wie wir in diese Dinge eingreifen. Ich bin der Meinung, daß die Kräfte der revolutionären Bewegung im Westen groß sind. Es kann dazu kommen, daß sie mancherorts die Bourgeoisie zu Boden werfen. Aber ohne unsere Hilfe werden sie sich kaum behaupten können. Da haben wir z. B. die Randstaaten Estland, Lettland und Litauen. Dort sind sie in Bewegung gekommen, haben Lärm geschlagen und wollten etwas erreichen, aber alle Tatsachen sprechen davon, daß ohne die Anwesenheit der Roten Armee, die einheitlich und wachsam stehen und so Fakten schaffen muß, nichts herauskommen wird. Wenn die revolutionäre Bewegung heranreift, wenn es zu Verwicklungen unter den Imperialisten in Nordafrika und im Osten kommt, wenn die revolutionäre Bewegung oder, genauer gesagt, die revolutionäre Stimmung in der britischen Arbeiterbewegung stärker wird, wenn etwas ernsthaft heranreift, dann kann unser Eingreifen – damit meine ich nicht unbedingt ein aktives, unmittelbares Eingreifen – absolut notwendig werden. Genau darin liegt die Hoffnung, daß wir in einer solchen Situation siegreich sein können.

Das bedeutet nicht, daß wir unbedingt gegen irgend jemand aktiv vorgehen müssen. Dem ist nicht so. Wenn jemand solche Gedanken andeutet, so ist das falsch. Wenn ein Krieg beginnt, werden wir natürlich als letzte, als allerletzte aktiv werden, um das entscheidende Gewicht in die Waagschale zu werfen, ein Gewicht, das ausschlaggebend sein dürfte.

Aber wir müssen vorbereitet sein, wir müssen unsere Armee vorbereiten, sie mit Kleidung und Schuhwerk versehen, sie ausbilden, die technische Ausrüstung verbessern, die Chemie, das Flugwesen verbessern. Hier können wir wenig tun, hier haben wir Rückstand, und ich wiederhole: Nach den vier Voraussetzungen, die ich hier genannt habe, verändert sich die Lage grundlegend. Darauf müssen wir vorbereitet sein. Darum meine ich, daß wir den Forderungen der Militärbehörde entschieden und unwiderruflich entgegenkommen müssen.«[12]

Das war typisch für Stalin – die Diskussion unvermittelt in die ihm genehme Richtung zu lenken. Hier ging es um die Militärausgaben der UdSSR in den Jahren 1925/26. Wenn man bedenkt, daß sich Stalin sehr selten zu einem so generellen Thema äußerte – der Streit um Grundsatzfragen hatte sich Anfang der zwanziger Jahren abgespielt, und Stalins Gegner waren längst in die Defensive gedrängt –, wenn man weiter bedenkt, daß diese Rede in die Stalin-Werke Eingang fand, was nicht unbedingt die Regel war, dann muß man sie in Betracht ziehen. Allerdings wurden bei der Veröffentlichung im Jahre 1931 einige Sätze gestrichen, die zu sehr an die Komintern erinnerten, und am Schluß die obligatorische Versicherung angefügt: »Unser

Banner bleibt nach wie vor das Banner des Friedens.« Damit wollte Stalin den Eindruck erwecken, er halte für die revolutionäre Weltbewegung beide Wege – Krieg und Frieden – offen. Wie wir noch sehen werden, zog er diese Trumpfkarte im Jahre 1939 erneut, als es um die Wahl des Bündnispartners der UdSSR in dem heraufziehenden Weltkonflikt ging. Das Bestreben, der letzte zu sein, der sein Gewicht in die Waagschale warf, ist der Entscheidung, die im August 1939 getroffen wurde, deutlich anzusehen. Aber davon wird noch die Rede sein.

Diese Multivalenz war bei Stalin in den zwanziger Jahren (und auch später) in vielen Fragen zu erkennen. Er hatte ein feines Gespür für unterschiedliche oder gar gegensätzliche Meinungen und achtete darauf, stets die Wahl zwischen mehreren Wegen und Verbündeten zu haben. Einst hatte er Sinowjews Formulierungen aus den Dokumenten der Komintern fast sklavisch nachgebetet, später sah er sie kritisch, und schließlich wurde er zu Sinowjews erbittertem Gegner.

Ein Briefwechsel mit Tschitscherin, der sich damals schon aus der praktischen Politik zurückgezogen hatte, ist unter zwei Aspekten besonders aufschlußreich: Zum einen zeigte sich Stalin fähig und bestrebt, von der Alten Garde zu lernen, ihre Meinung zu schätzen und zu berücksichtigen, was überhaupt nicht zu dem gängigen Klischee vom Diktator paßt, zum anderen entfernte er sich mehr und mehr von den pseudorevolutionären Losungen der Komintern. Was sich der Generalsekretär des ZK noch im Jahre 1923 hatte erlauben können, war für den Mann, der praktisch an der Spitze des Staates stand, nicht mehr möglich.

Zum ersten Aspekt, dem Respekt und der Sorge um den »Veteranen« Tschitscherin: In einem Brief vom 31. Mai 1929 nach Wiesbaden, wo Tschitscherin einen langen Kuraufenthalt nahm, erkundigte sich Stalin nach dessen Gesundheit und brachte Hoffnung auf baldige Genesung zum Ausdruck. Ein Brief vom März in ähnlichem Ton: Stalin fragte nach der Meinung des früheren Volkskommissars zur aktuellen Politik und fügte hinzu: »Wann werden Sie wieder arbeiten? Kann man Ihre Rückkehr nicht etwas beschleunigen, natürlich ohne Ihre Gesundheit zu beeinträchtigen? Herzliche Grüße! J. Stalin«

Tschitscherin gab ihm wichtige Ratschläge. Er empfahl Stalin, Deutschland nicht aus dem Kreis der Staaten zu streichen, mit denen man ein gutes Verhältnis anstreben sollte.

»Nr. 6163/s
Sanatorium Grunewald
(in Kürze: Wiesbaden)
22. 3. 1929

Sehr geehrter Genosse!

Die Regierung ist das eine, die Presse das andere. Wenn ein Mitglied der Regierung sich äußert, enthebt das die Presse nicht ihrer Aufgaben. Sehr gut, daß Gen. Litwinow die ARA [American Relief Administration*] erwähnt hat, aber das ersetzt noch keine Presseartikel. Auch über den neuen Präsidenten der USA müssen unsere Zeitungen schreiben. Das tun die Zeitungen in aller Welt. Und wenn von ihm die Rede ist, dann auch von der ARA. Das ist ganz normal und keine plumpe Anbiederung. Wenn wir es nicht tun, dann zeigen wir damit nur, daß wir im Schmollwinkel sitzen. Der empfindliche Hoover wird uns das nicht vergessen.

Mit dem polnischen Protokoll ist ein großes Malheur passiert: Wir haben so die polnisch-baltische Einheitsfront, die polnische Hegemonie im Baltikum mit eigener Hand geschaffen und anerkannt, damit aber Litauen vor den Kopf gestoßen. Unser erster Vorschlag an Polen war durchaus richtig – als Demonstration unserer Friedensliebe und als Ausgleichsgewicht zum Gerede der Gegner von unseren angeblichen Kriegsplänen; als aber Polen verschiedene Gründe für seine Ablehnung vorbrachte, waren wir in einer hervorragenden Lage und hätten es auch dabei bewenden lassen sollen; statt dessen sind wir Polen nachgelaufen, haben ihm ein nie dagewesenes Übergewicht im Baltikum verschafft und unseren Stützpunkt Litauen verloren. Ein Ausweg sind nun wirtschaftliche Maßnahmen in Lettland und Est-

* Amerikanische Hilfsorganisation.

land. Welche Zugeständnisse man Woldemeras noch machen kann, ist mir von hier aus nicht ersichtlich.

Die Entspannung mit Rumänien ist sehr gut: Wenn Rumänien Bessarabien besetzt hat, sollten wir uns deshalb nicht selbst bestrafen und unsere eigene Lage verschlechtern, aber natürlich verzichten wir nicht auf eine Volksbefragung in Bessarabien. Die Archive (die Unterhosen der Minister, die Pelze, die Bilder, Brătianus Liebesbriefe, die Wertpapiere) könnten wir Rumänien zurückgeben, wenn es dafür seine Forderung nach Rückgabe des Goldes fallenläßt.

Wenn Sinowjew auf dem Augustplenum von 1927 die kolossale Dummheit verkündet hat, Deutschland habe sich umorientiert, dann heißt das doch nicht, daß unsere Presse diesen Unsinn nachbeten und damit unsere Lage verschlechtern muß. Zwar hätten es die deutschen Kommunisten gern, daß sich unsere Beziehungen zur deutschen Regierung verschlechtern, weil sie jetzt ungeschickt agitieren, aber wir können nicht unser Verhältnis zu Deutschland verderben, nur um ihnen und Sinowjew einen Gefallen zu tun. Gen. Stoecker hat zum Groener-Memorandum (das im unverfälschten Wortlaut für uns durchaus vorteilhaft ist) im Reichstag gesagt, die Möglichkeit eines Krieges gegen Polen bedeute die Vorbereitung eines Krieges gegen die UdSSR. Was für eine Idiotie! Der ganze Reichstag hat schallend gelacht.

Aus Moskau heißt es nun, die Gefahr eines Krieges zwischen den kapitalistischen Staaten und damit auch eines Überfalls auf uns habe sich verschärft. Was für ein Blödsinn, wie kann man nur so etwas sagen!! Dank des Krieges zwischen den kapitalistischen Staaten haben wir die Macht ergriffen und konsolidiert. Jede Verschärfung des Antagonismus zwischen Deutschland und der Entente, zwischen Frankreich und Italien, zwischen Italien und Jugoslawien oder zwischen England und Amerika bedeutet, daß sich unsere Position stärkt und die Gefahr für uns geringer wird. …

›Ich soll möglichst rasch wieder zur Arbeit kommen, ohne meine Gesundheit zu beeinträchtigen‹? Leider steht die Frage nicht so. Vor meiner Abreise aus Moskau habe ich an Gen. Molotow geschrieben, daß man keine Devisen ausgeben und sich endlich mit meinem Weggang abfinden soll. Gen. Kalinin kam damals ins Kreml-Krankenhaus und wollte mich überzeugen, daß ich mich behandeln lasse. Ich habe geantwortet, daß ich mich pessimistisch behandeln lassen werde.«

Darauf antwortete Stalin am 31. Mai 1929:

»Nr. 16163/s

Sehr geehrter Gen. Tschitscherin!

Ich erhalte alle Ihre Briefe und gebe einen großen Teil den Mitgliedern der entsprechenden Instanzen zur Kenntnis. Da ich mit den verschiedensten Kongressen sehr überlastet war, konnte ich Ihnen bisher nicht antworten. Dafür bitte ich um Entschuldigung. Wann planen Sie nach Moskau zu Ihrer Arbeit zurückzukehren? Es wäre gut, wenn Sie das sofort nach Abschluß Ihrer Kur in Wiesbaden tun könnten. Was meinen Sie dazu?

Ich denke, ungeachtet einiger Taktlosigkeiten, die unsere Leute gegenüber den Deutschen geäußert haben (die Deutschen sind gegenüber der UdSSR nicht weniger taktlos), laufen unsere Beziehungen recht gut. Sie brauchen dringend Großaufträge für die Industrie – unter anderem, um die Reparationen zahlen zu können. Solche Aufträge liegen natürlich nicht auf der Straße, und von uns können sie, wie bekannt, nicht wenige erhalten. Mit den Deutschen müßte es vorangehen.

Es wäre nicht schlecht, den Konservativen bei den Wahlen einen Denkzettel zu verpassen. Eine stabile Mehrheit werden sie offenbar nicht bekommen, wenn überhaupt. Eine Niederlage der Konservativen hätte enorme Bedeutung für Europa im allgemeinen und für uns im besonderen.

Ich wünsche Ihnen baldige Genesung.

Mit komm. Gruß

J. Stalin

31. 5. 1929.«

Tschitscherin riet Stalin, nicht in Panik zu verfallen, und tröstete ihn als echter Kommunist, er möge Widersprüche unter den Feinden nicht fürchten, daraus werde man noch Nutzen ziehen.[13]

Stalin konnte das nur gefallen. Ganz im Sinne seiner Darlegungen auf dem Plenum des ZK von 1925 erwartete er Konflikte im kapitalistischen Lager, die eine starke Sowjetunion zum Zünglein an der Waage machen würden.

Wir wollen uns nicht zu der Behauptung versteigen, Stalin wären nach dem Münchner Abkommen ausgerechnet diese Gedanken Tschitscherins in den Sinn gekommen, aber sie entsprachen zweifellos seiner Linie, einen Keil in die Einheitsfront seiner Gegner zu treiben.

SECHSTES KAPITEL

Die Politik von München als Prinzip

Das stürmische Jahr 1937 war vorüber. Im April 1938 traten die politischen Fronten etwas klarer hervor. Es zeigte sich, daß für die Abwendung eines neuen Aggressionsaktes immer wieder neue Hindernisse zu überwinden waren. In den Berichten, die die Botschafter der UdSSR aus London und Paris an Stalin sandten, zeichnete sich eine bestimmte Tendenz ab: Die Tschechoslowakei sollte kampflos preisgegeben werden. So notierte der stellvertretende Volkskommissar für Auswärtige Angelegenheiten Wladimir Potjomkin nach einem Gespräch mit dem Botschafter der Tschechoslowakei in der UdSSR, Zdeněk Fierlinger, am 27. April:

»Fierlinger teilte mit, daß Alexandrowski ihn über die Position der Sowjetregierung zur Tschechoslowakei informiert hat. Er habe bereits nach Prag gemeldet, falls man bei der Regierung der UdSSR anfrage, hätte sie nichts dagegen, mit Frankreich und der Tschechoslowakei über den Schutz deren äußerer Sicherheit vor einer möglichen Aggression zu sprechen. Fierlinger erklärt, diese Haltung der Regierung der UdSSR sei eine große Ermutigung für die Tschechoslowaken ... Im Augenblick müsse man jedoch einräumen, daß von entscheidender Bedeutung sei, welchen Kurs England bezüglich der Tschechoslowakei einschlage.«[1]

Konkreter Anlaß dieses Gesprächs war das Treffen französischer und britischer Spitzenpolitiker, das Ende April 1938 in London stattfinden sollte. Dieses stand von Anfang an unter einem schlechten Stern. Folgendes berichtete Botschafter Iwan Maiski am 30. April aus London:

»Der tschechoslowakische Gesandte hat mir gesagt, daß vor der Ankunft der französischen Minister Hore-Belisha [der britische Kriegsminister – L. B.] kurz nach seiner Rückkehr aus Rom ein Frühstück für einen ausgewählten Kreis amerikanischer Journalisten gab, wo er in einer Rede erklärte, die Expansion Deutschlands in Richtung Tschechoslowakei, Ungarn und Balkan sei völlig unvermeidlich, England sei derzeit nicht zum Krieg bereit, und solange Deutschland in Europa agiere, werde es keinen Krieg geben.«[2]

In der Tat war in Meldungen nach dem Londoner Treffen zwar von der Absicht der Gesprächspartner die Rede, die Tschechoslowakei zu verteidigen, in Wirklichkeit aber zeichnete sich eine schrittweise Kapitulation vor den Forderungen Hitlers ab. Am 10. Mai berichtete Alexandrowski aus Prag:

»Der britische Gesandte Newton hat gegenüber Krofta [dem tschechoslowakischen Außenminister – d. Ü.] eine mündliche Erklärung aus folgenden drei Punkten abgegeben:

1. Er hat im Namen der britischen Regierung darauf aufmerksam gemacht, daß in Mitteleuropa die ernste Gefahr eines Krieges bestehe und es im Interesse ganz Europas, seiner friedlichen Entwicklung liege, diesen zu vermeiden.
2. Er sprach lange über die strategische Lage der Tschechoslowakei, die er nach dem Anschluß Österreichs für hoffnungslos hält. Er erklärte buchstäblich, die Tschechoslowakei werde sich gegen Deutschland selbst die kurze Frist nicht zur Wehr setzen können, die notwendig sei, um die Hilfe Frankreichs und möglicherweise Englands zu organisieren. Die Tschechoslowakei werde wesentlich schneller besetzt sein, als Hilfe komme oder ein Krieg in ganz Europa ausbreche. Höchst interessant sind die anschließenden Schlußfolgerungen, Drohungen und Einschüchterungsversuche. Newton erklärte, selbst wenn ein den Freunden der besetzten Tschechoslowakei aufgezwungener Krieg siegreich sei, könne sie nicht mit der Wiederherstellung ihrer Staatlichkeit in den heutigen Grenzen rechnen. Auf die Frage nach Unterstützung seitens der UdSSR antwortete Newton nur einen einzigen Satz und weigerte sich strikt, in Einzelheiten zu gehen. Er erklärte: ›Aus vielen unterschiedlichen Gründen kann die Tschechoslowakei nicht mit der

Hilfe der UdSSR rechnen.‹ Zu der Feststellung, England könne mit einer entschlossenen Haltung eine deutsche Aggression und damit einen Krieg aufhalten, erklärte Newton, England sei gegenwärtig nicht in der Lage, Krieg in Europa zu führen.«[3]

Das waren die entscheidenden Worte! England konnte keinen Krieg in Europa führen. Es konnte nicht, also wollte es nicht. Noch einmal Maiski aus London am 11. Mai 1938:

»Ich hatte gestern Sir Horace Wilson zum Frühstück, der gegenwärtig der Sekretär Chamberlains ist und damit faktisch die Außenpolitik des Premierministers bestimmt ... Chamberlain sieht seine Aufgabe jetzt darin, Europa durch Übereinkünfte mit Italien und Deutschland zu ›befrieden‹. Bei der Realisierung dieses Vorhabens hat er seinerzeit mit Italien und nicht mit Deutschland begonnen, weil er der Meinung war, daß an diesem Ende der ›Achse‹ rascher Ergebnisse zu erzielen seien. Jetzt ist Deutschland an der Reihe. Die britische Vermittlung in der Frage der Tschechoslowakei ist ein Test. An seinem Ergebnis wird sich zeigen, ob man in naher Zukunft eine umfassende Vereinbarung mit Berlin erwarten kann. Chamberlain rechnet durchaus mit einer deutschen Expansion in Mittel- und Südosteuropa, ja sogar mit der Möglichkeit, daß Deutschland sich (in dieser oder jener Form) einige kleinere Staaten Mitteleuropas und des Balkans einverleibt. Er glaubt jedoch, das sei gegenüber einem Krieg mit Deutschland in nächster Zukunft das kleinere Übel.«[4]

Maiski konnte damals natürlich nicht wissen, daß der außenpolitische Ausschuß der britischen Regierung bereits im März einen Beschluß gefaßt hatte, den der Ständige Sekretär im Foreign Office, Sir Alexander Cadogan, in seinem Tagebuch so beschrieb: »Die Tschechoslowakei ist nicht die Sporen eines einzigen britischen Grenadiers wert.«

Und am 21. Mai schrieb er: »Es ist entschieden, daß wir nicht in den Krieg ziehen.«[5]

Als die sowjetischen Diplomaten von derartigen Tendenzen im außenpolitischen Kurs Englands und Frankreichs nach Moskau berichteten und die Vermutung äußerten, dieser führe eindeutig zur Verweigerung jeglicher Hilfe für die Tschechoslowakei, wußten sie noch nicht, daß dies Schritte eines vorbedachten Planes waren. Die Welt erfuhr davon erst dreißig Jahre später – 1968 –, als die britischen Archive mit den Dokumenten jener Zeit, wie dort üblich, geöffnet wurden. Damals fand sich im Archiv von Premierminister Chamberlain ein Dokument vom 30. August 1938 aus der Feder von Sir Horace Wilson, in dem man folgendes lesen konnte:

»Es existiert ein Plan mit der Bezeichnung ›Z‹. Er ist nur dem Premierminister, dem Finanzminister, dem Außenminister, Sir Neville Henderson [dem britischen Botschafter in Berlin – d. Ü.] und mir bekannt. Nur sie dürfen davon wissen.

Dieser Plan soll erst unter bestimmten Umständen in Kraft treten … Sein Erfolg hängt ausschließlich vom Überraschungseffekt ab, weshalb es äußerst wichtig ist, daß kein Wort darüber verloren wird.«[6]

Der Plan besagte: Sobald die Lage sich zuspitzte, sollte Chamberlain zu persönlichen Verhandlungen mit Hitler zusammentreffen. Dort wollte man alle Fragen regeln, die die Tschechoslowakei betrafen, jegliche Anlässe für einen Konflikt ausräumen und dann mit Deutschland eine umfassende Vereinbarung schließen. So kam es schließlich auch.

Chamberlain flog am Morgen des 15. September 1938 nach München, wo er um 12.30 Uhr eintraf. Bis 16.00 Uhr fuhr er mit dem Zug nach Berchtesgaden und kam um 16.50 Uhr in der Residenz des Führers auf dem Obersalzberg an. Dort fanden drei Gespräche statt. Am 16. September kehrte der Premierminister nach London zurück. Die Welt vermutete bereits, was man dort besprochen hatte. Aus Berlin meldete Botschaftsrat Georgi Astachow am 15. September nach Moskau:

»Der Geschäftsträger der Tschechoslowakei, Schubert, war bei mir und konnte seine Aufregung nicht verbergen. ›Die Welt bleibt bestehen, aber die Tschechoslowakei wird verraten‹, suchte er die Lage mit Sarkasmus zu beschreiben …«[7]

Am 16. September fand eine Sitzung der britischen Regierung im kleinen Kreise statt. Grundsätzlich war man sich einig. Am 17. September billigte das Kabinett in voller Besetzung das »Prinzip der Selbstbestimmung«, wie man die Abtrennung des Sudetenlandes heuchlerisch nannte. Am 18. September kamen der französische Ministerpräsident Daladier und sein Außenminister Bonnet nach London. So entstand das britisch-französische Ultimatum, das aber nicht an Deutschland gerichtet war, sondern an die führenden Repräsentanten der befreundeten Tschechoslowakei! Selbst Alexander Cadogan, der schon viel erlebt hatte, schrieb in sein Tagebuch: »Wir teilten ihnen ohne Umschweife mit, daß sie zu kapitulieren hätten …«[8]

Das Ultimatum enthielt folgende Punkte:

- Das Sudetenland wird ohne jede Volksbefragung direkt an Deutschland übergeben.
- Abgetreten werden die Regionen, in denen die Deutschen mehr als 50 Prozent der Bevölkerung stellen.
- Es wird ein internationales Gremium geschaffen, das die Vollmacht erhält, die Staatsgrenzen zu korrigieren und den Bevölkerungsaustausch zu regeln (dieses kam nie zustande).
- Die derzeitigen internationalen Verträge der Tschechoslowakei werden annulliert und durch allgemeine Garantien ersetzt.

Die Sowjetunion hatte im Mai 1935 mit der Tschechoslowakei einen Vertrag über gegenseitigen Beistand geschlossen, konnte diesen aber nur unter bestimmten Voraussetzungen erfüllen. In einem Artikel hieß es: Die UdSSR könne nur dann (militärischen) Beistand leisten, wenn dieser zuerst von Frankreich komme. Da die Sowjetunion keine gemeinsame Grenze mit der Tschechoslowakei hatte, war außerdem die Zustimmung Polens und Rumäniens zum Durchmarsch sowjetischer Truppen notwendig. Schließlich konnte sowjetischer Beistand nach dem Statut des Völkerbundes nur auf Bitte der Tschechoslowakei erfolgen.

Eine Vereinbarung der Sowjetunion mit anderen Staaten über den Durchmarsch sowjetischer Truppen war zweifellos wichtig für die Gewährleistung der Sicherheit der Tschechoslowakei. Entsprechende Anfragen gingen mehrfach nach Paris und London. Am 12. Mai schlug Litwinow bei einer Begegnung mit Bonnet in Genf vor, der sowjetische und der französische Generalstab mögen Verhandlungen über technische Fragen, darunter den Durchmarsch sowjetischer Truppen durch Rumänien und Polen, aufnehmen. Darauf gab es nie eine Antwort, obwohl Bonnet versprochen hatte, die französische Regierung zu informieren.

Stalin hoffte allerdings weiter auf eine Lösung des Problems. Mitte Mai suchte der Generalsekretär der Kommunistischen Partei der Tschechoslowakei, Klement Gottwald, Präsident Beneš auf und teilte ihm mit: Stalin habe im Gespräch mit ihm klar und eindeutig erklärt, die Sowjetunion sei bereit, der Tschechoslowakei selbst dann militärischen Beistand zu leisten, wenn Frankreich trotz des Vertrages nicht dazu bereit sei, wenn Polen und Rumänien sich weigerten, sowjetische Truppen über ihr Gebiet marschieren zu lassen. Laut Stalin sei das jedoch nur unter der Voraussetzung möglich, daß die Tschechoslowakei sich selbst verteidige und um sowjetische Unterstützung bitte.[9]

Wie realistisch waren Stalins Absichten im Vorfeld von München und welche realen Schritte unternahm er? War er im Herbst 1938 wirklich bereit, sich in einen großen Krieg in Europa zu stürzen, wollte er diesen riskieren? Das ist im Grunde genommen eine rhetorische Frage wie alle, die von angenommenen Voraussetzungen ausgehen. Dokumente, die diese Frage beantworten, gibt es nicht. Möglicherweise hat es sie nie gegeben, denn militärischer Beistand wurde in Moskau nur sehr kurze Zeit erwogen. Das war um den 26. Juni 1938 herum, als der Oberste Kriegsrat der Roten Armee auf einer Sitzung beschloß, den Kiewer und den Weißrussischen Militärbezirk, die der Tschechoslowakei am nächsten lagen, zu Sondermilitärbezirken zu erklären. Mit dieser Veränderung allein war jedoch noch gar nichts entschieden. Sie gab dem Volkskommissar für Verteidigung, Kliment Woroschilow, allerdings die Möglichkeit, anzuweisen, daß der Sondermilitärbezirk Kiew nun aus vier Armeegruppen und der Weißrussische Sondermilitärbezirk aus zwei Armeegruppen bestehen sollte. Diese Umgruppierung war bis zum 1. September 1938 zu vollziehen. Jede dieser Armeegruppen sollte aus mehreren Schützendivisionen, Panzerbrigaden, Artillerie- und Luftwaffenverbänden, weiteren Versorgungseinheiten und Kavalleriegruppen bestehen. Dieser Befehl wurde offenbar termingerecht ausgeführt. Jede Schützendivision konnte bis zu 8000 Mann einberufen. Diese Maßnahmen liefen im Juli, August und September ab. Das waren die Monate, in denen England, Frankreich und die Tschechoslowakei verhandelten, in denen Deutschland seine Truppen an der Grenze des Sudetenlandes zusammenzog. Die militärischen Schritte konnten für die UdSSR nur vorläufiger Natur sein, denn für ein militärisches Eingreifen fehlten auch weiterhin die notwendigen Voraussetzungen – das Ersuchen der Tschechoslowakei und Frankreichs sowie die Zustimmung Polens und Rumäniens, Einheiten der RKKA ihr Gebiet passieren zu lassen. Letzteres stand für Moskau außer Frage: Diese Zustimmung war auf keinen Fall zu erwarten.

Gab das Volkskommissariat für Verteidigung aus diesem Grund erst am 21. September den Befehl, die Truppen sollten bis zur Staatsgrenze vorrücken, zu einem Zeitpunkt also, da Prag bereits vor den Forderungen der Deutschen kapituliert hatte? Die UdSSR nahm an den Dreierverhandlungen nicht teil und war allein auf Informationen aus diplomatischen Quellen angewiesen. Aber Stalin wußte von seinen Botschaftern – Alexandrowski in Prag und Maiski in London –, daß die Signale auf Kapitulation standen.

War also die UdSSR bereit, von Anfang an in den heraufziehenden Weltkrieg einzugreifen? Theoretisch hatte Stalin diese Frage bereits im Jahre 1925 beantwortet, und es lag nicht in seiner Absicht, seine Meinung zu ändern, zumal die schreckliche Säuberung der eigenen Militärführung erst ein

Jahr zuvor zu Ende gegangen war. Im Herbst 1938 war die RKKA zweifellos nicht zum Krieg bereit. Dem bereits zitierten Dokument aus dem Jahre 1937 zufolge sollte sie es erst 1943 sein (wenn dieser Zeitpunkt auch wenig realistisch erschien). Außerdem war die außenpolitische Gesamtlage für Moskau damals noch ungünstiger als 1941. Polen und Rumänien machten aus ihrer Feindseligkeit keinen Hehl, und der Cordon sanitaire war voll in Kraft. Von den westeuropäischen Staaten hatte sich nur Frankreich formal durch Vereinbarungen gebunden, von denen Moskau (wie München zeigte) im Grunde genommen aber nichts hatte. Und an der Spitze der Tschechoslowakei stand damals nicht Klement Gottwald, sondern Eduard Beneš, der der Sowjetunion wenig zugetan war. Daher sind alle Schritte der UdSSR vor München im wesentlichen als Demonstration zu betrachten und konnten auch gar nichts anderes sein.

Am 21. September sandte das Volkskommissariat für Verteidigung an den Sondermilitärbezirk Kiew die Weisung, folgende Armeegruppen zur Staatsgrenze vorrücken zu lassen:

- die Armeegruppe Shitomir, zu der das 8. und das 15. Schützenkorps sowie das 2. Kavalleriekorps gehörten – nach Nowograd-Wolynski und Schepetowka;
- die Armeegruppe Winniza, der das 17. Schützenkorps, das 25. Panzerkorps, das 4. Kavalleriekorps sowie zwei Panzerbrigaden angehörten – in den Raum südwestlich von Proskurow.

Diese Truppenbewegungen sollten bis zum 23. September abgeschlossen sein. Die diplomatischen Voraussetzungen – die Bitte Frankreichs und der Tschechoslowakei sowie die Zustimmung Polens und Rumäniens – galten nach wie vor. Bereits am 20. September hatte die Sowjetregierung ihrem Botschafter folgende Weisung erteilt:

»1. Auf Beneš' Frage, ob die UdSSR der Tschechoslowakei laut Vertrag unverzüglich wirksamen Beistand leistet, wenn auch Frankreich seine Verpflichtungen einhält, können Sie im Namen der Regierung der Sowjetunion eine bejahende Antwort geben.

2. Ebenso können Sie auch Beneš' zweite Frage bejahen ...«[10]

Diese Antwort wurde Beneš sogleich per Telefon übermittelt. Das geschah in jenem entscheidenden Moment, da die Regierung der Tschechoslowakei auf einer Sitzung über ihre Reaktion auf das britisch-französische Ultimatum vom 19. September beriet. Aber was half das noch? Die Kapitulation war bereits beschlossen – ohne Beteiligung der UdSSR.

Die Münchener Konferenz ist mehrfach in allen Einzelheiten beschrieben worden. Man kann sie eigentlich nicht als diplomatische Konferenz im vollen Sinne des Wortes bezeichnen. Wirkliche Verhandlungen fanden gar nicht statt. Wie Augenzeugen berichten, waren die Beratungen schlampig vorbereitet: Die Gespräche liefen ohne Ordnung und System ab, während die Beamten einen Text erstellten, dessen Inhalt bereits feststand.

Das Münchener Abkommen erfüllte sowohl alle Forderungen, die Hitler damals an die Tschechoslowakei gestellt hatte, als auch Territorialforderungen der Regierungen Ungarns und Polens an diesen Staat. München war nicht nur das Todesurteil für die Tschechoslowakei. Es war auch ein Signal an Hitler, man könne weiteren Aktionen Deutschlands Vorschub leisten, wenn es diese vorher abstimme.

Interessant ist die Frage, was das Münchener Abkommen für die Beziehungen zwischen den europäischen Mächten letztlich bedeutete.

England erreichte sein Hauptziel: Es gab keinen Krieg. Als Nebenprodukt der Befriedungspolitik ergab sich die reale Aussicht, einen umfassenderen britisch-französisch-deutschen Kompromiß schließen zu können. Zwar verschwand ein Staat faktisch von der Karte Europas, aber Chamberlain und sein Außenminister Halifax hatten das heikle Problem umgangen, eigene Soldaten für den Erhalt eines anderen Staates opfern zu müssen.

Für *Frankreich* galt das gleiche Ergebnis. Zusätzlich entledigte es sich des sehr umstrittenen Abkommens mit der Sowjetunion von 1935. Obwohl es nicht so sehr wie England nach einem Kompromiß mit Deutschland strebte, blieb das Bündnis mit England, das ihm wichtig war, erhalten.

Deutschland konnte den größten Gewinn einfahren. Zusätzlich zu allem Gesagten behielt Hitler auch noch in seinem Streit mit der konservativen deutschen Generalität die Oberhand.

Die *UdSSR* mußte einen schweren Schlag für ihr internationales Ansehen hinnehmen. Sie war nun wieder an den Rand des Weltgeschehens gedrängt. Auch der Mechanismus der militärischen Zusammenarbeit mit dem Westen funktionierte nicht. Die Sowjetunion verlor einen guten Partner – die Tschechoslowakei. Sie erhielt einen Vorgeschmack auf die Weigerung Polens im Jahre 1939, sowjetische Truppen durch sein Gebiet marschieren zu lassen.

In einem Gespräch mit dem französischen Botschafter am 16. Oktober 1938 sagte Litwinow unumwunden: »Die verlorenen wertvollen Positionen sind nicht zurückzuholen und nicht zu ersetzen. In unseren Augen ist dieser Vorgang eine Katastrophe für die ganze Welt.«[11]

Man konnte verstehen, warum Litwinow so dachte: Das Gebäude der kollektiven Sicherheit, das er in Europa gegen eine deutsche Aggression hatte errichten wollen, war zusammengebrochen. Und wie sah Stalin die ganze Sache? Direkte Zeugnisse dafür sind nicht vorhanden. Aber zweifellos kann diesem scharfsinnigen Beobachter ein Paradox von München nicht entgangen sein: Beschwichtigungspolitik zeigte unter bestimmten Bedingungen Wirkung, wenn es darum ging, einen Krieg hinauszuzögern. England und Frankreich mußten den Krieg in Europa hinausschieben, und es gelang ihnen auch. Allerdings für einen hohen Preis. Aber wer denkt schon an den Preis, wenn er nicht selber zahlen muß?

Der erfahrene Diplomat Werner von Tippelskirch, damals Rat der deutschen Botschaft in Moskau, analysierte die Auswirkungen von München auf die sowjetische Außenpolitik:

»Daß Stalin aus dem Mißerfolg der Sowjetpolitik auch personelle Schlußfolgerungen ziehen wird, erscheint mir nach unseren Erfahrungen wahrscheinlich. Dabei denke ich naturgemäß in erster Linie an Litwinow, der im Verlauf der Krise in Genf nutzlose Anstrengungen gemacht hat ... Will man sich auf das Gebiet der politischen Spekulation begeben, so ist der Gedanke unausweichlich, daß die Sowjetunion ihre Außenpolitik wird überprüfen müssen. In erster Linie käme hier das Verhältnis zu Deutschland, Frankreich und Japan in Betracht. Was uns anbelangt, so wäre gegebenenfalls eine positivere Einstellung der Sowjetunion zu Deutschland möglich, und zwar aus der Erwartung heraus, daß Frankreich als Bundesgenosse entwertet ist und eine aggressive Haltung Japans zu gewärtigen steht ... Immerhin möchte ich die Annahme nicht als abwegig halten, daß die gegenwärtigen Umstände für ein neues, größeres deutsches Wirtschaftsabkommen mit der Sowjetunion günstige Möglichkeiten bieten.«[12]

Er sollte recht behalten. Zu ähnlichen Vermutungen kam man interessanterweise auch in London. Am 31. Mai 1939 druckte die »News Chronicle« einen Artikel des bekannten Journalisten Vernon Bartlett. Er ging davon aus, daß bald neue deutsch-sowjetische Verhandlungen beginnen könnten. In dreieinhalb Monaten habe Botschafter Maiski nur ein einziges Gespräch mit Außenminister Halifax führen können. Die UdSSR werde über Chamberlains Verhandlungen in Rom und Paris nicht informiert. Das Abkommen von 1935 sei nicht erfüllt worden. Unter diesen Umständen verliere Deutschland keine Zeit. »Hitler«, so Bartlett, »will sich ungeachtet aller wortreichen Ausfälle gegen die Bolschewiken die günstige Gelegenheit nicht entgehen lassen, die Gefahr gleichzeitigen militärischen Drucks von Westen und Osten auszuräumen.« Weiter schreibt er mit Hinweis auf sowjetische Kreise (er war mit Maiski befreundet): »Von der Kampagne, die einige britische Kreise für die Aufkündigung des britisch-sowjetischen Handelsabkommens führen, können die sowjetisch-deutschen Handelsgespräche ohne Zweifel nur profitieren. Es ist klar, daß diese Verhandlungen, durch die Deutschland möglicherweise im Kriegsfall Zugang zu unerschöpflichen Lebensmittelressourcen erhält, auch politische Bedeutung haben.« Es wäre töricht zu glauben, so schließt der Beobachter, daß »die heute bestehenden Differenzen zwischen Moskau und Berlin stets ein unveränderlicher Faktor der internationalen Politik bleiben müssen.«[13]

Der weitblickende Bartlett sollte recht behalten.

SIEBENTES KAPITEL

München: unerwartete Folgen

Wer die Ereignisse von 1939 untersucht, beginnt die Beschreibung dieses verhängnisvollen Jahres in der Geschichte Europas häufig mit dem Neujahrsempfang, den der Führer und Kanzler des Deutschen Reiches, Adolf Hitler, wie es die Tradition vorschrieb, für das in Berlin akkreditierte Diplomatische Korps gab. Die neue Reichskanzlei, nach einem Projekt von Albert Speer, dem Lieblingsarchitekten des Führers, errichtet, bot sich dafür geradezu an. Die gewaltigen Säle aus kalt glänzendem Marmor mit den vergoldeten Lüstern schufen eine Atmosphäre imperialer Größe. Zusammen mit den Uniformen der Militärs, der Beamten des Außenministeriums und zahlreicher Diplomaten, von denen viele in traditionellen goldbetreßten Roben erschienen, ergab sich ein eindrucksvolles Bild. Hauptakt des Ereignisses war das Defilee Hitlers, der, begleitet vom Chef des Protokolls, dem hoch aufgeschossenen Baron Alexander von Dörnberg, die Reihen der Diplomaten abschritt. Alles an diesem Zeremoniell war festgelegt – die Zahl der Antwortsätze, ihr Inhalt, ja wahrscheinlich sogar der Gesichtsausdruck, mit dem sie ausgesprochen wurden. Daher erwartete niemand von Hitlers Rede auf diesem Empfang – er fand am 12. Januar statt – größere Überraschungen. Wichtiger war etwas anderes: Wie reagierte er, wenn ihm die einzelnen Botschafter vorgestellt wurden? Wem widmete er wieviel Aufmerksamkeit, wem lächelte er zu? Mit wem unterhielt er sich länger?

Die Reihenfolge der Diplomaten wurde von der Dauer ihres Aufenthalts in der deutschen Hauptstadt bestimmt. Von Dörnberg in der goldbestickten Uniform des Protokollchefs mit fast einem Dutzend Orden am Band überragte alle anderen. Hitler, nur mit dem Eisernen Kreuz geschmückt und einer Hakenkreuzbinde am linken Arm, nahm sich dagegen bescheiden aus.

Alles verlief ruhig, bis der Baron und der Führer den siebenten Herrn in der Reihe, den Botschafter der Sowjetunion, Alexej Fjodorowitsch Merekalow, erreichten. Da geschah das Unerwartete: Beim Vertreter der bolschewistischen Macht, dem Erzfeind des Reichs, blieb Hitler stehen, war nach wenigen Momenten in ein freundliches, geradezu vertrauliches Gespräch vertieft.

Die Sensation war nicht improvisiert. Nach dem Krieg wurde im Archiv von Hitlers Adjutanten folgende Notiz gefunden:

»VII.
UNION DER SOZIALISTISCHEN SOWJETREPUBLIKEN.
BOTSCHAFTER MEREKALOFF.
BEMERKUNG.

Der sowjetische Botschafter Merekaloff spricht noch sehr schlecht Deutsch. Aber er ist bemüht, Deutsch zu lernen und kann bereits eine einfache Unterhaltung führen. Botschafter Merekaloff ist über die Probleme in den Handelsbeziehungen zwischen Deutschland und der Sowjetunion orientiert und interessiert sich dafür. Der Botschafter hielt sich kürzlich mehrere Wochen lang in Moskau auf und hatte während dieser Zeit auch Kontakt zu Botschafter Graf von der Schulenburg.«[1]

Und so berichtete Merekalow über diese Szene nach Moskau:

»Bei der Begrüßung der Botschafter reichte Hitler auch mir die Hand, fragte, wie ich mich in Berlin eingelebt habe, erkundigte sich nach meiner Familie, nach meiner Moskaureise, bemerkte, er wisse von meinem Besuch bei Schulenburg in Moskau, wünschte mir Erfolg und verabschiedete sich.

... Hitler gab sich dabei sehr freundlich und führte das Gespräch trotz meiner schlechten Deutschkenntnisse ohne Dolmetscher.«[2]

Damit war die Vorstellung aber noch nicht zu Ende. Nach dem Führer traten Außenminister Ribbentrop, der Chef der Reichskanzlei Lammers, Generaloberst Keitel und Staatssekretär Meißner an Merekalow heran.

Aus Merekalows Aufzeichnungen, die seine Familie aufbewahrt hat, ergibt sich ein noch plastischeres Bild dieser Szene:

»›Herr Botschafter, wie hat Sie Berlin aufgenommen?‹ fragte Hitler und erkundigte sich dann nach meiner Familie, nach Frau und Sohn.«

»Wie geht es Ihrem Sohn mit dem Philosophennamen?« kam die nächste Frage, die Merekalow etwas verblüffte. Dann aber fiel ihm ein, daß er Hitler bei der Überreichung seines Beglaubigungsschreibens gesagt hatte, sein Sohn heiße Sokrat(es), weshalb Hitler prompt auf die alten Griechen zu sprechen gekommen war. Der Führer empfahl dem Botschafter, sich die Berliner Museen anzusehen. Er fragte den sowjetischen Diplomaten, wie ihm die neue Reichskanzlei gefalle, worauf Merekalow diese in höchsten Tönen lobte. Das Gespräch schloß mit der Empfehlung, Deutschland näher kennenzulernen. Danach wechselte man zum Neuen Jahr die üblichen Gratulationsformeln mit Friedens- und Glückwünschen für die höchsten Repräsentanten und Völker beider Länder.

Merekalow hatte natürlich keine Stoppuhr bei sich. An einer Stelle seiner Aufzeichnungen heißt es, das Gespräch habe 15 Minuten gedauert, an einer anderen 12 bis 15 Minuten. Ein britischer Diplomat, der auf dem Empfang anwesend war, sagte Botschaftsrat Astachow, es wären sieben bis acht Minuten gewesen. Die Wahrheit liegt sicher irgendwo in der Mitte. Natürlich waren das keine Minuten, die die Welt erschütterten. Aber das Berliner Diplomatische Korps hatte seine Sensation. Ein Gerücht jagte das andere: Hitler habe Stalin übermitteln lassen, er verzichte auf die Ukraine, Hitler wünsche eine Verbesserung der Beziehungen …

Von alledem war natürlich keine Rede. Aber Hitler hatte diesen kurzen Auftritt bewußt inszeniert, damit sich alle

Anwesenden nun den Kopf zerbrachen, was er wohl zu bedeuten hatte.

Was er wirklich bedeuten sollte, erklärte mir Dr. Karl Schnurre, ein Mann, den heute kaum noch jemand kennt, dessen Name aber jeden elektrisiert, der sich auch nur ein wenig mit den sowjetisch-deutschen Beziehungen der dreißiger Jahre befaßt hat. Nach dem Kriege lebte er zurückgezogen im Bonner Vorort Bad Godesberg, von den meisten vergessen – nicht jedoch von Anastas Mikojan. Als der im Jahre 1963 Bonn besuchte, überraschte er Kanzler Adenauer mit der Bitte, seinen alten Bekannten Dr. Schnurre ausfindig zu machen, mit dem er in den Jahren 1939/40 mehrfach am Verhandlungstisch gesessen hatte. Mikojan war damals Volkskommissar für Außenhandel der UdSSR, Schnurre Leiter des Osteuropareferats der Wirtschaftspolitischen Abteilung des deutschen Reichsaußenministeriums gewesen.

Hier Schnurres Bericht:

»Nach dem Münchener Abkommen war ich auf Urlaub in den polnischen Karpaten. Unerwartet suchte mich ein Bote unseres Botschafters in Warschau, meines alten Bekannten Graf von Moltke, auf und teilte mir mit, ich müsse sofort nach Berlin zurück. Weshalb? Moltke ließ mitteilen, in der Hauptstadt herrsche Kriegsstimmung. Große Entscheidungen stünden bevor.«

Aus folgendem Grund wurde Karl Schnurre in Berlin gebraucht: Die deutschen Diplomaten und Militärs, die der ideologische Streit mit dem Bolschewismus wenig kümmerte, waren mit nüchternen Berechnungen beschäftigt, wie man Deutschlands weiteres Vorgehen wirtschaftlich, vor allem mit den notwendigen Ressourcen, absichern konnte. München hatte 1938 den Krieg noch einmal abgewendet. Man hegte aber keinerlei Zweifel, daß er 1939 kommen werde. Schnurres Vorgesetzter Emil Wiehl machte sich Sorgen: Die Rohstoffimporte aus Rußland gingen zurück. 1938 hatten sie noch 50 Millionen Mark betragen, nur einen Bruchteil des Umfangs von Anfang der dreißiger

Jahre. Im ersten Quartal 1939 trafen für ganze sechs Millionen Mark Rohstoffe ein. Wiehls Sorgen teilte auch Göring als Reichsbeauftragter für den Vierjahresplan, der die Vorbereitung des künftigen Krieges wirtschaftlich abzusichern hatte ...[3]

Als Anlaß für eine Korrektur wählte man eine Routinemaßnahme – die jährliche Verlängerung des laufenden Handels- und Kreditabkommens mit der UdSSR. Darüber wurde bereits längere Zeit verhandelt. Im Januar 1938 hatte die deutsche Seite der UdSSR einen Kredit angeboten, allerdings zu ungünstigen Bedingungen. Jetzt änderte sich das: Schnurre erhielt Weisung, der sowjetischen Handelsvertretung mitzuteilen, die Deutschen seien zur Wiederaufnahme der Gespräche bereit. Am 5. Januar bestätigten zwei deutsche Offizielle im Gespräch mit Alexej Merekalow diesen Vorschlag – der ehemalige deutsche Botschafter in Moskau, Rudolf Nadolny, der seit Rapallo für seine prorussische Einstellung bekannt war, und Gustav Hilger, der Wirtschaftsrat der deutschen Botschaft in Moskau. Kurz darauf ließ Anastas Mikojan mitteilen, er sei zur Wiederaufnahme der Verhandlungen über den sogenannten 200-Millionen-Kredit bereit. Am 11. Januar suchte Merekalow Wiehl auf und übergab die Antwort aus Moskau, die u. a. den Vorschlag enthielt, nicht in Berlin, sondern in der sowjetischen Hauptstadt zu verhandeln.[4]

»Ribbentrop rief mich zu sich«, berichtete mir Schnurre. »Das Gespräch begann sehr merkwürdig. Zunächst fragte er, ob ich Graf Schulenburg kenne. Ich bejahte. ›Dann fahren Sie nach Warschau, wo er sich jetzt aufhält, und klären Sie, wie es um unsere Handelsbeziehungen steht. Anschließend begeben Sie sich ohne größeres Aufsehen mit ihm nach Moskau und nehmen dort die Verhandlungen über den Kredit auf.‹ Natürlich führte ich diese Weisung aus, weil ich es selber für notwendig hielt, auf das sowjetische Angebot einzugehen. Ich fuhr also nach Warschau ...«

Aber weiter kam Schnurre nicht.

Der Cordon sanitaire um die UdSSR funktionierte 1938

und auch 1939. Polen war eines seiner Hauptkettenglieder, denn mit dem sowjetisch-polnischen Krieg von 1920 war ein feindseliges Verhältnis zwischen den beiden Nachbarstaaten programmiert. Es wurde durch den Frieden von Riga verfestigt, der die RSFSR zwang, das westliche Weißrußland und die Westukraine an den polnischen Staat abzutreten. Warum sollte Hitler das nicht nutzen, um Polen auf seine Seite zu ziehen?

Aber zwei Seelen wohnten, ach, in der polnischen wie in der deutschen Brust. Schon in den zwanziger Jahren bereitete sich die Reichswehr auf eine neue Teilung Polens vor, wofür der Chef der Heeresleitung Hans von Seeckt in Rußland einen willkommenen Verbündeten und militärischen Partner sah. Andere wiederum wollten Polen eher als Bundesgenossen gegen Moskau gewinnen. In der polnischen Außenpolitik rangen ähnlich widersprüchliche Tendenzen miteinander. Ausgangspunkt war hier der deutsch-polnische Nichtangriffspakt, den beide Länder am 26. Januar 1934, also noch zur Amtszeit von Marschall Józef Piłsudski, unterzeichnet hatten. Aber das war ganz am Anfang der neuen Politik Deutschlands gewesen, die nach und nach den nationalsozialistischen Dogmen angepaßt wurde. In »Mein Kampf« kam Polen zwar nicht vor, aber es stand dem Drang nach Osten eindeutig im Wege. Wie sollte man mit ihm verfahren?

Hitler ging seine Ziele in der Regel nicht auf geradem Wege an. 1933 suchte er seine Gesprächspartner, den polnischen Botschafter Alfred Wysocki und später dessen Nachfolger Józef Lipski, davon zu überzeugen, daß an der Feindschaft zwischen Deutschland und Polen allein das Versailler System schuld sei. In Wirklichkeit gebe es für beide Staaten nur eine einzige Bedrohung – die Sowjetunion. Diese Idee tauchte bei vielen offiziellen und inoffiziellen Begegnungen auf. Schon 1934 hatte Alfred Rosenberg vorgeschlagen, Polen mit dem Versprechen von Gebietserwerb auf Kosten der Ukraine und dem Zugang zum Schwarzen Meer zu gewinnen.

Später erklärte Hitler aus gutem Grund, er habe anständige Beziehungen zu Polen angestrebt, um zunächst gegen den Westen zu kämpfen. Während der Sudetenkrise bemerkte Göring am 10. August 1938 gegenüber Botschafter Lipski, der Prozeß der deutsch-polnischen Annäherung solle nicht zum Stillstand kommen, denn Deutschland sei an der Ukraine nicht interessiert.

Es drängt sich der Eindruck auf, wie stereotyp die deutschen Avancen doch waren – bald bot man Piłsudski eine Interessensphäre in der Ukraine an, bald Stalin eine im Baltikum ... Zu Piłsudskis Ehre sei gesagt, daß er damals einer direkten Antwort auswich. Das hinderte aber weder Hitler noch Ribbentrop daran, diesen Vorschlag mehrfach zu wiederholen. Am 20. September 1938 erklärte Hitler gegenüber Botschafter Lipski, Polen sei ein erstrangiger Faktor, um Europa vor Rußland zu schützen. Bekanntlich zog Polen zunächst auch Nutzen aus der Aggression der Deutschen: Es erhielt bei der Aufteilung der Tschechoslowakei das Gebiet Teschen.

Es wäre natürlich abwegig, Außenminister Józef Beck als Marionette der deutschen Politik zu betrachten. Er trieb ein komplizierteres Spiel. Sein Traum war die Schaffung eines Dritten Europas vom Baltikum bis zur Adria, eines neuen Blocks, dem Polen, Ungarn und Jugoslawien, möglicherweise auch Italien angehören sollten. Dieser sollte in der Lage sein – natürlich unter polnischer Führung –, neben den anderen europäischen Allianzen eine eigenständige Rolle zu spielen. Zwar überschätzte Beck seine Möglichkeiten maßlos, aber er hielt an seinem politischen Balanceakt fest, ließ die Fäden nach Deutschland nicht abreißen und war zugleich bestrebt, das Verhältnis zur UdSSR nicht zu komplizieren. Als Deutschland 1939 die Frage von Krieg und Frieden zu entscheiden hatte, interessierte es sich für Becks Manöver längst nicht mehr.

Am 25. Januar 1939 gab sich Ribbentrop in Warschau ganz offen, soweit er dazu überhaupt fähig war: Er erwarte, so erklärte er, daß Polen seine Politik in der Tradition

Piłsudskis gestalte. Deutschland sei gegen Rußland und daher für ein starkes Polen.

War das nun wirklich freimütig? Natürlich nur im Rahmen der allgemeinen Vorgaben Hitlers, der bereits einige Monate zuvor der Generalität erläutert hatte, im Prinzip müsse er zunächst im Westen Krieg führen, weshalb er gute Beziehungen zu Polen brauche. Damit entwickelte er den Gedanken aus dem »Hoßbach-Protokoll« über den sogenannten Normalfall weiter, daß man in vier bis fünf Jahren in der Lage sei, den ersten Schlag gegen Frankreich zu führen. Hitler hatte Anfang 1938 wohl kaum die Vorstellung, sofort mit polnischer Beteiligung in den Krieg gegen die Sowjetunion zu ziehen. Polen brauchte er vielmehr als sicheres Hinterland, wenn er den ersten Schlag gegen den Westen führte.

Beck wurde zu Hitler bestellt. Es gibt eine sehr lebendige und bisher kaum bekannte Beschreibung, wie er auf diese Begegnung reagierte. Beck schilderte seine Eindrücke dem britischen Botschafter in Warschau, Sir Hugh Kennard, der das Foreign Office unverzüglich in einem Telegramm darüber informierte:

»Bei ein paar Gläschen Wodka erzählte mir Beck gestern abend, er habe am 4. Januar in Berchtesgaden begriffen, daß Polen und Deutschland einen Punkt erreicht haben, wo sich ihre Wege trennen. Bei früheren Gelegenheiten habe Hitler stets formuliert: ›Ich möchte, daß ...‹, am 4. Januar dagegen sagte er nur: ›So muß es sein ...‹«[5]

Was Beck Kennard berichtete, hatte er dem Führer natürlich nicht ins Gesicht zu sagen gewagt. Das Spiel ging weiter, und am 26. Januar 1939 sprach Ribbentrop mit Beck, diesmal in Warschau. Dabei ging er u. a. auf das Problem der Großukraine ein und bot Polen Zusammenarbeit in dieser Frage an.

Außerdem forderte Ribbentrop nachdrücklich, Polen möge sich dem Antikominternpakt anschließen. Beck versprach zum wiederholten Male, darüber nachzudenken. Schließlich lehnte Polen ab. Als Hitler davon erfuhr, meinte er mit offenem Bedauern, der weise Marschall Piłsudski sei wohl zu früh gestorben.

Im Januar 1939 stand Hitlers Entschluß fest: Es sollte Krieg geben, aber nicht mit, sondern gegen Polen.

Schnurre erinnert sich an eine fast kuriose Situation:

»Weisungsgemäß fuhr ich nach Warschau, wo ich Schulenburg traf. Wir besprachen, wie wir die Verhandlungen angehen wollten. Einige Tage zuvor hatte Schulenburg bereits mit Merekalow vereinbart, daß am 30. Januar das erste Gespräch mit Mikojan stattfinden sollte. Dann kam es zum Skandal. Eine Londoner Zeitung hatte von den bevorstehenden deutsch-sowjetischen Verhandlungen Wind bekommen ...«

Schnurres Gedächtnis trog nicht: Das war der Artikel von Vernon Bartlett in der »News Chronicle«, den die »Prawda« am 31. Dezember mit dem Hinweis nachgedruckt hatte, diese Verhandlungen könnten weitreichende Folgen haben.

»Ribbentrop ließ mich ins Hotel ›Bristol‹ rufen«, erinnerte sich Schnurre, »wo er mich anherrschte: ›Sie fahren sofort nach Berlin zurück!‹

›Aber Herr Minister, ich habe am 30. einen Termin bei Mikojan ...‹

›Daraus wird nichts! Sie fahren zurück! Das ist eine Anordnung des Führers!‹«

Ribbentrops Schrecken erklärte mein Gesprächspartner so: Natürlich war die deutsche Seite an den sowjetischen Lieferungen interessiert, aber die Handelsgespräche hatten damals noch nicht dieses politische Gewicht. Und einen Skandal wollte sich Ribbentrop auf keinen Fall leisten. Daher mußte die Reise unter Verletzung aller diplomatischen Regeln abgesagt werden, was eine offene Brüskierung der sowjetischen Seite bedeutete. Schnurre sollte das noch lange zu spüren bekommen ...

Ende Januar wurde Hitler endgültig klar, wie es um sein Manöver mit Polen stand. Der Vorsitzende der polnisch-deutschen Gesellschaft, Peter Kleist, der Ribbentrop begleitete, erhielt am letzten Besuchstag des Außenministers in Warschau von Becks Bürochef, Graf Lubenski, die folgende unzweideutige Antwort:

»Polen sieht sich uneingeschränkt als eine Nation von europäischer Kultur, die sich Frankreich und England eng verbunden fühlt, zugleich aber auch einen vernünftigen Kompromiß mit dem deutschen Nachbarn sucht. Wir brauchen eine langfristige Verständigung mit Deutschland, aber Polen darf nicht in antisowjetische Abenteuer hineingezogen werden. Bei seiner Grenzlage kann sich Polen keine Beteiligung an antisowjetischen Blöcken leisten. Das ist die Position der polnischen Regierung, die Beck im Gespräch mit dem Reichsaußenminister dargelegt hat. Daß darüber jetzt Klarheit besteht – darin liegt die Bedeutung dieses Besuchs.«

Lubenski bekräftigte, auch Marschall Rydź-Śmigły sei dieser Meinung. Außerdem erfuhr Kleist, daß Becks Stellvertreter Graf Szembek folgende Bilanz des Besuchs gezogen hatte: Ribbentrop habe verstanden, daß Polen dem Antikominternpakt nicht beitreten könne. Zu ergänzen bleibt: Peter Kleist traf sich in Warschau regelmäßig mit einem deutschen Journalisten, den er wegen seines tiefen Einblicks in die Situation sehr schätzte und dem er selbst diese und jene Information zukommen ließ. Das war Rudolf Herrnstadt, Mitglied einer Kundschaftergruppe, die die sowjetische Militäraufklärung GRU in Warschau unterhielt. Kleists Informationen gelangten nach Moskau, was aus Dokumenten der GRU, die Stalin zur Kenntnis gegeben wurden, eindeutig hervorgeht. Sie sind in seinem Archiv erhalten geblieben.[6]

ACHTES KAPITEL

Der XVIII. Parteitag und der Krieg

Die junge Generation Rußlands und Europas kann sich heute kaum vorstellen, daß das Leben in der Sowjetunion der Stalinzeit nicht nach Jahren, sondern nach Parteitagen gemessen wurde. Im März 1939 fand der XVIII. Parteitag statt. Seit dem XVII. waren fünf Jahre vergangen. Aber welche fünf Jahre waren das gewesen! Seit 1934 hatten sich die UdSSR und die Welt enorm verändert. Kaum einer der 1570 Delegierten mit beschließender und der 395 Teilnehmer mit beratender Stimme zweifelte daran, daß neue Entscheidungen bevorstanden. Man sah sich bereits in der Kriegszeit. »Schon das zweite Jahr«, sagte Stalin im dritten Absatz seines Rechenschaftsberichtes, »tobt der neue imperialistische Krieg, der sich auf dem gewaltigen Gebiet von Schanghai bis Gibraltar abspielt und eine Bevölkerung von mehr als 500 Millionen erfaßt hat. Die Landkarte Europas, Afrikas und Asiens wird gewaltsam umgestaltet. Das gesamte System des sogenannten Friedensregimes der Nachkriegszeit ist von Grund auf erschüttert ...«

Der außenpolitische Teil dieser Rede, der im Vergleich zu anderen Teilen sehr knapp ausfiel, ist bis heute heftig umstritten.

Wie nahm man ihn in Berlin auf?

Im Nürnberger Prozeß sagte Reichsaußenminister Joachim von Ribbentrop am 29. März 1946 aus:

> »Marschall Stalin hat im März 1939 eine Rede gehalten, in der er gewisse Andeutungen machte über seinen Wunsch, mit Deutschland in bessere Beziehungen zu kommen. Ich habe damals diese Rede Adolf Hitler unterbreitet.«[1]

Diese Aussage wird durch ein anderes Dokument bestätigt – den Vermerk über die Gespräche während des nächtlichen

Banketts nach Unterzeichnung des sowjetisch-deutschen Nichtangriffsvertrages in der Nacht vom 23. zum 24. August 1939. Er stammt von dem Mitglied der deutschen Delegation Andor Hencke, der gut Russisch sprach. Dieser fertigte das Schriftstück unmittelbar nach der Abreise aus Moskau an, und Ribbentrop legte es in seinem persönlichen Archiv ab. Unter Punkt 8 heißt es dort:

»Ferner erhob Herr Molotow sein Glas auf Herrn Stalin, wobei er bemerkte, daß es Stalin gewesen sei, der durch seine Rede vom März d. J., die in Deutschland gut verstanden worden sei, den Umschwung der politischen Beziehungen eingeleitet habe.«[2]

Ich habe allerdings auch einen anderen Bericht gehört. Er stammt von Karl Schnurre, den der Führer und Ribbentrop am 10. Mai 1939 zusammen mit dem Moskauer Botschaftsrat Gustav Hilger zum Rapport bestellten. Schnurre erinnert sich, daß Hitler irritiert fragte, welche Rede er meine, als Hilger Stalins Rede vom 10. März erwähnte. Man setzte ihn kurz ins Bild. Ribbentrop kannte die Rede ebenfalls nicht und bat darum, Stalins Worte noch einmal zu erläutern, zwischen Deutschland und der UdSSR gäbe es keine ersichtlichen Gründe für einen Konflikt. Hitlers Reaktion auf Stalins Rede bedurfte keiner Interpretation.

Was hat Stalin am 10. März 1939 nun wirklich gesagt? Ich zitiere hier den ganzen internationalen Teil seines Berichts, denn wenn man sich nur auf Auszüge beschränkt, ist es immer möglich, daß Mißverständnisse entstehen oder bestimmte Teile überbewertet werden:

»2. Die Verschärfung der internationalen politischen Lage, der Zusammenbruch des Nachkriegssystems der Friedensverträge, der Beginn des neuen imperialistischen Krieges

Hier eine Aufzählung der wichtigsten Ereignisse in der Berichtsperiode, die den neuen imperialistischen Krieg einleiteten. Im Jahre 1935 überfiel Italien Abessinien und annektierte es. Im Sommer 1936 organisierten Deutschland und Italien die militärische Intervention in

Spanien, wobei Deutschland sich im Norden Spaniens und in Spanisch-Marokko, Italien sich im Süden Spaniens und auf den Balearen festsetzte. Im Jahre 1937 brach Japan nach der Annexion der Mandschurei in Nord- und Zentralchina ein, besetzte Peking, Tientsin, Schanghai und begann seine ausländischen Konkurrenten aus der Okkupationszone zu verdrängen. Anfang 1938 annektierte Deutschland Österreich und im Herbst 1938 das Sudetengebiet der Tschechoslowakei. Ende 1938 bemächtigte sich Japan Kantons und Anfang 1939 der Insel Hainan. Somit zog der Krieg, der sich so unmerklich an die Völker herangeschlichen hat, mehr als 500 Millionen Menschen in seinen Bann; der Krieg hat seine Aktionssphäre auf ein gewaltiges Gebiet ausgedehnt: von Tientsin, Schanghai und Kanton über Abessinien bis nach Gibraltar.

Nach dem ersten imperialistischen Krieg schufen die Siegerstaaten, hauptsächlich England, Frankreich und die USA, ein neues Regime der Beziehungen zwischen den Ländern: das Friedensregime der Nachkriegszeit. Die wichtigsten Grundpfeiler dieses Regimes waren im Fernen Osten der Neunmächtepakt, in Europa der Versailler Vertrag und eine ganze Reihe anderer Verträge. Der Völkerbund war dazu bestimmt, die Beziehungen zwischen den Ländern im Rahmen dieses Regimes auf der Grundlage einer Einheitsfront der Staaten sowie der kollektiven Verteidigung der Sicherheit der Staaten zu regeln. Die drei aggressiven Staaten und der von ihnen begonnene neue imperialistische Krieg haben jedoch das gesamte Friedensregime der Nachkriegszeit über den Haufen geworfen. Japan hat den Neunmächtepakt, Deutschland und Italien haben den Versailler Vertrag zerrissen. Um freie Hand zu bekommen, sind alle drei Staaten aus dem Völkerbund ausgetreten.

Der neue imperialistische Krieg wurde zur Tatsache.

In diesen Zeiten ist es nicht so leicht, sich mit einem Male von der Kette loszureißen und sich geradewegs in den Krieg zu stürzen, ohne auf Verträge verschiedener Art und auf die öffentliche Meinung Rücksicht zu nehmen. Den bürgerlichen Politikern ist dies sehr wohl bekannt. Auch den faschistischen Machthabern ist das bekannt. Daher entschlossen sich die faschistischen Machthaber, bevor sie sich in den Krieg stürzten, die öffentliche Meinung in bestimmter Weise zu bearbeiten, d. h. sie irrezuführen, sie zu betrügen.

Ein Kriegsblock Deutschlands und Italiens gegen die Interessen Englands und Frankreichs in Europa? Gott bewahre! Ist das etwa ein Block? ›Wir‹ haben keinerlei Kriegsblock. ›Wir‹ haben lediglich eine harmlose ›Achse Berlin–Rom‹, d. h. eine Art geometrische Formel für eine Achse. *(Heiterkeit)*

Ein Kriegsblock Deutschlands, Italiens und Japans gegen die Interessen der USA, Englands und Frankreichs im Fernen Osten? Nichts dergleichen! ›Wir‹ haben keinerlei Kriegsblock. ›Wir‹ haben lediglich ein harmloses ›Dreieck Berlin–Rom–Tokio‹ – das ist ein kleiner geometrischer Zeitvertreib. *(Allgemeine Heiterkeit)*

Ein Krieg gegen die Interessen Englands, Frankreichs, der USA? Unsinn! ›Wir‹ führen Krieg gegen die Komintern und nicht gegen diese Staaten. Glaubt ihr es nicht, so lest den ›Antikomintern-Pakt‹, den Italien, Deutschland und Japan miteinander geschlossen haben.

So gedachten die Herren Aggressoren die öffentliche Meinung zu bearbeiten, obwohl es nicht schwer war zu begreifen, daß all dies eine plumpe, durchsichtige Maskerade war, denn es ist lächerlich, ›Stützpunkte‹ der Komintern in den Wüsten der Mongolei, in den Bergen Abessiniens oder in den Felsschluchten Spanisch-Marokkos zu suchen. (*Heiterkeit*)

Aber der Krieg ist unerbittlich. Man kann ihn hinter keinerlei Kulissen verstecken. Denn hinter keinerlei ›Achsen‹, ›Dreiecken‹ und ›Antikomintern-Pakten‹ läßt sich die Tatsache verstecken, daß Japan während dieser Zeit ein gewaltiges Gebiet Chinas, Italien – Abessinien, Deutschland – Österreich und das Sudetengebiet, Deutschland und Italien gemeinsam Spanien an sich gerissen haben, all dies gegen die Interessen der nichtaggressiven Staaten. Der Krieg blieb Krieg, der Kriegsblock der Aggressoren blieb ein Kriegsblock und die Aggressoren blieben Aggressoren.

Ein charakteristisches Merkmal des neuen imperialistischen Krieges besteht darin, daß er noch nicht zu einem allgemeinen, zu einem Weltkrieg geworden ist. Der Krieg wird von den aggressiven Staaten geführt, die die Interessen der nichtaggressiven Staaten, vor allem Englands, Frankreichs und der USA, in jeder Weise schädigen; letztere weichen jedoch zurück, treten den Rückzug an, machen den Aggressoren ein Zugeständnis nach dem anderen.

Somit vollzieht sich vor unseren Augen eine offene Neuaufteilung der Welt und der Einflußsphären auf Kosten der Interessen der nichtaggressiven Staaten, wobei diese keinerlei Versuche zur Abwehr unternehmen, jenen in gewisser Weise sogar noch Vorschub leisten.

Unglaublich, aber wahr.

Wodurch ist dieser einseitige und seltsame Charakter des neuen imperialistischen Krieges zu erklären?

Wie konnte es geschehen, daß die nichtaggressiven Staaten, die über gewaltige Möglichkeiten verfügen, den Angreifern ihre Positionen so leicht und ohne Widerstand überließen und sich von ihren Verpflichtungen lossagten?

Ist das etwa mit der Schwäche der nichtaggressiven Staaten zu erklären? Natürlich nicht! Die nichtaggressiven, demokratischen Staaten sind zusammen unzweifelhaft stärker als die faschistischen Staaten, sowohl in ökonomischer als auch in militärischer Hinsicht.

Wodurch sind also in diesem Falle die wiederholten Zugeständnisse dieser Staaten an die Aggressoren zu erklären?

Man könnte sie zum Beispiel mit der Furcht vor der Revolution erklären, die ausbrechen könnte, wenn die nichtaggressiven Staaten in den Krieg eintreten und der Krieg zu einem Weltkrieg wird. Die bürgerlichen Politiker wissen natürlich, daß der erste imperialistische Weltkrieg den Sieg der Revolution in einem der größten Länder mit sich gebracht hat. Sie fürchten, der zweite imperialistische Weltkrieg könnte ebenfalls zum Sieg der Revolution in einem oder in mehreren Ländern führen.

Aber das ist zur Zeit nicht die einzige und nicht einmal die wichtigste Ursache. Die wichtigste Ursache besteht darin, daß sich die meisten nichtaggressiven Länder, vor allem England und Frankreich, von der Politik der kollektiven Sicherheit, von der Politik der kollektiven Abwehr der Aggressoren losgesagt, daß sie die Position der Nichteinmischung, die Position der ›Neutralität‹ bezogen haben.

Formal gesehen, könnte man die Politik der Nichteinmischung wie folgt charakterisieren: ›Jedes Land möge sich gegen die Aggressoren verteidigen, wie es will und kann, wir scheren uns nicht darum, wir werden sowohl mit den Aggressoren als auch mit ihren Opfern Handel treiben.‹ In Wirklichkeit bedeutet jedoch die Politik der Nichteinmischung eine Begünstigung der Aggression, die Entfesselung des Krieges und folglich seine Umwandlung in einen Weltkrieg. In der Politik der Nichteinmischung macht sich das Bestreben, der Wunsch geltend, die Aggressoren nicht an ihren Untaten zu hindern, zum Beispiel Japan nicht zu hindern, sich in einen Krieg gegen China, noch besser aber gegen die Sowjetunion einzulassen, zum Beispiel Deutschland nicht zu hindern, sich in die europäischen Angelegenheiten zu verstricken, sich in einen Krieg gegen die Sowjetunion einzulassen, alle Kriegsteilnehmer tief im Morast des Krieges versinken zu lassen, sie im stillen dazu anzuspornen, dazu zu bringen, daß sie einander schwächen und zermürben, dann aber, wenn sie genügend geschwächt sind, mit frischen Kräften auf den Plan zu treten – natürlich ›im Interesse des Friedens‹ –, um den geschwächten Kriegsteilnehmern die Bedingungen zu diktieren.

Wie billig und wie nett!

Nehmen wir zum Beispiel Japan. Es ist charakteristisch, daß alle einflußreichen französischen und englischen Zeitungen vor dem japanischen Einfall in Nordchina lauthals verkündeten, China sei schwach und unfähig, Widerstand zu leisten, Japan mit seiner Armee werde China in zwei, drei Monaten unterwerfen. Daraufhin nahmen die europäischen und amerikanischen Politiker eine abwartende Stellung ein und spielten die Beobachter. Und dann, als Japan die Kriegshandlungen entfaltete, trat man ihm Schanghai ab, das Herz des ausländischen Kapitals in China, trat man Kanton ab, den Stützpunkt des englischen Monopoleinflusses in Südchina, trat man Hainan ab, ließ man Hongkong einkreisen. Nicht wahr, all das sieht einer Ermunterung der Aggressoren sehr ähnlich: mögen sie sich weiter in den Krieg verstricken, man wird dann schon sehen.

Oder nehmen wir zum Beispiel Deutschland. Man trat Deutschland Österreich ab, ungeachtet der Verpflichtung, die Selbständigkeit Österreichs zu verteidigen, man trat ihm das Sudetenland ab, überließ die Tschechoslowakei ihrem Schicksal, womit man allen und jeden Verpflichtungen zuwiderhandelte, und begann dann in der Presse hemmungslos zu lügen, daß die ›russische Armee schwach‹, die ›russische Luftflotte zersetzt‹ sei, daß es in der Sowjetunion ›Unruhen‹ gebe, wodurch man die Deutschen anstachelte, weiter nach Osten vorzustoßen, ihnen leichte Beute versprach und ihnen zuredete: fangt nur den Krieg gegen die Bolschewiki an, es wird schon alles gutgehen. Man muß zugeben, daß dies ebenfalls einem Antreiben, einer Ermunterung des Aggressors sehr ähnlich sieht.

Kennzeichnend ist das Getöse, das die englische, französische und nordamerikanische Presse um die Sowjetukraine machte. Die Vertreter dieser Presse schrien sich heiser, daß die Deutschen gegen die Sowjetukraine marschieren, daß sie bereits die sogenannte Karpato-Ukraine in der Hand haben, die etwa 700000 Einwohner zählt, und sie spätestens im Frühling dieses Jahres den Anschluß der Sowjetukraine mit mehr als 30 Millionen Einwohnern an die sogenannte Karpato-Ukraine vollziehen werden. Es hat den Anschein, als ob dieser verdächtige Lärm den Zweck hatte, bei der Sowjetunion Wut gegen Deutschland zu erregen, die Atmosphäre zu vergiften und einen Konflikt mit Deutschland zu provozieren, ohne daß dafür ersichtliche Gründe vorliegen.

Es ist allerdings gut möglich, daß es in Deutschland Verrückte gibt, die davon träumen, einen Elefanten, d. h. die Sowjetukraine, einer Mücke, d. h. der sogenannten Karpato-Ukraine, anzugliedern. Wenn es dort wirklich solche wahnwitzigen Leute gibt, so ist nicht daran zu zweifeln, daß sich in unserem Lande ausreichend Zwangsjacken für solche Verrückte finden würden. *(Beifallssturm)* Lassen wir aber die Verrückten beiseite und wenden wir uns normalen Menschen zu: Wäre es nicht lächerlich und dumm, im Ernst von einem Anschluß der Sowjetukraine an die sogenannte Karpato-Ukraine zu sprechen? Man bedenke nur. Die Mücke kommt zum Elefanten und sagt zu ihm, die Hände in die Seiten gestemmt: ›Ach mein lieber Bruder, wie tust du mir doch leid ... Du lebst dahin ohne Gutsbesitzer, ohne Kapitalisten, ohne nationale Unterdrückung, ohne faschistische Machthaber, was ist das für ein Leben ... Ich schau dich an und muß dir sagen: Deine einzige Rettung ist, dich mir anzuschließen ... *(Allgemeine Heiterkeit)* Wohlan denn, ich erlaube dir, dein kleines Gebiet in mein unermeßliches Territorium einzugliedern ...‹ *(Allgemeine Heiterkeit und Beifall)*

Noch bemerkenswerter ist, daß gewisse Politiker und Pressevertreter in Europa und in den Vereinigten Staaten, die den ›Feldzug gegen die Sowjetukraine‹ gar nicht erwarten können, selber dazu übergehen, die wahren Hintergründe der Nichteinmischungspolitik zu enthüllen. Sie erklären geradeheraus und geben es schwarz auf weiß, daß sie von den Deutschen schwer ›enttäuscht‹ seien, da diese, statt weiter nach Osten, gegen die Sowjetunion, vorzustoßen, sich – man denke nur – nach Westen wenden und Kolonien fordern. Der Gedanke liegt nahe, man habe den Deutschen Gebiete der Tschechoslowakei als Kaufpreis für die Verpflichtung gegeben, Krieg gegen die Sowjetunion anzufangen; jetzt aber weigern sich die Deutschen, den Wechsel einzulösen, und weisen den Gläubigern die Tür.

Ich bin weit davon entfernt, über die Nichteinmischungspolitik zu moralisieren, von Verrat, von Treuebruch und dergleichen zu reden. Es wäre naiv, Leuten, denen menschliche Moral nichts gilt, Moral predigen zu wollen. Politik ist Politik, wie die alten, durchtriebenen bürgerlichen Diplomaten sagen. Man muß aber darauf hinweisen, daß das große und gefährliche politische Spiel, das die Anhänger der Nichteinmischungspolitik begonnen haben, für sie mit einem schweren Fiasko enden kann.

So sieht in Wirklichkeit die heute herrschende Nichteinmischungspolitik aus.

Das ist die politische Lage in den kapitalistischen Ländern.

3. Die Sowjetunion und die kapitalistischen Staaten

Der Krieg hat eine neue Lage in den Beziehungen zwischen den Staaten geschaffen. Er hat in diese Beziehungen eine Atmosphäre der Unruhe und Unsicherheit hineingetragen. Der Krieg hat die Grundlagen des Friedensregimes der Nachkriegszeit untergraben, die elementaren Normen des Völkerrechts über den Haufen geworfen und dadurch den Wert internationaler Verträge und Verpflichtungen in Frage gestellt. Pazifismus und Abrüstungsprojekte sind begraben worden. An ihre Stelle ist das Rüstungsfieber getreten. Alle Staaten, die kleinen wie die großen, rüsten auf, darunter vor allem diejenigen Staaten, die Nichteinmischung betreiben. Niemand glaubt mehr den salbungsvollen Reden, daß die Münchener Zugeständnisse an die Aggressoren, daß das Münchener Abkommen eine neue Ära, eine Ära der ›Befriedung‹, eingeleitet hätten. Die Teilnehmer des Münchener Abkommens, England und Frankreich, glauben selber nicht daran; sie steigern ihre Rüstung nicht weniger als die anderen.

Es ist klar, daß die Sowjetunion über diese bedrohlichen Entwicklungen nicht hinwegsehen konnte. Ohne Zweifel stellt jeder, auch der kleinste Krieg, der irgendwo in einem entfernten Winkel der Welt von den Aggressoren begonnen wird, für die friedliebenden Länder eine Gefahr dar. Eine um so ernstere Gefahr bedeutet der neue imperialistische Krieg, der bereits mehr als 500 Millionen Menschen in Asien,

Afrika und Europa in seinen Bannkreis gezogen hat. Infolgedessen hat unser Land, das unbeirrt die Politik der Erhaltung des Friedens betreibt, gleichzeitig auch große Anstrengungen zur Stärkung der Kampfbereitschaft unserer Roten Armee und unserer Roten Kriegsmarine unternommen.

Zugleich entschloß sich die Sowjetunion im Interesse der Festigung ihrer internationalen Positionen auch, einige andere Schritte zu gehen. Ende 1934 trat unser Land dem Völkerbund bei, ausgehend davon, daß dieser sich ungeachtet seiner Schwäche als Forum zur Entlarvung der Aggressoren eignen könnte, als ein gewisses, wenn auch schwaches Friedensinstrument, um die Entfesselung des Krieges zu hemmen. Die Sowjetunion ist der Ansicht, daß man in so unruhigen Zeiten auch eine so schwache internationale Organisation wie den Völkerbund nicht ignorieren sollte. Im Mai 1935 wurde zwischen Frankreich und der Sowjetunion ein Beistandsvertrag für den Fall eines eventuellen Angriffs der Aggressoren abgeschlossen. Gleichzeitig wurde ein analoger Vertrag mit der Tschechoslowakei unterzeichnet. Im März 1936 schloß die Sowjetunion einen Beistandsvertrag mit der Mongolischen Volksrepublik. Im August 1937 vereinbarte sie einen Vertrag über gegenseitigen Nichtangriff mit der Chinesischen Republik.

Unter diesen schwierigen internationalen Verhältnissen betrieb die Sowjetunion ihre Außenpolitik der Erhaltung des Friedens.

Die Außenpolitik der Sowjetunion ist klar und verständlich:

1. Wir sind für den Frieden und für die Festigung sachlicher Beziehungen mit allen Ländern; auf diesem Standpunkt stehen wir und werden wir stehen, soweit diese Länder ebensolche Beziehungen zur Sowjetunion unterhalten, soweit sie nicht versuchen, die Interessen unseres Landes zu verletzen.
2. Wir sind für friedliche, freundschaftliche und gutnachbarschaftliche Beziehungen zu allen Nachbarländern, die mit der Sowjetunion eine gemeinsame Grenze haben; auf diesem Standpunkt stehen wir und werden wir stehen, soweit diese Länder ebensolche Beziehungen zur Sowjetunion unterhalten, soweit sie nicht versuchen, sei es direkt oder indirekt, die Interessen der Unversehrtheit und Unantastbarkeit der Grenzen des Sowjetstaates zu verletzen.
3. Wir sind für die Unterstützung der Völker, die Opfer der Aggression geworden sind und für die Unabhängigkeit ihrer Heimat kämpfen.

4. Wir fürchten keine Drohungen der Aggressoren und sind bereit, auf einen Schlag der Kriegsbrandstifter, die versuchen sollten, die Unantastbarkeit der Sowjetgrenzen zu verletzen, mit einem doppelt so heftigen Schlag zu antworten.

Das ist die Außenpolitik der Sowjetunion. *(Stürmischer, anhaltender Beifall)*

In ihrer Außenpolitik stützt sich die Sowjetunion:

1. auf ihre wachsende wirtschaftliche, politische und kulturelle Stärke;
2. auf die moralische und politische Einheit unserer Sowjetgesellschaft;
3. auf die Freundschaft der Völker unseres Landes;
4. auf ihre Rote Armee und ihre Rote Kriegsmarine;
5. auf ihre Friedenspolitik;
6. auf die moralische Unterstützung der Werktätigen aller Länder, deren ureigenstes Interesse die Erhaltung des Friedens ist;
7. auf die Einsicht der Staaten, die aus verschiedenen Gründen an einer Verletzung des Friedens nicht interessiert sind.

***

Die Aufgaben der Partei auf dem Gebiet der Außenpolitik bestehen in folgendem:

1. auch in Zukunft eine Politik des Friedens und der Festigung sachlicher Beziehungen mit allen Ländern zu betreiben;
2. Vorsicht zu üben und den Kriegsprovokateuren, die es gewohnt sind, sich von anderen die Kastanien aus dem Feuer holen zu lassen, nicht die Möglichkeit zu geben, unser Land in Konflikte hineinzuziehen;
3. die Kampfkraft unserer Roten Armee und unserer Roten Kriegsmarine mit allen Mitteln zu stärken;
4. die internationalen Freundschaftsbeziehungen mit den Werktätigen aller Länder, die am Frieden und an der Freundschaft zwischen den Völkern interessiert sind, zu festigen.«[3]

Was war das Besondere an dieser Rede? Wenn man sie mit Stalins Bericht an den XVII. Parteitag der KPdSU(B) im Jahre 1934 vergleicht, dann springt eine gewisse neue Art der Kritik am Verhalten der Großmächte geradezu ins Auge. Zwar bekommt auch Deutschland die gewohnten

Vorwürfe ab, aber das Feuer richtet sich vor allem gegen die Westmächte, gegen deren »großes und gefährliches politisches Spiel«. Nicht zuletzt gegen ihr Bestreben, Deutschland und die Sowjetunion aufeinanderzuhetzen. Den Politikern Deutschlands gibt er zu verstehen, daß es keine Ansprüche an die UdSSR stellen sollte, zum Beispiel im Hinblick auf die Ukraine. Die alte Hoffnung der Komintern, der Krieg werde in der imperialistischen Welt eine neue Serie von Revolutionen auslösen, erscheint nur noch ganz am Rande. Dafür wird ganz offen von einer möglichen Neuaufteilung der Welt und der Einflußsphären gesprochen. Hier drängt sich der Gedanke auf – seit man weiß, was 1939 bis 1941 geschah –, ob sich nicht auch die Sowjetunion an dieser Neuaufteilung der Welt beteiligen wollte.

Eines ist indessen gewiß: Stalin war klar, daß der UdSSR ein Krieg unmittelbar bevorstand.

Vom Krieg sprachen auf dem Parteitag viele. Stalin, vor ihm bereits Molotow in seinen Eröffnungsworten. Manuilski im Bericht der Delegation der KPdSU(B) beim Exekutivkomitee der Komintern. In der Diskussion die Delegierten Bagirow (Aserbaidshan), Ponomarenko (Weißrußland), Donskoi (Gebiet Chabarowsk), Berija, Chruschtschow, Poskrjobyschew, Woroschilow, Stern, Burmistenko (Ukraine), Kaganowitsch, Mechlis, Schaposchnikow, Doronin (Kursk), Michail Kaganowitsch (Luftfahrtindustrie), Budjonny, Michail Scholochow und Kusnezow (Marine). Außerdem viele Redner, die Grußbotschaften überbrachten, so Tschernopjatko (Grenztruppen), Mylnikow (Marine), Nertschenko (Kavallerie), Panfilow (Panzertruppen), Denissow (Luftstreitkräfte), Rostunow (Artillerie), Rodimzew (Infanterie), Birjukow (Ferner Osten) und Nadjeschin (Marine).

Aus heutiger Sicht war dies allerdings ein besonderer Kongreß mit besonderen Reden. Der XVIII. Parteitag fand nach der schrecklichen Zeit für das Land, die Partei und die Streitkräfte statt, die das Jahr 1937 symbolisiert. Zwischen 1934 und 1939 führte Stalin einen unerklärten Krieg gegen seine eigene Partei, dessen Höhepunkt die Moskauer Prozesse waren. Einige wurden öffentlich abgehalten, andere unter Ausschluß der Öffentlichkeit. Zu letzteren gehörten vor allem die Verfahren gegen die Militärs, die die sowjetische Gesellschaft sicher am tiefsten erschütterten. Unter den zum Tode Verurteilten die Namen von Marschällen und Generälen wie Tuchatschewski, Jegorow, Gamarnik oder Uborewitsch lesen zu müssen, war für viele kaum zu ertragen. Aber ihre Nachfolger waren Blücher und der Held der Schlacht am Chassan-See, Korpskommandeur Grigori Stern, der die hingerichteten Kommandeure auf dem XVIII. Parteitag »einen Haufen Unrat« nannte. Die ganze Welt und auch Hitler sahen, daß die Rote Armee durch die brutalen Säuberungen einen enormen Schlag erlitten hatte.

Auf dem XVIII. Parteitag wurde allerdings der völlig entgegengesetzte Schluß gezogen: Die Repressalien (natürlich nannte man sie damals nicht so) hätten die Sowjetunion und die Rote Armee gestärkt!

Jossif Stalin: »Wie kann die Säuberung der Sowjetorgane von schädlichen und feindlichen Elementen das Sowjetsystem erschüttern und zersetzen? ... Was besagen zum Beispiel die Ereignisse am Chassan-See anderes, als daß die Säuberung der Sowjetorgane von Spionen und Schädlingen das sicherste Mittel zu ihrer Festigung ist?«[4]

Michail Schkirjatow: »Ob der Feind klein oder groß ist, für uns ist er gleich. Damit er verschwindet, damit es ihn auf dieser Erde nicht mehr gibt, muß er vernichtet werden.«[5]

Alexander Poskrjobyschew: »Diese Säuberung hat uns nur Nutzen gebracht. Anders kann es gar nicht sein.«[6]

Kliment Woroschilow: »Die Herren Faschisten und ihre Helfershelfer hätten es gern, wenn die schmutzigen Verräter Tuchatschewski, Jegorow, Orlow und andere käufliche Kanaillen nach wie vor in unseren Reihen agierten, unsere Armee und unser Land verrieten. Die Organisatoren des Weltgemetzels können ihre dunklen Geschäfte natürlich besser betreiben, wenn sie in anderen Armeen ihre zuverlässigen Agenten haben.«[7]

Semjon Budjonny: »Der XVIII. Parteitag sieht die Rote Armee der Arbeiter und Bauern ungleich gewachsen und gestärkt.«[8]

Lew Mechlis: »Schmutz und Abschaum werden wir jeden Tag beseitigen, Feinde und Verräter erschlagen wie tolle Hunde. Diese schändliche Verschwörung eines Häufleins von Spionen wird sich in der Roten Armee der Arbeiter und Bauern nie wiederholen!«[9]

Boris Schaposchnikow: »Die Rote Arbeiter- und Bauernarmee hat sich von den erbärmlichen faschistischen Söldlingen gereinigt und ist dadurch nur stärker geworden.«[10]

Den Ton hatte Stalin vorgegeben, und ihm konnten sich auch solche vernünftigen Menschen nicht verweigern wie der als letzter genannte Generalstabschef der RKKA, der genau wußte, daß man nun Kompanie- und Bataillonschefs an die Spitze von Regimentern und sogar Divisionen stellen mußte, die ihre erfahrenen Kommandeure verloren hatten. Keinerlei Gegenwehr wagten die höchsten Parteifunktionäre, die wußten, daß die Anklagen gegen Marschall Tuchatschewski aus der Luft gegriffen waren.

Wenn man die Dokumente des XVIII. Parteitages liest, ist nicht zu übersehen, wie hohl die pathetischen Loblieder auf die Rote Armee klangen. So behauptete Woroschilow:

1) Von 1934 bis 1939 ist der Bestand der Roten Armee um 103 Prozent gewachsen.
2) Die Zahl der Eliteschützendivisionen erhöhte sich um das Zehnfache.
3) Der Personalbestand der Schützendivisionen wuchs von 13000 auf 18000 Mann.
4) Eine Salve der Artillerie eines sowjetischen Schützenkorps beträgt 7136 Kilogramm, eines französischen dagegen nur 6373, eines deutschen 6078 Kilogramm; eine Minutensalve der Roten Armee 78932 Kilogramm, der französischen 60981 und der deutschen 59509 Kilogramm.
5) Die Kavallerie ist um 52 Prozent angewachsen.
6) Kraftfahrzeug- und Panzertruppen: der Personalbestand stieg auf 152,5 Prozent, die Zahl der entsprechenden »Truppenkörper« auf 180 Prozent, der Panzerfahrzeuge um das Siebeneinhalbfache.
7) Der Zuwachs bei der Artillerie: leichte – 34 Prozent, mittlere – 26 Prozent, schwere – 85 Prozent, Luftabwehr – 16 Prozent.

8) Die Luftstreitkräfte wuchsen nach dem Personalbestand um das Zweieinhalbfache, nach der Stärke der Triebwerke um 213 Prozent.
9) Der Motorisierungsgrad stieg insgesamt um 260 Prozent an.

»Die Rote Armee«, erklärte Woroschilow, »stellt eine gigantische Kraft dar ... Sie ist eine erstklassige, technisch besser als andere ausgerüstete und hervorragend ausgebildete Truppe ... Sie ist bereit, sich jederzeit auf jeden Feind zu stürzen, der es wagt, den heiligen Boden unseres Sowjetstaates zu betreten.«[11]

Natürlich nannte Woroschilow für die Personalstärke der Roten Armee keine absoluten Zahlen und beschränkte sich auf solche für ausländische Armeen: Großbritannien – 529000 Mann, Frankreich – 760000, Deutschland – 1,15 Millionen, Polen – 300000, Italien – 400000. Heute sind wir in der Lage, die damaligen Zahlen für die Rote Armee nachzutragen: Zum 1. Januar 1939 zählte sie über zwei Millionen Mann, 43000 Geschütze, 18000 Panzer, 10000 Flugzeuge, 123 Infanterie- und Kavalleriedivisionen, 33 Panzerbrigaden. Der Volkskommissar hatte also nicht geblufft: Bei Artillerie und Panzern lag seine Armee an der Spitze in der Welt. Undenkbar war aber, daß sich im Jahre 1939 jemand kritische Bemerkungen zu den großen Mängeln bei der Ausrüstung der Armee mit Funktechnik, Transportmitteln oder Pioniertechnik erlaubt hätte.

In den Generalstäben der westlichen Länder sah man die Rote Armee ganz anders. Hier zum Beispiel eine Einschätzung der britischen Stabschefs vom 18. März 1939: »In militärischer Hinsicht stellt die UdSSR gegenwärtig eine unbekannte Größe dar.« Die britische Botschaft in Moskau fügte hinzu, die russische Armee sei »von den jüngsten Repressalien sehr geschwächt, ihre Offensivkraft gering«.[12] Einige Zeit später rangen sich die britischen Stabschefs dann doch zu einer Wertung durch:

»Die Ausrüstung dieser Armee verdient eher Beachtung auf Grund ihrer Quantität, als ihrer Qualität. Sie muß in der Hauptsache immer noch mit Zugpferden auskommen. Die russischen Panzer, deren Zahl wir auf etwa 9 000 schätzen, sind von hoher Qualität. Für Angriffe gegen eine moderne, hochorganisierte Panzerabwehr ist ihre Panzerung allerdings zu gering.

... Die Feuerkraft der russischen Artillerie ist niedrig, eine Division verfügt über ganze 36 Geschütze. Man geht aber davon aus, daß diese Zahl gegenwärtig steigt. Viele Geschütze sind veraltete Modelle oder wurden erst kürzlich modernisiert. Nur sehr wenige, die Flak ausgenommen, sind von moderner Bauart.

... Erstens haben die russischen Streitkräfte unter den kürzlichen Säuberungen zweifellos sehr gelitten. Die Herstellung der politischen Kontrolle über die Streitkräfte hat zu einem System der doppelten Unterstellung geführt. Der den Russen eigene Hang, der Verantwortung auszuweichen, kommt in diesem System voll zur Geltung und wirkt sich auf die Disziplin aus, die früher gut war, gegenwärtig aber nur noch mittelmäßig ist. Außerdem sind zahlreiche erfahrene Kommandeure verschwunden, über die die UdSSR verfügte.

... Zweitens ist der Personalbestand der Streitkräfte Rußlands in gewissem Maße irreführend. Auf dem Papier nehmen sich diese Zahlen beeindruckend aus. Man darf aber nicht übersehen, welche fast unüberwindlichen Schwierigkeiten bei der Versorgung dieser riesigen Streitkräfte auf dem Schlachtfeld auftreten, weil die Vorräte nicht ausreichen und die Verbindungswege schlecht sind.«[13]

Wie wir sehen, war der britische Generalstab aus verständlichen Gründen kritischer als der Volkskommissar für Verteidigung. Aus denselben Gründen neigten die britischen Generäle allerdings auch zu einer Unterschätzung des Potentials der Roten Armee. Bei den Zahlen irrten sie eindeutig. Wo liegt nun die Wahrheit?

Die Rote Armee war zweifellos eine der größten und stärksten Armeen Europas. Selbst wenn man die technischen Mängel bedenkt, die vor allem die Transportmittel betrafen und mit dem eindeutigen Rückstand der sowjetischen Industrie zusammenhingen, und wenn man die Schwächen aus der Zeit des Bürgerkrieges hinzunimmt, zum Beispiel das rührende Festhalten an »Budjonnys Reiterei«, dann erlebten die sowjetischen Streitkräfte in jener

Zeit trotz allem einen Aufschwung. Die Kämpfe gegen die japanische Armee am Chassan-See, die Erfolge der sowjetischen Flieger und Panzersoldaten in Spanien gaben ihnen ein Gefühl der Stärke. Ich denke, man muß auch die hohe Moral dieser Armee bedenken, die damals tatsächlich vom Volk geliebt wurde. Als Erbin der Sieger des Bürgerkrieges und des Kampfes gegen die ausländischen Interventen, als Verkörperung der Ideen der proletarischen Solidarität waren die RKKA und ihre Kommandeure in ihrem Ansehen unangefochten.

Wurde dieses Niveau durch die Säuberungen von 1937 zerstört? War Stalin ein Selbstmörder, der sich eines so wichtigen Instrumentes der Innen- und Außenpolitik selbst entledigte? Diese Frage stellten sich damals viele, darunter auch Hitler. Über die Repressalien in der Roten Armee soll er im kleinen Kreis gesagt haben, man vernichte keine Offiziere, wenn man in den Krieg ziehen will. Wie wahr! Stalin mußte 1936/37 noch nicht an Krieg denken. Ihm war bekannt, daß die erschütternden Geständnisse der »trotzkistisch-bucharinschen Spione« über die Pläne der Nazis, in kürzester Frist die Ukraine zu erobern, und ähnliche Aussagen mit »Sondermethoden« erpreßt waren. Ich bin sicher, daß die Organe der Militär- und anderen Aufklärung die sowjetische Führung über die Rangfolge der Aggressionsziele informierten, von denen Hitler am 5. November 1937 sprach und die im »Hoßbach-Protokoll« festgehalten sind. Gerade weil Stalin in jenen Jahren wußte, daß den Westgrenzen der UdSSR keine unmittelbare Gefahr drohte, konnte er seine Inquisition wüten lassen. Die sowjetische Führung ihrerseits hegte ebenfalls keinerlei Angriffspläne. Selbst die britischen Stabschefs stellten in ihren Einschätzungen vom 18. März und vom 24. April 1939 fest, die Rote Armee sei derzeit nur zu Abwehrkämpfen, nicht aber zu Angriffsoperationen in der Lage.

All das galt jedoch nur für das Jahr 1937. Zwei Jahre später hatte sich das Blatt gewendet. Wie Stalin 1939 feststellte, tobte nun bereits ein imperialistischer Krieg. Die Sowjetunion hatte die Kämpfe gegen Japan am Chassan-See hinter sich. Hitler hatte sich die halbe Tschechoslowakei einverleibt. Der Höhepunkt der Repressalien in der Roten Armee wie auch in anderen Bereichen des gesellschaftlichen Lebens war vorüber. Die Armeeführung mußte sich nun damit befassen, die negativen Auswirkungen auf die Kampfkraft und den Kommandeursbestand zu beheben. Leute wie Woroschilow, Budjonny oder Mechlis sprachen davon auf dem XVIII. Parteitag wie von Siegestaten, lobten die »Weisheit« der Stalinschen Säuberungen und die sich daraus ergebende »Stärkung« der RKKA. Aber auch sie ließen Töne hören, die auf den ersten Blick, besonders aber aus heutiger Sicht paradox erscheinen.

Als erster äußerte sich zu diesem Thema Dmitri Manuilski:

»Die kapitalistische Welt, die in den letzten Zügen liegt, wird ein konterrevolutionärer Krieg gegen die UdSSR nicht retten, sondern eher ihren Untergang weiter beschleunigen. Der bewaffnete Gegenschlag des großen Sowjetvolkes wird die Welt der Arbeit aufwühlen ... Er wird in der ganzen Welt eine mächtige Bewegung antifaschistischer Kräfte auslösen, ermutigt von dem gewaltigen Gegenschlag des Sowjetvolkes gegen den Faschismus. Er wird die Völker, die bisher noch den Kampf gegen den Faschismus scheuen, in die Schlacht treiben. Wenn die Völker der faschistischen Staaten Waffen in die Hand bekommen, werden sie sie gegen den Faschismus richten ... Für das Sowjetvolk, für die Werktätigen der ganzen Welt, für die fortschrittliche Menschheit wird dies der gerechteste und heiligste Krieg sein, den es in der Geschichte der Menschheit je gegeben hat, ein Krieg, der ›ganz gewiß weitere revolutionäre Zentren im Hinterland des Feindes schafft, wodurch die Reihen des Imperialismus zersetzt und demoralisiert werden‹.«[14]

Mit dem letzten Satz, einem Stalinzitat, wollte der Redner seine Aussagen offenbar als von oben »autorisiert« erscheinen lassen. Wenn wir einmal davon absehen, wie hohl derartige Hoffnungen uns 60 Jahre später erscheinen, sollten wir doch bedenken, daß Manuilski im Namen der Komintern sprach und damit die noch nicht überwundene »romantische« – wie man in der russischen Geschichtsschreibung heute sagt – Hoffnung auf die Weltrevolution verkörperte. Betrachten wir aber die Rede von Lew Mechlis, Chef der Politischen Hauptverwaltung der RKKA, auf dem Parteitag. Er schloß sie mit folgender Behauptung:

»Die Zeit ist nicht mehr fern, Genossen, da unsere Armee, die nach ihrer Ideologie international ist, als Antwort auf die frechen Anschläge des Feindes den Arbeitern der Aggressorstaaten helfen wird, sich vom Joch des Faschismus, der kapitalistischen Sklaverei zu befreien. Damit zerschlägt sie die kapitalistische Umkreisung, von der Genosse Stalin sprach.«

Im stenografischen Protokoll ist an dieser Stelle »stürmischer Beifall« vermerkt. Die Aufgaben der Armee stellte sich Mechlis so vor:

»1. Die kapitalistische Einkreisung bedenkend, die Rote Armee der Arbeiter und Bauern wie den eigenen Augapfel zu hüten, sie vor Spionen und Diversanten zu schützen;
2. das Pulver immer und überall trocken zu halten;
3. nicht nur das Pulver trocken zu halten, sondern stets in ausreichender Zahl Zwangsjacken für die Wahnsinnigen bereit zu haben, die von einem ›Kreuzzug‹ gegen die Sowjetunion träumen;
4. wenn sich der imperialistische Krieg gegen den ersten sozialistischen Staat der Welt wendet, dann die Kampfhandlungen auf das Gebiet des Gegners tragen und in Erfüllung unserer internationalen Pflicht den Kreis der Sowjetrepubliken erweitern.«[15]

Wie man sieht, verstand Mechlis die Aufgabe, »den Kreis der Sowjetrepubliken zu erweitern«, als Minimalprogramm, während er das Maximalprogramm darin sah, die kapitalistische Umkreisung vollständig zu zerschlagen. Das Mitglied des Kriegsrates der 2. Rotbannerarmee, N. I. Birjukow, zeichnete in seiner Rede folgendes Bild:

»Mögen sich die imperialistischen Räuber in Ost und West nicht wundern, wenn unsere Kräfte der proletarischen Revolution, die Streitkräfte der Sowjetunion, in der Stunde des Entscheidungskampfes gegen den faulenden Kapitalismus überall als Kräfte der Befreiung der Menschheit von kapitalistischer Sklaverei und faschistischem Dunkelmännertum begrüßt werden. Das Hinterland der Armeen des Kapitalismus wird brennen. Hunderttausende, Millionen Werktätige werden sich gegen ihre Unterdrücker erheben. Die kapitalistische Welt geht mit der sozialistischen Revolution schwanger ... Es lebe der Triumph der sozialistischen Revolution in der ganzen Welt!«[16]

Bleibt die Frage: Weshalb ließ Stalin auf dem Parteitag solche Redner auftreten, die zu verkünden hatten, wovon er dieses Mal lieber nicht sprach? Denn Jahre früher – 1925 – waren von ihm selbst ähnliche Voraussagen zu hören gewesen.

Diese Reden waren eindeutig Teil einer vorgegebenen Linie, die Stärke und Möglichkeiten der Sowjetunion sowie ihrer Streitkräfte vortäuschen sollte, über die sie in Wirklichkeit nicht verfügten. Im Lande selbst gab es dafür ein dankbares Publikum – die breite Masse der sowjetischen Menschen, die sich das Ideal der sozialistischen Weltrevolution bewahrt hatten, für die es die stärkste innere Triebkraft war. Im Ausland hatte Stalin den Vorwurf der Aggressivität nicht zu fürchten, da die Terminologie der Komintern jener Zeit den Politikern des Westens bestens bekannt war und von ihnen kaum ernst genommen wurde. Dagegen sollte mit solchen kämpferischen Worten zumindest bei manchem der Eindruck erweckt werden, die sowjetische Führung fühle sich trotz der Ereignisse von 1936/37 in der Lage, ihre »internationale Pflicht« zu erfüllen. Stalin hat, wie sich im April 1940 und im Mai 1941 zeigte, noch öfter solche Demonstrationen der Stärke bei tatsächlicher Schwäche vorgeführt.

War die Sowjetunion im Jahre 1939 zum Krieg bereit? Das ist im Grunde eine akademische Frage. Sie hätte höchstens einen relativen Sinn für ein Land, das eine Aggression plante. Aber es war Hitler, der 1936 die Aufgabe stellte:

»I. Die deutsche Armee muß in vier Jahren einsatzfähig sein.

II. Die deutsche Wirtschaft muß in vier Jahren kriegsfähig sein.«[17]

Der Sowjetunion dagegen, die nicht Subjekt, sondern Objekt der Aggression war, kam ein neuer Krieg zu jedem Zeitpunkt ungelegen. So hatte 1938, da Beistand für die Tschechoslowakei als Ausgangspunkt für einen breiten Widerstand gegen Hitler auf der Tagesordnung stand, die Umrüstung der Roten Armee gerade erst begonnen. 1939 war sie bei weitem noch nicht abgeschlossen. Und wie die traurige Erfahrung der Geschichte zeigt, reichte auch die Atempause bis zum Juni 1941 dafür nicht aus. Von dem Timing, das Stalin für den Kriegsbeginn vorschwebte, war bereits die Rede. Er sollte es im weiteren noch mehrfach verändern. In einem solchen Zusammenhang wurde der sowjetische Botschafter in Berlin, Alexej Merekalow, am 18. April 1939 von Stalin telegrafisch nach Moskau beordert.

In seinen Aufzeichnungen hebt Merekalow hervor, daß es sehr schnell gehen mußte. Am 19. April überquerte er die Grenze und wartete darauf, in den Kreml gerufen zu werden. Aus den Dokumenten geht nicht klar hervor, wann das geschah. Nach Stalins Terminplan läßt sich der Zeitpunkt jedoch exakt rekonstruieren: Es war der 21. April um 17.00 Uhr. Der Botschafter hielt sich fünfzig Minuten lang in Stalins Arbeitszimmer auf. Hier seine Niederschrift:

»Weshalb man mich in den Kreml rief, wußte ich nicht, bis ich in die bereits laufende Sitzung des Politbüros geführt wurde. Sie fand spät abends in Stalins Arbeitszimmer statt. Anwesend waren Molotow, Mikojan, Woroschilow, Kaganowitsch, Berija und Malenkow. Den Volkskommissar für Auswärtige Angelegenheiten, Maxim Litwinow, hatte man nicht eingeladen.

Nach der Begrüßung fragte Stalin ganz unvermittelt: ›Sag' uns, Genosse Merekalow, schlagen die Deutschen gegen uns los, oder nicht?‹

Ich antwortete mit einem ausführlichen Vortrag.«[18]

Er enthielt folgende Hauptgedanken: Hitler will eine Einkreisung verhindern und hofft, Danzig sowie den polnischen Korridor in die Hand zu bekommen. Der Konflikt mit Polen, den Deutschland gegenwärtig anheizt, wird im Herbst 1939 zu dem Versuch führen, den polnischen Staat zu beseitigen, was Deutschland durchaus gelingen kann. Es steht jetzt auf dem Höhepunkt seiner Macht und Stärke. Deutschland kommt dann in unmittelbare Berührung mit der UdSSR. Hitlers Kurs wird in den folgenden zwei bis drei Jahren unweigerlich zu einem militärischen Konflikt führen. Unter Hinweis auf den hohen Stand der Kriegsvorbereitung in Deutschland stellte Merekalow fest, daß Deutschland versuchen werde, die UdSSR noch weiter zu neutralisieren, um Zeit zu gewinnen und in Frankreich fester Fuß zu fassen. Wenn es seine Ziele im Westen und in Polen erreicht habe, werde es, »gestützt auf das Wirtschaftspotential jener Länder, ohne jeden Zweifel den Feldzug gegen die UdSSR beginnen«.

Das war eine kühne Prognose, denn Merekalow wußte nicht, wie Stalin dachte. Der hörte aufmerksam zu, unterbrach den Botschafter kein einziges Mal und stellte auch keine Fragen.

Merekalow gab Stalin also eine bejahende Antwort und fügte hinzu, dieser Fall werde nicht früher als in zwei bis drei Jahren eintreten. Nach den Aufzeichnungen des Botschafters reagierte Stalin positiv. Es gab keine Diskussion, und Merekalow wurde von Stalin dankend entlassen. Das Politbüro wandte sich einer anderen Frage zu.

Ich halte diesen Bericht für authentisch. Merekalows Nachlaß weist diesen als rechtschaffenen Charakter aus, der nicht dazu neigte, sich etwas auszudenken. Aus den Aufzeichnungen tritt uns ein nicht übermäßig intelligenter, aber fleißiger und arbeitsamer Mann entgegen. Er hatte sich intensiv auf seinen Einsatz in Berlin vorbereitet, sich eingehend mit der Geschichte und Politik Deutschlands befaßt. Zugleich war er der »Sache Lenins und Stalins« treu ergeben. Damit war Merekalow Stalin und Molotow aufgefallen, Abgeordneter und zuletzt Botschafter geworden. Nach den Akten zu urteilen, beobachtete Merekalow den nazistischen Gegner, wie es seine Pflicht war, und ließ sich durch äußere Liebenswürdigkeiten nicht täuschen.

Daß der Botschafter es auf der Sitzung des Politbüros am 21. April 1939 wagte, Stalin die Wahrheit offen ins Gesicht zu sagen, nötigte diesem offenbar Respekt ab. Merekalow erwartete den Krieg für 1942/43 und stimmte in diesem Punkt mit Stalins Auffassung überein.

Nachdem man Merekalow aus Berlin und außerdem Maiski aus London gehört hatte, reifte der Entschluß zu einer Wende heran.

Im Frühjahr 1939 hielt sich auch der sowjetische Botschafter in den USA, Konstantin Umanski, zum Urlaub in Moskau auf. Als er mit seinem Vorgänger, Alexander Trojanowski, über die Lage in Europa sprach, meinte dieser halb im Scherz, wenn es nach ihm ginge, sollte man eine flexiblere Taktik wählen und ein wenig mit Hitler kokettieren, um Chamberlain einen Schrecken einzujagen. Umanski, der über Berlin gereist war und dort mit Geschäftsträger Astachow gesprochen hatte, entgegnete darauf: »Wenn Sie wüßten, was da schon läuft ...« [19]

Mit anderen Worten, bereits seit April 1939 (wie wir sehen werden, sogar noch früher!) hatte sich die Stalinsche Außenpolitik einem neuen Imperativ zu beugen – der absoluten Notwendigkeit, Zeit zu gewinnen. Es ist nicht zu gewagt, wenn man behauptet, daß Stalin mit seinem neuen Kurs ausgerechnet bei ... Sir Neville Chamberlain in die Lehre ging. Warum sollte man nicht versuchen, diesen Zeitgewinn durch »Beschwichtigung« Hitlers – allerdings auf Stalinsche Art – zu erreichen? Chamberlain hatte dafür die Tschechoslowakei geopfert, warum sollte Stalin nicht dasselbe mit Polen machen, das ihm seit langem verhaßt war?

NEUNTES KAPITEL

Ein Tagebuch für Stalin

In Stalins Archiv ist folgendes Dokument erhalten geblieben:

»London, 12. Dezember 1941

An Genossen Stalin

Lieber Jossif Wissarionowitsch!

Morgen mache ich mich gemeinsam mit Eden auf den Weg in die UdSSR. Da eine Seereise heutzutage eine gewagte Sache ist, sende ich Ihnen diesen Brief. In der beiliegenden Mappe finden Sie ein Tagebuch, das ich in den vergangenen sieben Jahren – wenn auch nicht ganz regelmäßig – geführt habe ... Aus historischer Sicht ist es zweifellos von Interesse. Auf jeden Fall hatte ich in den letzten sieben Jahren eine ideale Position, um die Weltpolitik zu beobachten. Es ergab sich Gelegenheit, mit führenden Politikern Englands und anderer Staaten in Kontakt zu treten.

Ich sende Ihnen mein Tagebuch. Verfahren Sie damit nach Ihrem Belieben.

Mit kameradschaftlichem Gruß

I. Maiski.«[1]

Wer war dieser Maiski, der Stalin diesen ungewöhnlichen Brief schrieb?

Iwan Maiski ist nicht nur in die Geschichte der sowjetischen, sondern der Weltdiplomatie eingegangen. Botschafter der Sowjetunion in England in den entscheidenden Jahren vor dem Zweiten Weltkrieg, stellvertretender Außenminister in den ersten Nachkriegsjahren, Teilnehmer der wichtigsten Begegnungen der »Großen Drei« – schon diese Aufzählung läßt erkennen, über welche Möglichkeiten er verfügte, auf die Weltpolitik Einfluß zu nehmen.

Maiski war ein ungewöhnlicher Mann. Kompliziert war

der Werdegang des ehemaligen Menschewiken und Ministers einer Regierung, die 1918 in Samara als Gegengewicht zur Regierung Lenins gebildet wurde. Iwan Maiski, geboren 1884 als Iwan Ljachowezki, erhielt eine exzellente Ausbildung, schloß sich schon früh der revolutionären Bewegung als Mitglied der Russischen Sozialdemokratischen Arbeiterpartei (SDAPR) an, lebte viele Jahre als Emigrant in Deutschland und England, kannte und schätzte Lenin, obwohl er häufig anderer Meinung als dieser war. 1918 nach Rußland zurückgekehrt, blieb er im Geiste stets Sozialdemokrat. Demokratischen Idealen treu, willigte er ein, Mitglied der auf den Trümmern der Konstituierenden Versammlung geschaffenen Neuauflage der »Provisorischen Regierung« zu werden. Aber diese stützte sich weniger auf die demokratische Bewegung als vielmehr auf die Divisionen des Admirals Koltschak. Maiski, der den Posten des Arbeitsministers übernommen hatte, mußte aus Samara fliehen. Nun galt es, über seinen weiteren Weg ernsthaft nachzudenken. 1921 kehrte Maiski nach Moskau zurück und trat in die RKP(B) ein. Bei seinen Kenntnissen fand sich für ihn im Volkskommissariat für Auswärtige Angelegenheiten Verwendung – zunächst in der Presseabteilung, später als Botschafter in Finnland und England. Stalin hatte ein Faible für jähe Wendungen dieser Art: Er setzte gern ehemalige Menschewiken in hohe Funktionen ein (so auch Andrej Wyschinski). In ihrer Akte blieb stets ein dunkler Punkt, der für eine eventuelle Abrechnung bestens geeignet war. Schon aus diesem Grunde wurden sie häufig seine treuesten Gefolgsleute.

Maiski war ein hervorragender Diplomat. Von seinem exzellenten Englisch abgesehen, stand er auch intellektuell auf einer Höhe mit seinen britischen und anderen Gesprächspartnern. Dazu zählten nicht nur Chamberlain und Halifax, sondern auch George Bernard Shaw, Herbert Wells, die Eheleute Webb, viele Wissenschaftler und Künstler.[2] Maiskis Berichte nach Moskau liest man noch heute mit literarischem Gewinn.

Stalin waren Maiskis Arbeiten bekannt. Es ist nicht ausgeschlossen, daß er auch das Tagebuch im Original gelesen hat. Jenes von Maiskis Amtskollegin in Schweden, Alexandra Kollontai, das sie in ihrer Stockholmer Wohnung unter dem Bett versteckt hielt, wurde von Agenten des NKWD entwendet. Wie dem auch sei, Maiskis Tagebuch ist außerordentlich wichtig, wenn man verfolgen will, wie dramatisch sich die Beziehungen der Sowjetunion zu England im Jahre 1939, besonders nach dem XVIII. Parteitag, entwickelten.

Am Anfang jenes Jahres notierte Maiski:

»Das neue Jahr ist angebrochen. Was wird es bringen? Mir scheint, dies wird ein stürmisches, schweres und für unsere ganze Epoche vielleicht entscheidendes Jahr. Warten wir es ab ...«[3]

Maiski sollte recht behalten. Schon damals war er voller Skepsis über die Absichten der britischen Regierung in der komplizierten Situation nach München, da man weitere Aggressionsakte Hitlers erwarten mußte. Würde England (und mit ihm auch Frankreich) sich diesen widersetzen, oder stand ein zweites München bevor? Der Botschafter war darüber tief beunruhigt. Als Chamberlains erster diplomatischer Berater, Robert Vansittart, zu dem Maiski ein ausgezeichnetes Verhältnis hatte, dem Botschafter versicherte, Chamberlain habe sich vom Scheitern seiner Beschwichtigungspolitik überzeugen müssen, widersprach ihm Maiski. In sein Tagebuch schrieb er:

»Ich war nicht überzeugt und habe meine Zweifel offen ausgesprochen. Wie oft habe ich in den vergangenen zwei Jahren schon gehört: ›Die Lage hat sich verändert‹, oder ›Chamberlain hat verstanden‹, daß seine Beschwichtigungspolitik am Ende ist. Was aber sehen wir tatsächlich? Weder Österreich, noch die Tschechoslowakei oder Spanien haben die britische Politik zur Besinnung gebracht. Ich fürchte, daß es jetzt wieder so kommt. Einige Wochen lang wird es in England Lärm, Aufregung, ein Gefeilsche innerhalb und außerhalb des Parlaments geben, dann aber werden sich die Gemüter beruhigen. Wenn Hitler und

Mussolini keine neuen Kapriolen machen, wird alles nach und nach wieder seinen ›beschwichtigenden‹ Gang gehen.

Ich habe die bekannte Äußerung des Gen. Stalin auf dem XVIII. Parteitag zur Unterstützung der Aggressionsopfer zitiert, die für ihre Unabhängigkeit kämpfen, zugleich aber hinzugefügt, daß die praktische Anwendung dieses Grundsatzes von den konkreten Umständen abhängt.

Vansittart nahm meine Erläuterungen mit sichtbarer Befriedigung auf und argumentierte noch einmal eindringlich, alle friedliebenden Mächte müßten sich nun rasch ›eine Meinung bilden, Farbe bekennen‹. England, Frankreich und die UdSSR hätten umgehend zu entscheiden, was sie in der Frage einer Dreierallianz zu unternehmen gedenken. England und Frankreich stünden vor der Frage, wie sie sich bei einer deutschen Aggression gegen Holland und die Schweiz verhalten wollen. Die UdSSR dagegen, was sie bei einem deutschen Angriff auf Polen und Rumänien tun werde. Für 1938 sei kennzeichnend gewesen, daß Hitlers Schläge auf ein gespaltenes, unvorbereitetes Europa niedergingen. Wenn man einen Krieg vermeiden wolle, müsse im Jahre 1939 eine mächtige Vereinigung aller friedliebenden Staaten zur Abwehr der Aggressoren kommen. Grundvoraussetzung dafür sei die Bildung der ›Achse‹ London–Paris–Moskau.

Ich bemerkte lachend, Vansittarts Überlegungen seien absolut zutreffend, aber an die falsche Adresse gerichtet. Er wisse doch ganz genau, daß die UdSSR stets für die kollektive Abwehr der Aggressoren und für einen Block der friedliebenden Staaten zum Kampf gegen die internationalen ›Gangster‹ eingetreten sei. Wer aber habe die Bemühungen der UdSSR die ganze Zeit sabotiert? Wer habe einen Schlag nach dem anderen gegen den Völkerbund geführt? Wer habe die Bildung einer Friedensfront verhindert? England und Frankreich. Vansittart möge vor allem diese beiden Staaten auf den rechten Weg zurückbringen. An uns werde es nicht liegen.

Vansittart stimmte mir zu, sagte aber zum Abschluß: ›Ich versichere Ihnen, jetzt werden andere Saiten aufgezogen!‹

›Warten wir es ab‹, entgegnete ich.«[4]

Und in der Tat war es an der Zeit zu entscheiden, ob man andere Saiten aufziehen wollte als in München.

Am 15. März 1939 marschierten deutsche Truppen in die Tschechoslowakei ein, womit der Plan »Grün« sich vollendete. So merkwürdig es klingt: Hitler war mit dem Münchener Abkommen nicht zufrieden. Er hatte wesentlich mehr erreichen wollen. Das Sudetenland war nur ein Teil seines Programms zur Liquidierung der Tschechoslowakei. Nun war die Rest-Tschechei an der Reihe. England und Frankreich zeigten sich schockiert – selbst Chamberlain verurteilte Hitler in scharfen Worten. Aber die Welt wartete darauf, was die Westmächte und die Sowjetunion unternehmen würden. Die Reaktion, die dann folgte, betraf allerdings nicht die Tschechoslowakei.

Äußerlich bot sich folgendes Bild: Am 17. März 1939, das heißt, zwei Tage nach den »Iden des März« in Prag, erschien der rumänische Botschafter Viorel Tilea im Londoner Foreign Office und bat um eine Audienz beim Minister. Diesem teilte er mit, Deutschland habe das Monopol für den rumänischen Export gefordert. Im Gegenzug wolle es die Grenzen des Landes schützen. »Der rumänischen Regierung erscheint das wie ein Ultimatum«, formulierte Tilea diplomatisch und bat Lord Halifax um Aufklärung, was geschehen werde, wenn Deutschland Rumänien angreife. Habe er nicht den Eindruck, daß man die Dinge noch wenden könnte, wenn Polen, Rumänien, Jugoslawien, die Türkei und Griechenland sich mit England und Frankreich vereinigten? Halifax versprach, das Kabinett zu informieren. Nachdem er sich beraten hatte, erteilte er den britischen Botschaftern in Warschau, Ankara, Athen und Belgrad telegrafisch Weisung, bei den Regierungen ihrer Gastländer nachzufragen. Auch Botschafter Seeds in Moskau hatte zu erkunden, ob die UdSSR Rumänien Beistand leisten werde, wenn dieses darum ersuche. Bereits am nächsten Tag war die britische Presse voll von Berichten über die Rumänienkrise.

Am 18. März suchte Seeds Litwinow auf und stellte seine Frage. Die Antwort kam so rasch, daß es fast sensationell erschien: Litwinow schlug ohne weitere Debatte auf der Stelle ein Treffen von Vertretern der UdSSR, Englands,

Frankreichs, Rumäniens und der Türkei in Bukarest vor.[5] Dies führte dazu, daß die diplomatische Isolierung der UdSSR nach München nun ausgerechnet auf Initiative Londons aufgehoben wurde. Eine neue Runde schwieriger Verhandlungen begann.

Nach der herkömmlichen sowjetischen Geschichtsschreibung lief die Errichtung eines Systems der kollektiven Sicherheit durch Verhandlungen mit England und Frankreich in folgenden Schritten ab:

- 18. März 1939: Anfrage Englands in Moskau nach den Möglichkeiten eines kollektiven Vorgehens zur Verhinderung einer deutschen Herrschaft über Rumänien;
- am selben Tag: positive Antwort der UdSSR mit dem Vorschlag, eine internationale Konferenz der UdSSR, Englands, Frankreichs, Polens, Rumäniens und der Türkei einzuberufen; der Vorschlag wird abgelehnt;
- 17. April: neuer Vorschlag der UdSSR, mit England und Frankreich einen Beistandsvertrag zu schließen;
- 8. Mai: Gegenvorschlag Englands, die UdSSR möge einseitige Verpflichtungen übernehmen;
- 23. Mai: offizielle Zustimmung Englands zu Verhandlungen der Botschafter der beiden Westmächte mit Molotow in Moskau;
- 2. Juni: sowjetischer Entwurf eines Beistandspaktes;
- 10. Juli: grundsätzliche Zustimmung Englands zu Verhandlungen über diese Frage;
- 25. Juli: Beginn der Verhandlungen der Botschafter in Moskau;
- 12. August: Beginn der Verhandlungen der Militärmissionen.

Maiski schrieb am 18. März in sein Tagebuch:

»Heute um 15.00 Uhr war ich bei Halifax, um ihm unsere Antwort zu der britischen Anfrage mitzuteilen (zweifellos hat das Seeds über seine Kanäle bereits getan, aber eine Wiederholung meinerseits zur Kontrolle kann nicht schaden). Vor allem aber wollte ich wissen, was die britische Regierung davon hält. Obwohl heute Sonntag ist, war

Halifax im FO. Mehr noch, er hat sich bereits heute morgen mit dem Premierminister über unseren Vorschlag einer Sechserkonferenz ausgetauscht. Halifax hält ihn für ›verfrüht‹: Wenn die Konferenz nicht gründlich vorbereitet werde, könne sie scheitern, was eine negative politische Wirkung hätte. Außerdem müsse man rasch handeln, aber die Einberufung einer Konferenz werde länger dauern. Daher schlage die brit[ische] Reg[ierung] die Veröffentlichung einer ›Viererdeklaration‹ [Englands, Frankreichs, der UdSSR und Polens] vor, daß die genannten Mächte im Aggressionsfalle unverzüglich Konsultationen über Gegenmaßnahmen aufnehmen. Das sei der erste Schritt. Nach Unterzeichnung der Deklaration durch die vier Mächte sollten alle übrigen friedlichen Staaten aufgefordert werden, sich ihnen anzuschließen. In diesem Zusammenhang könnte eine Konferenz der Staaten einberufen werden, wo man Formen und Methoden des Kampfes gegen die Aggression erörtern werde. Natürlich müßten sich vor allem die ›big boys‹, das heißt, die genannten ›großen Vier‹ einigen.

Ich brachte Einwände vor. Ich sagte, wenn der Wunsch vorhanden sei, könne die Konferenz in wenigen Tagen einberufen werden. Eine Ankündigung ihres Stattfindens an dem und dem Tag und Ort wäre schon morgen zu veröffentlichen, was große politische Bedeutung hätte. Und wenn England wirklich ›means business‹, dann sei das Risiko, daß die Konferenz scheitern könnte, sehr gering. Aber Halifax blieb bei seiner Meinung. Der Wortlaut der Deklaration werde noch überarbeitet, morgen früh beschließe das Kabinett darüber und danach gehe er sofort in die betreffenden Hauptstädte …

Es ist klar, daß Chamberlain keinen wirklichen Kampf gegen die Aggression will. Ihm geht es nach wie vor um ›Beschwichtigung‹.«[6]

Im selben kritischen Ton waren auch Maiskis weitere Notizen über die lange, mühselige Korrespondenz gehalten, die schließlich ergebnislos endete. Hier sein Eintrag vom 11. Mai:

»Gestern sprach Chamberlain in der Kammer über die britisch-sowjetischen Verhandlungen und erklärte nebenbei, die brit. Reg. unternehme alles, um den Verdacht der sow. Reg. zu zerstreuen, England und Frankreich wollten die UdSSR in einen Krieg gegen Deutschland treiben und sich selbst in die Büsche schlagen.

›Wenn es [bei der sow. Reg.]‹, schloß der Premierminister, ›in dieser

Hinsicht noch Zweifel gibt, dann hält es mein edler Freund [Halifax] für möglich, diese mühelos zu zerstreuen. In diesem Zusammenhang hat er den sowjetischen Botschafter aufgefordert, der Regierung Seiner Majestät die genauen Gründe mitzuteilen, die bei seiner Regierung Zweifel hervorrufen, falls es sie noch gibt, was der sowjetische Botschafter bereitwillig zusagte.‹

Das ist kompletter Unsinn: Halifax hat mich bei unserem letzten Gespräch am 9. Mai um nichts Derartiges gebeten, und ich habe nichts zugesagt.«[7]

Am 18. Juli schrieb Maiski:

»Erst gestern suchten Seeds und & Co. Gen. Molotow auf. Die neuen Weisungen, von denen Halifax am 12. sprach, haben von London bis zur britischen Botschaft in Moskau also volle fünf Tage gebraucht! Die britische Diplomatie scheint mit Ochsengespannen zu fahren, wenn man nach dem Gang unserer Verhandlungen urteilt.

Die Botschafter teilten Gen. Molotow mit, daß England und Frankreich nicht darauf bestehen, die Schweiz und Holland in den Kreis der Staaten aufzunehmen, deren Grenzen garantiert werden sollen. Eine Schwierigkeit ist damit ausgeräumt.

Dafür hat es in der Frage der indirekten Aggression keinerlei Fortschritt gegeben. Im Gegenteil, alle Vorschläge und Modifikationen, die Engländer und Franzosen zu dieser Frage vorgebracht haben, riechen stark nach üblen Gaunertricks. Unsere Unterhändler haben sie scharf zurückgewiesen.

Nicht besser war es auch, was den gleichzeitigen Pakt über die militärische Zusammenarbeit betrifft. Engländer und Franzosen haben vorgeschlagen, sich zunächst über den politischen Teil zu einigen und erst dann die militärischen Gespräche aufzunehmen. Unsere Position lautet, daß es einen Vertrag geben muß, der lediglich aus zwei Teilen – einem politischen und einem militärischen – besteht. Dabei haben wir klar zu verstehen gegeben, daß uns der militärische Teil wesentlich wichtiger ist als der politische, weil er, für sich genommen, konzentrierte Politik darstellt. Ohne den militärischen Teil ist der Pakt eine leere Deklaration. Auch hier ist es bisher zu keiner Einigung gekommen.

Im Gegenteil, die Sitzung vom 17. Juli hat einen so unangenehmen Eindruck hinterlassen, daß man bei uns in Moskau nun Zweifel hat, ob aus diesen Verhandlungen, die sich ohnehin maßlos hinziehen, überhaupt etwas herauskommt. Nach gewissen Anzeichen zu urteilen ist nicht ausgeschlossen, daß sie in naher Zukunft scheitern.«[8]

Maiski hielt auch die Meinung derer fest, die Chamberlain weiterhin vertrauten. So habe ihm der Parlamentsabgeordnete Elliot erklärt:

»Die Wende in der britischen Politik ist durchaus ernst zu nehmen. Das Streben nach Zusammenarbeit mit der UdSSR ist aufrichtig. Wie es in dem Kommuniqué anläßlich von Edens Besuch vor vier Jahren in Moskau richtig heißt, bestehen zwischen England und der UdSSR nirgendwo in der Welt widerstreitende Interessen. Das erscheint heute fast wie ein Wunder, und doch ist es so. Zugleich sehen wir uns gemeinsamen Gefahren ausgesetzt und streben nach Erhaltung des Friedens. Auf dieser Grundlage wird sich unweigerlich eine Zusammenarbeit zwischen beiden Ländern entwickeln. Jetzt ist die Zeit der Ernte gekommen. Elliot versteht durchaus die Gründe für unser Mißtrauen: Den Friedensblock gegen die Aggression schaffen dieselben Leute, die bisher die Beschwichtigungspolitik betrieben haben. Unsere Skepsis ist durchaus berechtigt. Aber man muß Geduld haben. Die Zeit wird zeigen, wie seriös die Absichten der brit. Reg. sind.

Chamberlain? Eine merkwürdige Figur! Bisher hat er Hitler tatsächlich vertraut. Er dachte wirklich, Hitler habe nur das Ziel, alle Deutschen in einem Staat zu vereinen. Prag war für Chamberlain eine wahre Katastrophe – politisch und psychologisch. Beim Premierminister sind zweifellos weitreichende Veränderungen im Gange, aber noch nicht abgeschlossen. Das Alte wirkt immer noch nach, zum Beispiel in seinem Verhältnis zu Italien. Von Hitler ist er schwer enttäuscht, aber Mussolini glaubt er noch ein wenig. Mit der Zeit wird auch das vergehen.

Chamberlain begreift, daß die Zusammenarbeit zwischen England und der UdSSR unumgänglich ist. Er bewegt sich in diese Richtung, aber langsam und zögernd. Die Wende fällt ihm nicht leicht. Im Moment nagt doppelter Zweifel an ihm: 1) Wie stark ist die R. Armee? Als echter Händler will er die Ware erst prüfen, bevor er sie kauft. 2) Welche Absichten verfolgt die UdSSR wirklich? Will sie vielleicht einen Krieg im Westen auslösen, England und Frankreich gegen Deutschland treiben, um selber daraus Nutzen zu ziehen?

Ich habe unwillkürlich lachen müssen. Chamberlain fürchtet, daß die UdSSR Hitler nach Westen treibt! Die Gleichung stimmt, aber mit umgekehrtem Vorzeichen.«[9]

Stalin reagierte prompt auf Maiskis Gespräche. Als der meldete, Elliot wolle nach Moskau kommen, ging bereits am 5. August beim Botschafter die chiffrierte Nachricht ein:

»Soll kommen.«[10]

Die Lage wurde aber nicht besser. Am 4. Juli notierte Maiski:

»Meine Skepsis hinsichtlich der Moskauer Gespräche hat sich bestätigt.«[11]

Als er eines Tages den stellvertretenden Außenminister Samuel Hoare aufsuchte, mußte er sich dessen Klagen anhören, die UdSSR komme dauernd mit neuen Vorschlägen, und es gehe nicht voran. Dazu Maiskis Niederschrift:

»Halb im Scherz erwiderte ich: ›Dagegen gibt es doch ein ganz einfaches Mittel: Nehmen Sie die sowjetischen Vorschläge an.‹

Hoare beschwerte sich. Die brit. Reg. sei unseren Forderungen schon so weit entgegengekommen. Was fänden wir schlecht an der jüngsten Formulierung? Sie enthalte alles, was wir gefordert hätten, nur die baltischen Staaten wären nicht direkt erwähnt. Das sei unmöglich, denn wenn man sie nenne, dann müßten England und Frankreich auch Holland und die Schweiz in die Liste aufnehmen. Letztere lehnten jedoch aus Furcht vor Deutschland Garantien des Dreierbündnisses ab. Das Ergebnis wäre nur Verwirrung. Mit für ihn ungewöhnlicher Erregung versicherte mir Hoare immer wieder, die brit. Reg. wolle die Verhandlungen angeblich in der Tat rasch abschließen und unverzüglich mit den Gesprächen über militärische Schritte beginnen. Sie sei bereit, der UdSSR bei den Bestimmungen des Vertrages völlige Gleichheit und Gegenseitigkeit zu garantieren.

Ich antwortete, das alles klinge sehr gut, aber die Tatsachen stimmten mit Hoares Worten nicht ganz überein.

›Erlauben Sie mir‹, fuhr ich fort, ›eine kleine, aber sehr bezeichnende Rechnung aufzumachen: Die britisch-sowjetischen Verhandlungen im engeren Sinne (das heißt, seit der Übergabe der britischen Vorschläge am 15. April) laufen jetzt 67 Tage. Davon hat die sow. Reg.

für ihre Antworten auf die verschiedenen britischen Projekte und Vorschläge 16 Tage gebraucht, die restlichen 51 gehen auf die Verzögerungstaktik der britischen Seite. Wer also trägt die Verantwortung dafür, daß die Verhandlungen so langsam vorankommen?‹ Hoare, der ein so schlagendes Argument offenbar nicht erwartet hatte, war leicht verwirrt und murmelte, solche Zahlen seien ihm nicht bekannt.«[12]

Bei aller Kritik an den Briten verlor Maiski nicht aus dem Auge, daß die Lage ernst war. Am 29. August notierte er:

»In Moskau sieht man die Dinge offenbar anders: Man erwartet keinen Krieg und rechnet mit einem neuen München. Das sind die Tatsachen.

Vor einigen Tagen habe ich im NKID angefragt, ob es zweckmäßig wäre, der abgehenden Diplomatenpost Geheimdokumente mitzugeben, da in den nächsten Tagen eine Unterbrechung der Eisenbahnverbindung oder gar die Eröffnung von Kriegshandlungen zwischen Deutschland und Polen zu erwarten ist. Die Antwort lautete: Schicken Sie die Post auf normalem Wege. Und das in einem Ton, als wollte man mir aus Moskau sagen: ›Keine Panik!‹«[13]

In dieser Atmosphäre rückten die Militärgespräche in Moskau näher. In Stalins Archiv liegen Berichte des NKWD und der GRU darüber, daß die britische und die französische Delegation eindeutig aus zweitrangigen Figuren bestanden. Gleiches berichtete auch Maiski.

Was sollte Moskau tun? Einerseits war das Vertrauen in die Haltung des Westens im August endgültig dahin. Aber die Verhandlungen hatten ihre eigene Logik, und Stalin nahm das Ansehen der UdSSR sehr ernst. Im Archiv liegen die militärischen Forderungen, die die sowjetische Seite dort stellen wollte. Generalstabschef Boris Schaposchnikow hatte sie bereits am 10. Juli 1939 aufgeschrieben. Sie werden hier zum ersten Mal im Wortlaut veröffentlicht*:

* Es gibt drei Varianten des Entwurfs Schaposchnikows, die sich in Kleinigkeiten voneinander unterscheiden.

Wenn wir einen Vertrag mit England und Frankreich schließen, sind für den bewaffneten Einsatz unserer Truppen mehrere Varianten möglich.

Variante I liegt dann vor, wenn von einem Überfall der Aggressoren (Deutschland und Italien) *Frankreich* oder *England* direkt betroffen sind.

In diesem Falle haben Frankreich und England ihre Streitkräfte unverzüglich an den Ostgrenzen Frankreichs und Belgiens aufmarschieren zu lassen und am 15. Tag der Mobilmachung entschlossen gegen die Aggressoren zu handeln.

Wir müssen fordern, daß Frankreich, England und Belgien zu diesem Datum an den Ostgrenzen Frankreichs und Belgiens mindestens in Stellung gebracht haben

110 Infanteriedivisionen
15 000 Geschütze
6 000 Panzer
7 000 Flugzeuge.

Da die UdSSR mit Deutschland keine gemeinsame Landgrenze hat, müssen Frankreich und England die Beteiligung Polens an diesem Krieg erreichen und den Durchmarsch unserer Truppen durch Estland, Lettland und Litauen sowie durch den polnischen Korridor von Wilna gewährleisten.

Unser Beistand für Frankreich und England kann nur im gemeinsamen Handeln unserer Land- und Luftstreitkräfte sowie der Baltischen und der Nordmeerflotte bestehen, im Falle einer Bedrohung im Süden auch der Schwarzmeerflotte.

Wir müssen erreichen, daß die Aggressoren gleichzeitig von Westen und Osten her mit überlegenen Kräften angegriffen werden.

Daher müssen England und Frankreich aktiv gegen den Hauptaggressor – Deutschland – vorgehen. Gegen Italien werden begleitende Aktionen durchgeführt.

Frankreich und England müssen drei Viertel ihrer Kräfte nördlich von Metz sowie in Belgien in Stellung bringen und von dort aus eine entschlossene Offensive gegen das Ruhrgebiet und das Industriegebiet Köln mit der Hauptstoßrichtung Magdeburg vortragen.

Die Luftstreitkräfte Frankreichs und Englands müssen Angriffe gegen die wichtigsten Industriegebiete Deutschlands im Westen, gegen die Marinebasen Kiel, Hamburg und Bremen sowie gegen Berlin und weitere große Verwaltungszentren fliegen.

Die Handlungen der vereinigten anglo-französischen Flotte müssen auf folgende Ziele gerichtet sein: 1) Durchbruch eines starken Geschwaders in die Ostsee, das dort gegen die deutsche Flotte und gegen die deutschen Küsten agiert; 2) Unterbindung des Transports von Erz und anderen Rohstoffen über die Ostsee aus Schweden nach Deutschland; 3) Blockade der deutschen Nordseeküste; 4) Überlegenheit im Mittelmeer, Schließung des Suezkanals und der Dardanellen; 5) Einsatz von Kreuzern an der norwegischen Küste, vor Murmansk und Archangelsk gegen U-Boote und Kreuzer der deutschen Flotte in diesem Raum.

Militärischer Beistand seitens der UdSSR ist, wie bereits erwähnt, nur dann denkbar, wenn England und Frankreich den Kriegseintritt Polens, den Durchmarsch unserer Truppen bei Gewährleistung ihrer Sicherheit vor feindlichen Angriffen und den Nachschub über das Gebiet von Estland, Lettland, Litauen und den polnischen Korridor von Wilna (nördlich des Oberlaufs der Memel) ermöglichen, wenn diese Staaten und Finnland uns Marinebasen zur Verfügung stellen und wenn unsere Truppen die Åland- und Moonsund-Inseln besetzen dürfen.

In diesem Falle könnten wir 30 Prozent unserer an den Westgrenzen stationierten Kräfte gegen Ostpreußen werfen. Abhängig davon, wie intensiv Frankreich und England an ihren Fronten handeln, könnte dieser Anteil auch noch erhöht werden.

Unsere Luftstreitkräfte operieren gegen Ostpreußen, gegen die deutsche Kriegsmarine in der Ostsee und deren Basen; sie handeln gemeinsam mit unseren Landstreitkräften.

Unsere Nordmeerflotte führt gemeinsam mit anglo-französischen Geschwadern Kreuzeroperationen vor den Küsten Finnlands und Norwegens durch.

Die Baltische Flotte, der Stützpunkte in Häfen Finnlands (Helsingfors, Gange, Ålandinseln) und Estland (Rewal, Moonsund) zur Verfügung gestellt werden, kann ihre Operationen mit Kreuzern und U-Booten vor den Küsten Ostpreußens, vor Danzig und Pommern entfalten und versuchen, sich mit der anglo-französischen Flotte in der Ostsee zu vereinen. U-Boote der Baltischen Flotte behindern den Transport industrieller Rohstoffe von Schweden nach Deutschland.

Die Befehlsgewalt über alle unsere Streitkräfte muß uneingeschränkt in unserer Hand bleiben. Die Koordinierung der Kriegshandlungen mit England und Frankreich erfolgt auf besondere Vereinbarung für die Kriegszeit.

Es ist auch nicht ausgeschlossen, daß Ungarn, Rumänien und Bulgarien in den Krieg hineingezogen werden. Deshalb können wir keinen höheren Prozentsatz unserer Kräfte zum Zwecke des militärischen Beistands für Frankreich und England gegen Deutschland bereitstellen.

Wenn wir Krieg führen sollen, müssen Frankreich und England unserer Rüstungsindustrie bereits jetzt auf Antrag Maschinen, Ausrüstungen und defizitäre Rohstoffe liefern.

Variante II liegt dann vor, wenn *Polen* zum Ziel eines deutschen Angriffs wird.

Wenn Frankreich und England den Aggressoren ebenfalls den Krieg erklären und sofort gegen Deutschland und Italien vorgehen, dann ist es durchaus wahrscheinlich, daß sie uns um militärische Zusammenarbeit bitten.

Polen wird voraussichtlich nicht nur von Deutschland angegriffen werden, sondern auch Ungarn wird sich am Krieg gegen Polen beteiligen.

Ob nun Rumänien von diesem Angriff erfaßt wird oder nicht – da es von Bulgarien und möglicherweise auch Jugoslawien blockiert wird, kann es Polen kaum wirksame Hilfe leisten.

Sollten Frankreich und England sich dazu entschließen, Polen wirksame Unterstützung zu leisten, dann müßten sie ihre gesamten Streitkräfte dafür einsetzen und so operieren, wie in Variante 1 angegeben.

Unsere Beteiligung an den Kriegshandlungen auf seiten Frankreichs und Englands könnte zu den gleichen Bedingungen erfolgen, wie in Variante I angegeben. Das bedeutet den Einsatz von 30 Prozent unserer im Westen stehenden Kräfte gegen Ostpreußen, wenn sie Estland, Lettland und den Korridor von Wilna passieren können.

Sollten jedoch Deutsche und Ungarn von der Slowakei und Ungarn aus nach Galizien einfallen, dann müßten wir weitere 30 Prozent unserer Kräfte an den Grenzen Polens und Rumäniens entfalten. Der Rest bliebe in Reserve für den Fall, daß sie je nach Verlauf der Kampfhandlungen an der polnischen Front nördlich oder südlich der Waldzone eingesetzt werden müßten.

Auch in diesem Falle bleibt der Oberbefehl über unsere Kräfte uneingeschränkt in unserer Hand. Die Koordinierung der Kriegshandlungen mit England und Frankreich erfolgt auf besondere Vereinbarung für die Kriegszeit.

Variante III der Entwicklung der Kriegshandlungen liegt dann vor, wenn Ungarn und Bulgarien mit Deutschlands Hilfe *Rumänien* angreifen.

Sollten England und Frankreich in diesem Falle den Aggressoren den Krieg erklären und dafür, wie in Variante I vorgesehen, mit 110 Infanteriedivisionen entschlossen gegen Deutschland vorgehen, dann könnten sie uns um militärische Zusammenarbeit bitten.

Bei dieser Variante sollten wir vorschlagen: 1) Einsatz aller Kräfte Polens; 2) Durchmarsch unserer Truppen durch Estland, Lettland, Litauen, Polen und Rumänien.

Wenn Polen neutral bleibt, dann sollten wir uns nur in beschränktem Maße an den Kriegshandlungen beteiligen.

England und Frankreich müssen gewährleisten, daß unsere Truppen durch Estland und Lettland marschieren können, daß wir in Finnland und Estland, auf den Moonsund- und Ålandinseln Militärbasen für den Einsatz unserer Baltischen Flotte und unserer Streitkräfte gegen Ostpreußen erhalten.

Was unsere Beteiligung an militärischen Aktionen gemeinsam mit Rumänien betrifft, so könnten bis zu 25 Prozent unserer Kräfte, die an den Westgrenzen stehen, auf rumänisches Gebiet südlich der Karpaten vorrücken, wobei uns ein eigener Frontabschnitt zugeteilt werden muß.

Der Oberbefehl über unsere Streitkräfte bleibt uneingeschränkt in unserer Hand. Unsere Schwarzmeerflotte blockiert gemeinsam mit der türkischen Flotte den Bosporus und die bulgarische Küste, insbesondere Varna.

Sollte Polen in den Krieg eintreten, müssen unsere Truppen durch den Korridor von Wilna und Litauen marschieren dürfen. Die militärischen Aktionen entwickeln sich, wie in Variante 1 beschrieben, und zwar:

- bis zu 30 Prozent unserer Kräfte werden in das Gebiet nördlich des Oberlaufs der Memel geführt;
- bis zu 25 Prozent unserer Kräfte rücken zur rumänischen Grenze vor;
- die restlichen 45 Prozent bleiben in Reserve und werden je nach Entwicklung des Kriegsgeschehens eingesetzt.

Variante IV, die für uns aktuellste, tritt dann ein, wenn Deutschland unter Ausnutzung des Territoriums von Finnland, Estland und Lettland *die UdSSR* angreift.

In diesem Falle müssen wir von England und Frankreich die unverzügliche Kriegserklärung gegen die Aggressoren fordern. Zugleich stellen wir ihnen die Bedingung, daß auch Polen in den Krieg eintritt.

England und Frankreich müssen am 15. Tag der Mobilmachung an den Ostgrenzen Frankreichs und in Belgien mindestens konzentrieren:

110 Infanteriedivisionen
15000 Geschütze
6000 Panzer
7000 Flugzeuge.

Sie müssen mit mindestens 70 Prozent ihrer Kräfte eine *entschlossene Offensive* gegen Deutschland aus dem Gebiet nördlich von Metz mit der Hauptstoßrichtung Magdeburg vortragen.

Die Streitkräfte Frankreichs und Englands müssen einen mächtigen Schlag gegen die Industriegebiete Westdeutschlands, gegen die deutschen Flottenstützpunkte und gegen Berlin führen.

Die Handlungen der anglo-französischen Kriegsflotte müssen darauf abzielen, 1) den Durchbruch eines starken Geschwaders in die Ostsee zu erreichen, das gegen die deutsche Flotte und die deutschen Küsten vorgeht sowie die Schiffahrtslinien nach Schweden und Norwegen unterbricht; 2) die Verbindung zum Nordmeer zu blockieren; 3) die Überlegenheit im Mittelmeer zu erringen, die Dardanellen und den Suezkanal zu schließen; 4) Kreuzeroperationen vor den Küsten Norwegens, bei Murmansk und Archangelsk gegen deutsche U-Boote zu führen, die in diesen Gewässern operieren.

In diesem Falle setzen wir unsere Kräfte, die für Kriegshandlungen an den Westgrenzen vorgesehen sind, zu 100 Prozent ein.

Der Bosporus wird von unserer Schwarzmeerflotte geschlossen.

Frankreich und England verpflichten sich, unserer Rüstungsindustrie defizitäre Rohstoffe und Maschinen nach unserer Bestellung zu liefern.

England und Frankreich müssen von Polen die Bereitstellung von bis zu 40 Infanteriedivisionen an der Grenze zu Ostpreußen und in Posen für einen Schlag gegen Ostpreußen und Pommern fordern. Unseren Truppen muß in Nordostpolen Bewegungsfreiheit und die Benutzung der Eisenbahnen gewährt sowie rollendes Material für den Transport von Kriegsgütern und Lebensmitteln zur Verfügung gestellt werden.

Es ist kaum zu erwarten, daß Deutschland einen Teil seiner Kräfte gegen uns über Rumänien in Marsch setzt. Da eine solche Variante jedoch nicht ausgeschlossen werden kann, müssen in diesem Falle die Türkei und Griechenland von England und Frankreich herangezogen und der Durchmarsch unserer Truppen durch Galizien und Rumänien gewährleistet werden.

In diesem Falle schließt die Schwarzmeerflotte gemeinsam mit den Flotten der Türkei, Griechenlands, Englands und Frankreichs die Dardanellen und den Bosporus, legt eine Blockade vor die Küste Bulgariens und die Donaumündung. Diese generellen Überlegungen müssen in den Verhandlungen weiter präzisiert werden. Dabei sollten wir jedoch darauf bestehen, daß Frankreich und England ihre gesamten Streitkräfte zum Einsatz bringen, rasch an der Grenze konzentrieren und eine entschlossene Offensive vortragen.

Da weder Polen noch Rumänien uns gegenüber eine eindeutige Position einnehmen, müssen wir beim militärischen Beistand für die westlichen Staaten zurückhaltend sein und stets 45 bis 50 Prozent unserer Kräfte in Reserve halten.

10. 7. 1939

B. Schaposchnikow.«[14]

Wenn man dieses Dokument aufmerksam liest, drängt sich der Gedanke auf, daß der Verfasser, der Stalins Einstellung kannte, bereits die Rechtfertigung für den Mißerfolg der Moskauer Verhandlungen schrieb. Denn die in dem Dokument enthaltenen Forderungen waren für den Westen im Grunde unannehmbar.

Stalin und Molotow sagte dieser Text übrigens zu. Im Archiv sind zwei Varianten erhalten geblieben – vom 10. Juli und vom 4. August 1939. Am zweiten Text, der offenbar erst nach Beginn der Moskauer Verhandlungen ausgefertigt wurde, sind allerdings kaum Unterschiede festzustellen.

So gingen also nach der Einschätzung Londons und – wie wir von Maiski wissen – auch Moskaus beide Seiten nur mit geringen Erwartungen in die Verhandlungen. Man rechnete mit einem zweiten München. War diese Haltung begründet? Wir wollen die Situation nicht zu einseitig sehen. In allen Lagern gab es mehrere, häufig miteinander im Widerstreit liegende Gruppen. In Berlin wurde in der Tat ein Besuch Görings in London vorbereitet, wofür er sich mit führenden britischen Unternehmern in Schleswig-Holstein traf.[15] Man konnte wirklich nur schwer unterscheiden, was die Haupttendenz und was Nebentendenzen waren. Das Gespenst eines zweiten München narrte alle.

Der Verfasser muß zugeben, daß er selbst lange Zeit dazu neigte, diese Gefahr zu überschätzen. Sicher spielte dabei die generelle Orientierung der sowjetischen Historiografie eine Rolle, die in der Gefahr eines zweiten Münchens die Rechtfertigung dafür sah, daß Stalin sich entschloß, die Verhandlungen mit England und Frankreich abzubrechen und auf Hitlers Angebot einzugehen. Heute aber muß man sehen, daß das zweite München lediglich ein geschicktes Manöver Hitlers war, mit dem er sowohl England als auch Polen und die Sowjetunion erpreßte. Im August 1939 lag der Plan »Weiß« – die Vernichtung Polens – bereits in allen Einzelheiten vor. Der Generalstab hatte dafür nicht weniger, sondern eher noch mehr Mühe aufgewandt, als die heimlichen Emissäre für die Suche nach einem Kompromiß. Stalin erhielt mit Maiskis Berichten die ersehnte Begründung für das große Spiel, das er um ein echtes zweites München ersonnen hatte; den Versuch nämlich, Hitler zu überlisten, um die für die UdSSR lebenswichtige Zeit zur Rekonstruktion der Roten Armee und zur Wiederherstellung ihrer alten Stärke zu gewinnen.

Neben Maiski hatte Stalin noch andere Quellen. Die berühmten Cambridge Five – Donald MacLean, Guy Burgess, Kim Philby, John Cairncross und Anthony Blunt –, die der hochbegabte Resident der sowjetischen Aufklärung, Arnold Deutsch, geworben hatte, verfügten über Verbindungen bis in höchste Kreise. Kim Philby ging in der Englisch-Deutschen Gesellschaft ein und aus, Guy Burgess war in der Deutschlandabteilung des Secret Service tätig und Donald MacLean im Foreign Office. Von dort floß ein ständiger Strom von Informationen über die Verhandlungen, die zwischen London und Berlin halboffiziell im Gange waren. Hier ein Bericht von Burgess:

»Aus verschiedenen Gesprächen über unsere Aufgaben, die ich mit Major Grand, mit seinem Mitarbeiter Oberstleutnant Cheedson, mit Footman und anderen hatte, habe ich folgenden Eindruck von der britischen Politik gewonnen. Die Haupttendenz dieser Politik läuft darauf hinaus, mit Deutschland um jeden Preis zusammenzuarbeiten, was sich letzten Endes gegen die UdSSR richtet. Aber diese Politik darf nicht offenbar werden; daher greift man zu den verschiedensten Manövern ... Das Haupthindernis liegt darin, daß es unmöglich ist, diese Politik im Kontakt mit Hitler und dem derzeitigen Regime in Deutschland zu betreiben ... Cheedson hat unumwunden erklärt, unser Ziel bestehe darin, uns nicht gegen die Expansion Deutschlands nach Osten zu stellen.«

»Bürokratisch«, so Burgess weiter, »hat sich meine Situation dahingehend geklärt, daß ich Verbindungsmann zwischen dem Sektor ›D‹ der britischen Aufklärung, dem Foreign Office und dem Informationsministerium sein werde ... Ich mußte eine offizielle Geheimhaltungsverpflichtung (Official secrets act) für den SIS unterschreiben. Daraufhin sagte mir Young, der persönliche Sekretär des Abteilungsleiters Information im Außenministerium, Perth, daß mir jetzt alle Informationen offenstehen.«[16]

Burgess erhielt also Zugang zu den verschlüsselten Telegrammen und Berichten des Foreign Office. Seine Möglichkeiten als Geheimagent erweiterten sich damit beträchtlich. Auch von Mitarbeitern der Aufklärung erhielt er weiterhin recht interessante, wenn auch zum Teil fragmentarische politische Informationen. Bezeichnend sind in dieser Hinsicht die Aussagen des Leiters des Sektors »D«, Grand, bei einem Abendessen am 3. August 1939. Unter Berufung auf das Mitglied der britischen Militärdelegation bei den im August beginnenden Verhandlungen in Moskau, Generalmajor Hayword, erzählte Grand seinen Zuhörern, die britische Regierung gehe davon aus, daß man »in England die Stärke der Roten Armee niedrig bewertet« und »ein Krieg Englands gegen Deutschland leicht gewonnen werden« könnte. Daher bestehe keine besondere Notwendigkeit, ein Abkommen mit der Sowjetunion zu schließen. Die Verhandlungen sollten bis zum November hingezogen und dann abgebrochen werden.[17] Was Grand über die Haltung der Briten zu den Verhandlungen mit der Sowjetunion im Sommer 1939 verlauten ließ, bestätigten auch andere von Burgess' Quellen. In einem Brief an die Zentrale vom 28. August 1939 meldete er:

> »In allen Regierungsstellen und in allen Gesprächen mit Personen, die die Verhandlungsdokumente gesehen haben, ist die Meinung zu hören, daß wir niemals im Ernst die Absicht hatten, einen Militärpakt abzuschließen. In der Kanzlei des Premierministers heißt es unumwunden, man gehe davon aus, daß man einen Pakt mit den Russen umgehen kann (so die Worte von Sekretär Horace Wilson).«[18]

Wie sollte Stalin nach solchen Berichten den offiziellen Versicherungen von Halifax und Chamberlain, sie seien zu einem Vertragsabschluß bereit, Glauben schenken? So rückte der Zeitpunkt heran, da er sich zwischen den verschiedenen Alternativen zu entscheiden hatte. Genauer gesagt, da er am außenpolitischen Kurs der UdSSR seit Mitte der dreißiger Jahre, d. h., seit Hitlers Machtantritt, Korrekturen vornehmen mußte oder auch nicht.

Wie es heißt, sei es dabei zu einer Konfrontation zwischen Litwinow und Stalin über das Verhältnis der UdSSR zum Westen gekommen. Litwinow habe die Zusammenarbeit mit den westlichen Demokratien befürwortet, während Stalin sie ablehnte. Das ist nicht exakt: Der Kurs der UdSSR, die seit 1934 Kontakte zum Völkerbund, zu England und Frankreich entwickelte, war keine persönliche Angelegenheit Litwinows. Stalin bestätigte diese Politik, weil er damals Litwinows Ansichten teilte. Dieser konnte nichts ohne Stalins Zustimmung tun und ließ sich buchstäblich jeden, auch den unbedeutendsten Schritt des Volkskommissariats für Auswärtige Angelegenheiten von ihm bestätigen. Stalin reagierte fast immer positiv. Am 22. September 1938 schickte er ihm nach seinem Auftritt im Völkerbund sogar eigens ein Chiffretelegramm: »Ihre Rede war hervorragend. Stalin«[19]

Im Jahre 1939 veränderte sich jedoch Stalins Bewertung der Lage. Litwinow, den er 1934/35 so sehr gebraucht hatte, war 1939 nicht mehr nötig, daher wurde er gnadenlos – auf Stalinsche Art – in die Wüste geschickt. Bei seiner Entlassung sandte man an die sowjetischen Botschafter ein Telegramm, das den Rücktritt des Außenministers entgegen der Wahrheit mit »illoyalem Verhalten des Gen. Litwinow gegenüber dem Rat der Volkskommissare der UdSSR« begründete.[20]

Da man in Moskau London und Paris keinerlei Vertrauen mehr entgegenbrachte, nimmt es auch nicht wunder, daß die sowjetische Delegation bei den beginnenden Militärverhandlungen von Stalin eine höchst ironische Direktive erhielt, die dieser Woroschilow in die Feder diktierte:

»1. Beide Seiten vereinbaren Geheimhaltung über die Verhandlungen.
2. Zunächst ist die eigene Vollmacht für die Verhandlungen mit der anglo-französischen Militärdelegation und für die Unterzeichnung einer Militärkonvention vorzulegen. Danach sind die Leiter der britischen und der französischen Delegation zu fragen, ob sie über gleiche Vollmachten ihrer Regierungen zur Unterzeichnung einer Militärkonvention mit der UdSSR verfügen.
3. Wenn sie über keine Vollmachten zur Unterzeichnung einer Konvention verfügen, ist mit ausgebreiteten Armen höchste Verwunderung zum Ausdruck zu bringen und ›ehrerbietig‹ zu fragen, wozu

ihre Regierungen sie dann überhaupt in die UdSSR geschickt haben.

4. Wenn sie antworten, daß sie zu Verhandlungen und zur Vorbereitung der Unterzeichnung einer Militärkonvention gekommen sind, dann sind sie zu fragen, ob sie einen Plan zur Verteidigung der künftigen Alliierten, d. h. Frankreichs, Englands, der UdSSR usw. gegen eine Aggression des Blocks der Aggressoren in Europa haben.
5. Wenn sie keinen konkreten Plan zur Verteidigung gegen eine Aggression in dieser oder jener Variante haben (was sehr wahrscheinlich ist), dann sind sie zu fragen, über welche Probleme und nach welchem Verteidigungsplan Engländer und Franzosen die Verhandlungen mit der Militärdelegation der UdSSR zu führen gedenken.
6. Wenn Engländer und Franzosen trotzdem auf Verhandlungen bestehen, dann sind diese auf die Erörterung einzelner Grundsatzfragen zu beschränken, vor allem auf den Durchmarsch unserer Truppen durch den Korridor von Wilna, durch Galizien und Rumänien.
7. Wenn sich zeigt, daß ein freier Durchmarsch unserer Truppen durch polnisches und rumänisches Gebiet ausgeschlossen wird, dann ist zu erklären, daß ohne diese Voraussetzung keine Vereinbarung geschlossen werden kann, da ohne freien Durchmarsch sowjetischer Truppen durch diese Gebiete eine Verteidigung gegen eine Aggression in beliebiger Variante zum Scheitern verurteilt ist und wir nicht die Absicht haben, uns an einem solchen Unternehmen zu beteiligen.
8. Sollten die französische und die britische Delegation darum bitten, Rüstungsbetriebe, Institute, Truppenteile und militärische Ausbildungseinrichtungen zu besichtigen, ist ihnen zu erklären, daß die Sowjetregierung nach dem Besuch des Fliegers Lindbergh in der UdSSR im Jahre 1938 verboten hat, Ausländern Rüstungsbetriebe und Truppenteile zu zeigen. Eine Ausnahme sind Verbündete, wenn es sie denn geben sollte.«[21]

So kam es auch. Vollmachten waren nicht vorhanden, ebensowenig ein Plan. Über den freien Durchmarsch sowjetischer Truppen wollte niemand sprechen. Man hörte Schaposchnikow an, gab ihm aber keine Antwort. Die Verhandlungen endeten ergebnislos. Im übrigen hatten sowohl die Engländer als auch die Franzosen eindeutige Weisung, die Gespräche hinzuziehen und nichts zu unterschreiben.

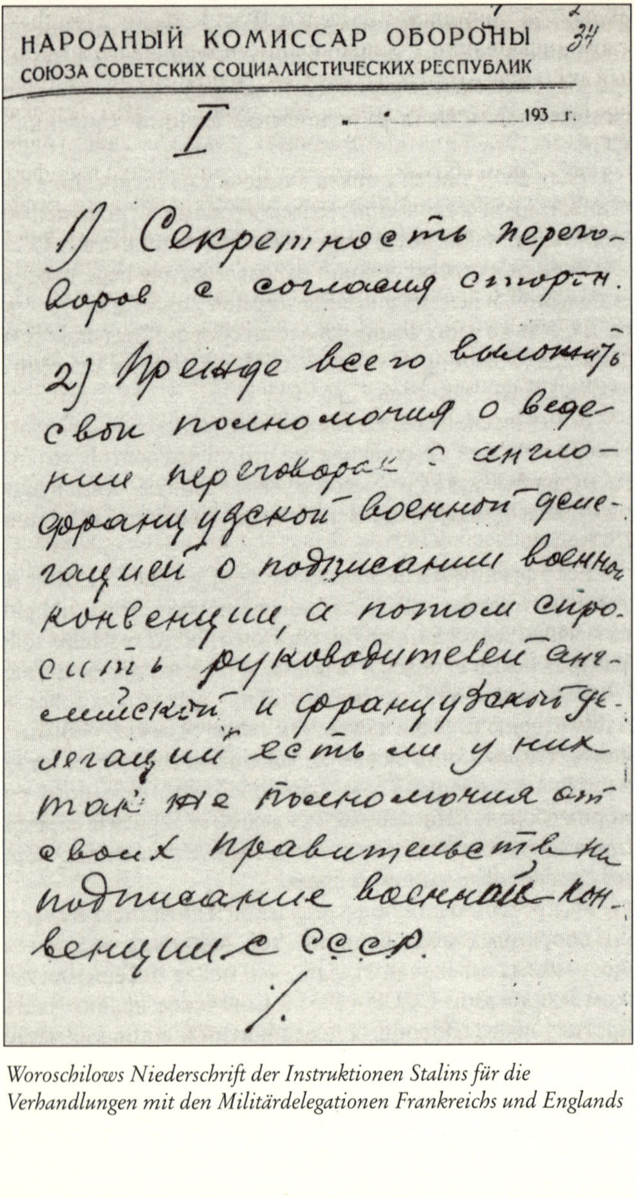

34

НАРОДНЫЙ КОМИССАР ОБОРОНЫ
СОЮЗА СОВЕТСКИХ СОЦИАЛИСТИЧЕСКИХ РЕСПУБЛИК

I

193 г.

1) Секретность переговоров с согласия сторон.

2) Прежде всего выложить
свои полномочия о веде-
нии переговоров с англо-
французской военной деле-
гацией о подписании военной
конвенции, а потом спро-
сить руководителей анг-
лийской и французской де-
легаций есть ли у них
так же полномочия от
своих правительств на
подписание военной кон-
венции с СССР.

Woroschilows Niederschrift der Instruktionen Stalins für die Verhandlungen mit den Militärdelegationen Frankreichs und Englands

ZEHNTES KAPITEL

Beschwichtigungspolitik auf Stalinsche Art oder Das Gespenst eines zweiten Münchens?

Kehren wir noch einmal zum 15. März 1939 zurück, dem Tag, da die Tschechoslowakei zerschlagen wurde. War es nun Zeit zu handeln? Das fragte sich selbst Chamberlain, der sich nach seiner ersten beschwichtigenden Reaktion im Unterhaus dann doch dazu durchrang, offen zu protestieren. Ihm wurde klar, daß er in den Augen der Öffentlichkeit mit einem Schlag stark an Ansehen verloren hatte. Auch in Paris und Washington wurden kritische Stimmen laut. Man beschloß also, eine Note nach Berlin zu schicken, die Deutschlands Vorgehen für unrechtmäßig erklärte. Der Premierminister wollte die Scharte auch persönlich auswetzen. Er hielt eine Rede, in der er neue Töne anschlug. An Hitlers Adresse richtete er die Fragen:

»Ist das die Fortsetzung des alten Abenteuers oder der Beginn eines neuen? Ist das der letzte Überfall auf ein kleines Land, oder werden ihm weitere folgen? Oder ist dies in der Tat ein Schritt zu dem Versuch, mit brutaler Gewalt die Weltherrschaft zu errichten?«

Das war eine völlig neue Sprache. Hitlers Aktion stieß in ganz Europa auf Protest – vor allem natürlich in Frankreich und allen kleinen Staaten, die an den Fingern abzählten, wer der nächste sein könnte. Am 18. März 1939 gab Litwinow im Namen der Sowjetunion folgende Protesterklärung ab:

»1. Die politischen und historischen Vorstellungen, die in der Einleitung des deutschen Erlasses zur Begründung und Rechtfertigung angeführt werden, insbesondere die Darstellung des tschechoslowakischen Staates als ständiger Unruheherd und Gefahr für den europäischen Frieden, der Hinweis auf die mangelnde Lebensfähigkeit des tschechoslowakischen Staates und die sich daraus ergebende besondere Sorgepflicht des Deutschen Reiches können nicht als korrekt anerkannt werden, weil sie den in der ganzen Welt bekannten Tatsachen widersprechen. In Wirklichkeit galt die Tschechoslowakische Republik seit dem ersten Weltkrieg als einer der wenigen europäischen Staaten, bei dem innere Ruhe und eine friedliche Außenpolitik in der Tat gewährleistet waren.

2. Die Sowjetregierung kennt keine Verfassung eines Staates, die seinem Oberhaupt das Recht gäbe, dessen selbständige Existenz ohne Zustimmung seines Volkes aufzuheben. Es ist auch schwer vorstellbar, daß ein Volk der Beseitigung seiner Selbständigkeit und seinem Anschluß an einen anderen Staat aus freiem Willen zustimmt. Dies um so mehr, wenn es sich um ein Volk handelt, das jahrhundertelang für seine Unabhängigkeit gekämpft und sich seine selbständige Existenz über zwanzig Jahre hinweg bewahrt hat. Als der Präsident der Tschechoslowakei, Herr Hácha, am 15. März das Berliner Kommuniqué unterschrieb, hatte er dafür nicht die Vollmacht seines Volkes, handelte er in offenkundigem Widerspruch zu den Artikeln 64 und 65 der tschechoslowakischen Verfassung und zum Willen seines Volkes. Daher hat dieses Dokument keinerlei Rechtskraft.
3. Das Prinzip der Selbstbestimmung der Völker, auf das sich die deutsche Regierung nicht selten beruft, setzt die freie Willensäußerung des Volkes voraus, die die Unterschrift von ein, zwei Personen nicht ersetzen kann, welch hohe Posten sie auch einnehmen mögen. In diesem Falle hat es keinerlei Willensäußerung des tschechischen Volkes gegeben, auch nicht in Form solcher Volksbefragungen, wie sie z. B. bei der Bestimmung des weiteren Schicksals Oberschlesiens und des Saargebietes stattfanden.
4. Da keine Willensäußerung des tschechischen Volkes vorliegt, können die Besetzung der Tschechei durch deutsche Truppen und die nachfolgenden Handlungen der deutschen Regierung nur als willkürlich, gewaltsam und aggressiv bewertet werden.
5. Diese Einschätzung gilt voll und ganz auch für die Veränderung des Status der Slowakei im Sinne ihrer Unterwerfung unter das Deutsche Reich, die durch keinerlei Willensäußerung des slowakischen Volkes gerechtfertigt ist.
6. Das Vorgehen der deutschen Regierung war das Signal für das brutale Eindringen ungarischer Truppen in die Karpato-Ukraine und die Verletzung der elementaren Rechte seiner Bevölkerung.

7. Aus dem Dargelegten geht hervor, daß die Sowjetregierung den Anschluß der Tschechei an das Deutsche Reich sowie in bestimmter Form auch der Slowakei nicht als legitim, den Normen des Völkerrechts und der Gerechtigkeit sowie dem Prinzip der Selbstbestimmung der Völker entsprechend anerkennen kann.
8. Es ist die Auffassung der Sowjetregierung, daß das Vorgehen der deutschen Regierung die Bedrohung des allgemeinen Friedens nicht beseitigt, sondern, im Gegenteil, eine solche Bedrohung schafft und verschärft, die politische Stabilität in Mitteleuropa verletzt, bereits vorhandene Elemente der Unsicherheit in Europa verstärkt und einen weiteren Schlag gegen die Sicherheit der Völker darstellt.«[1]

Diese Erklärung wird stets zum Beweis für den energischen Protest der UdSSR gegen die aggressive Politik Deutschlands angeführt. Tatsächlich aber war der Sowjetregierung klar, daß Proteste das eine waren, die reale Lage jedoch etwas ganz anderes. Schon am 23. März sandte Litwinow Stalin überraschend folgenden Brief:

»An den Generalsekretär des ZK der KPdSU(B)
J. W. Stalin

23. März 1939
Geheim

Zur Tschechoslowakei

1. Wir haben zwar erklärt, daß wir die Rechtmäßigkeit der Annexion der Tschechoslowakei nicht anerkennen, aber de facto werden wir sie anerkennen und uns in den tschechischen Angelegenheiten mit den deutschen Behörden arrangieren müssen. Es wird wohl notwendig werden, unsere Botschaft in Prag aufzulösen. England, Frankreich und einige weitere Staaten haben ihre Botschaften in Generalkonsulate umgewandelt. Ich denke, wir sollten das auch tun. Immerhin müssen wir wissen, was in der Tschechoslowakei vorgeht, und ohnehin wird die Handelsvertretung dort noch einige Zeit tätig bleiben. Möglicherweise fordern die Deutschen, daß wir ihnen nach dem Grundsatz der Reziprozität irgendwo in der Sowjetunion ein Konsulat zur Verfügung stellen. Dann können wir

entscheiden, ob wir diesem Antrag stattgeben oder unser Konsulat auflösen. Die Frage muß dringend gelöst werden, denn von deutscher Seite waren bereits entsprechende Andeutungen zu vernehmen.

2. Fierlinger hat mir einen Brief gesandt. Bezugnehmend auf unsere Note, in der wir die Rechtmäßigkeit der Annexion der Tschechei und den neuen Status der Slowakei nicht anerkennen, sowie auf seine eigene Erklärung, daß das Berliner Kommuniqué der tschechoslowakischen Verfassung widerspricht, schreibt er darin: ›Angesichts der berechtigten Empörung aller jener Tschechoslowaken, die in der Lage sind, ihre wahren Gefühle frei zu äußern, angesichts ihres Wunsches, einen Vertreter im Ausland zu haben, der sich für ihre Interessen einsetzen kann, halte ich es für meine Pflicht, auf der Grundlage meiner bisherigen und nach wie vor gültigen Vollmachten meine Amtsaufgaben erneut zu übernehmen, was ich Ihnen hiermit ergebenst zur Kenntnis bringe.‹ Fierlinger handelt in Übereinstimmung mit Beneš, mit den tschechoslowakischen Vertretern in Paris, Washington und anderen Hauptstädten, die im Ausland diplomatische Missionen eines symbolischen tschechoslowakischen Staates aufrechterhalten wollen. Wahrscheinlich hoffen sie, daß ihre Zeit kommt, wenn in Europa ein großer Schlamassel ausbricht.

   Ich möchte auf Fierlingers Brief vorläufig nicht reagieren und ihn liegenlassen. Später wird sich zeigen, wie wir damit umgehen.

3. Per Einschreiben habe ich heute eine Mitteilung des Außenministeriums des slowakischen Staates erhalten, die von Außenminister Durcansky unterzeichnet ist und das Datum 14. März trägt. Darin heißt es, daß die Nationalversammlung der Slowakei auf einer Festsitzung am 14. März in Bratislava die Unabhängigkeit und die Gründung des slowakischen Staates in den gegenwärtigen Grenzen der Slowakei verkündet hat. Es folgt die Kabinettsliste. Der Brief endet mit der Bitte, den neuen Staat anzuerkennen und ihm dies mitzuteilen.

Ich schlage vor, den Brief zunächst nicht zu beantworten.

Litwinow.«[2]

Das Beiwort »überraschend« ist für diesen Vorschlag Litwinows nicht ganz passend, denn auch Stalin nahm ihn ebenso »überraschend« an. Die Botschaft in Prag wurde aufgelöst und in ein Generalkonsulat umgewandelt. Im September erkannte die Sowjetunion die Slowakei an. Mit anderen Worten, bereits am 15. März gingen Stalin und Litwinow daran, insgeheim ganz praktisch eine Alternative zu den Verhandlungen mit dem Westen vorzubereiten.

Die Dokumente in Stalins Archiv belegen, daß dieser schon lange darüber nachdachte, wie die seit 1933 völlig zerrütteten sowjetisch-deutschen Beziehungen wieder zu normalisieren seien. Wie sonst ist der Beschluß des Politbüros Nr. 67/187 vom 21. Januar 1939 zu verstehen, der den Historikern bisher unbekannt geblieben ist. Er lautet:

»Die Gen. Mikojan, Lasar Kaganowitsch, Michail Kaganowitsch, Tewossjan, Sergejew, Wannikow und Lwow werden beauftragt, bis zum 24. Januar 1939 eine Liste absolut notwendiger Werkzeugmaschinen und anderer Ausrüstungen vorzulegen, die im Rahmen des deutschen Kredits bestellt werden können.«[3]

Hier sei angemerkt, daß es sich um die Chefs wichtiger Volkskommissariate handelte: um Lasar Kaganowitsch – Verkehrswesen, Michail Kaganowitsch – Luftfahrtindustrie, Iwan Tewossjan – Schiffbau, Iwan Sergejew – Munition, Boris Wannikow – Rüstung und W. Lwow – Maschinenbau. Wie war es möglich, daß man zu dieser Zeit militärische Ausrüstungen, die für die UdSSR »absolut notwendig« waren, in Hitlerdeutschland ordern wollte, zu dem die Sowjetunion außenpolitisch in grundsätzlicher Gegnerschaft stand? Welche reale Chance konnte es Anfang 1939 überhaupt geben, daß diese für die Stärkung der sowjetischen Verteidigungskraft so unverzichtbaren Lieferungen realisiert wurden? Und dies auch noch durch Unternehmen eines Landes, das sich auf einen Krieg in Europa vorbereitete?

Antwort auf diese Fragen findet man nicht in der diplomatischen Korrespondenz des Jahres 1939. Hier sind historisch entstandene Eigenheiten der sowjetisch-deutschen Wirtschaftsbeziehungen ins Auge zu fassen, die ihrerseits

Teil des gesamten Verhältnisses der UdSSR zur kapitalistischen Welt waren. Von diesem Problemkomplex war bereits die Rede, aber Ende 1938 gewann er besonderes Gewicht.

In jenem Jahr deutete die deutsche Seite an, daß sie an erhöhten Rohstofflieferungen aus der Sowjetunion interessiert sei. Das geht aus einem Vermerk des Volkskommissariats für Außenhandel vom 9. April 1938 hervor. In einer Direktive vom Februar hatte das Politbüro dem Volkskommissariat grünes Licht für die Aufnahme von Verhandlungen gegeben. Aus der Handelsvertretung in Berlin verlautete, die Deutschen seien an verstärkten Rohstofflieferungen interessiert und bestünden darauf, daß »wir ihren Rohstoffbedarf in Betracht ziehen«.[4] Der Staatssekretär des Reichsaußenministeriums Ernst von Weizsäcker stellte Botschafter Merekalow am 6. Juli 1938 die direkte Frage, ob er konkrete Pläne und Vorschläge für eine wirtschaftliche Annäherung der UdSSR und Deutschlands habe.[5] Das war offenbar der erste Sondierungsversuch der deutschen Seite, der das Politbüro dazu veranlaßte, dem Volkskommissariat für Außenhandel mit Beschluß vom 6. Dezember 1938 zu genehmigen, das gültige Abkommen über Handel und Zahlungsverkehr zwischen der UdSSR und Deutschland für das Jahr 1939 zu verlängern. Am 21. Januar 1939 folgte der bereits erwähnte Beschluß, Listen mit den für die UdSSR nötigen Werkzeugmaschinen und Ausrüstungen zusammenzustellen, der auf den ersten Blick so überraschend schien. Aber nur auf den ersten Blick!

Anfang 1939 gab es auch einige gewichtige Vorgänge in der deutschen Politik, die mit der damals bereits möglichen, aber noch nicht erfolgten Veränderung im Verhältnis des Dritten Reiches zur UdSSR in unmittelbarem Zusammenhang standen. In Deutschland sah man, daß das Münchener Abkommen zwischen Deutschland, England und Frankreich dem sowjetischen Kurs der kollektiven Sicherheit einen schweren Schlag zugefügt hatte. Im Oktober 1938 sagte die deutsche Botschaft in Moskau den baldigen Rücktritt Litwinows und einen Kurswechsel im Hinblick auf

Deutschland, Italien und Japan voraus. Man erwartete, daß Moskau zu seiner traditionellen außenwirtschaftlichen Orientierung auf Deutschland zurückkehre. Zugleich sprachen sich Vertreter des Wirtschaftsministeriums, der Vierjahresplan-Behörde und des Reichsaußenministeriums dafür aus, eine mögliche Erhöhung der sowjetischen Rohstofflieferungen für die Erfüllung der neuen Aufgaben zu sondieren, die Göring der Rüstungsindustrie in seiner Rede auf der Tagung des Generalrates des Vierjahresplanes im Oktober 1938 gestellt hatte.[6]

Im November 1938 bildete sich ein inoffizieller Block von Industriellen, Vertretern der Wirtschaftsbehörden und des Außenministeriums, die sich für einen Ausbau der Wirtschaftsbeziehungen mit der UdSSR einsetzten. Erstes Ergebnis ihrer Bemühungen war der Vorschlag an die Sowjetunion vom 19. Dezember 1938, die Verhandlungen über die Verlängerung des Handels- und Kreditabkommens um ein Jahr wieder aufzunehmen. Am 10. Januar akzeptierte die UdSSR dieses Angebot.[7] Zugleich erklärte sie sich bereit, eine deutsche Verhandlungsdelegation in Moskau zu empfangen, was allein eine Sensation war, denn eine solche Einladung war letztmalig im Jahre 1932 erfolgt, als beide Länder noch im Geiste von Rapallo zusammenarbeiteten.

Der Grundsatzbeschluß, ernsthaft in Verhandlungen einzutreten, erging mit der erwähnten Direktive des Politbüros vom Januar 1939 an die Volkskommissariate für Außenhandel, Luftfahrtindustrie, Verkehrswesen, Rüstung, Munition, Maschinenbau und Schiffbau. Diese sollten zum 24. Januar 1939 ihre Anträge einreichen. Auf dieser Grundlage wurden zwei Listen zusammengestellt: In Liste A waren Werkzeugmaschinen für 125 Millionen Mark, militärische Ausrüstungen für 28,4 Millionen und Ausrüstungen für die Herstellung von synthetischem Benzin nach dem Fischer-Tropsch-Verfahren für 13 Millionen Mark verzeichnet, in Liste B Werkzeugmaschinen für 42 Millionen, chemische Ausrüstungen für 10,5 Millionen und Rüstungsgüter für 30 Millionen Mark. Diese Bestellungen wurden der deutschen Seite bei einer Begegnung Mikojans mit dem deutschen Botschafter Schulenburg am 11. Februar 1939 übergeben.[8]

Damit begann ein kompliziertes politisch-diplomatisches Verfahren, das erst Ende August 1939 seinen Abschluß fand. Zwar ging es nach außen hin um Handel und Kredite, doch vollzogen sich die Gespräche vor dem Hintergrund eines verwirrenden Knäuels politischer Kontakte: Die UdSSR verhandelte mit England und Frankreich, Deutschland mit Polen und dieses wiederum mit England und Frankreich. Zuweilen gab es Unterbrechungen, so z. B., wie wir bereits wissen, als Ribbentrop im Januar 1939 die Moskaureise Karl Schnurres absetzte, der mit Mikojan verhandeln sollte. Aber die sowjetische Seite bewies außerordentliche Beharrlichkeit. Dafür hatte sie ihre Gründe, wie aus einer von Stalin eigenhändig verfaßten Notiz hervorgeht. Das Papier ist eines der wenigen erhalten gebliebenen handschriftlichen Dokumente Stalins; es trägt kein Datum, aber mehrere Anzeichen deuten darauf hin, daß es am 7. oder 8. Juni 1939 geschrieben wurde:

»2. Unserem Geschäftsträger in Berlin oder – noch besser – Hilger in Moskau ist über Mikojan mitzuteilen, daß wir vor allem wissen möchten, ob Berlin unserem Projekt (dem Mikojan-Entwurf) zustimmt. Erst nach dieser Zustimmung Berlins können wir in den Besuch Schnurres einwilligen, denn wir können nicht zulassen, daß die Verhandlungen von den Deutschen noch einmal abrupt und aus unbekannten Gründen unterbrochen werden.«[9]

Wenn man Stalins Verärgerung über das Hin und Her mit Schnurre einmal beiseite läßt, dann wird klar, wie kategorisch die Forderungen gemeint waren, die Moskau im »Mikojan-Entwurf« – so Stalins Worte – gestellt hatte. Das galt natürlich nicht für die sowjetischen Lieferungen, deren Umfang Mikojan in den Verhandlungen mehrfach variierte, sondern für die grundsätzlichen Hoffnungen, die man in die Lieferung von Maschinen und Ausrüstungen von direkter militärischer Bedeutung aus Deutschland setzte.

Stalin sah in der Zustimmung zu den sowjetischen Bestellungen einen Test der Chancen für eine generelle Verbesserung der sowjetisch-deutschen Beziehungen. In einem anderen Vermerk von seiner Hand stellte er die Möglichkeiten der beiden Wirtschaften einander gegenüber:

»Jährlich:

Wir	**Die Deutschen**
1) Erdöl	1) Flugzeuge
2) Getreide	2) Lützow [Name eines Kreuzers – L. B.]
3) Baumwolle	3) Metalle (laut Liste)
4) Eisenerz	4) Kleinigkeiten
5) Schrott	5) Kohle
6) Apatit	
7) Buntmetalle.«[10]	

Und hier noch eine weitere von Stalin verfertigte Liste:

»Deutschland braucht:

1) Mangan (guter Qualität aus Georgien)
2) Chrom
3) Kupfer (das teilweise durch Zink ersetzt wird)
4) Zinn
5) Nickel
6) Vanadium
7) Molybdän
8) Wolfram

Was Deutschland in großen Mengen besitzt und man dort kaufen kann:

1) Zink
2) Magnesium (für die Luftfahrtindustrie).«[11]

Bei diesen Dokumenten ist zu bedenken, welche Bedeutung die Außenwirtschaftsbeziehungen der UdSSR hatten, um die Fünfjahrpläne zu erfüllen sowie das Defensiv- und Offensivpotential der Roten Armee zu stärken. Nachdem Hitler in Deutschland die Macht übernommen hatte, war der sowjetische Import von Industrieausrüstungen aus

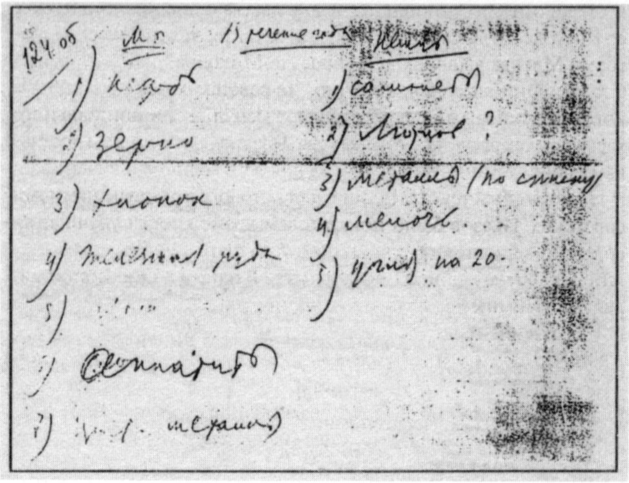

Handschriftliche Notizen Stalins

Deutschland von 46 Prozent im Jahre 1932 auf 4,7 Prozent im Jahre 1938 gesunken. Deutschlands Platz im Außenhandel der UdSSR hatten England mit 16 Prozent und die USA mit 26 Prozent übernommen. Als dann in Europa der Krieg ausbrach, war mit Lieferungen aus Großbritannien und den USA an die Sowjetunion kaum mehr zu rechnen. Um so entschlossener wandte man sich nun der deutschen Industrie zu, die zwar mit eigenen Rüstungsaufträgen ausgelastet war, aber Rohstofflieferungen aus der Sowjetunion benötigte und daher auf deren Bedingungen eingehen mußte. Diese Rechnung ging auf. Als der Molotow-Ribbentrop-Pakt unterzeichnet war, gaben sich sowjetische Wirtschafts- und Militärdelegationen in deutschen Amtsstuben und in den Büros der größten Firmen des Reiches die Klinken in die Hand. Gezwungenermaßen nahmen die Deutschen die sowjetischen Aufträge – lang- und kurzfristige – entgegen.

Besondere Bedeutung hatte Stalins Programm zum Bau einer großen Flotte. Mit diesem gigantischen Vorhaben sollte die UdSSR zur führenden Seemacht der Welt aufsteigen.[12]

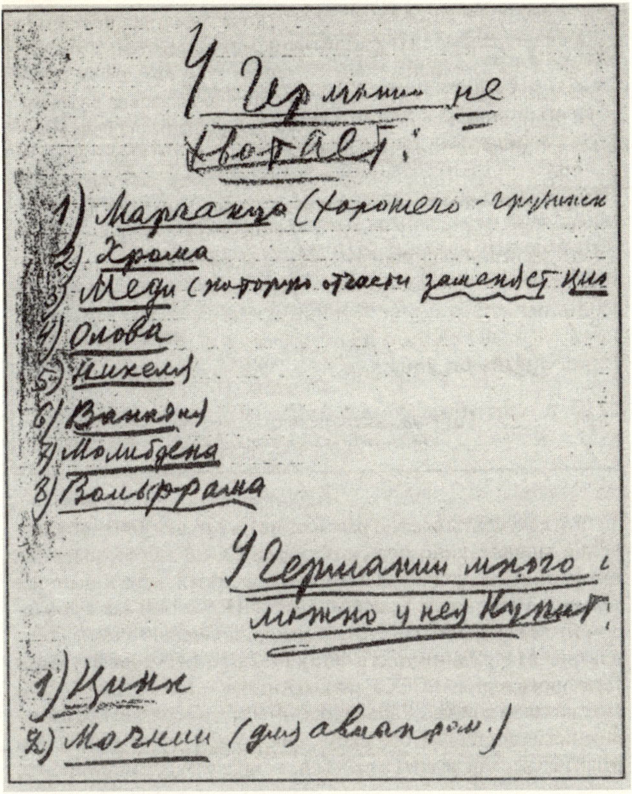

У Германии не хватает:

1) Марганца (хорошего – грузинск
2) Хрома
3) Меди (которую отчасти заменяет цинк
4) Олова
5) Никеля
6) Ванадия
7) Молибдена
8) Вольфрама

У Германии много и можно у ней купить:

1) Цинк
2) Магний (для авиапром.)

Dieser Plan, den man zum ersten Mal 1935 erörterte, wurde 1936 offiziell formuliert, 1937 und 1938 überarbeitet und schließlich nach Unterzeichnung des Molotow-Ribbentrop-Paktes am 27. Juli 1940 bestätigt. Selbst in der reduzierten Variante sah er vor, bis 1947 15 Schlachtschiffe, 69 Schlachtkreuzer, zwei Flugzeugträger, 28 Kreuzer, 243 Torpedoboote, 370 Torpedoschnellboote und über 400 U-Boote zu bauen. Diese Zahlen, die heute geradezu phantastisch klingen, zeugen davon, welche Dimensionen Stalins Rüstungspläne annahmen. Um sie zu realisieren, konnte er sich nicht nur auf den sowjetischen Schiffbau stützen, sondern mußte auch Aufträge im Ausland ins Auge fassen. Der Volkskommissar für Schiffbau, Iwan Tewossjan, nahm die Verhandlungen in Berlin beherzt in Angriff.

Die wichtigsten Aufträge der Sowjetunion sollten an die Firmen Krupp und Rheinmetall gehen. Die entsprechenden Dokumente wurden Stalin persönlich vorgelegt. Hier sei nur eine einzige Seite der umfänglichen Bestellisten angeführt, die Tewossjan Stalin zur Bestätigung zuleitete. Die Anträge[13] des Volkskommissars für Schiffbau wurden unverändert in die Gesamtliste aufgenommen und nach Berlin gesandt:

ANLAGE ZUR BESTELLISTE KRIEGSSCHIFFBAU

Gruppe	Lfd. Nr.	Artikel	Eigenschaften	Maßeinheit	Anzahl
a					
I		Panzerung			
	1	zementierte Panzerung	Stärke 130–150 mm	t	2240
	2	homogene Panzerung	Stärke 10–120 mm	t	8484
II		Schmiede- und Gußstücke für Bordaggregate			
	1	Turbinenwellen	bis zu 2 t	Stück	16
			2–5 t	Stück	40
			5–10 t	Stück	8
	2	Getrieberad-wellen	13 t	Stück	8
	3	Getrieberad-felgen	6 t	Stück	16
	4	Turbinen-laufräder	bis 350 kg	Stück	72
			350–600 kg	Stück	40
			600–1200 kg	Stück	32
III		Sammler und Kesselrohre			
	1	Dampfsammler	Durchmesser =1500 mm Länge=5070 mm	Stück	24
	2	Wassersammler mit Boden	Durchmesser =770 mm Länge=5112 mm Gewicht=2422 kg	Stück	48
	3	Sammler für Dampf-überhitzer	Durchmesser =500 m Länge=4452 mm Gewicht= 1483 kg	Stück	24

Gruppe	Lfd. Nr.	Artikel	Eigenschaften	Maßeinheit	Anzahl
	4	Kühlschirm-sammler	Durchmesser =500 mm Länge=5140 mm	Stück	24
	5	Dampf-kollektoren	Durchmesser =770 m Länge=2816 mm Gewicht= 1264 kg	Stück	8

Diese trockenen Listen sind nicht nur eine Betätigung dafür, daß der Generalsekretär an der Durchsetzung seines Planes, den Pakt vom 23. August 1939 für die Realisierung der sowjetischen Rüstungspläne zu nutzen, starken persönlichen Anteil nahm. Sie lassen uns auch besser verstehen, wieso Stalin bei der Bestimmung des Zeitpunktes für den Krieg gegen Deutschland ein so schwerer strategischer Irrtum unterlaufen konnte. Der entscheidende Hinweis sind die Laufzeiten der Wirtschaftsabkommen, die die Sowjetunion und Deutschland miteinander schlossen – bis Ende 1941, bis zum Frühjahr 1942 und sogar bis 1943.

Wie konsequent Stalin sich auf die Wirtschaftsbeziehungen mit Deutschland einstellte, wie energisch er bei der deutschen Seite seinen Vorteil suchte – all das läßt die traditionelle Auffassung, der Pakt von 1939 sei der UdSSR aufgezwungen worden, in neuem Licht erscheinen. Verfechter der herkömmlichen Sicht ist bis heute der bekannte sowjetische Historiker Vilnis Sipols, der den Pakt für »faktisch erzwungen, aber durchaus natürlich und begründet« hält.[14] Mir scheint das Schwergewicht eher auf dem zweiten Teil dieser Formel zu liegen: Für Stalin war der Nichtangriffspakt in der Tat natürlich und begründet, nicht erzwungen. Er sah darin eindeutige Vorteile für die Politik der UdSSR, nicht zuletzt solche wirtschaftlicher Art. Daß diese Rechnung nicht aufging, steht auf einem ganz anderen Blatt.

Wenn man aber Stalins Entschluß als »erzwungen« beschreibt, dann klingt das weniger nach Erklärung als vielmehr nach Rechtfertigung. Er wollte es eigentlich nicht, aber der Gang der Dinge zwang ihn dazu. Ein einfacher und logischer Schluß. Aber nicht alles, was einfach und logisch klingt, muß auch zutreffend sein. Daß Stalin sich derart in die Enge treiben ließ, ist nur schwer vorstellbar. Ein Meister der Alternativen, suchte er sich stets Entscheidungsfreiheit zu bewahren. In dieser Situation sah er sich auch im Jahre 1939. Jedoch der international erfahrenere Litwinow äußerte (natürlich nur im kleinen Kreis) die Befürchtung, in dem riskanten Spiel mit Hitler könnte Stalin der Verlierer sein. Schon der große Hegel warnte, daß die Eule der Minerva nur nachts fliege. Im Sommer 1939 schien der Juni 1941 noch weit entfernt.

Wie wir uns heute auch zu Stalins Politik stellen mögen, müssen wir doch anerkennen, daß die sowjetische Seite damals geradezu ein Meisterstück politischer Geheimdiplomatie vollbrachte. Für die europäische Öffentlichkeit setzte die UdSSR ihren Kurs der kollektiven Sicherheit fort, verhandelte mit England und Frankreich darüber, wie man sich einer kommenden Naziaggression entgegenstellen könnte, und dies mit beeindruckender Aktivität. Was die unsichtbaren Tendenzen in der deutschen Außenpolitik betraf, die Moskau aufspürte, so versteckte man sie geschickt in Routinegesprächen über Wirtschaftsfragen, deren Stattfinden man vor niemandem verbarg und zuweilen geradezu hochspielte. Das wiederum sahen London und Paris als zulässiges Mittel, mit dem der Kreml in der üblichen Weise auf seine westlichen Partner Druck auszuüben suchte. Die Dinge gingen verschlungene Wege.

ELFTES KAPITEL

Der Mann, ohne den es den Pakt nicht gäbe

Er wollte nie Diplomat werden. Als Sproß einer Adelsfamilie trat er im Jahre 1918 der Partei der Bolschewiki bei und widmete sich der Schriftstellerei. Ein echter Verfechter des Proletkults, verriß er gnadenlos die bürgerliche Literatur. Selbst vor Puschkin machte er nicht halt. Aus jener Zeit stammte die Dauerfreundschaft mit seinem Landsmann Michail Scholochow, der später den »Stillen Don« schreiben und ein großer russischer Schriftsteller werden sollte.

Aus Georgi Astachow wäre sicher ein guter Literaturwissenschaftler geworden, aber die Partei entschied anders. 1920 trat er in den diplomatischen Dienst ein, wo ihm seine literarischen und menschlichen Talente sehr zupasse kamen. Er arbeitete in den Presseabteilungen der sowjetischen Botschaften in Ankara, Tokio, London und Berlin. In den Jahren 1936/37 leitete er die Presseabteilung des Volkskommissariats für Auswärtige Angelegenheiten. Er war der erste Botschafter der Sowjetunion im Jemen und unterzeichnete den ersten Vertrag mit einem arabischen Staat in der Geschichte der sowjetischen Diplomatie.[1]

Das Schreiben konnte Astachow allerdings nicht lassen. Zeitungen druckten (unter Pseudonym) zahlreiche Artikel aus seiner Feder, er verfaßte vier Bücher und war von 1929 bis 1930 stellvertretender Leiter des Auslandsressorts der Zeitung »Iswestija«.

Im Mai 1937 entschied sich Astachows weiteres Schicksal. Auf Empfehlung von Volkskommissar Litwinow ging er nach Berlin, wo er zunächst als Botschaftsrat und später als Geschäftsträger der Sowjetunion in Deutschland tätig war. Letzteres Amt trat er im Frühjahr 1939 an. Im April wurde Botschafter Alexej Merekalow unerwartet abberufen. Astachow mußte nun die schwere Aufgabe übernehmen, die Sowjetdiplomatie in Deutschland in jenem Schicksalsjahr zu führen, da der Molotow-Ribbentrop-Pakt unterzeichnet wurde, der den weiteren Weg Europas bestimmen sollte.

Anfang 1939 waren die sowjetischen Vertreter in Berlin weitgehend isoliert. Es gab keinen David Kandelaki mehr, bekannte Diplomaten wie Krestinski, Jurenjew oder Bessonow saßen als »Volksfeinde« auf der Anklagebank. Botschafter Merekalow, den man erst kurz zuvor vom Schlachthaus-Experten zum Diplomaten umgeschult hatte, versuchte seine ersten Schritte auf diplomatischem Parkett. Er sprach nicht Deutsch. Die Botschaft war nicht voll besetzt.[2] In dieser Lage fiel Astachow eine besondere Rolle zu.

Seine Tätigkeit ist auf ganz eigene Weise festgehalten. Im Archiv des NKID liegt das sogenannte Tagebuch Georgi Astachows mit Aufzeichnungen aus seiner Zeit in Deutschland. Das ist kein Tagebuch im üblichen Sinne. Im diplomatischen Dienst der Sowjetunion, und nicht nur dort, war es üblich, daß jeder Diplomat von allen halbwegs wichtigen Gesprächen Niederschriften anfertigte, die den Vermerk »Aus dem Tagebuch von ...« trugen. Als akkurater Beamter hielt Astachow seine zahlreichen Gespräche in dieser Weise fest. Der Kreis seiner Partner war groß: Er reichte von Beamten des Reichsaußenministeriums über Diplomaten anderer Staaten bis zu deutschen und ausländischen Korrespondenten. Die wichtigsten Gespräche notierte er einzeln, andere übermittelte er in zusammengefaßter Form nach Moskau. So entstand das »Tagebuch Georgi Astachows«.

Diese Berichte ergeben ein plastisches Bild vom politischen Leben Deutschlands im Jahre 1939. Sie haben besondere Bedeutung erlangt, weil sie die neue, für die sowjetischen Diplomaten ungewohnte Linie der deutschen Außenpolitik deutlich widerspiegeln. Das war durchaus logisch: Für die Beamten des deutschen Außenministeriums bot sich der gebildete, sprachgewandte Astachow als idealer Gesprächspartner an. Botschafter Merekalow war für vertrauliche Gespräche ungeeignet. Er wußte das und ließ sich deshalb bei wichtigen Begegnungen stets von Astachow begleiten. So kam es, daß Staatssekretär Ernst von Weizsäcker, der stellvertretende Leiter der Presseabteilung, Braun von Stumm, der Leiter des Osteuropareferats, Karl Schnurre, und selbst Ribbentrop zu ständigen »Informanten« Astachows wurden.

Moskau wußte diese neue Funktion seines Botschaftsrates zu schätzen. Astachows Berichte gelangten in unterschiedlicher Form in die sowjetische Hauptstadt. Zunächst erhielt Molotow ein Chiffretelegramm mit einer kurzen Darlegung des jeweiligen Gesprächs. Dieses wurde Stalin vorgelegt. Einige Tage später brachte der diplomatische Kurier den ausführlichen Vermerk. Auch diesen gab man Stalin zur Kenntnis.[3] Als Weizsäcker Astachow z. B. am 30. Mai ganz offen anbot, beide Staaten sollten einen politischen Kompromiß finden, lag das Chiffretelegramm noch am selben Abend auf Stalins Schreibtisch. Am 31. Mai sandte dieser es mit dem Vermerk »Äußerst dringend« an Woroschilow, Molotow, Mikojan und andere. Am 2. Juni traf der ausführliche Bericht ein, den Molotow auf der Stelle an Stalin weiterleitete.[4]

Man muß Astachow Gerechtigkeit widerfahren lassen: Obwohl er die Avancen von Ribbentrop, Weizsäcker, Schnurre und anderen skeptisch sah, berichtete er äußerst exakt darüber und übermittelte so die deutschen Absichten unverfälscht nach Moskau.

Eine interessante Niederschrift in Astachows »Tagebuch« betrifft den 17. April 1939. Zwar führte nicht er, sondern Botschafter Merekalow das Gespräch mit Staatssekretär Weizsäcker, aber Astachows lebendiger Bericht hat durchaus literarische Qualität.

»17. April 1939
Geheim

Zunächst geht es in dem Gespräch um die von den Militärbehörden veranlaßte Weigerung der Škoda-Werke, die von der Handelsvertretung übergebenen Aufträge auszuführen. Weizsäcker nimmt an, daß diese Weisung mit der militärischen Lage zusammenhängt und vorübergehender Natur ist. Er zweifelt, daß sie sich allein gegen die UdSSR richtet, wird dies aber aufklären. Im übrigen verspricht er, die Sache zu prüfen, mit den zuständigen (Militär- und Wirtschafts-) Stellen Kontakt aufzunehmen und danach eine endgültige Antwort zu geben. Hypothetisch äußert er die Vermutung, daß die Wirtschaftsbehörden für die Realisierung des Vertrages, die Militärs aber dagegen sein werden. Letztere könnten die Frage stellen: ›Kann man Fla-Geschütze an die UdSSR liefern, wenn die Sowjetregierung über ihre Beteiligung an einem Luftpakt gegen Deutschland verhandelt?‹ Unter Vorbehalt einer endgültigen Antwort äußert Weizsäcker die Hoffnung, daß sich das Problem positiv lösen läßt.

Nach einem längeren Dialog wechselt das Gespräch auf allgemeine politische Themen über. Weizsäcker erklärt, er tausche gern Meinungen über die politische Lage aus und sei bereit, auf alle Fragen zu antworten, die den Botschafter interessieren.

Der Botschafter fragt nach dem Stand der deutsch-französischen Beziehungen.

Weizsäcker: Wir wollen nichts von Frankreich und sind befremdet darüber, daß es sich so feindselig zu uns verhält.

Der Botschafter fragt, was an den Zeitungsberichten über deutsche Forderungen an Polen wahr sei.

Weizsäcker: Diese Meldungen waren nicht exakt. Richtig ist, daß wir bereits seit drei, vier Monaten mit Polen über die Rückgabe Danzigs und über die Benutzung des Korridors verhandeln. Dazu haben wir Polen Ende März einen Vorschlag übergeben. Wir haben angeboten, die polnisch-deutsche Grenze zu garantieren. Das kann man nicht als ›Forderungen‹ bezeichnen. Im Gegenteil, es war ein Angebot. Im Moment laufen keine Verhandlungen, die Frage ruht.

Der Botschafter fragt, ob die Berichte zutreffen, daß es an der polnisch-deutschen Grenze Zwischenfälle gegeben hat.

Weizsäcker bestreitet das kategorisch. Zwischenfälle gibt es in der Tat, aber auf polnischem Gebiet zwischen der deutschen und der polnischen Bevölkerung. Deutschland enerviert das natürlich, aber zwischen Militäreinheiten beider Seiten gab es keine Konflikte.

Der Botschafter spricht über die allgemein angespannte Lage in Europa.

Weizsäcker: Wir verstehen nicht, woher das kommt. Wir wollen niemanden überfallen. Wir haben bisher keinen einzigen zusätzlichen Jahrgang mobilisiert. Unsere Nachbarn dagegen – Holland, die Schweiz u. a. – haben mehrere Jahrgänge eingezogen.

Der Botschafter: Sie sind doch schon mobilisiert.

Weizsäcker: Ich kann Sie versichern, daß wir noch lange nicht alles unternommen haben, was zur Mobilmachung notwendig ist. Wenn wir einen Krieg vorbereiteten oder ihn erwarteten, dann täten wir wesentlich mehr ... Diese Spannungen sind künstlich erzeugt. Die kleinen Staaten fürchten keinen Angriff Deutschlands und bitten gar nicht um die Hilfe, die England und Frankreich ihnen aufdrängen ...

Im weiteren fragt Weizsäcker den Botschafter, ob sich die UdSSR bedroht fühlt und glaubt, daß ihre Interessen auf irgendeinem Gebiet beeinträchtigt seien.

Der Botschafter antwortet, die UdSSR sei generell daran interessiert, daß die Kriegsgefahr verschwindet und die gegenwärtige Situation geregelt wird. Besonders beeinträchtigt in irgendeinem Bereich fühlen wir uns nicht.

Weizsäcker bemerkt, daß die UdSSR nach seinem Eindruck die Vorgänge insgesamt gelassener sieht als England und die USA. Insbesondere die sowjetische Presse verhalte sich gegenüber Deutschland wesentlich korrekter und ruhiger als die britische und amerikanische.

Weizsäcker stellt seinerseits die Frage, wie sich die deutsche Presse aus unserer Sicht verhalte. Könnten wir zustimmen, daß auch sie jetzt korrekter berichtet? ...

Ich weise Weizsäcker darauf hin, daß man jetzt in der deutschen Presse vielleicht weniger Ausfälle findet, daß diese aber nicht schwächer geworden sind und nicht den Eindruck erwecken, die deutsche Presse habe ihre Haltung geändert. Ich verweise Weizsäcker auf einen kürzlichen Leitartikel des ›Völkischen Beobachters‹, der grobe Beleidigungen des Gen. Stalin enthielt.

Weizsäcker hebt bedauernd die Hände ...

Der Botschafter stellt die Frage, wie Weizsäcker die Perspektiven der Beziehungen zwischen der UdSSR und Deutschland sieht.

Weizsäcker (im Scherz): Besser als jetzt können sie nicht sein ... Dann, unvermittelt ernst: Sie wissen, daß wir Widersprüche ideologischer Art haben. Aber zugleich wollen wir aufrichtig die Wirtschaftsbeziehungen mit Ihnen entwickeln.

Der Botschafter teilt seine bevorstehende Abreise nach Moskau mit und äußert sein Bedauern, daß Weizsäcker nicht an unserem Empfang am 18. 4. teilnehmen wird.

Weizsäcker erklärt, er wäre gern gekommen, aber sein Terminplan an diesem Tag sei übervoll. Gafencu und andere werden kommen.

Der Botschafter erwidert, er habe dafür Verständnis, denn auch er sei in Moskau immer sehr beschäftigt.

Anmerkung: Es ist bezeichnend, daß die Rede Roosevelts vom Vorabend in dem Gespräch mit keinem Wort erwähnt wurde.

[Ausgefertigt von] Astachow«[5]

Die folgenden Gespräche führte Astachow bereits selbst. Am 6. Mai schrieb er an Molotow:

»Geheim

Sehr geehrter Wjatscheslaw Michailowitsch,

Hauptthemen der deutschen Presse und der Gespräche, die ich hier mit ausländischen (darunter deutschen) Partnern führe, sind gegenwärtig:

1) der Wechsel auf dem Posten des Volkskommissars für Auswärtige Angelegenheiten und
2) die weitere Entwicklung des deutsch-polnischen Konflikts im Zusammenhang mit der Danzig-Frage.

Was das erste Thema betrifft, so habe ich meinen Tagebuchaufzeichnungen und telegrafischen Berichten nichts hinzuzufügen. Da die Gespräche mit Engländern und Franzosen zu diesem Thema hier zweifellos nur das widerspiegeln, was in London und Paris gesprochen wird, sind sie keiner besonderen Erörterung wert. Was die Deutschen betrifft, so verhehlen sie ihr Interesse an der Veränderung nicht und versuchen – vor allem mit Hilfe von Zitaten aus englischen und französischen Zeitungen sowie von Berichten aus London und Paris – den Eindruck zu erwecken, in unserer Politik vollziehe sich eine Wende in einem für sie wünschenswerten Sinne (Abgehen von der kollektiven Sicherheit usw.). Mit wenigen Ausnahmen vermeiden sie jedoch eine eigene Wertung und beschränken sich auf die Darlegung der Tatsachen, die ziemlich korrekt wiedergegeben werden. (Erfindungen kommen allerdings auch vor.) Recht ordentlich (für hiesige Verhältnisse, natürlich) ist Ihr Lebenslauf im offiziösen ›Völkischen Beobachter‹ dargestellt, dazu die Meldung über die Aufhebung der Zensur für ausländische Korrespondenten. In der Regel sind Berichte über uns hier von groben Beschimpfungen begleitet, was die Presse in diesem Falle vermieden hat.«

Danach ein interessantes Postskriptum:

»Ich gebe zu bedenken, daß ich bisher nicht die geringste Vorstellung habe, worum es in unseren Verhandlungen mit England und Frankreich geht, wenn man von dem absieht, was ich in der britischen und französischen Presse lese, auf die zu bauen riskant ist. Das bringt mich in Gesprächen mit ausländischen Diplomaten in eine sehr schwierige Lage. Sie sind hervorragend informiert, und ich riskiere ständig, in peinliche Situationen zu geraten.

Astachow«[6]

Und hier die Niederschrift eines Gesprächs Astachows mit dem deutschen Botschafter in der UdSSR, Schulenburg, während dessen Aufenthalts in Berlin:

»17. Juni 1939
Geheim

F. Schulenburg erschien bei mir um 12.30 Uhr; zuvor hatte er aus dem Außenamt angerufen. Gleich zu Beginn berichtete er mir, [Wirtschaftsrat] Hilger sei vor zwei Tagen nach Moskau abgereist und werde die deutsche Antwort auf den Mikojan-Entwurf überbringen. Besondere Differenzen gäbe es nach seiner Meinung nicht, es sei denn, das Problem der Lieferungen und Gegenlieferungen, d. h., der Menge der sowjetischen Rohstoffe, die als Gegenleistung für die Kreditlieferungen nach Deutschland importiert werden sollen. Deutschland braucht diese Rohstoffe dringend. Ihn, Schulenburg, koste es unwahrscheinliche Anstrengungen, einige Rohre für die Reparatur seines Hauses zu beschaffen. Die sowjetische Seite biete zu wenig Rohstoffe an, obwohl sie von Deutschland sehr wertvolle Dinge haben will. Schulenburg hofft jedoch, daß die Sowjetregierung hier noch Entgegenkommen zeigt und Mikojans Entwurf in dieser Hinsicht nicht das letzte Wort ist. Was die übrigen Punkte betrifft, so sind keine

Differenzen zu erwarten. Schulenburg hält sie insgesamt für annehmbar. Wenn es nach der deutschen Regierung ginge, dann könnte Schnurre schon heute nach Moskau reisen. Aber die Lage bleibe unklar. Molotow habe Schulenburg gesagt, für erfolgreiche Handelsbeziehungen sei eine politische Grundlage notwendig. Allerdings habe Schulenburg nicht herausfinden können, was hinter diesen Worten steckt. Das sei aber nötig. Schulenburg selbst ist der Meinung, daß die Atmosphäre für die Verbesserung der politischen Beziehungen vorhanden sei. Auch die deutsche Regierung erkenne den Zusammenhang zwischen Politik und Wirtschaft an. Man müsse alle diese Dinge klären. Die deutsche Regierung habe im Gespräch Weizsäckers mit mir den ersten Schritt getan und rechne damit, daß die Sowjetregierung darauf antworte. Der Sinn von Weizsäckers Gespräch sei vollkommen klar: Es gehe darum, die Möglichkeiten für weitere Gespräche zu sondieren. Im Reichsaußenministerium warten alle darauf, daß Sie (d. h., ich – G. A.)diese Antwort überbringen ...

Ich sagte Schulenburg, soviel ich wisse, wolle der Volkskommissar in Moskau antworten. Außerdem sei die Antwort in der Rede des Volkskommissars zum Teil bereits enthalten. Schulenburg entgegnete darauf, in Moskau sei bisher keine Antwort ergangen. Allerdings habe er den Volkskommissar seitdem auch nicht wieder getroffen. Wenn er wüßte, daß Molotow ihm die Antwort geben wolle, würde er wahrscheinlich auf der Stelle nach Moskau reisen. Er bat mich zu präzisieren, ob meine Erläuterung so zu verstehen sei, daß Molotow tatsächlich mit ihm, Schulenburg, über dieses Thema sprechen wolle oder ob dies Potjomkin [sein Stellvertreter – d. Ü.] zu tun gedenke. Ich sagte, das sei mir nicht bekannt. Man habe mir lediglich mitgeteilt, daß die Antwort in Moskau gegeben werde.

Im weiteren suchte Schulenburg mich eindringlich davon zu überzeugen, daß das Klima für die Verbesserung der Beziehungen reif sei. Die Diplomaten beider Länder sollten diesen Prozeß vorantreiben. Er zog eine Mitschrift des Gesprächs Weizsäckers mit mir auf Kopfbogen des Außenamtes aus der Tasche und begann noch einmal darzulegen, was Weizsäcker mir erklärt hatte, als ob er prüfen wollte, ob ich auch alles richtig verstanden habe. Er fügte eigene Formulierungen hinzu und erläuterte Weizsäckers Darlegungen. (Dazu ist zu bemerken, daß Weizsäckers Worte zur Verbesserung der Beziehungen mit uns in der

Niederschrift kategorischer klingen als im Gespräch, wo er zahlreiche Einschränkungen machte. – G.A.) Nachdem Schulenburg die Niederschrift überflogen und einiges daraus zitiert hatte, versicherte er mir, die deutsche Regierung wolle die Beziehungen ernsthaft verbessern, wisse aber nicht, wie das zu tun sei. Sie könne sich nicht dazu entschließen, die Frage direkt zu stellen, weil sie sich keinen Affront, keine Ablehnung holen wolle. Aber an dem Wunsch gäbe es keinerlei Zweifel. Das sei auch verständlich, denn Deutschland habe mit der UdSSR keinerlei Widersprüche. Mit anderen Staaten müsse man dagegen über territoriale, wirtschaftliche und andere Forderungen sprechen. In diesem Falle aber sei im wesentlichen alles klar geregelt. Man müsse lediglich dem, was faktisch schon existiere, neues Leben einhauchen. Das sei der Wunsch der deutschen Regierung, weshalb alle im Außenamt Antwort auf die Fragen erwarteten, die Weizsäcker mir gestellt habe.

Ich stimmte Schulenburg zu, daß zwischen uns und Deutschland keine schwerwiegenden grundlegenden Widersprüche bestehen, und wiederholte, was ich bereits Weizsäcker über die Vereinbarkeit ideologischer Differenzen und guter diplomatischer Beziehungen gesagt hatte. Ich bemerkte lediglich, daß die Befürchtungen der deutschen Regierung, sich einen Affront zu holen, wenn sie die Verbesserung der Beziehungen zu uns anspreche, nicht als begründet angesehen werden können. Wie immer wir auch konkrete Fragen sehen, die die deutsche Seite an uns heranträgt, die Sowjetregierung nimmt Initiativen zur Verbesserung der Beziehungen niemals negativ auf, von wem sie auch ausgehen. Befürchtungen, wir könnten einen solchen eventuellen Schritt der deutschen Regierung mißbrauchen, sind nicht angebracht. Wir hätten da schon mehr Grund zur Skepsis, da die Verschlechterung der Beziehungen seit Hitlers Machtantritt aus unserer Sicht (ich führte dafür Beispiele an) ausschließlich von der deutschen Seite ausgegangen ist. Natürlich sind wir daher der Meinung, daß die Initiative zur Verbesserung der Beziehungen von Deutschland kommen muß. (Dabei betonte ich stets, daß dies meine persönliche Ansicht sei und ich keinerlei direkte Weisung habe.)

Schulenburg entgegnete, er könne gut verstehen, wenn wir angesichts der deutschen Absicht, die Beziehungen zu verbessern, mißtrauisch seien. Er versicherte jedoch, daß es sich hier um eine sehr ernste Absicht handle. Zwar habe er den Führer nicht getroffen, aber lange mit Ribbentrop gesprochen, der dessen Ansichten exakt wiedergebe. Schulenburg zitierte folgende Sätze Ribbentrops, bat mich aber zugleich, diese vertraulich zu behandeln: ›England und Frankreich fürchten wir nicht. Wir haben eine starke Verteidigungslinie, die sie nicht überwinden können. Aber mit Rußland übereinzukommen macht Sinn.‹ Schulenburg meint, daß Hitler ebenso denkt. Schulenburg wollte bereits nach Moskau abreisen, aber Ribbentrop hält ihn für den Fall zurück, daß der Führer ihn noch sehen will.«[7]

Astachow war in keiner beneidenswerten Lage. Er erhielt keine Informationen über den Verlauf der britisch-französisch-sowjetischen Verhandlungen. So wußte er auch nicht, welche Absichten die eigene Führung verfolgte. Er konnte sich nur an der Rede Molotows vom 31. Mai 1939 orientieren, in der dieser die britisch-französische Politik scharf kritisiert hatte. Ein Artikel Andrej Shdanows in der »Prawda« vom 29. Juni 1939 war in ähnlichem Ton gehalten. In der Ablösung Maxim Litwinows sah er durchaus einen gewissen Sinn. Aber als erfahrener Diplomat blieb er bei seinem »rezeptiven« Verhalten. Von seinen Diplomatenkollegen in Berlin waren keine Informationen zu erwarten. Und als das Thema »Baltikum« in den dreiseitigen Verhandlungen auftauchte, befürchtete Astachow neue Komplikationen. Ihm waren lediglich die öffentlichen Schritte seiner Regierung bekannt.

Am 7. Juli entschied Deutschland, die Wirtschaftsverhandlungen mit der UdSSR wiederaufzunehmen, und das zu den sowjetischen Bedingungen. Es war genau der Zeitpunkt, da die Westmächte in Moskau das Lavieren um den Begriff der »indirekten Aggression« begannen. Die Sowjetunion zeigte in den Handelsgesprächen mit Deutschland Entgegenkommen, und sofort beschloß der Westen, die Militärverhandlungen mit der UdSSR zu eröffnen. Aber Astachow konnte kaum wissen, daß Görings Emissär Wohlthat und Botschafter von Dirksen Wilson ein Programm weitreichender Zusammenarbeit anboten und Göring eine Begegnung mit wichtigen britischen Geschäftsleuten vorbereitete. Vor diesem Hintergrund begann die deutsche Seite in den Gesprächen mit Astachow große Aktivität zu entwickeln (noch im Juni hatte Hitler angeordnet, die Dinge nicht zu beschleunigen, nun aber wurde genau das getan).

Das »Tagebuch« enthält in aller Ausführlichkeit Astachows Gespräch vom 26. Juli 1939, das in einem Séparée des bekannten Berliner Restaurants »Ewest« stattfand. Astachow ließ sich dabei vom stellvertretenden Handelsvertreter Babarin begleiten. Von deutscher Seite waren Karl Schnurre und der junge Mitarbeiter des Wirtschaftsreferats Walter Schmid anwesend. Dieses paarweise Auftreten war üblich; so konnte man den Inhalt des Gesprächs später besser festhalten. Es dauerte insgesamt über drei Stunden.[8] Leider waren die Gesprächspartner in sehr unterschiedlicher Lage. Schnurre hatte exakte Weisungen von Ribbentrop und Weizsäcker, Astachow dagegen kam mit völlig leeren Händen. Er konnte nur seinen gesunden Menschenverstand gebrauchen, um eine möglichst umfassende Vorstellung von den Absichten der Deutschen zu gewinnen. Er wußte lediglich, daß man in Moskau die deutschen Zugeständnisse bei Handel und Krediten positiv sah.

Zunächst ging es um Handelsfragen. Schnurre hieb in die alte Kerbe, daß es Deutschland an Buntmetallen fehle. Der Handelsvertrag an sich, so bemerkte er, sei nicht von großem wirtschaftlichem Wert. Deutschland strebe ihn vor allem aus politischen Gründen an. Und schon war er bei seinem eigentlichen Gegenstand:

»Den Führern der deutschen Politik ist es sehr ernst damit, die Beziehungen zu normalisieren und zu verbessern. Deutschland öffnet die Tür für Gespräche zu diesem Thema ...«

Schnurre nannte konkrete Fragen: das Baltikum, Polen, Rumänien, wo Deutschland bereit sei, sich jeglichen Eingreifens zu enthalten, wie es bereits das Vorhaben aufgegeben habe, eine Karpato-Ukraine zu schaffen. Mehr noch: es könne um den größten Zusammenhang gehen, darum nämlich, daß die UdSSR sich nicht mit England und Polen verbünde. Deutschlands Hauptgegner sei England, das sich weigere, die früheren deutschen Kolonien herauszugeben. Mit Polen sei keine Aussöhnung möglich, Danzig müsse zum Reich zurückkehren.

Schnurre wiederholte Weizsäckers Formulierung, die Astachow bereits kannte: Für die UdSSR habe Deutschland »ein volles Angebot«. Astachow fragte nach:

»Welche Garantien gibt es, daß diese Aussagen nicht die persönliche Meinung des Herrn Schnurre sind, sondern zeigen, wie man in höheren Kreisen denkt?«

»Glauben Sie denn«, antwortete Schnurre, »ich würde Ihnen das alles sagen, wenn ich nicht direkte Weisung von oben hätte? Diesen Standpunkt vertritt Ribbentrop, der genau weiß, wie der Führer denkt. Wir sind bereit, jede Garantie zu geben.«

Nun ging er zum Gegenangriff über:

»Ein positives Echo unsererseits ist sicher. Aber auf Ihrer Seite erkennen wir im Moment nichts Derartiges.«

Hier folgt in Astachows Aufzeichnungen die Bemerkung, daß er den Eindruck hatte, das Gespräch gehe nun ein wenig zu weit. Er wechselte das Thema. Schnurre versicherte er jedoch, daß er ausführlich nach Moskau berichten werde. In der Tat hatte er keinerlei Vollmacht, etwas zu versprechen, denn Moskau hüllte sich in Schweigen.

Hier stehen wir vor dem nächsten Rätsel: Astachow informierte Moskau, d. h. Molotow und Stalin, regelmäßig über die deutschen Vorschläge – von der Verbesserung der Handelsbeziehungen bis zur faktischen Aufteilung der Einflußsphären in Mittel- und Südosteuropa. Aber Moskau schwieg beharrlich. In Molotows Weisungen findet sich zu diesen Fragen kein Wort. Erst Ende Juni billigte der Volkskommissar zum ersten Mal das »rezeptive«[9] Verhalten des Geschäftsträgers und beauftragte ihn, Einzelheiten der deutschen Vorschläge zu erkunden. Später wurde Astachow mitgeteilt, Verhandlungen zu diesem Thema sollten Molotow und Botschafter Schulenburg in Moskau führen. Kurz zuvor hatte es aus Moskau auch Zustimmung zu den Handelsgesprächen gegeben, denn die deutsche Seite war inzwischen auf die sowjetischen Vorschläge eingegangen und hatte die militärischen Aufträge für die sowjetische Rüstungsindustrie in die Warenliste aufgenommen.

Nun begann die entscheidende Phase. Hier Astachows Niederschrift des Gesprächs mit Weizsäcker und Ribbentrop am 2. August:

»2. August 1939
Geheim

Weizsäcker teilte zunächst die Personen mit, die für eine Einladung zur Landwirtschaftsausstellung in Betracht kämen. Er entschuldigte sich ein wenig für die Verzögerung, zu der es in dieser Frage gekommen war. Dann erklärte er, Schnurre habe ihm von unserem Gespräch berichtet, worüber er sehr befriedigt sei. Außerdem habe er gehört, daß die Handelsgespräche erfolgreich verliefen. Ich bestätigte, nach meinem Eindruck komme unser jüngster Vorschlag den deutschen Wünschen so weit entgegen, daß die deutsche Seite nun allen Grund zur Zustimmung habe. Weizsäcker bemerkte, er sei insgesamt optimistisch gestimmt. Unerwartet fügte er hinzu, zufällig sei Ribbentrop im Hause und wolle mich sehen. Als ich einwilligte, führte er mich aus seinem Büro in ein Vorzimmer, das auf der anderen Seite seiner Räume liegt, gab einem Beamten eine kurze Order und verabschiedete sich dann mit den Worten, ich möge einen Augenblick warten. Zwei, drei Minuten später erschien ein anderer Beamter und führte mich in Ribbentrops Büro. Dieser begrüßte mich etwas von oben herab, aber nicht unfreundlich. Er erwähnte, daß ich Botschafter Merekalow bei dessen erstem Besuch begleitet hätte. Damals habe er allerdings nicht gewußt, daß ich der Botschaftsrat sei (Dolmetscher haben in der Regel nicht diesen Rang). Dann begann er einen Monolog von über einer Stunde, bei dem für mich fast ausnahmslos die Rolle des Zuhörers vorgesehen war. Nur mit Mühe gelang es mir, einige wenige Repliken und Bemerkungen einzustreuen.

Ribbentrop brachte zunächst seine Befriedigung über die günstigen Aussichten für den sowjetisch-deutschen Handel zum Ausdruck. Er erinnerte daran, daß der deutsche Handel mit der UdSSR früher sehr umfangreich gewesen sei. Dafür gäbe es allen Grund. ›Ihr Land produziert viele Rohstoffe, die Deutschland braucht. Und wir stellen wertvolle Erzeugnisse her, die Sie benötigen.‹ Auf meinen Einwand, wir seien nicht nur ein Agrarland, sondern hätten auch eine hochentwickelte Industrie, die unsere Rohstoffe verarbeite, erwiderte er: ›Natürlich trifft das zu. Dabei haben sie aber noch große Mengen Rohstoffe für den Export übrig. Außerdem können Sie mit Hilfe neuer Technik die Förderung gegenüber früher wesentlich steigern. Daher sind die Voraussetzungen für einen Ausbau des Handels zwischen unseren Ländern gegeben. Schnurre hat mir von dem Gespräch mit Ihnen berichtet. Wir sind über diese Kontakte auf dem laufenden. Ich möchte meinerseits bestätigen, daß aus unserer Sicht ein positiver Abschluß der Handelsgespräche der Anfang einer politischen Annäherung sein kann. Bis in die jüngste Zeit haben sich in unseren Beziehungen viele wunde Punkte angesammelt. Sie werden nicht über Nacht verschwinden. Um sie zu beseitigen, braucht es Zeit, aber es ist möglich. Vor 25 Jahren begann der Weltkrieg. Seine Hauptursache lag darin, daß England Deutschland internationale Märkte abnehmen wollte. Der russische Zar hat sich mit England verbündet und dafür schließlich mit seinem Thron bezahlt. Wir sind der Meinung, daß es für Feindschaft zwischen unseren Ländern keinen Grund gibt. Wir haben nur eine einzige Vorbedingung für die Normalisierung der Beziehungen – das ist die gegenseitige Nichteinmischung in die inneren Angelegenheiten. Unsere Ideologien sind diametral entgegengesetzt. Gegenüber dem Kommunismus gibt es in Deutschland keinerlei Toleranz. Aber der Nationalsozialismus ist keine Exportware, und wir sind weit davon entfernt, ihn jemandem aufdrängen zu wollen. Wenn Sie das in Ihrem Lande genauso sehen, dann ist eine weitere Annäherung möglich.‹

Als er einen Moment innehielt, warf ich ein, ich könne dem Minister rückhaltlos versichern, daß meine Regierung die Nichteinmischung in die inneren Angelegenheiten ebenfalls als notwendige Voraussetzung für normale Beziehungen ansehe. Für sie habe der Unterschied in den Ideologien und der inneren Ordnung freundschaftlichen außenpolitischen Beziehungen niemals im Wege gestanden. Ribbentrop erklärte, er nehme das mit Befriedigung zur Kenntnis, und fuhr dann fort:

›Was die übrigen Fragen betrifft, die zwischen uns stehen, so haben unsere Länder keinerlei ernsthafte Widersprüche miteinander. Über alle Probleme, die den Raum vom Schwarzen Meer bis zur Ostsee betreffen, können wir uns ohne Mühe einigen. Davon bin ich tief überzeugt. (Diesen Gedanken wiederholte Ribbentrop mehrmals in verschiedenen Variationen.) Ich weiß natürlich nicht, welchen Weg man bei Ihnen beschreiten will. Wenn dort eine andere Sicht herrscht, wenn Sie zum Beispiel glauben, man könnte die Beziehungen zu uns am besten dadurch regeln, daß man britisch-französische Militärmissionen nach Moskau einlädt, dann ist das Ihre Sache. Was uns betrifft, so läßt uns das Geschrei über uns im Lager der sogenannten westlichen Demokratien kalt. Wir sind stark genug, um ihren Drohungen mit Hohn und Verachtung zu begegnen. (Und mit überzogenem Pathos:) Wir glauben an unsere Stärke. Es gibt keinen Krieg, den Adolf Hitler verlieren könnte.

Was Polen angeht, so ist eines sicher: Danzig wird unser sein. Nach meinem Eindruck läßt die Lösung dieses Problems nicht mehr lange auf sich warten. Militärisch können wir Polen nicht ernst nehmen. Die Polen tönen jetzt von einem Marsch auf Berlin und daß Ostpreußen zu Polen gehöre. Aber sie wissen, daß das Unsinn ist. Ein Feldzug gegen Polen wäre in einer Woche bis zehn Tagen erledigt. In dieser Zeit können wir Polen ausradieren. Aber wir hoffen, daß das nicht notwendig wird.‹

Ribbentrop kehrte dann zum Ausgangspunkt des Gesprächs über unsere Beziehungen zurück. Schulenburg werde sicher in diesem Sinne mit Molotow sprechen, aber er, Ribbentrop, bitte mich, seine Darlegungen nach Moskau zu übermitteln. Er wolle die Meinung der Sowjetregierung dazu erfahren. Er fügte hinzu, übermäßige Eile sei nicht geboten, denn dies sei eine gewichtige Frage, die man nicht aus der Sicht des heutigen Tages, sondern der Interessen ganzer Generationen behandeln sollte.

Ich versprach ihm, seine Darlegungen, so wie er es wünsche, nach Moskau zu übermitteln. Dabei fügte ich hinzu, ich zweifelte nicht daran, daß meine Regierung jede Verbesserung der Beziehungen mit Deutschland begrüßen werde. Von den letzten Wochen einmal abgesehen, hätten wir allerdings bisher von der deutschen Regierung nichts als feindselige Äußerungen vernommen. Im Moment scheine sich eine Wende abzuzeichnen, aber auch jetzt sei außer allgemeinen

Wünschen noch nichts Konkretes, Faßbares zu erkennen. Ich hätte schon gern gewußt und zweifellos sei auch für Moskau von Interesse, in welchen Formen sich die deutsche Regierung die Verbesserung der Beziehungen vorstelle und ob sie schon konkrete Vorschläge dafür habe.

Darauf antwortete Ribbentrop, bevor man konkret werden und Vorschläge machen könne, wolle er wissen, ob die Sowjetregierung dieses Thema überhaupt zu erörtern wünsche. Wenn die Sowjetregierung Interesse zeige und derartige Gespräche für wünschenswert halte, dann könne man auch über konkrete Schritte nachdenken. Zu einer Frage wolle er doch noch etwas sagen: Vor etwa einem halben Jahr habe er die deutsche Presse angewiesen, die Ausfälle gegen die UdSSR einzustellen. Das hätten wir sicher bemerkt. Die Tonart der deutschen Presse gegenüber der UdSSR habe sich radikal verändert. Jedoch er, Ribbentrop, habe nicht den Eindruck, daß auch die sowjetische Presse in dieser Hinsicht eine Wende vollzogen habe. Wenn die UdSSR wirklich eine Verbesserung der Beziehungen wolle, dann müsse sich das nach seiner Meinung in der sowjetischen Presse widerspiegeln. Außerdem gehe er davon aus, daß die UdSSR nicht die Absicht habe, eine Politik zu betreiben, die gegen die Lebensinteressen Deutschlands gerichtet sei.

Darauf entgegnete ich, unsere Presse habe sich gegenüber Deutschland als Staat und dessen führenden Repräsentanten stets korrekt verhalten und brauche deshalb ihre Haltung nicht zu ändern. (›Aber dennoch ...‹, unterbrach mich Ribbentrop.) Was seine zweite Bemerkung betreffe, so sei sie sehr weit auslegbar und könne ohne nähere Erläuterung nicht als Voraussetzung für die Verbesserung der Beziehungen akzeptiert werden.

Ribbentrop meinte, er sähe keine weite Auslegung seiner Worte, sondern halte es für natürlich, daß ein Staat bei freundschaftlichen Beziehungen keine Politik betreibe, die grundsätzlich gegen die Lebensinteressen des anderen gerichtet sei. Über all das könne man später sprechen. Im Moment sei es ihm wichtig zu wissen, ob die Sowjetregierung an derartigen Gesprächen überhaupt interessiert sei. Wenn ja, dann könne man sie entweder in Berlin oder in Moskau aufnehmen. Man möge ihn aber nicht so verstehen, daß die deutsche Regierung es eilig habe und den zweiten Schritt vor dem ersten gehen wolle.

Weiter mahnte er, wir sollten die Tatsache bedenken, daß Deutschland mit Japan befreundet sei. Wir sollten nicht darauf hoffen, daß eine eventuelle Verbesserung der sowjetisch-deutschen Beziehungen das deutsch-japanische Verhältnis schwächen könnte. Offenbar in dem Bestreben, etwas Freundliches zu sagen, bemerkte er, er kenne unser Land zwar nicht, habe aber in den Ländern der sogenannten westlichen Demokratien viele Jahre verbracht. Daher scheine es ihm, daß die Deutschen mit den Russen ungeachtet aller Unterschiede in den Ideologien leichter sprechen könnten. Zudem hätten er und der Führer den Eindruck, daß sich das nationale Element in der UdSSR in den letzten Jahren im Vergleich zum internationalen verstärke. Wenn das so sei, wäre dies günstig für eine Annäherung der UdSSR und Deutschlands. Das ausgeprägt nationale Prinzip, das der Politik des Führers zugrunde liege, sei dann der Politik der UdSSR nicht mehr diametral entgegengesetzt.

›Sagen Sie, Herr Geschäftsträger‹, sprach er mich in verändertem Ton, gleichsam inoffiziell, an, ›haben Sie nicht auch den Eindruck, daß das nationale Prinzip in Ihrem Lande das internationale zu überwiegen beginnt? Das ist eine Frage, die den Führer brennend interessiert ...‹

Ich antwortete, bei uns stehe das, was Ribbentrop internationale Ideologie nennt, in voller Übereinstimmung mit den richtig verstandenen nationalen Interessen des Landes. Man sollte nicht davon sprechen, daß das eine Element das andere verdrängt. Die ›internationale Ideologie‹ habe uns geholfen, die Unterstützung der breiten Massen Europas zu gewinnen und die ausländische Intervention zurückzuschlagen, d. h., sie trug zur Erfüllung gesunder nationaler Aufgaben bei. Ich führte noch einige ähnliche Beispiele an, denen Ribbentrop lauschte, als höre er das alles zum ersten Mal. Danach wiederholte er seine Bitte, Sie über all das zu informieren und ihm mitzuteilen, ob die Sowjetregierung einen konkreteren Meinungsaustausch für wünschenswert halte. Zum Abschied betonte er noch einmal, daß bei derartigen Gesprächen Diskretion gewahrt werden müsse und man sich jeglicher Sensationshascherei enthalten sollte. Betont höflich geleitete er mich bis zur Tür und wünschte mir alles Gute.

Astachow«[10]

So führte Astachow sein fiktives »Tagebuch« weiter, bis er am 19. August – unmittelbar vor Unterzeichnung des Paktes – nach Moskau abberufen wurde.

Astachow wurde nun nicht mehr gebraucht. Stalin nahm die Sache selbst in die Hand. Nach Moskau zurückgekehrt, mußte er feststellen, daß sich in seiner Dienststelle niemand für ihn interessierte. Der Empfang bei Volkskommissar Molotow war eine reine Formsache. Das versprochene ausführliche Gespräch kam nicht zustande. Astachow wollte über seine Tätigkeit in Deutschland an Stalin schreiben, aber dazu kam es nicht mehr. Er wurde aus dem Volkskommissariat für Auswärtige Angelegenheiten entlassen und fand mit Mühe eine Anstellung im Museum der Völker des Ostens. Inzwischen interessierte sich eine ganz andere Behörde für ihn: Am 27. Februar 1940 wurde Astachow verhaftet.

Wissenschaftler haben sich des öfteren die Frage gestellt, welche Rolle die allmächtige Berija-Behörde bei der Vorbereitung des Paktes spielte. Ironisch könnte man sagen: Wie bisher die Rolle des Henkers. So wie man den Pionier der sowjetisch-deutschen Annäherung David Kandelaki erschoß, wurde auch Georgi Astachow festgenommen, vor Gericht gestellt und abgeurteilt.

Die Ermittlungsakte Astachow mit der Nummer 1089 ist nicht umfangreich, zumindest das, was Wissenschaftler davon im Archiv des Sicherheitsdienstes FSB heute zu sehen bekommen. Dort heißt es kurz und knapp, Astachow sei im Februar 1940 angeklagt worden, sich an einer antisowjetischen Verschwörung beteiligt und »für ausländische Geheimdienste« gearbeitet zu haben.[11] Astachow erklärte sich für nicht schuldig. Nach den Vernehmungen im berüchtigten Suchanow-Gefängnis (er wurde fünfundzwanzig Mal verhört!) tauchte 1941 eine neue, präzisierte Version der Anklage auf: Tätigkeit für den ... polnischen Nachrichtendienst. Die Tschekisten hielten das offenbar für einen besonders originellen Einfall. Da der polnische Staat nicht mehr existierte, glaubten sie ihrer Phantasie freien Lauf lassen zu können. Der Prozeß fand im Juli 1941 statt. Astachow, der sich nichts hatte zuschulden kommen lassen, erhielt eine Freiheitsstrafe von fünfzehn Jahren. Im Februar 1942 starb er in einem Lager.

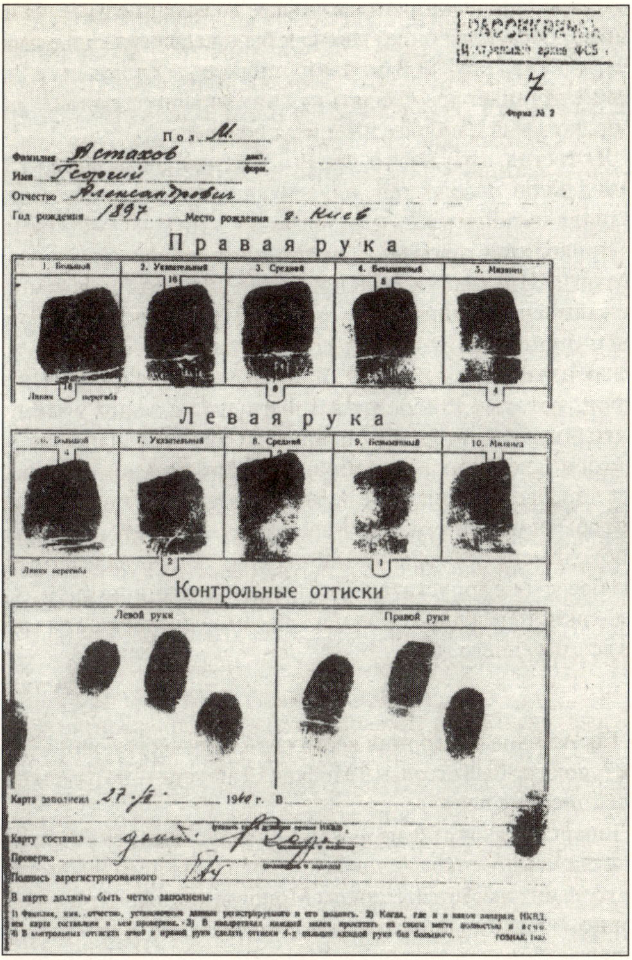

Форма № 2

Пол М.

Фамилия Астахов

Имя Георгий

Отчество Александрович

Год рождения 1897 Место рождения г. Киев

Правая рука

1. Большой	2. Указательный	3. Средний	4. Безымянный	5. Мизинец

Линия перегиба

Левая рука

6. Большой	7. Указательный	8. Средний	9. Безымянный	10. Мизинец

Линия перегиба

Контрольные оттиски

Левой руки	Правой руки

Карта заполнена 27. 1940 г. в

Карту составил

Проверил

Подпись зарегистрированного

В карте должны быть четко заполнены:

Polizeiakte Astachows mit Fingerabdrücken

Wie aus Briefen und Erklärungen Astachows hervorgeht, wurde er brutal geschlagen und gefoltert. Er verteidigte sich standhaft, schrieb mehrfach an höhere Instanzen, darunter an Volkskommissar Lawrenti Berija persönlich. Diese tragischen Dokumente enthüllen einen gewichtigen Umstand der Verhandlungen des Jahres 1939 (von denen in dem Prozeß übrigens mit keinem Wort die Rede war). In den Briefen an das ZK und Volkskommissar Berija forderte Astachow Gerechtigkeit. Gegenüber Berija stellte er fest, daß er »über die Verhandlungen mit Deutschland seit 1939 volle Geheimhaltung gewahrt« habe (29. Mai 1940). Mehr noch, er erinnerte den Volkskommissar daran, daß er »unter den Augen« Berijas gearbeitet habe.

Unter den Augen Berijas? Diese Worte meinen mehr als die übliche Aufsicht des NKWD über alles, was in der Sowjetunion vorging. Die Residentur des NKWD in Berlin war damals faktisch außer Gefecht gesetzt. Der erfahrene Aufklärer Boris Gordon war abberufen und Opfer der Repressalien geworden. Die jungen Mitarbeiter eigneten sich noch nicht für komplizierte Aufgaben. Daraufhin nahm Berija direkten Kontakt zu Astachow auf, wodurch er in wichtige Entwicklungen unmittelbar eingreifen konnte. Berija kannte Astachow aus der Zeit, da dieser Vertreter des Volkskommissariats für Auswärtige Angelegenheiten in Transkaukasien gewesen war. Natürlich konnte Astachow »Protektion« von so hoher Stelle nicht ausschlagen. In seinem Brief an den Volkskommissar erwähnt er auch eine Begegnung mit Hitler – eine bisher unbekannte Episode aus der Zeit der Vorbereitung des Paktes, über die keine Dokumente vorhanden sind. Wenn es sie je gab, dann gingen sie über Berijas Kanäle nach Moskau, nicht auf dem üblichen diplomatischen Weg.

Astachows Verhalten ist sicher nicht mit Naivität zu erklären. Für ihn war Berija ebenso eine Autorität wie sein unmittelbarer Vorgesetzter Molotow. Naiv war höchstens die Hoffnung des verzweifelten Häftlings, Lawrenti Berija könnte sich daran erinnern, welche Rolle Astachow einst gespielt hatte. Wenn Berija ihn wirklich nicht vergessen haben sollte, dann nur, um ihn in einem Lager zugrunde gehen zu lassen, weil er zu viel wußte.

ZWÖLFTES KAPITEL

Als man das Geheimprotokoll erdachte

Wann und wie entstand der Gedanke, den Pakt und dazu ein Geheimprotokoll abzuschließen? Berlin hatte seit dem Frühjahr 1939 das Problem der Verbesserung der deutsch-sowjetischen politischen Beziehungen immer wieder angesprochen, aber die sowjetischen Diplomaten reagierten auf diese Avancen nicht und lösten so bei Ribbentrop wachsenden Unmut aus.

Nun versuchte man Moskau mit einer List ins politische Gespräch zu ziehen. Auf Ribbentrops Weisung stellte Karl Schnurre Georgi Astachow die Frage, was geschähe, wenn man dem künftigen Handels- und Kreditabkommen eine Passage über die wünschenswerte Verbesserung nicht nur der Handels-, sondern auch der allgemeinen Beziehungen zwischen der UdSSR und Deutschland beifügte. Vielleicht sollte man diesen Wunsch sogar in einem besonderen Geheimprotokoll formulieren?[1]

Damit war der verhängnisvolle Begriff »Geheimprotokoll« am 3. August 1939 zum ersten Mal in die Debatte geworfen. Astachow meldete das unverzüglich Molotow in Moskau. Dieser gab die Nachricht an Stalin weiter. Am 7. August erhielt Astachow aus Moskau zur Weiterleitung an Schnurre ... eine eindeutige Absage. In einem Wirtschaftsdokument die Politik zu erwähnen, hielt Molotow für unangebracht und ein Geheimprotokoll als Anlage zu einer Kreditvereinbarung für ausgeschlossen.[2]

Aber damit war die Sache nicht vergessen.

Stalins Pläne ergründen zu wollen ist eine schwierige, undankbare Aufgabe, denn der Diktator sprach nicht darüber. Hier ist jeder Hinweis von Bedeutung, der sich in den noch unerforschten sowjetischen Archiven verbirgt. Als echte Sensation sind daher bisher unbekannte Notizen Andrej

Shdanows, damals Mitglied des Politbüros und Sekretär des ZK der KPdSU(B), zu werten. Um Shdanow an sich zu binden, bezog Stalin ihn in die Erörterung der Beziehungen zu Frankreich, England und Deutschland ein. Stalin beauftragte ihn, in der sowjetischen Presse darüber zu schreiben.

Die handschriftlichen Notizen, von denen hier die Rede ist, sind von besonderer Art. Leider tragen sie kein Datum. Bekannt ist nur, daß sie aus dem Jahre 1939 stammen. Es sind einzelne Sätze, denen häufig der Zusammenhang fehlt. Vielleicht waren es Gedanken für bevorstehende Arbeiten. Oder – was wahrscheinlicher ist – Notizen, die sich Shdanow bei Gesprächen mit Stalin machte.

Hier einige Auszüge:

»Die Tiger und ihre Herren.
Die Herren der Tiger orientieren sie nach Osten.
Das von Syphilis befallene Europa.
Den Käfig in Richtung England wenden.
Glaubt den Beleidigungen nicht.
England – der Erzfeind von Frieden und internationaler Sicherheit.«

Dann wurde er deutlicher:

»Der Drang nach Osten – eine englische Erfindung.
Die Tiger auf England hetzen.
Kommunismus und Faschismus hassen sie gleichermaßen.
Für Geld.
Sie scheuen keine Mittel, um die Sowjetunion zu diskreditieren.
Der Krieg wird nach Osten gelenkt, um die eigene Haut zu retten.«

Über Deutschland und dessen Politik:

»Kann man sich mit Deutschland einigen?
Rußland ist der beste Kunde.
Ach wie rührend ist doch das deutsche Herz.
Hitler begreift nicht, daß man den Dolchstoß für ihn vorbereitet.
Daß es sinnlos für ihn wäre, sich im Osten zu schwächen.
Ihn nach Westen lenken.
Der Drang nach Osten hat Deutschland schon einmal enorme Opfer gekostet.
Mit Deutschland übereinkommen.«

Über die Stimmung in Deutschland:

»In Deutschland gibt es Sympathien für das russische Volk und seine Armee.«[3]

Wem man diese Sätze auch zuschreiben mag – Shdanow oder Stalin –, um die Stimmung zu erfassen, die Anfang 1939 in der Kremlführung herrschte, sind sie von außerordentlicher Bedeutung. Offenbar hatte das antibritische Syndrom, an dem Stalin seit den zwanziger Jahren litt, über die Idee der kollektiven Sicherheit die Oberhand gewonnen. Was wäre, wenn man Deutschland gegen England, jenen »Erzfeind des Friedens«, das Zentrum des internationalen Imperialismus, nutzen könnte?

Nach Unterlagen aus Stalins Archiv ist festzustellen, wann man sich entschloß, ernsthaft an die Ausarbeitung einer künftigen Vereinbarung mit Deutschland zu gehen. Am 21. Mai 1939 forderte Stalin vom NKID alle Akten über den Abschluß des sowjetisch-deutschen Vertrages von 1926, den darauf folgenden »Berliner Vertrag« von 1931 und dessen Bestätigung durch die Hitlerregierung (!) im Jahre 1933 an.[4]

Im Juli beschloß die deutsche Seite, den Gang der Wirtschaftsgespräche zu beschleunigen. Bislang hatte sie Einwände gegen den »Mikojan-Entwurf« gehabt. Darauf hatte Stalin in seinem Schreiben vom 19. Juni hingewiesen und von der deutschen Seite volle Zustimmung zu diesem Entwurf gefordert, der die Lieferung wichtiger Maschinen für die Rüstungsindustrie der UdSSR vorsah. Das erklärte er zur unverzichtbaren Voraussetzung für den Abschluß des Abkommens.[5] Nun war Berlin zu Zugeständnissen bereit. Mitte Juli teilte Schnurre dem stellvertretenden sowjetischen Handelsvertreter Babarin die Zustimmung zum sowjetischen Vorschlag vom Februar mit. Am 10. Juli bestätigte das auch Hilger offiziell gegenüber Mikojan.

Dieser Entschluß löste in Moskau hektische Aktivität aus. Für die Sitzung des Politbüros am 14. Juli bereitete Stalin eine besondere Begründung der kommenden Entscheidung vor. Darin verwies er auf die deutschen Zugeständnisse – Geltungsdauer des Abkommens nicht sechs, sondern sieben Jahre, ein Zinsfuß von 4,5 Prozent und das Wichtigste: »Sie haben die sowjetischen Warenlisten akzeptiert.« Nun müsse man den Deutschen entgegenkommen, meinte Stalin, und den Umfang der Lieferungen für zwei Jahre auf 170 Millionen Reichsmark anheben sowie dem Transport durch deutsche Schiffe zustimmen. Der Entwurf trägt den Vermerk:

»Dafür: Stalin
Kaganowitsch
Woroschilow
Molotow«[6]

Es nimmt nicht wunder, daß Schnurre in Berlin bereits am 19. Juli gegenüber Babarin erklärte: »In diesem Augenblick beginnt vielleicht eine neue Phase der deutsch-sowjetischen Beziehungen.«[7] Über Schnurres Mitteilung berichtete auch Astachow in einem Telegramm nach Moskau. Auf diese Julitage ist somit die Eröffnung direkter sowjetisch-deutscher Verhandlungen zu datieren, in denen man Politik und Wirtschaft nicht mehr voneinander trennte.

Stalin und Molotow waren also exzellent vorbereitet, als Schulenburg im Gespräch mit dem Volkskommissar für Auswärtige Angelegenheiten am 15. August die Vorstellungen der deutschen Seite von dem neuen Vertrag erläuterte. Sie legte Wert auf ganze zwei Punkte:

- Deutschland und die UdSSR führen unter keinen Umständen Krieg gegeneinander und greifen zu keinen Maßnahmen, die Gewaltanwendung vorsehen.
- Der Vertrag tritt sofort nach Unterzeichnung in Kraft und gilt für 25 Jahre.[8]

Molotow war verwundert: Nur zwei Punkte? Er nannte Schulenburg sogleich historische Präzedenzfälle, z. B. den Vertrag der UdSSR mit Estland im Jahre 1932 und mit Lettland 1934. Ein Vertrag mit Deutschland müsse wesentlich seriöser ausfallen.

Am 17. August reisten die Militärdelegationen Englands und Frankreichs ohne konkrete Ergebnisse aus Moskau ab. Nun war der Weg frei für eine Vereinbarung mit Deutschland. Molotow überreichte Schulenburg ein Grundsatzpapier, mit dem die Sowjetunion die neuen Spielregeln faktisch akzeptierte. Ein Vorentwurf Molotows hatte mit dem Vorschlag geendet, zunächst Abkommen über Handel und Kredite abzuschließen und danach den zweiten, den politischen Schritt zu tun. Dort hieß es:

»Die Regierung der UdSSR ist der Meinung, daß der zweite, wichtigste Schritt, der auf den ersten folgt, der Abschluß eines Nichtangriffspaktes sein könnte, dessen erster Entwurf beiliegt; dazu ein besonderes Protokoll über das Interesse der Vertragschließenden Seiten an bestimmten Fragen der Außenpolitik, das organischer Bestandteil des Paktes werden soll.«[9]

Stalin hatte es aber nicht eilig. Auf den Rand des Molotowschen Vorschlages kritzelte er unzufrieden: »Nicht das Richtige.« Wo vom »zweiten Schritt« die Rede war, fügte er hinzu: »in Kürze«. Dann strich er die Erwähnung eines beiliegenden Vertragsentwurfs. Offenbar wollte er den Deutschen die sowjetischen Vorschläge nicht sofort zur Kenntnis geben, sondern zunächst die Reaktion aus Berlin abwarten. Aber aus dem Memorandum vom 17. August geht hervor, daß die Idee, dem neuen Vertrag ein gesondertes Geheimprotokoll beizufügen, eindeutig von Stalin und Molotow stammt. Schnurres Gedanke war nicht vergessen, sondern nur abgewandelt worden. Bei diesem Plagiat hatte Stalin sicher keine Gewissensbisse.

Die Schlußrunde der Erörterung des Paktes wurde am 19. August eingeläutet. Schulenburg erschien um 14.00 Uhr bei Molotow und übergab diesem die Vorstellung der deutschen Regierung vom Vertrag, die er tags zuvor von Ribbentrop erhalten hatte. Der sowjetische Entwurf war zu diesem Zeitpunkt offenbar ebenfalls fertig. Daher wurde Schulenburg um 16.30 Uhr noch einmal in den Kreml gerufen, wo er den vom NKID angefertigten Entwurf erhielt, den Stalin zwei Tage vorher noch nicht hatte freigeben wollen. Der zweiseitige Text umfaßte nicht zwei, sondern fünf Punkte mit einem wichtigen Postskriptum – dem künftigen Geheimprotokoll. Ein wesentlicher Unterschied zu den deutschen Vorschlägen war die Geltungsdauer – nicht 25, sondern lediglich fünf Jahre. Ein weiterer wichtiger Unterschied waren Punkte, in denen man das Verhalten einer Seite für den Fall festgeschrieben hatte, daß eine dritte Macht sie überfiel. Schließlich wurde ein Konsultationsmechanismus für Streitfälle entworfen. All das ließ den Vertrag in der Tat nun wesentlich seriöser erscheinen. Auf Stalins Exemplar ist von Hand vermerkt: »An Sch-g übergeben am 19. 8.«[10]

Diese Version wurde in der Nacht zum 20. August nach Berlin übermittelt. Sie traf dort um 3.25 Uhr ein. Die Übersetzung hatten die Deutschen noch in Moskau angefertigt. Am Morgen des 20. August sandte man den Entwurf an Hitler auf dem Berghof, an Ribbentrop in Fuschl und an Weizsäcker in Berlin.[11] Hier ist er im Wortlaut:

»Die Regierung der UdSSR und die Regierung Deutschlands, geleitet von dem Wunsche, die Sache des Friedens zwischen den Völkern zu festigen, und ausgehend von den grundlegenden Bestimmungen des Neutralitätsvertrages, der im April 1926 zwischen der UdSSR und Deutschland geschlossen wurde, sind zu nachstehender Vereinbarung gelangt:

Artikel 1:

Die beiden Vertragschließenden Teile verpflichten sich, sich jeden Gewaltaktes, jeder aggressiven Handlung und jedes Angriffs gegeneinander, und zwar sowohl einzeln als auch gemeinsam mit anderen Mächten, zu enthalten.

Artikel 2:

Falls einer der Vertragschließenden Teile Gegenstand eines Gewaltaktes oder Angriffs seitens einer dritten Macht werden sollte, wird der andere Vertragschließende Teil in keiner Form solche Handlungen dieser Macht unterstützen.

Artikel 3:

Falls Streitigkeiten oder Konflikte zwischen den Vertragschließenden Teilen über Fragen dieser oder jener Art entstehen sollten, verpflichten sich beide Teile, diese Streitigkeiten und Konflikte ausschließlich auf friedlichem Wege durch gegenseitige Konsultation oder nötigenfalls durch Einsetzung von Schlichtungskommissionen zu bereinigen.

Artikel 4:

Der gegenwärtige Vertrag wird auf die Dauer von fünf Jahren abgeschlossen mit der Maßgabe, daß, soweit nicht einer der Vertragschließenden Teile ihn ein Jahr vor Ablauf dieser Frist kündigt, die Dauer der Wirksamkeit des Vertrages automatisch für weitere fünf Jahre als verlängert gilt.

Artikel 5:

Der gegenwärtige Vertrag soll innerhalb möglichst kurzer Frist ratifiziert werden, wonach er in Kraft tritt.

Postskriptum: Der gegenwärtige Vertrag ist nur bei gleichzeitiger Unterzeichnung eines besonderen Protokolls über die Punkte, an denen die Vertragschließenden Teile auf dem Gebiet der auswärtigen Politik interessiert sind, gültig. Das Protokoll bildet einen integrierenden Bestandteil des Paktes.«[12]

Das Prinzip des gegenseitigen Nichtangriffs war in der Vertragspraxis gängige Norm. Beide Seiten wußten jedoch genau, daß es am wenigsten um dieses Prinzip ging. Stalin war nicht so naiv anzunehmen, der Verfasser von »Mein Kampf« werde seine weitreichenden Pläne fallenlassen. Hitler erwartete keinen sowjetischen Angriff, weil er über den damaligen Zustand der Roten Armee nach den Stalinschen Säuberungen bestens informiert war. Darüber hatte er die deutschen Diplomaten eingehend befragt, die am 10. Mai aus Moskau auf den Berghof bei Berchtesgaden gekommen waren.

Hier ging es um etwas anderes: Beim bevorstehenden Überfall der Wehrmacht auf Polen sollte die Neutralität der Sowjetunion sichergestellt werden. Das ließen die deutschen Diplomaten in den Verhandlungen ganz offen erkennen, allerdings nur im mündlichen Gespräch. Schriftlich war nichts dergleichen zu finden, schon gar nicht im Vertrag. Die sowjetische Seite war über die militärischen Vorbereitungen auf den »Fall Weiß« bestens im Bilde. In Stalins Archiv liegt eine bislang unbekannte Botschaft Ribbentrops, in der er Stalin am 31. August von dem geplanten Einmarsch in Polen in Kenntnis setzte. »Die deutsche Armee ist in Marsch gesetzt«, endete diese Nachricht.[13]

Stalin widmete der Abfassung des Paktes große Aufmerksamkeit. Er war mit dem nach Berlin übersandten Entwurf nicht zufrieden und arbeitete daran weiter. Im Archiv ist ein undatiertes Exemplar dieses Entwurfs erhalten geblieben, das folgende Veränderungen von Stalins Hand trägt:

Erstens legte der Generalsekretär als Titel fest »Nichtangriffsvertrag zwischen Deutschland und der Sowjetunion«. Zweitens wurde in der Präambel die Formulierung »Sache des Friedens zwischen den Völkern« auf »Sache des Friedens« reduziert. Später tauchte die Formulierung auf: »Sache des Friedens zwischen der UdSSR und Deutschland«. Sämtliche Punkte wurden von Stalin umformuliert und neu geordnet. Artikel 1 wurde völlig gestrichen. Was Stalin damit meinte, ist schwer zu sagen, denn in der abschließenden Version ist er erhalten geblieben. Artikel 2 ist vorhanden, aber bei der Numerierung der Artikel sind an die Stelle arabischer Zahlen römische getreten. Die Worte »Gewaltaktes oder Angriffs« sind durch »militärischer Handlungen« ersetzt. Die Formulierung »solche Handlungen dieser Macht« ist gestrichen und durch »diese Macht« ersetzt.

Artikel 3 wurde ganz herausgenommen. Im Artikel 4 ist diese Ziffer durch VI ersetzt. Die Geltungsdauer verlängerte Stalin von fünf auf zehn Jahre. Am Rande sind neue Artikel 4 und 5 eingefügt. Leider ist Stalins Handschrift nur schwer zu entziffern.

Artikel 7 (ursprünglich 5) lautet in diesem Entwurf: »Der gegenwärtige Vertrag soll innerhalb möglichst kurzer Frist ratifiziert werden. Der Austausch der Ratifikationsurkunden soll in Berlin erfolgen. Der Vertrag tritt nach seiner Unterzeichnung in Kraft.«

Das Postskriptum hat Stalin kurzerhand gestrichen. Darunter Stalins Signum »St.« Danach folgt der handschriftliche Satz: »Zur Bestätigung haben die Bevollmächtigten [unleserlich] unterschrieben ...« Hier endet der Abänderungsversuch. Nach einem Absatz folgt ein weiterer Satz in Stalins Handschrift: »Ausgefertigt in doppelter Urschrift in deutscher und russischer Sprache in Moskau am 24. August 1939.«[14] Diese letzte Korrektur läßt vermuten, daß Stalin sie in der Nacht vom 23. zum 24. August vornahm, als Ribbentrop bereits in Moskau war. Offenbar war er zu dem Schluß gekommen, daß ein gesondertes Dokument notwendig war. Wir haben allen Grund anzunehmen, daß Stalin den zuvor von Schnurre geäußerten Gedanken eines Geheimprotokolls aufgriff, das nach dessen Vorschlag dem Handels- und Kreditabkommen beigefügt werden sollte. Am 7. August hatte Molotow das noch für unangebracht gehalten. Am 23. August erschien es dagegen durchaus logisch, alle politischen Voraussetzungen für den Pakt in einem Geheimpapier zusammenzufassen, das organischer Bestandteil des Vertrages war.

Auch die deutsche Delegation war nicht untätig geblieben, als sie am 19. August den vom NKID ausgearbeiteten Entwurf aus Moskau erhalten hatte. Bereits bei der ersten Zusammenkunft mit Stalin übergab Ribbentrop der sowjetischen Seite seine Version des Vertragstextes, die er aus Berlin mitgebracht hatte. Dieser Text ist bis heute unbekannt geblieben, aber das Stalin-Archiv gibt uns die Gelegenheit, ihn nach einer, wenn auch sehr schwerfälligen, weil unter großem Zeitdruck angefertigten Übersetzung aus dem Deutschen ins Russische im Umfang von drei Seiten zu rekonstruieren. Die deutsche Delegation hatte diese Übersetzung offenbar selbst angefertigt, im Archiv liegt keine deutsche Version. In dem eine Präambel und neun Punkte umfassenden Dokument hatte der Vertrag noch keinen offiziellen Titel, sondern hieß lediglich »Vertrag zwischen der Deutschen Regierung und der Regierung der Union der Sozialistischen Sowjetrepubliken«. Dies bestätigt noch einmal, daß der Titel des Paktes tatsächlich von Stalin stammt:

»VERTRAG
ZWISCHEN DER DEUTSCHEN REGIERUNG UND DER REGIERUNG DER UNION DER SOZIALISTISCHEN SOWJETREPUBLIKEN

Die Erfahrung von Jahrhunderten beweist, daß zwischen dem deutschen und dem russischen Volk eine angeborene Sympathie besteht. Die Lebensräume beider Völker berühren sich, überlappen sich aber nicht in ihren natürlichen Bedürfnissen.

Die wirtschaftlichen Erfordernisse und Möglichkeiten beider Staaten ergänzen einander in jeder Hinsicht.

In Anerkennung dieser Tatsachen und der daraus zu ziehenden Schlußfolgerung, daß zwischen ihnen keinerlei real gegensätzliche Interessen bestehen, haben das Deutsche Reich und die Union der Sozialistischen Sowjetrepubliken beschlossen, ihre Beziehungen neu zu gestalten und auf eine neue Grundlage zu stellen. Damit kehren sie zu einer Politik zurück, die in den vergangenen Jahrhunderten für beide Völker günstig war und ihnen nur Nutzen gebracht hat. Sie sind der Meinung, daß die Interessen beider Staaten heute wie früher eine weitere Vertiefung und freundschaftliche Regelung der gegenseitigen Beziehungen erfordern und daß nach einer Zeit der Trübung nun eine Wende in der Geschichte beider Nationen eingetreten ist.

Um dieser natürlichen Entwicklung in den Beziehungen beider Völker deutlichen Ausdruck zu geben, haben beide Regierungen beschlossen, einen Vertrag über Konsultationen und gegenseitigen Nichtangriff zu schließen. Zu diesem Zweck haben der deutsche Reichskanzler den Reichsaußenminister, Herrn Joachim von Ribbentrop [im Text folgt freier Raum für den Namen des sowjetischen Bevollmächtigten – L. B.] bevollmächtigt, welche nach dem Austausch ihrer in guter und geeigneter Form befundenen Vollmachten in folgenden Punkten übereingekommen sind:

Artikel I

Die beiden Vertragschließenden Teile verpflichten sich, sich jeden Gewaltakts, jeder aggressiven Handlung und jeden Angriffs gegeneinander, und zwar sowohl einzeln als auch gemeinsam mit anderen Mächten, zu enthalten.

Artikel II

Falls einer der Vertragschließenden Teile in einen militärischen Konflikt mit einer dritten Macht eintreten sollte, wird der andere Vertragschließende Teil in keiner Form diese dritte Macht unterstützen.

Artikel III

Die Regierungen der beiden Vertragschließenden Teile werden künftig fortlaufend in Fühlung miteinander bleiben, um sich gegenseitig über alle Fragen zu informieren, die ihre gemeinsamen Interessen berühren.

Artikel IV

Keiner der beiden Vertragschließenden Teile wird sich an irgendeiner Mächtegruppierung beteiligen, die sich unmittelbar oder mittelbar gegen den anderen Teil richtet.

Artikel V

Die Regierungen beider Vertragschließenden Teile treten unverzüglich in Verhandlungen ein, um ihre Wirtschaftsbeziehungen über den Rahmen des am 19. August 1939 unterzeichneten Wirtschaftsabkommens auf breitester Grundlage und für lange Zeit zu intensivieren.

Artikel VI

Falls Streitigkeiten oder Konflikte zwischen den Vertragschließenden Teilen über Fragen dieser oder jener Art entstehen sollten, werden beide Teile diese Streitigkeiten oder Konflikte ausschließlich auf dem Wege freundschaftlichen Meinungsaustausches oder nötigenfalls durch Einsetzung von Schlichtungskommissionen bereinigen.

Artikel VII

Der gegenwärtige Vertrag soll innerhalb möglichst kurzer Frist ratifiziert werden. Die Ratifikationsurkunden sollen in Berlin ausgetauscht werden. Beide Seiten stimmen überein, daß der Vertrag sofort nach seiner Unterzeichnung in Kraft tritt.

Die Gültigkeit des Vertrages wird 25 Jahre lang nicht aufgehoben. Zur Bestätigung dessen haben die Bevollmächtigten diesen Vertrag unterzeichnet und gesiegelt.

Ausgefertigt in doppelter Urschrift, in deutscher und russischer Sprache in Moskau am 24. August 1939.«[15]

Die sowjetische Seite unterzog das Dokument einer gründlichen Bearbeitung: Die Präambel wurde sofort verworfen, sie ist von Stalins Hand gestrichen. Dazu der Leiter der Rechtsabteilung, Gaus, in einer schriftlichen Aussage beim Nürnberger Prozeß:

»Herr von Ribbentrop hatte persönlich in die Präambel des von mir angefertigten Vertragsentwurfs eine ziemlich weitgehende Wendung, betreffend freundschaftlicher Gestaltung der deutsch-russischen Beziehungen eingefügt, die Herr Stalin mit dem Bemerken beanstandete, daß die Sowjetregierung, nachdem sie 6 Jahre lang von der nationalsozialistischen Reichsregierung mit ›Kübeln von Jauche‹ überschüttet worden sei, nicht plötzlich mit deutsch-russischen Freundschaftsversicherungen an die Öffentlichkeit treten könne. Der betreffende Passus der Präambel wurde daraufhin gestrichen beziehungsweise geändert.«[16]

Das war aber nicht die einzige Korrektur, die Stalin vornahm. Eigenhändig fügte er Artikel I in seiner eigenen Formulierung wieder ein. An den Rand von Artikel II schrieb er: »Anders« und »anderer Text«. Artikel V ließ er völlig wegfallen. Am Rande von Artikel VII steht wiederum: »And. Text«. In der neuen Version fehlte der deutsche Vorschlag, den Vertrag 25 Jahre lang nicht zu kündigen. Einige frühere Formulierungen der sowjetischen Seite wurden wieder aufgenommen. Erneut verlängerte man die Geltungsdauer des Vertrages auf zehn Jahre. Ursprünglich hatte die UdSSR fünf Jahre vorgeschlagen.[17]

Gaus erwähnte, daß der deutschen Delegation bereits der Wortlaut des zusätzlich abzuschließenden Geheimprotokolls vorlag. Das bestätigte indirekt auch der sowjetische Dolmetscher Pawlow. Er erinnert sich, daß die Verhandlungen Stalins und Ribbentrops mit der Ablehnung des deutschen Wunsches durch den Generalsekretär begannen, die Trennlinie zwischen den Interessensphären längs der Westlichen Dwina verlaufen zu lassen. Dabei wären die Häfen Libau (heute Liepāja) und Windau (Ventspils) den Deutschen zugefallen. Stalin wollte dort jedoch sowjetische Marinebasen errichten. Ribbentrop erbat dazu Hitlers Zustimmung, die er auch erhielt.[18]

Der endgültige Text wurde schließlich in der Nacht zum 24. August um 2.30 Uhr unterzeichnet. Als Abschlußdatum setzte man jedoch den 23. August ein, weil der Vertrag damit sofort in der sowjetischen Presse erscheinen konnte. Das Kommuniqué über die Unterzeichnung schrieb Stalin persönlich. Als archivarische Kuriosität sei am Rande vermerkt, daß in der entsprechenden Akte des Stalin-Archivs nicht das Original, sondern Ausschnitte aus den Zeitungen »Iswestija« und »Prawda« mit dem Vertragstext abgelegt sind. Der endgültige Wortlaut des Vertrages samt Zusatzprotokoll ist bekannt, sei hier aber der Vollständigkeit halber noch einmal angefügt:

»NICHTANGRIFFSVERTRAG
ZWISCHEN DEUTSCHLAND UND DER UNION
DER SOZIALISTISCHEN SOWJETREPUBLIKEN

Die Deutsche Reichsregierung und die Regierung der Union der Sozialistischen Sowjetrepubliken geleitet von dem Wunsche die Sache des Friedens zwischen Deutschland und der UdSSR zu festigen und ausgehend von den grundlegenden Bestimmungen des Neutralitätsvertrages, der im April 1926 zwischen Deutschland und der UdSSR geschlossen wurde, sind zu nachstehender Vereinbarung gelangt:

Artikel I.

Die beiden Vertragschließenden Teile verpflichten sich, sich jeden Gewaltakts, jeder aggressiven Handlung und jeden Angriffs gegen einander, und zwar sowohl einzeln als auch gemeinsam mit anderen Mächten, zu enthalten.

Artikel II.

Falls einer der Vertragschließenden Teile Gegenstand kriegerischer Handlungen seitens einer dritten Macht werden sollte, wird der andere Vertragschließende Teil in keiner Form diese dritte Macht unterstützen.

Artikel III.

Die Regierungen der beiden Vertragschließenden Teile werden künftig fortlaufend zwecks Konsultation in Fühlung miteinander bleiben, um sich gegenseitig über Fragen zu informieren, die ihre gemeinsamen Interessen berühren.

Artikel IV.

Keiner der beiden Vertragschließenden Teile wird sich an irgend einer Mächtegruppierung beteiligen, die sich mittelbar oder unmittelbar gegen den anderen Teil richtet.

Artikel V.

Falls Streitigkeiten oder Konflikte zwischen den Vertragschließenden Teilen über Fragen dieser oder jener Art entstehen sollten, werden beide Teile diese Streitigkeiten oder Konflikte ausschließlich auf dem Wege freundschaftlichen Meinungsaustausches oder nötigenfalls durch Einsetzung von Schlichtungskommissionen bereinigen.

Artikel VI.

Der gegenwärtige Vertrag wird auf die Dauer von 10 Jahren abgeschlossen mit der Maßgabe, daß, soweit nicht einer der Vertragschließenden Teile ihn ein Jahr vor Ablauf dieser Frist kündigt, die Dauer der Wirksamkeit dieses Vertrages automatisch für weitere fünf Jahre als verlängert gilt.

Artikel VII.

Der gegenwärtige Vertrag soll innerhalb möglichst kurzer Frist ratifiziert werden. Die Ratifikationsurkunden sollen in Berlin ausgetauscht werden. Der Vertrag tritt sofort mit seiner Unterzeichnung in Kraft.

Ausgefertigt in doppelter Urschrift, in deutscher und russischer Sprache.

Moskau am 23. August 1939

Für die	In Vollmacht
Deutsche Reichsregierung:	der Regierung der UdSSR:
v. Ribbentrop	W. Molotow«[19]

Als Anlage zum Vertrag folgte das unglückselige Dokument

»Geheimes Zusatzprotokoll

Aus Anlaß der Unterzeichnung des Nichtangriffsvertrages zwischen dem Deutschen Reich und der Union der Sozialistischen Sowjetrepubliken haben die unterzeichneten Bevollmächtigten der beiden Teile in streng vertraulicher Aussprache die Frage der Abgrenzung der beiderseitigen Interessensphären in Osteuropa erörtert. Diese Aussprache hat zu folgendem Ergebnis geführt:

1. Für den Fall einer territorial-politischen Umgestaltung in den zu den baltischen Staaten (Finnland, Estland, Lettland, Litauen) gehörenden Gebieten bildet die nördliche Grenze Litauens zugleich die Grenze der Interessensphären Deutschlands und der UdSSR. Hierbei wird das Interesse Litauens am Wilnaer Gebiet beiderseits anerkannt.
2. Für den Fall einer territorial-politischen Umgestaltung der zum polnischen Staate gehörenden Gebiete werden die Interessensphären Deutschlands und der UdSSR ungefähr durch die Linie der Flüsse Narew, Weichsel und San abgegrenzt.

   Die Frage, ob die beiderseitigen Interessen die Erhaltung eines unabhängigen polnischen Staates erwünscht erscheinen lassen und wie dieser Staat abzugrenzen wäre, kann endgültig erst im Laufe der weiteren politischen Entwicklung geklärt werden.

   In jedem Falle werden beide Regierungen diese Frage im Wege einer freundschaftlichen Verständigung lösen.
3. Hinsichtlich des Südostens Europas wird von sowjetischer Seite das Interesse an Bessarabien betont. Von deutscher Seite wird das völlige politische Desinteressement an diesen Gebieten erklärt.
4. Dieses Protokoll wird von beiden Seiten streng geheim behandelt werden.

Moskau, den 23. August 1939

Für die Deutsche Reichsregierung: v. Ribbentrop	In Vollmacht der Regierung der UdSSR: W. Molotow«[20]

Den Abschluß der Dokumentensammlung aus dem August 1939 in Stalins Archiv bildet folgende Niederschrift einer Mitteilung Schulenburgs unter der Aktennummer 673:

»Der Reichsaußenminister hat den Geschäftsträger der UdSSR in Berlin über folgendes informiert:

Der britische Botschafter brachte gegenüber dem Führer den Wunsch zum Ausdruck, daß die polnische Frage friedlich geregelt wird und die deutsch-englischen Beziehungen verbessert werden. Der Führer erklärte, die polnische Frage werde so oder so gelöst. Was eine Verbesserung der Beziehungen zwischen Deutschland und England betreffe, so habe auch er diesen Wunsch, aber nur unter der absoluten Voraussetzung, daß dies die sowjetisch-deutsche Übereinkunft nicht berühre, die bedingungslos sei und einen Wendepunkt in der deutschen Außenpolitik für lange Zeit darstelle. Außerdem lasse die deutsche Seite nicht zu, daß das deutsch-italienische Bündnis beeinträchtigt werde.

Nach diesem Gespräch begab sich Henderson nach London. Von dort brachte er die Antwort der englischen Regierung, die hoffte, daß die polnische Frage durch direkte deutsch-polnische Verhandlungen gelöst wird. Diese Antwort werde gegenwärtig erörtert. Die deutsche Seite werde die Regierung der UdSSR über die Ergebnisse auf dem laufenden halten. Alle Fragen, die den Osten betreffen, werde Deutschland auf jeden Fall gemeinsam mit der UdSSR behandeln und ohne die UdSSR an keinerlei internationalen Konferenzen teilnehmen.

Zum Abschluß hob der Reichsaußenminister die feste Entschlossenheit des Führers hervor, die polnische Frage kurzfristig so oder so zu lösen. Die deutsche Armee ist in Marsch gesetzt.«

Das war die offizielle deutsche Mitteilung, daß der Zweite Weltkrieg begonnen hatte. Das Dokument trägt Stalins handschriftlichen Vermerk: »Von Sch-g (31. 8.–1. 9.).«[21]

Hier nun steht der Historiker vor einer deprimierenden Tatsache: Das Politbüro hielt es zwar für nötig, so lächerliche Beschlüsse wie den über die Abwerbung von Spielern aus der Stalingrader Fußballmannschaft »Traktor« oder über den Urlaub des Polarforschers Papanin zu fassen, der Abschluß des Nichtangriffspaktes mit Deutschland oder der Abbruch der Verhandlungen mit den Militärmissionen der Westmächte hingegen wurden dort nie debattiert. Und das sicher nicht deshalb, weil man diese Fragen für unwichtig hielt. Im Gegenteil, sie waren zu gravierend, um sie über einen kleinen Kreis weniger Mitglieder dieses Gremiums hinaus bekannt werden zu lassen. Inoffizielle Dreier- und Fünfergruppen entschieden über das Schicksal der Sowjetunion – natürlich streng nach dem Willen des Generalsekretärs. Diese Besonderheit des Stalinschen Regimes war Ende der dreißiger Jahre bereits voll ausgeprägt.

Was ist zu dem Vertrag selber zu sagen? Zum ersten kann es keinerlei Zweifel geben, daß Stalin bei außenpolitischen Beschlüssen der UdSSR eine überragende Rolle spielte. Der Generalsekretär befaßte sich dabei auch mit den winzigsten Details. Jede Weisung des Volkskommissars war mit ihm erörtert und abgestimmt. Litwinow faßte selbst in Personalfragen keinen einzigen Entschluß, dem Stalin nicht vorher zugestimmt hatte. Als Molotow den Posten übernahm, entstand ein eingespieltes Tandem, in dem der Volkskommissar keine zweitrangige Rolle spielte. Die wichtigsten Dokumente bearbeiteten beide gemeinsam. Auf einem einzigen Exemplar finden sich Abänderungen von beider Hand, und beide zeichneten auch gemeinsam ab.

Zum zweiten ergibt das Studium der Dokumente, daß der wirtschaftliche Faktor an der Wende des Jahres 1939 eine wesentliche Rolle spielte. Während über die sich anbahnende politische Annäherung nur spärliche Informationen vorliegen, findet sich umfangreiches Material zur Wiederaufnahme der Wirtschaftsbeziehungen zwischen der UdSSR und Deutschland. Diese Dokumente gingen bereits Ende 1938/Anfang 1939 über Stalins Tisch. Bei der Auseinandersetzung mit dem wenig einleuchtenden Argument, die Vereinbarungen von 1939 seien »erzwungen« gewesen, ist der wirtschaftliche Faktor unbedingt zu berücksichtigen.

Zum dritten haben wir die Rolle Stalins bei der praktischen Erarbeitung des Vertragstextes und der Zusatzprotokolle zu bewerten. Lassen wir die juristische Bedeutung seiner Korrekturen zunächst beiseite. Der Abschluß des Molotow-Ribbentrop-Paktes war für den Generalsekretär kein formaler Akt. Stalin überblickte die weitgehenden Folgen des Vertrages durchaus. Das Argument, er habe die damit verbundenen Gefahren »nicht erkannt«, ist einfach nicht stichhaltig. Nein, er wußte genau, was er tat. Und er

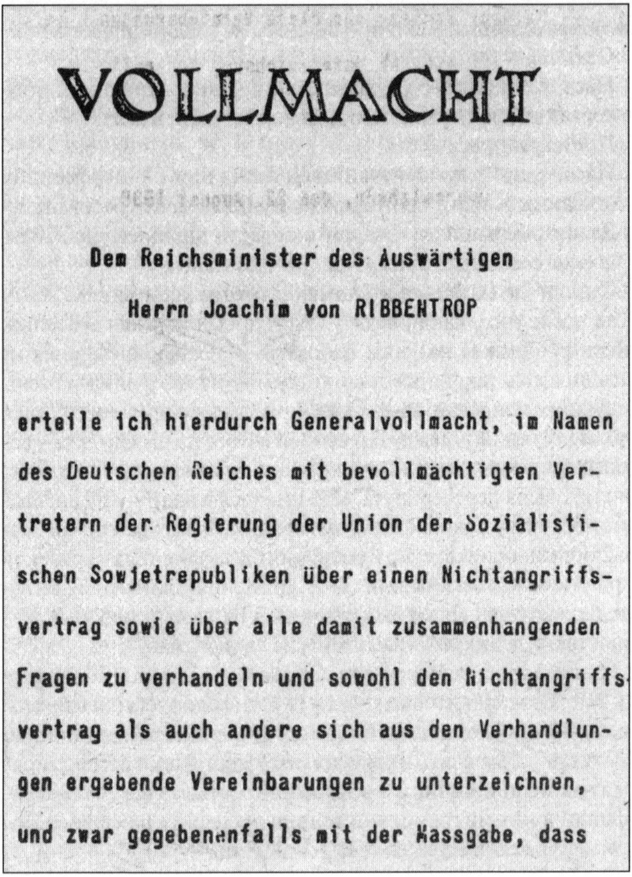

VOLLMACHT

Dem Reichsminister des Auswärtigen

Herrn Joachim von RIBBENTROP

erteile ich hierdurch Generalvollmacht, im Namen des Deutschen Reiches mit bevollmächtigten Vertretern der Regierung der Union der Sozialistischen Sowjetrepubliken über einen Nichtangriffsvertrag sowie über alle damit zusammenhangenden Fragen zu verhandeln und sowohl den Nichtangriffsvertrag als auch andere sich aus den Verhandlungen ergebende Vereinbarungen zu unterzeichnen, und zwar gegebenenfalls mit der Massgabe, dass

Vollmacht für Ribbentrop, von Hitler unterzeichnet

wollte für die UdSSR einen maximalen Vorteil herausschlagen. Das ergeben die Dokumente aus der Zeit vom 23. August 1939 bis zum 22. Juni 1941 eindeutig. Wie sich die Dinge dann in der Praxis gestalteten, ist eine andere Frage.

Die Archivdokumente bezeugen, daß sich die Entscheidung über den Pakt vor dem Hintergrund eines den sowjetischen Politikern durchaus verständlichen Komplexes wirtschaftlicher und politischer Faktoren vollzog. Stalin war

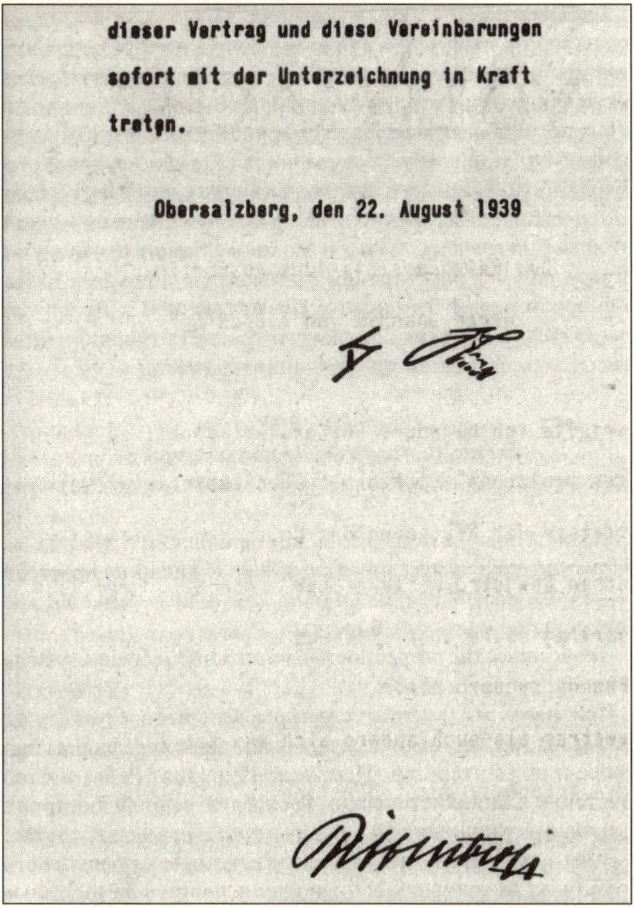

dieser Vertrag und diese Vereinbarungen sofort mit der Unterzeichnung in Kraft treten.

Obersalzberg, den 22. August 1939

dieser Hintergrund bereits seit den zwanziger und dreißiger Jahren klar. Der Generalsekretär sah, daß die gewünschte Veränderung in den Wirtschaftsbeziehungen mit Deutschland nicht ohne einen anderen politischen Kurs zu erreichen war. Alle Versuche der Jahre 1935/36, allein eine Weiterentwicklung der Wirtschaftsbeziehungen durchzusetzen, scheiterten. Die nachfolgenden Schritte im wirtschaftlichen und politischen Bereich waren abgestimmt und

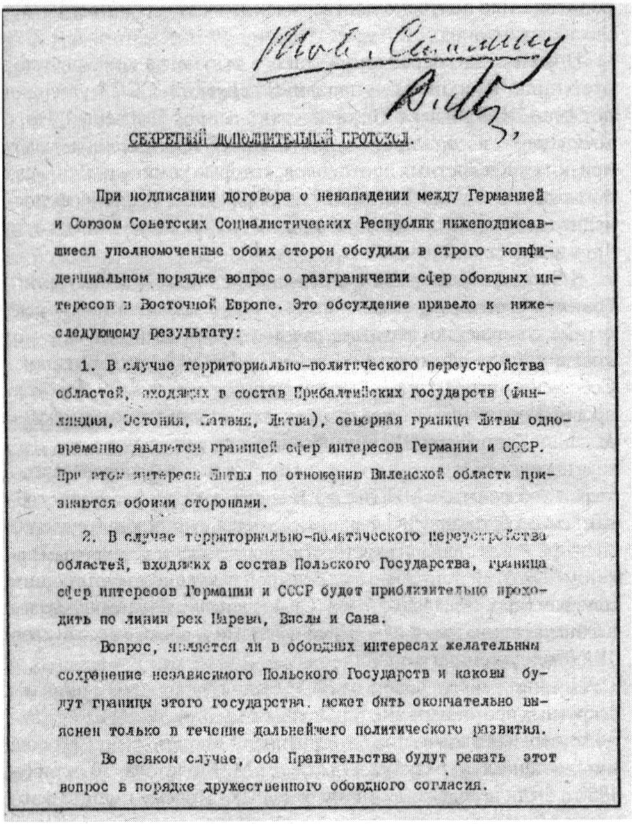
Тов. Сталину
В. М.

СЕКРЕТНЫЙ ДОПОЛНИТЕЛЬНЫЙ ПРОТОКОЛ.

При подписании договора о ненападении между Германией и Союзом Советских Социалистических Республик нижеподписавшиеся уполномоченные обоих сторон обсудили в строго конфиденциальном порядке вопрос о разграничении сфер обоюдных интересов в Восточной Европе. Это обсуждение привело к нижеследующему результату:

1. В случае территориально-политического переустройства областей, входящих в состав Прибалтийских государств (Финляндия, Эстония, Латвия, Литва), северная граница Литвы одновременно является границей сфер интересов Германии и СССР. При этом интересы Литвы по отношению Виленской области признаются обоими сторонами.

2. В случае территориально-политического переустройства областей, входящих в состав Польского Государства, граница сфер интересов Германии и СССР будет приблизительно проходить по линии рек Нарева, Вислы и Сана.

Вопрос, является ли в обоюдных интересах желательным сохранение независимого Польского Государств и каковы будут границы этого государства, может быть окончательно выяснен только в течение дальнейшего политического развития.

Во всяком случае, оба Правительства будут решать этот вопрос в порядке дружественного обоюдного согласия.

Exemplar des Geheimen Zusatzprotokolls, das Molotow an Stalin schickte

ergänzten einander. Daher sollten wir nicht in die alte Gewohnheit verfallen, sie getrennt zu betrachten. Die Verhandlungen über Wirtschaftsfragen trugen von Anfang an politischen Charakter, und in den politischen Kontakten wurden wirtschaftliche Überlegungen nicht ausgeklammert.

Somit ist der Beginn des Komplexes der politisch-ökonomischen Verhandlungen zwischen Deutschland und der UdSSR auf den Januar 1939 oder sogar den Dezember 1938 zu datieren. Einen wichtigen Einschnitt brachte der Mai

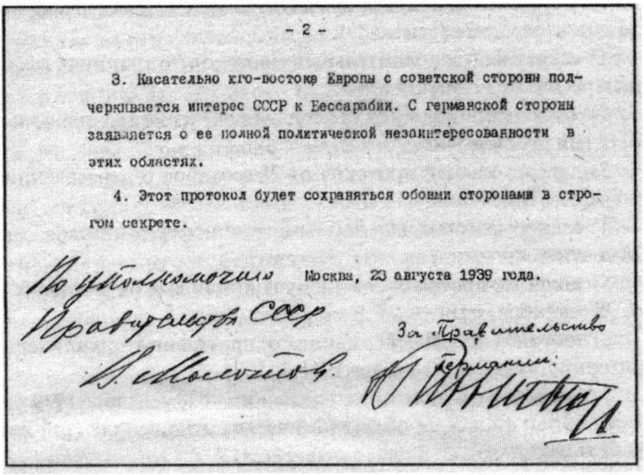
\- 2 -

3. Касательно юго-востока Европы с советской стороны подчеркивается интерес СССР к Бессарабии. С германской стороны заявляется о ее полной политической незаинтересованности в этих областях.

4. Этот протокол будет сохраняться обоими сторонами в строгом секрете.

По уполномочию Правительства СССР

В. Молотов

Москва, 23 августа 1939 года.

За Правительство Германии:

v. Ribbentrop

1939 (das Gespräch Molotows mit Schulenburg, die Anforderung der Akten über den Vertrag von 1926 durch Stalin) und natürlich die veränderte deutsche Haltung in der Kreditfrage, woraufhin das Politbüro seinen Beschluß vom 14. Juli 1939 fassen konnte. Danach folgte die erste direkte Weisung Molotows an Astachow in Berlin für dessen Gespräche am 28. und 29. Juli. Die Handels- und Kreditverhandlungen sowie die politischen Gespräche liefen mit wenigen Ausnahmen bis zur Schlußetappe vom 19. bis 23. August parallel. Unter größtem Zeitdruck wurden nun Dokumente von historischer Tragweite ausgearbeitet und unterzeichnet.

Stalin hielt nichts davon, seine Schritte anderen zu erläutern, und tat dies äußerst selten. Ein einziges glaubwürdiges Dokument dieser Art ist erhalten geblieben: eine Notiz im Tagebuch des Generalsekretärs der Komintern, Georgi Dimitroff:

»7. 9. 39

– Im Kreml (Stalin, Molotow, Shdanow). Stalin:
– Der Krieg wird zwischen zwei Gruppen von kapitalistischen Staaten geführt –
– (arme und reiche im Hinblick auf Kolonien, Rohstoffe usw.) um die Neuaufteilung der Welt, um die Weltherrschaft!

– Wir haben nichts dagegen, daß sie kräftig aufeinander einschlagen und sich schwächen.
– Nicht schlecht, wenn Deutschland die Lage der reichsten kapitalistischen Länder (vor allem Englands) ins Wanken brächte.
– Hitler selber zerrüttet und untergräbt, ohne es zu verstehen und zu wollen, das kapitalistische System.
– Die Haltung der Kommunisten an der Macht ist eine andere als die der Kommunisten in der Opposition.
– Wir sind bei uns Herren im Hause.
– Die Kommunisten in den kapitalistischen Ländern sind in der Opposition, dort ist die Bourgeoisie der Hausherr. Wir können manövrieren, eine Seite gegen die andere aufbringen, damit sie sich noch stärker in die Haare geraten.
– Der Nichtangriffsvertrag hilft Deutschland in gewissem Maße.
– Der nächste Schritt ist der, die andere Seite anzuspornen.
– Die Kommunisten der kapitalistischen Länder müssen entschieden gegen ihre Regierungen, gegen den Krieg auftreten. Bis zum Krieg war es völlig richtig, dem Faschismus das demokratische Regime entgegenzusetzen. Während des Krieges zwischen den imperialistischen Mächten ist das nicht mehr richtig.
– Die Unterscheidung der kapitalistischen Länder in faschistische und demokratische hat ihren bisherigen Sinn verloren.
– Der Krieg hat einen grundlegenden Bruch herbeigeführt.
– Die Einheitsvolksfront von gestern diente dazu, die Lage der Sklaven im kapitalistischen Regime zu erleichtern.
– Unter den Bedingungen des imperialistischen Krieges steht die Frage der Vernichtung der Sklaverei!
– Heute die Positionen des gestrigen Tages einzunehmen (Einheitsvolksfront, Einheit der Nation) – bedeutet, auf die Positionen der Bourgeoisie abzugleiten.
– Diese Losung wird zurückgenommen.
– Der polnische Staat war früher (in der Geschichte) ein Nationalstaat. Deshalb haben ihn die Revolutionäre gegen Teilung und Versklavung verteidigt.
– Heute ist er ein faschistischer Staat, der Ukrainer, Weißrussen usw. knechtet.
– Die Vernichtung dieses Staates unter den gegenwärtigen Bedingun-

gen würde einen bourgeoisen faschistischen Staat weniger bedeuten!

- Was ist Schlechtes daran, wenn wir im Ergebnis der Zerschlagung Polens das sozialistische System auf neue Territorien und die Bevölkerung ausdehnen.

Wir haben Verträge mit den sogenannten demokratischen Staaten vorgezogen und deshalb Verhandlungen geführt.

- Aber die Engländer und Franzosen wollten uns als Knechte und zudem nichts dafür bezahlen!
- Wir ließen uns selbstverständlich nicht zu Knechten machen, schon gar nicht, wenn wir nichts dafür bekommen.

Man muß der Arbeiterklasse sagen:

- daß der Krieg um die Weltherrschaft geführt wird;
- daß die Herren der kapitalistischen Länder für ihre imperialistischen Interessen kämpfen;
- daß dieser Krieg den Arbeitern, den Werktätigen nichts bringen wird außer Leid und Entbehrung.
- Wir müssen entschieden gegen den Krieg und seine Schuldigen auftreten.
- Entlarven Sie die Neutralität, die bourgeoise Neutralität der Länder, die bei sich für Neutralität eintreten und den Krieg in anderen Ländern mit dem Ziel der Bereicherung unterstützen.«[22]

Der eigentliche Zweck dieses Gesprächs bestand darin, Dimitroff zu erklären, daß der Pakt für die kommunistische Weltbewegung nützlich, ja sogar segensreich sei. Sieht man davon ab, dann bleibt als wesentliche Aussage das Bestreben Stalins, die Machtposition der UdSSR zu stärken. Sie sollte beim Kampf zweier imperialistischer Räuber der lachende Dritte sein. Eine ähnliche Vorstellung hatte Stalin schon einmal auf dem Plenum des ZK der RKP(B) im Jahre 1925 geäußert. Damals wollte er Lenin nacheifern, der mit seinem überraschenden Umschwenken in Brest ebenfalls versucht hatte, einen Feind gegen den anderen auszuspielen. Stalins recht naive Vorstellung von Hitler, der »das kapitalistische System untergräbt«, verband sich mit dem machiavellistischen Gedanken, eine Seite gegen die andere zu hetzen. Noch zynischer war seine Äußerung über das »faschistische Polen«, einen langjährigen Gegner, der sich 1920 der Roten Armee nicht ergeben hatte.

Dimitroffs Tagebucheintrag ist geradezu ein Musterbeispiel dafür, wie Stalin jeden seiner Schritte zu begründen suchte: Er folgte nicht dem voluntaristischen »Ich tue, was ich will«, sondern dem Grundsatz »Ich tue es, weil ich es will«.

DREIZEHNTES KAPITEL

Die vierte und fünfte Teilung Polens

Dem sowjetischen Diplomaten Wladimir Potjomkin schreibt man einen schwerwiegenden Satz zu, den er nach dem Münchener Abkommen von 1938 geäußert haben soll. Bei der Verabschiedung des französischen Botschafters Coulondre habe er gesagt:

»Jetzt ist auch die vierte Teilung Polens nicht mehr ausgeschlossen ...«

Angesichts der leidvollen Geschichte Polens, das Rußland, Preußen und Österreich drei Mal in der Geschichte unter sich aufgeteilt hatten, sah der sowjetische Diplomat voraus, daß Polen nach der Tschechoslowakei das nächste Opfer einer deutschen Aggression sein werde. Er sollte recht behalten. Es verging kein Jahr, und Hitler überfiel am 1. September 1939 Polen.

Den ganzen Sommer 1939 über, aber auch bereits zuvor, hatte Stalin die deutschen Absichten gegenüber Polen mit höchster Anspannung verfolgt. Die militärische und die politische Aufklärung versorgten ihn reichlich mit Informationen. So berichtete Richard Sorge unmittelbar nach dem Abkommen von München am 3. Oktober 1938 aus Tokio:

> »Vom Militärattaché [dem deutschen Militärattaché in Tokio, Oberst Matzky – L. B.] habe ich erfahren, daß nach Lösung der Sudetenfrage als nächstes die Polenfrage an die Reihe kommt.«[1]

Das wußten auch die sowjetischen Aufklärer in Warschau. Unfreiwillige Quelle war hier der deutsche Diplomat Rudolf von Scheliha, Sproß einer berühmten Adelsfamilie, dem der Emporkömmling Hitler verhaßt war. Seine Gedanken und Informationen teilte er bereitwillig einem deutschen Kaufmann mit, bei dem er Verbindungen zu westlichen Kreisen vermutete. Tatsächlich aber gelangten seine Indiskretionen nach Moskau. Eine dieser Mitteilungen lautete:

»Bei der weiteren Realisierung der deutschen Pläne bleibt ein Krieg gegen die Sowjetunion die letzte und entscheidende Aufgabe der deutschen Politik. Wenn man früher hoffte, Polen in diesem Krieg als Bündnispartner zu gewinnen, so ist man nun in Berlin überzeugt, daß es in seinem jetzigen politischen und territorialen Zustand keine geeignete Unterstützung gegen die Sowjetunion sein kann. Daher wird Polen offenbar zunächst territorial aufgeteilt werden.«[2]

Einige Zeit später beschaffte die sowjetische Militäraufklärung genauere Informationen über Hitlers Pläne:

»Nach Hitlers Worten, die er vor einigen Tagen gegenüber Ribbentrop geäußert hat, befindet sich Deutschland gegenwärtig in der Etappe seiner absoluten militärischen Verankerung im Osten, die mit brutalsten Mitteln ohne jeden ideologischen Vorbehalt erreicht werden soll. Auf die gnadenlose Säuberung des Ostens folgt die westliche Phase, die mit der Niederlage Frankreichs und Englands – erreicht auf politischem oder militärischem Wege – enden wird. Erst danach ist die große, entscheidende Auseinandersetzung mit der Sowjetunion möglich, in der die Sowjets zerschlagen werden.

Gegenwärtig läuft noch die Etappe der militärischen Verankerung im Osten. Jetzt ist Polen an der Reihe. Deutschlands Aktionen vom März 1939 – die Bildung des Protektorats Böhmen und Mähren, die Gründung des slowakischen Staates und der Anschluß des Memellandes waren nicht zuletzt gegen Polen gerichtet und auch so geplant. Hitler wurde etwa im Februar dieses Jahres klar, daß Polen mit Verhandlungen nicht gewonnen werden kann. Daher hat er beschlossen, es mit Gewalt in die Knie zu zwingen.

Wenn die Dinge weiter so laufen, wie die Deutschen sich das vorstellen, wenn sich Polen in den nächsten Wochen nicht unterwirft, was kaum zu erwarten ist, dann wird im Juli oder August ein militärischer Angriff folgen. Der polnische Generalstab rechnet für den Herbst, nach der Ernte, mit Kriegshandlungen. Deutschland hofft, Polen mit einem Überraschungsangriff den entscheidenden Schlag zu versetzen und einen schnellen Sieg zu erringen. Der strategische Widerstand der polnischen Armee wird in 8–14 Tagen gebrochen …

Die deutschen Vorbereitungen auf einen Krieg gegen Polen sollen im Juli/August abgeschlossen sein …«[3]

Weiter hieß es in dem Bericht:

»Bei diesem Projekt ist in Berlin nur eine Frage offen: Die mögliche Reaktion der Sowjetunion.«

Das Bild war also einigermaßen klar. Hitlers Plan, im August oder September gegen Polen loszuschlagen, stand fest. Das bestätigte Rudolf von Scheliha, der am 7. Mai 1939 berichtete:

»In den letzten Tagen sind in Warschau eingetroffen: 1) der persönliche Mitarbeiter Ribbentrops, Kleist, mit der Aufgabe, die Stimmung in Polen zu erkunden; 2) der deutsche Heeres- und Luftwaffenattaché in Warschau, Oberst Gerstenberg, der zur Berichterstattung in Berlin weilte; 3) der deutsche Botschafter in Warschau, von Moltke, den Hitler fast einen Monat lang in Berlin festhielt und der jetzt ohne Direktive zur weiteren Politik gegenüber Polen auf seinen Posten zurückgekehrt ist. Was Kleist und Gerstenberg über Deutschlands derzeitige Pläne berichten, stimmt überein. Auf eine entsprechende Frage erklärte Moltke, auch er habe in Berlin in Teilen von diesen Plänen erfahren …

Nach Meinung deutscher Militärkreise werden die Vorbereitungen für einen Schlag gegen Polen nicht vor Ende Juli abgeschlossen sein. Die Offensive soll mit überraschenden Bombenangriffen auf Warschau eingeleitet werden, das man in Schutt und Asche legen will. Auf die erste Welle von Bomberstaffeln folgt nach sechs Stunden eine zweite, um das Zerstörungswerk zu vollenden. Für die darauf folgende Zerschlagung der polnischen Armee sind vierzehn Tage vorgesehen. Hitler ist sicher, daß weder England noch Frankreich in den deutsch-polnischen Konflikt eingreifen werden.«[4]

Am 7. August 1939 wurden der sowjetischen Militäraufklärung folgende Äußerungen des deutschen Heeres- und Luftwaffenattachés in Polen, Gerstenberg, bekannt:

»Die Entscheidung ist gefallen: Noch in diesem Jahr werden wir Krieg mit Polen haben. Aus absolut zuverlässiger Quelle weiß ich [Gerstenberg – L. B.], daß Hitler sich in diesem Sinne entschlossen hat. Seit Wohlthats Besuch in London ist Hitler davon überzeugt, daß England im Konfliktfall neutral bleiben wird. Die Verhandlungen der Westmächte mit Moskau laufen für uns nicht gut. Das ist für Hitler ein weiteres Argument, die Aktion gegen Polen zu beschleunigen. Hitler geht davon aus, daß sich England, Frankreich und die Sowjetunion im Moment noch nicht geeinigt haben. Vereinbarungen zwischen den Generalstäben der Verhandlungspartner von Moskau brauchen längere Zeit. Deutschland muß zuvor den ersten Schlag führen. Der Aufmarsch der deutschen Truppen gegen Polen und die Konzentration der notwendigen Mittel werden zwischen dem 15. und 20. August abgeschlossen sein. Ab 25. August ist mit dem Beginn von Kriegshandlungen gegen Polen zu rechnen.«[5]

Das entsprach exakt der Lage. Bereits am 3. April 1939 war vom Oberkommando der Wehrmacht (OKW) die Weisung ergangen, den Plan »Weiß« auszuarbeiten. Als Termin wurde der 1. September genannt. Am 11. April gab es Präzisierungen; der Termin blieb unverändert.

Generalstabspapiere haben die Besonderheit, daß der Kommentar in der Regel nicht mitgeliefert wird. Sie sprechen sozusagen für sich selbst. Beim Plan »Weiß« fällt als erstes auf, daß jeder Hinweis fehlt, was die Truppen nach dem Einrücken in die polnischen Ostgebiete, d. h., in den Westen Weißrußlands und der Ukraine, tun sollten. Die Pläne entstanden im April/Mai 1939, als die Militärs an den künftigen Pakt mit der Sowjetunion noch nicht einmal im Traum denken konnten. In den Papieren ist nur davon die Rede, die polnischen Truppen in Westpolen möglichst rasch zu zerschlagen. Keines der Dokumente deutet auch nur an, daß man vom Fall »Weiß« zu einer Operation gegen die UdSSR übergehen könnte. Statt dessen heißt es in der Weisung des OKW Nr. 3 vom 9. September: »Läßt sich übersehen, daß Teile des Ostheeres und der Luftangriffskräfte für … die Befriedung der besetzten Gebiete nicht mehr benötigt sind, so ist ihre Verwendung im Westen einzuleiten.« Das wurde in der Weisung Nr. 4 des OKW vom 25. September noch einmal bestätigt.[6] In der Planung des Generalstabes war also vorgesehen, nach Polen nicht gegen die UdSSR, sondern gegen Frankreich loszuschlagen.

Polen war bald in die Knie gezwungen. Hitler zeigte sich mit dem Gang der Dinge an der Front überaus zufrieden. Allerdings hatte er vor, die Sowjetunion direkt in die Kriegshandlungen gegen Polen einzubeziehen. Schulenburg erhielt ein Telegramm nach dem anderen. Man wollte die UdSSR zum offiziellen Kriegseintritt bewegen. Dann hätte England ihr den Krieg erklärt, und sie wäre in der kommenden Auseinandersetzung mit Deutschland isoliert gewesen. Stalin agierte jedoch mit größter Vorsicht.

Daß eine Teilung Polens bevorstand, wurde nicht sofort offenbar. Erstmalig hatte dies Ribbentrop in seiner Überlegung angedeutet, die Sowjetunion und Deutschland hätten in Osteuropa keine gegensätzlichen Interessen, und für Deutschland sei die Fortexistenz Polens nicht hinnehmbar. Eine Teilung Polens deutete sich abermals an, als Deutschland darauf verzichtete, auf polnischem Boden einen ukrainischen Staat zu errichten. Beim Aushandeln des Nichtangriffsvertrages einigte man sich dann auf eine gegenseitige Abgrenzung der Interessensphären längs der Flüsse Narew, Weichsel und San.

Am 23. August war folgender Stand erreicht: Über das endgültige Schicksal Polens sollte später entschieden werden. Zunächst zog man mitten durch das Land eine Linie, die die deutschen und sowjetischen Interessen voneinander trennte. Litauen fiel der deutschen Einflußsphäre zu.

An dieser Linie hatte Stalin zunächst nichts auszusetzen. Als Molotow am 28. August mit Schrecken feststellte, daß man bei der Ausarbeitung des Protokolls in der Eile den Fluß Pissa nördlich des Narew zu erwähnen vergessen hatte, setzte er sich umgehend mit dem deutschen Botschafter Schulenburg in Verbindung. Es wurde entschieden, den Fluß in einem besonderen Vermerk zu nennen. Erst danach folgten Narew, Weichsel und San. So kam es zu der von Molotow und Schulenburg unterzeichneten »Klarstellung«, womit eine Linie bestätigt wurde, die Polen von Nord nach Süd durchschnitt und in zwei etwa gleiche Hälften trennte. Das war die vierte Teilung Polens.

Bis zum 17. September 1939 stand sie allerdings nur auf dem Papier. Erst an diesem Tage wurde sie Wirklichkeit. Während die Deutschen noch mit der Einkesselung Warschaus beschäftigt waren, rückte die Rote Armee auf Brest und Lwów vor. Die Deutschen drängten Stalin zur Eile, dieser aber wollte den Ausgang der Kämpfe in Mittelpolen abwarten. Dann tauchten in Moskau Zweifel auf, ob die deutschen Divisionen tatsächlich an der vereinbarten Linie haltmachen würden. Die sowjetischen Truppen hatten den Auftrag, bis zur Linie Białystok–Brest–Lwów vorzurücken.

Stalins Argwohn gewann die Oberhand. In der Nacht zum 18. September rief er Schulenburg zu sich und meinte auf dessen Versicherungen boshaft:

»An der Loyalität der deutschen Regierung zweifle ich nicht, aber es ist doch bekannt, daß Militärs eroberte Territorien nicht gern räumen ...«

Diese Bemerkung parierte der anwesende Militârattaché, General Köstring:

»Das deutsche Militär tut genau das, was ihm der Führer befiehlt!«[7]

Nun war Stalins Mißtrauen vollends geweckt. Seine Reaktion kam für die Deutschen unerwartet: Einen Tag später teilte Molotow Schulenburg mit, die Sowjetregierung habe sich anders entschieden. Sie wolle kein »Restpolen« bestehen lassen, sondern das Land direkt zwischen der UdSSR und Deutschland aufteilen. Darüber müsse man in neue Verhandlungen eintreten.

Offenbar hatte man in Moskau während des deutschen Vormarsches über verschiedene Varianten des eigenen Verhaltens debattiert. Als sich rasche Erfolge der Wehrmacht abzeichneten, mußte man zu einem Entschluß kommen. Die Rote Armee sollte in jedem Falle aktiv werden. Als einfachste Begründung bot sich an (und wurde dann auch veröffentlicht): Da der polnische Staat zerfällt, kann die Sowjetunion ihre Blutsbrüder in Westweißrußland und der Westukraine nicht ihrem Schicksal überlassen und nimmt sie daher unter ihren Schutz. Das klang logisch: kein Eintritt in den Krieg, sondern lediglich ein Schritt zum Schutz der Weißrussen und Ukrainer, die mehrheitlich in nationalen Republiken im Bestand der UdSSR leben. Damit ergab sich aber das Problem, wie man das Vorrücken der Roten Armee bis zu Weichsel und Narew, d. h., in Räume mit rein polnischer Bevölkerung, erklären sollte.

Hier faßte Stalin den Entschluß, Polen zum fünften Mal zu teilen. Die Rote Armee sollte nicht bis zur Weichsel bei Warschau marschieren, sondern bereits am Westufer des Bug bei Brest haltmachen. Das paßte zu Stalin, dem die Polen seit 1920 zutiefst unsympathisch waren, als sie Budjonnys und Woroschilows Reiterarmeen nicht gerade mit wehenden Fahnen begrüßt hatten. Die Aussicht, es im Jahre 1939 mit einer feindseligen Bevölkerung zu tun zu haben, war für die militärische und politische Führung der Sowjetunion nicht sehr verlockend. Übrigens hatte Stalin auch im August wohl kaum die Absicht gehabt, bis Warschau zu marschieren. Aber als geschickter Politiker dachte er gar nicht daran, Hitler etwas zu schenken. Er bot ihm ein Tauschgeschäft an: Hitler sollte den größten Teil der Warschauer und die ganze Lubliner Wojewodschaft erhalten, Stalin dafür Litauen bekommen, das man ursprünglich der deutschen Interessensphäre zugeschlagen hatte. Das erklärte Stalin den Deutschen am 20. September und schlug zugleich vor, den Tausch mit einer neuen Vereinbarung zu besiegeln, die natürlich geheim bleiben sollte.[8]

Auf Litauen kam Stalin nicht zufällig. Erst kurz zuvor hatte man bei den englisch-französisch-sowjetischen Militärgesprächen in Moskau einen Entwurf Marschall Schaposchnikows erörtert, der vorgeschlagen hatte, sowjetische Militärhilfe, d. h., Divisionen der Roten Armee, über den Wilnaer Korridor, also auf dem strategisch günstigsten

Wege, nach Westen zu schicken. Außerdem wurde in Moskau bekannt, daß Hitler im September in aller Eile Maßnahmen zur Stärkung des deutschen Einflusses in Litauen angeordnet hatte. Der litauische Botschafter in Berlin, Skirpa, führte erfolgreiche Geheimverhandlungen darüber, daß sich sein Land unter den militärischen Schutz Deutschlands stellen wollte. Die Deutschen schwelgten bereits in dem Vorgefühl, sie würden Litauen dessen alte Hauptstadt Vilnius zurückgeben, das zur Zeit noch das polnische Wilna war. Diesen Gefallen aber konnte Stalin seinem neuen Verbündeten nicht tun. Er selbst wollte Wilna den Litauern zurückbringen.

So beschloß er also am 20. September, alles noch einmal von vorn zu beginnen. Das ließ er über Schulenburg nach Berlin mitteilen. Hitler blieb nichts anderes übrig, als einzulenken. Diesmal hatte es Stalin geschafft, Hitler auszumanövrieren. Wenn der deutsche Diktator die Sowjetunion bei Laune halten wollte, dann hatte er keine andere Wahl. Ihm stand ein langer, zermürbender Kampf bevor, kein Blitzkrieg, wofür er Erdöl, Getreide und Erze aus der UdSSR dringend brauchte. Dafür unternahmen die deutschen Handelsvertreter parallel zu Ribbentrop größte Anstrengungen.

Als alle Für und Wider abgewogen waren, entschied der Führer, seinen Außenminister noch einmal nach Moskau zu schicken. Damit wollte er aus der Not eine Tugend machen: Das Treffen mit Stalin sollte genutzt werden, um wichtige Fragen zu klären. Erstens sollte Ribbentrop sondieren, ob die Weiterentwicklung des Nichtangriffsvertrages zu einem vollwertiges Militärbündnis für die kommende Auseinandersetzung mit den Westmächten im Bereich des Möglichen lag. Zweitens galt es, wenigstens einen Teil Litauens für Deutschland zu reservieren oder zumindest erhöhte Rohstofflieferungen als Ersatz herauszuschlagen. Drittens schließlich sollte Ribbentrop herausfinden, was Stalin mit dem Baltikum vorhatte.[9]

Hitler wollte also seinen Preis für die Zustimmung zur fünften Teilung Polens. Für Stalin war das delikateste

Problem eine mögliche militärische Zusammenarbeit mit Deutschland im Falle eines Konflikts mit den Westmächten. Nun stellte sich heraus, daß er gar nicht daran dachte, etwas zu versprechen. Allerdings bot er seine Haltung in sehr eigenwilliger Form dar: Er lobte Ribbentrop dafür, daß dieser nicht um militärischen Beistand der Sowjetunion gebeten hatte. Jedoch sei ein starkes Deutschland unbedingte Voraussetzung für den Frieden in Europa. Daher habe die Sowjetunion Interesse an der Existenz eines starken Deutschlands. Sie könne also nicht zulassen, daß die Westmächte Bedingungen schaffen, die Deutschland schwächen und in eine schwierige Lage bringen könnten.

Das waren sehr zweideutige Formulierungen: Sie konnten zwar bei Ribbentrop die Hoffnung auf Beistand in schwieriger Lage wecken, schlossen aber ein Militärbündnis aus. Dafür zeigte sich Stalin in zwei anderen Fragen großzügig: Er trat ein kleines Stück Südlitauens – den sogenannten Suwałki-Zipfel – für einen beträchtlichen Kaufpreis ab. Zudem äußerte er den Wunsch, den Handel weiter zu aktivieren, wobei er nicht zuletzt auf deutsche Lieferungen für die sowjetische Rüstungsindustrie anspielte. Schließlich stimmte er sowohl dem deutschen Vorschlag zu, von künftiger fruchtbarer Zusammenarbeit zu sprechen, als auch dem von den Deutschen gewünschten Titel der neuen Vereinbarung »Freundschaftsvertrag«.

Im Morgengrauen des 29. September wurde der neue Grenz- und Freundschaftsvertrag unterzeichnet, dem wiederum ein geheimes Zusatzprotokoll beilag:

»Deutsch-sowjetischer Grenz- und Freundschaftsvertrag.

Die Deutsche Reichsregierung und die Regierung der UdSSR betrachten es nach dem Auseinanderfallen des bisherigen polnischen Staates ausschließlich als ihre Aufgabe, in diesen Gebieten die Ruhe und Ordnung wiederherzustellen und den dort lebenden Völkerschaften ein ihrer völkischen Eigenart entsprechendes friedliches Dasein zu sichern. Zu diesem Zwecke haben sie sich über folgendes geeinigt:

Artikel I

Die Deutsche Reichsregierung und die Regierung der UdSSR legen als Grenze der beiderseitigen Reichsinteressen im Gebiete des bisherigen polnischen Staates die Linie fest, die in der anliegenden Karte eingezeichnet ist und die in einem ergänzenden Protokoll näher beschrieben werden soll.

Artikel II

Beide Teile erkennen die in Artikel I festgelegte Grenze der beiderseitigen Reichsinteressen als endgültig an und werden jegliche Einmischung dritter Mächte in diese Regelung ablehnen.

Artikel III

Die erforderliche staatliche Neuregelung übernimmt in den Gebieten westlich der in Artikel I angegebenen Linie die Deutsche Reichsregierung, in den Gebieten östlich dieser Linie die Regierung der UdSSR.

Artikel IV

Die Deutsche Reichsregierung und die Regierung der UdSSR betrachten die vorstehende Regelung als ein sicheres Fundament für eine fortschreitende Entwicklung der freundschaftlichen Beziehungen zwischen ihren Völkern.

Artikel V

Dieser Vertrag wird ratifiziert und die Ratifikationsurkunden werden sobald wie möglich in Berlin ausgetauscht werden. Der Vertrag tritt mit seiner Unterzeichnung in Kraft.

Ausgefertigt in doppelter Urschrift in deutscher und russischer Sprache.

Moskau, den 28. September 1939

Für die	In Vollmacht
Deutsche Reichsregierung:	der Regierung der UdSSR
v. Ribbentrop	W. Molotow«[10]

Was war an diesem Vertrag nun anders als an dem vom 23. August? Der Unterschied ist gewaltig. Am 23. August hatte Deutschland Polen noch nicht überfallen. Formal konnte die Sowjetunion daher mit Deutschland einen solchen Pakt schließen, ohne sich der direkten Mittäterschaft schuldig zu machen. Allerdings nur formal, denn Moskau wußte, daß der Überfall auf Polen bevorstand. Am 28. September war alles anders. Deutschland war nun ein Aggressor, und die UdSSR schloß mit ihm einen Freundschaftsvertrag! In einer (beschämenden) Sondermeldung von TASS am 29. Oktober behauptete Stalin sogar, seiner Meinung nach habe nicht Deutschland den Krieg begonnen, sondern Frankreich und England! Er wollte mit dem Aggressor Freund sein, und das aus klarem Eigeninteresse.

Das Geheimprotokoll lautet:

»Geheimes Zusatzprotokoll

Die unterzeichneten Bevollmächtigten stellen das Einverständnis der Deutschen Reichsregierung und der Regierung der UdSSR über folgendes fest:

Das am 23. August 1939 unterzeichnete geheime Zusatzprotokoll wird in seiner Ziffer 1 dahin abgeändert, daß das Gebiet des litauischen Staates in die Interessensphäre der UdSSR fällt, weil andererseits die Woiwodschaft Lublin und Teile der Woiwodschaft Warschau in die Interessensphäre Deutschlands fallen (vgl. die Karte zu dem unterzeichneten Grenz- und Freundschaftsvertrag). Sobald die Regierung der UdSSR auf litauischem Gebiet zur Wahrnehmung ihrer Interessen besondere Maßnahmen trifft, wird zum Zwecke einer natürlichen und einfachen Grenzziehung die gegenwärtige deutsch-litauische Grenze dahin rektifiziert, daß das litauische Gebiet, das südwestlich der in der anliegenden Karte eingezeichneten Linie liegt, an Deutschland fällt.

Ferner wird festgestellt, daß die in Geltung befindlichen wirtschaftlichen Abmachungen zwischen Deutschland und Litauen durch die vorstehend erwähnten Maßnahmen der Sowjetunion nicht beeinträchtigt werden sollen.«[11]

Schließlich wurde noch ein weiteres Geheimprotokoll unterzeichnet:

»Geheimes Zusatzprotokoll

Die unterzeichneten Bevollmächtigten haben bei Abschluß des deutsch-sowjetischen Grenz- und Freundschaftsvertrages ihr Einverständnis über folgendes festgestellt:

Beide Teile werden auf ihren Gebieten keine polnische Agitation dulden, die auf die Gebiete des anderen Teiles hinüberwirkt. Sie werden alle Ansätze zu einer solchen Agitation auf ihren Gebieten unterbinden und sich gegenseitig über die hierfür zweckmäßigen Maßnahmen unterrichten.

Moskau, den 28. September 1939«[12]

Am Abend des 28. September fand ein üppiges Bankett statt. Für die Gäste legte man eine Pause ein, während der sich Ribbentrop mit seiner Delegation ins Bolschoi Theater begab, um sich dort einen Akt von »Schwanensee« anzusehen. (Was hat man diesem Ballett schon alles zugemutet!) Gegen Morgen waren alle Dokumente fertig.

Beim Bankett war kein Mangel an Getränken und Trinksprüchen. Beide Seiten äußerten ihre Befriedigung über den neuen Vertrag. Er erwies sich jedoch als verhängnisvoller Schritt. Hitler erhielt faktisch ganz Polen, das er unter der Bezeichnung Generalgouvernement in ein riesiges Konzentrationslager verwandelte. Dazu gehörten nicht nur die westpolnischen Wojewodschaften, sondern auch die östlichen Landesteile. Tausende polnischer Juden waren schon vor dieser »Regelung« nach Osten, in Richtung Bug und San, geströmt, um dem sicheren Tod zu entfliehen.

Stalin konnte anscheinend triumphieren. Aber für die gewonnene Atempause hatte er später einen schrecklichen Preis zu zahlen. Nach dem 22. Juni 1941 stürmten die Divisionen der Wehrmacht durch Westweißrußland, die Westukraine und das Baltikum, wo die Rote Armee noch keine befestigten Verteidigungsstellungen hatte aufbauen können. Noch schlimmer waren die politischen Folgen des Spiels mit Hitler, in das sich Stalin am Vorabend des nicht mehr abwendbaren Krieges eingelassen hatte. Er verlor dabei Zeit. Die aber kann niemand zurückholen. Auch Stalin konnte es nicht.

VIERZEHNTES KAPITEL

»Sie werden es selber tun«

Am 25. Oktober 1939 sprach Stalin im Kreml wieder einmal mit dem Generalsekretär der Komintern, Georgi Dimitroff. Thema waren der Nichtangriffspakt und das Baltikum. In seinem Tagebuch notierte Dimitroff Stalins Worte:

»– Wir meinen, daß wir mit den Beistandsverträgen (Estland, Lettland, Litauen) jene Form gefunden haben, die es uns gestatten wird, eine Reihe von Staaten in den Einflußbereich der Sowjetunion zu bringen.
– Aber dafür müssen wir uns zurückhalten – ihr inneres Regime und ihre Selbständigkeit strikt wahren.
– Wir werden nicht ihre Sowjetisierung anstreben.
– Es kommt die Zeit, da sie es selber tun werden.«[1]

Stalin war bei seinen Worten nicht wählerisch, denn Balten waren bei diesem Gespräch nicht anwesend. Deutsche ebenfalls nicht. Hitler hatte Joachim von Ribbentrop in der Nacht vor dessen zweiter Moskaureise als zu klärende Frage mit auf den Weg gegeben, welches Schicksal das Baltikum erwarte. Stalin, so meinte Hitler, werde sich bald mit ihm befassen.

In der Tat: Stalin ließ keine Minute ungenutzt verstreichen. Zur gleichen Zeit wie Ribbentrop wurde der estnische Außenminister, Karl Selter, nach Moskau zitiert, wo man ihn mit einem lächerlichen Vorwurf konfrontierte: Im Hafen von Tallinn sei angeblich … ein polnisches U-Boot versteckt. Das war dort tatsächlich am 20. September eingelaufen. Man hatte es entwaffnet und interniert. Dann aber war es verschwunden. Die Esten entschuldigten sich bei der UdSSR, die sich plötzlich sehr besorgt über eine Bedrohung durch »ausländische U-Boote« zeigte.[2] Selter erfuhr bald, worum es Molotow und Stalin wirklich ging:

Diese boten an, in Estland sowjetische Armee- und Marinestützpunkte einzurichten, wofür ein Beistandsvertrag abgeschlossen werden sollte. Zugleich wurde Estland ein günstiges Wirtschaftsabkommen in Aussicht gestellt. Die estnische Regierung überlegte nicht lange: Am 28. September wurde der Vertrag unterzeichnet.

Das aber war nicht nur ein Signal. Bereits am 29. September erhielt Litauen eine analoge »Einladung« und am 2. Oktober Lettland.[3]

Im Oktober folgte eine ganze Serie von Verhandlungen der UdSSR mit Litauen, Lettland und Estland, die in Beistandsverträge mündeten. Die Sowjetunion erhielt das Recht, in allen drei Staaten Truppen zu stationieren, wenn die sich nicht in deren innere Angelegenheiten einmischten. Wie diese Verhandlungen Stalins und Molotows mit ihren Partnern abliefen, zeigt sehr plastisch die Niederschrift eines Gesprächs am 2. Oktober 1939, die der lettische Außenminister, W. Munters, anfertigte:

»*Molotow:* Wir möchten mit Ihnen darüber sprechen, wie wir unsere Beziehungen regeln können. Etwa so wie mit Estland? Wenn Sie der gleichen Meinung sind, dann können wir die Grundsätze festlegen. Wir brauchen Stützpunkte an einem eisfreien Meer.

Stalin: Ich denke, Sie werden uns nicht grollen. Zwanzig Jahre sind vergangen. Sie sind stärker geworden, und wir auch. Unser Thema sind nach wie vor Flugplätze und militärischer Schutz. Ihre Verfassung, Ihre Institutionen, Ihre Ministerien, Ihre Außen- und Finanzpolitik oder Ihr Wirtschaftssystem tasten wir nicht an. Unsere Forderungen ergeben sich aus einem Krieg Deutschlands gegen England und Frankreich. Wenn wir uns einigen, entstehen außerdem sehr gute Voraussetzungen für Handel und Wirtschaft.

Ich bat, mir die politische Situation zu erläutern, wonach ich das ebenfalls tun wollte. *Molotow* ging vom Nichtangriffsvertrag mit Deutschland aus. Die Deutschen haben eine jähe Wendung vollzogen. Wir haben darauf positiv reagiert, weil wir uns dadurch aus dem Krieg heraushalten können, zumindest aus diesem Krieg. Wir sind in allen Hauptfragen übereingekommen, und heute besteht kein Anlaß für

Konfrontation mehr, ja nicht einmal für Spannungen. Wir stehen auf einer soliden Grundlage. Die Grenze ist exakt festgelegt. Deutschland ist mit einem Krieg beschäftigt, dem wir uns nicht angeschlossen haben. Aber wir denken über die Zukunft nach. Ein Staat hat bereits bezahlen müssen. Daran sind die Engländer, die Franzosen und die Polen schuld. Unsere Beziehungen zu Deutschland stehen jetzt auf einem langfristigen Fundament. Mit Deutschland haben wir auch keine Differenzen über die baltischen Staaten.

Aber der Krieg weitet sich aus, und wir müssen an unsere Sicherheit denken. Staaten wie Österreich, die Tschechoslowakei und Polen sind bereits verschwunden. Dieses Schicksal kann weitere ereilen. Wir gehen davon aus, daß wir im Hinblick auf Sie keine wirklichen Garantien haben. Das ist auch für Sie nicht ungefährlich, aber wir denken vor allem an uns. Was 1920 entschieden wurde, kann nicht von ewiger Dauer sein. Schon Peter der Große sorgte sich um einen Zugang zum Meer. Gegenwärtig haben wir keinen, und so kann es nicht länger bleiben. Daher wollen wir uns Häfen, Zugangswege und deren Schutz sichern. (Er sprach ruhig, ohne drohenden Unterton. Zu Litauen sagte er, daß es vielleicht Wilna zurückerhalten wird.)

Danach legte *ich* meinen Standpunkt dar. Es ist festzustellen, daß wir es jetzt nur mit der UdSSR und Deutschland zu tun haben. Daher verstehen wir nicht: Wenn beide einen Nichtangriffsvertrag geschlossen haben (Molotow korrigierte: einen Freundschaftsvertrag), von welcher zusätzlichen Gefahr kann dann die Rede sein? *Molotow:* Wir können nicht zulassen, daß kleine Staaten gegen die UdSSR ausgenutzt werden. Neutrale baltische Staaten – das wäre zu unsicher.

Ich: Aber in der Ostsee haben Deutschland und die UdSSR das Sagen. Solange Sie Freundschaft mit Deutschland halten, kann uns niemand ausnutzen.

Nun griff *Stalin* ein: England hat bereits bei Schweden um mehrere Flugplätze und Landerechte für U-Boote nachgesucht. Es kann Schweden leicht in den Krieg hineinziehen.

Noch einmal wandten wir uns der politischen Lage zu. *Stalin* bestätigte, daß der Unterschied zwischen dem Nationalsozialismus und dem Kommunismus bestehen bleibt. Was aus Polen wird, kann man nicht sagen; die Grenzziehung im Osten ist endgültig. Im Westen kann ein Protektorat gebildet werden. Wenn mehr daraus wird, dann geschieht das gleiche auch mit der Tschechoslowakei. Ich sage Ihnen offen: Die Aufteilung der Einflußsphären ist vollzogen. Als *ich* darauf bemerkte: Wir müssen auch den Friedensvertrag mit Deutschland einhalten, kam folgende Antwort: Ohne unser Eingreifen können die Deutschen Sie besetzen. Aber wir wollen keinen Mißbrauch treiben. Ribbentrop ist ein vernünftiger Mann.

Wir brauchen Liepāja (Libau) und Ventspils (Windau). Das wird für Ihre Arbeitslosen Arbeit geben. (Ich warf ein, daß wir keine Arbeitslosigkeit haben, worauf Sotow bemerkte, wir hätten 11000 Arbeitslose.) Sie können das Gebiet mit der russischen Minderheit haben, das können wir nicht entwickeln. Molotow fragte nun eingehend nach den verschiedenen Minderheiten, zog daraus aber keine Schlüsse. Dann holte er den Entwurf hervor. *Stalin* bombardierte mich mit Zahlen: 15 U-Boote und Basen für Hilfsschiffe; 4 Flugplätze (beiläufig bemerkte er, die Deutschen hätten sehr viele Juden vernichtet, und wunderte sich, wieso es in Daugavpils noch so viele seien) …

Dann begann die Debatte. Mein Hauptargument: In der Öffentlichkeit muß der Eindruck entstehen, daß dies ein freundschaftlicher Schritt, keine Last ist, die uns aufgebürdet wird und zur Herrschaft über uns führt. Kozinsch und ich zählten einige Tatsachen strategischer und militärischer Natur auf. *Stalin* bewies erstaunliche Kenntnisse auf militärischem Gebiet und demonstrierte, wie geschickt er mit Zahlen zu operieren versteht. Er wunderte sich, wieso unsere Divisionen so klein seien, und bemerkte, U-Boote von 1500 Tonnen könnten leicht die Irbe-Straße passieren und Riga aus Vier-Zoll-Geschützen beschießen. Die Batterien an der Straße müssen unter einheitlichem Kommando stehen, sonst sind sie nicht handlungsfähig …

Von uns werden vier Flugplätze verlangt: in Liepāja, in Ventspils, an der Irbe-Straße und an der litauischen Grenze.

Sie haben nichts zu befürchten. Sie behalten 100 000 Mann. Ihre Schützen waren gut, und Ihre Armee ist besser als die estnische. Auch in Estland wird der Vertrag kritisiert: einige sagen: Verrat; andere: die Rettung; dritte: warten wir es ab …«[4]

So friedfertig gaben sich Stalin und Molotow im Oktober 1939. Ihnen ging es nur um eines: Sie wollten die Zustimmung Lettlands (Litauens und Estlands) zu den Beistandsverträgen und zur Stationierung sowjetischer Truppen in den drei Republiken. Die bekamen sie. Aber das war nur der erste Schritt.

Als die Deutschen im Mai/Juni 1940 Frankreich überrannten, spitzten sich die Beziehungen der UdSSR zu den baltischen Staaten zu. Moskau erklärte, die Gegenseite erfülle die Bestimmungen der Verträge nicht. Wieder beorderte man die Repräsentanten der drei Republiken nach Moskau. Jetzt wurde mit ihnen Klartext gesprochen. Hier die Mitschrift des Gesprächs, das Molotow mit dem litauischen Außenminister, Josas Urbschis, am 14. Juni 1940 führte:

»*Gen. Molotow* erklärt Urbschis, daß er eine sehr ernste Erklärung der Sowjetregierung an die litauische Regierung zu übergeben hat. Er verliest sie und überreicht sie dann Urbschis. Dabei hebt er hervor, daß man schließlich ernsthaft handeln muß und es nicht beim Austausch von Liebenswürdigkeiten belassen kann. Die litauische Regierung hat offenbar noch nicht begriffen, wie ernst die Lage ist.

Urbschis äußert unter Berufung auf den außerordentlich komplizierten und bedeutsamen Augenblick für Litauen gegenüber Gen. Molotow die Bitte, den in der Erklärung der Regierung der Sowjetregierung genannten Termin [für den Einmarsch weiterer Truppen und die Umbildung der Regierung – L.B.] aufzuschieben. *Gen. Molotow* erwidert, er habe einen Beschluß der Sowjetregierung übergeben, an dem er auch nicht einen Buchstaben ändern kann. Die Erklärung, so betont *Gen. Molotow*, ist ernst und eindeutig, Veränderungen oder Korrekturen sind ganz unmöglich.

Urbschis fragt, wie viele sowjetische Truppen zusätzlich einmarschieren sollen.

Gen. Molotow antwortet, drei bis vier Korps.

Urbschis bittet, das in Divisionen anzugeben.

Gen. Molotow antwortet, etwa neun bis zwölf Divisionen. Er erläutert, die Sowjetunion will die Voraussetzungen dafür schaffen, daß der Beistandsvertrag voll erfüllt wird …

Urbschis wirft ein, die litauische Regierung hat sofort verstanden, daß die Lage ernst ist.

Gen. Molotow erwidert, nein, das hat sie nicht. Er räumt ein, daß einzelne Personen den Beistandsvertrag ehrlich erfüllen wollen, aber die litauische Regierung ist weit davon entfernt.

Urbschis stellt die Frage, ob sich die sowjetischen Truppen in die inneren Angelegenheiten Litauens einmischen werden. *Gen. Molotow* verneint dies und betont, daß das Sache der Regierung ist. Die Sowjetregierung ist prolitauisch, sagt *Gen. Molotow*, und wir wollen, daß die litauische Regierung prosowjetisch ist.

Nach kurzer Beratung mit dem litauischen Botschafter in Moskau, Natkevicius, fragt *Urbschis*, ob die geforderten Maßnahmen ständiger oder zeitweiliger Natur sind.

Gen. Molotow antwortet, daß es sich um zeitweilige Schritte handelt, die endgültige Antwort auf diese Frage aber von der Zukunft der litauischen Regierung abhängt. Weiter hebt *Gen. Molotow* hervor, die erwähnte Erklärung der Sowjetregierung ist unaufschiebbar. Wenn die Forderungen nicht rechtzeitig akzeptiert werden, dann können sowjetische Truppen auch sofort in Litauen einrücken.

Natkevicius fragt, wenn die litauische Regierung auf die Forderungen eingeht, werden dann die Termine des Truppeneinmarsches, die Standorte usw. mit ihr abgestimmt?

Gen. Molotow antwortet lakonisch: ›Ja, unter der Voraussetzung, daß alle Forderungen termingerecht akzeptiert werden.‹

Urbschis stellt die Frage, was für eine litauische Regierung für die Sowjetregierung annehmbar wäre.

Gen. Molotow bemerkt, Personen kann er schwerlich nennen. Er weist aber darauf hin, daß im Kabinett ein Wechsel stattfinden muß, damit in Litauen eine prosowjetische Regierung entsteht, die in der Lage ist, den Beistandspakt akkurat zu erfüllen und darüber hinaus aktiv für seine Umsetzung zu kämpfen …

Urbschis fragt, ob das neue Kabinett am 15. Juni d. J., um 10.00 Uhr stehen muß. Darauf erhält er von *Gen. Molotow* die Antwort, nicht unbedingt. Man kann das Kabinett auch später, z. B. am nächsten Tag, bilden – aber nur unter der Voraussetzung, daß alle Forderungen der Sowjetregierung termingemäß akzeptiert werden.

Natkevicius stellt weiter die Frage, ob die Zusammensetzung des neuen Kabinetts mit der Sowjetregierung abgestimmt werden muß, und wenn ja, wie?

Gen. Molotow erwidert, Abstimmung ist notwendig, aber wie, darüber kann man sich einigen, entweder direkt in Moskau oder in Kaunas mit dem sowjetischen Botschafter. Wichtig ist vor allem, sagt *Gen. Molotow*, daß es eine aufrichtige Regierung ist, die die Erfüllung des Nichtangriffsvertrages zu 100 Prozent garantiert. Von der gegenwärtigen Regierung Litauens ist das nicht zu erwarten. Die Sowjetregierung hat kein Vertrauen zu ihr und kann sich mit ihr unmöglich einigen.

Urbschis sagt, er kennt keine Bestimmung, wonach man Innenminister Skucas und den Chef der Politischen Polizei, Povilaitis, vor Gericht stellen kann. Er fragt, was da zu tun sei.

Gen. Molotow sagt, zunächst müssen sie festgenommen und vor Gericht gestellt werden, Bestimmungen werden sich finden. Dabei können sowjetische Juristen helfen, wenn sie sich das litauische Strafrecht angesehen haben ...«[5]

Was war geschehen? Für die UdSSR kam der schnelle Zusammenbruch Frankreichs überraschend. Zweifellos entsprach er nicht Stalins Erwartung, die kämpfenden Seiten könnten sich gegenseitig zermürben. Als Deutschland im Frühjahr 1940 im Westen zu aktiven Kampfhandlungen überging, deren Ergebnis absehbar war, entschloß sich Stalin, die sowjetischen Positionen zu verstärken, vor allem das strategische Vorfeld in Ost- und Südosteuropa. Die Archive zeugen davon, daß Stalin die Beistandsverträge mit den baltischen Republiken und die Errichtung von Militärbasen zunächst als eine Form ansah, »die es uns gestatten wird, eine Reihe von Staaten in den Einflußbereich der Sowjetunion zu bringen«, wie er zu Dimitroff sagte. Daher demonstrierten die UdSSR und ihre Diplomaten im Herbst 1939 zunächst Respekt vor der Souveränität der drei Republiken. Doch im Frühjahr 1940 änderte sich das schlagartig. Bei den drei Regierungen – zunächst Litauens, danach auch Lettlands und Estlands – gingen nun Vorwürfe ein, sie verhielten sich feindselig zur UdSSR. Faktisch waren das Ultimaten, die Regierungen nach den Wünschen der UdSSR umzubilden und der Stationierung weiterer Einheiten der

Roten Armee zuzustimmen. Die Ultimaten wurden akzeptiert, was bedeutete, die inneren Veränderungen zu beschleunigen, die letzten Endes im Beitritt Estlands, Litauens und Lettlands zur UdSSR und ihrer Umwandlung zu Unionsrepubliken mündeten.[6]

All das vollzog sich im Eilverfahren. Schließlich hatte Stalin Dimitroff auch erklärt: »Sie werden es selber tun.« Mit dem Einmarsch weiterer Einheiten der Roten Armee wurde dabei etwas nachgeholfen. In Estland traf Andrej Shdanow, in Lettland Andrej Wyschinski und in Litauen Wladimir Dekanosow ein. Aber sie kamen nicht allein.

»BEFEHL
DES VOLKSKOMMISSARS FÜR VERTEIDIGUNG DER UDSSR,
S. K. TIMOSCHENKO

3. Juni 1940

1. Zur Vereinheitlichung der Truppenführung sind alle auf dem Gebiet der Estnischen, Lettischen und Litauischen Republik stationierten Truppenteile der Roten Armee mit Wirkung vom 5. Juni 1940 aus den Militärbezirken Leningrad, Kalinin und Weißrußland auszugliedern. Sie werden unter meinen persönlichen Befehl gestellt, der vom stellvertretenden Volkskommissar für Verteidigung, Armeekommandeur A. D. Loktionow, ausgeübt wird.
2. Zur ständigen Truppenführung wird beim stellvertretenden Volkskommissar für Verteidigung nach dem beiliegenden Stellenplan ein Verwaltungsapparat aufgebaut ...«[7]

Die drei »Botschafter« leisteten ganze Arbeit. So konnte Molotow auf der Tagung des Obersten Sowjets der UdSSR am 1. August 1940 triumphierend verkünden:

»Ich komme nun zu unseren Beziehungen mit Litauen, Lettland und Estland.

Die Frage der Beziehungen der Sowjetunion zu den baltischen Staaten hat sich in der letzten Zeit auf neue Art gestellt, da die mit Litauen, Lettland und Estland geschlossenen Beistandsverträge nicht die nötigen Ergebnisse gebracht haben. Der Abschluß dieser Verträge hat nicht, wie eigentlich zu erwarten war, zu einer Annäherung

1 Georgi Dimitroff, Kliment Woroschilow, Jossif Stalin, Andrej Andrejew und Wjatscheslaw Molotow am 1. Mai 1941 auf der Tribüne des Mausoleums

2 Adolf Hitler mit Generalfeldmarschall Walther von Brauchitsch und General Franz Halder

3 Georgi Tschitscherin, Volkskommissar für Auswärtige Angelegenheiten der RSFSR (1918–1922) bzw. der Sowjetunion (1923–1930), Mitglied der sowjetischen Delegation bei den Friedensverhandlungen in Brest-Litowsk, Leiter der Delegation auf den Konferenzen in Genua und Lausanne, unterzeichnete in Rapallo den Vertrag mit Deutschland

4 Karl Radek im Kreml

5 Grigori Sinowjew

6 Nikolai Bucharin (links) auf der Demonstration am 1. Mai

7 Paul von Hindenburg empfängt eine sowjetische Militärdelegation, dritter von links Michail Tuchatschewski

8 Stalin an seinem 50. Geburtstag im Kreis von Mitstreitern von links: Lasar Kaganowitsch, Sergej Kirow, Grigori Ordshonikidse, Michail Kalinin, Kliment Woroschilow, Walerian Kuibyschew; dahinter ein Filmteam.

9 Adolf Hitler übergibt eine Standarte der SA

10 Martin Bormann auf dem Parteitag der NSdAP 1938 in Nürnberg an der Spitze der Reichsleiter; neben ihm in der ersten Reihe Robert Ley, Wilhelm Frick, Karl Hermann Frank, Franz Xaver Ritter von Epp, Joseph Goebbels

11 Winston Churchill und Iwan Maiski beim Lunch im Wintergarten der sowjetischen Botschaft in London

12 Ilse Stöbe, Mitarbeiterin des sowjetischen militärischen Nachrichtendienstes in Deutschland, 1940/41

13 David Kandelaki, 1935–1937 sowjetischer Handelsvertreter in Deutschland

14 Pawel Fitin, Leiter des Auslandsnachrichtendienstes des NKWD

15 Alexander Korotkow, Mitarbeiter des NKWD-Nachrichtendienstes in Deutschland

16 Georgi Astachow, sowjetischer Botschaftsrat in Berlin 1937–1939 (Haftfoto)

17 Reichsaußenminister Joachim von Ribbentrop am 23. August 1939 in Moskau

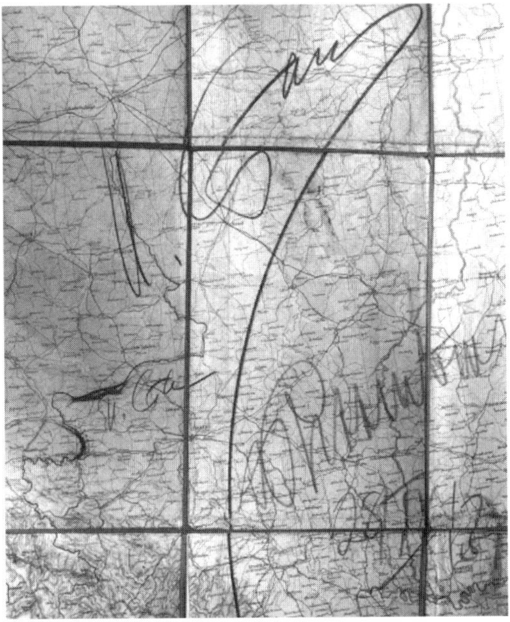

18 Karte mit der Aufteilung Polens, unterzeichnet von Stalin und Ribbentrop

19 *Von der GRU im März 1941 entworfene Skizze möglicher Stoßrichtungen der deutschen Offensive*

20 In Hitlers Stab, links Feldmarschall Erich von Manstein

21 Hitler mit Befehlshabern der Wehrmacht in der Garnisonskirche Potsdam

22 *Molotow, Hilger und Ribbentrop in Berlin, 1940*

23 *Militärparade am 1. Mai 1941 auf dem Roten Platz*

24 Marschall Semjon Timoschenko und General Georgi Shukow 1940 bei einem Manöver

25 Generalfeldmarschall Friedrich Paulus nach seiner Gefangennahme. Dorf Sawarygino; Februar 1943.
Rechts der Autor des Buches, damals Militärdolmetscher

26 Generalfeldmarschall Wilhelm Ritter von Leeb

27 Generalfeldmarschall Gerd von Rundstedt

28 Generalfeldmarschall Fedor von Bock

29 General Heinz Guderian

30 Der Blitzkrieg ist gescheitert

Litauens, Lettlands und Estlands an die Sowjetunion geführt, da sich die herrschenden bürgerlichen Gruppen dieser Staaten dem widersetzten. Diese herrschenden Gruppen verfolgten keinen Kurs der Annäherung an die Sowjetunion, was nach dem Abschluß der Beistandsverträge eigentlich zu erwarten war, sondern verstärkten heimlich und hinter unserem Rücken ihre feindseligen Aktivitäten gegen die Sowjetunion. Dafür wurde die sogenannte Baltische Entente genutzt, ein gegen die Sowjetunion gerichtetes Militärbündnis, das früher nur Lettland und Estland verband, dem sich aber seit Ende vergangenen Jahres auch Litauen angeschlossen hat.

Daraus folgt, die bürgerlichen herrschenden Gruppen Litauens, Lettlands und Estlands waren nicht in der Lage, die mit der Sowjetunion geschlossenen Beistandsverträge korrekt in die Tat umzusetzen, sondern sie verstärkten, im Gegenteil, ihre gegen die Sowjetunion gerichtete Tätigkeit. Immer mehr Tatsachen weisen darauf hin, daß die Regierungen dieser Staaten die mit der UdSSR geschlossenen Beistandsverträge grob verletzen. Dieser Zustand konnte auf keinen Fall weiter geduldet werden – schon gar nicht bei der gegenwärtigen internationalen Lage. Daher stellte die Sowjetregierung die Ihnen bekannte Forderung, die Regierungen Litauens, Lettlands und Estlands umzubilden und der Entsendung zusätzlicher Einheiten der Roten Armee in diese Staaten zuzustimmen.

Die Ergebnisse dieser Maßnahmen unserer Regierung sind Ihnen bekannt.

Der wichtigste Schritt dieser in Litauen, Lettland und Estland gebildeten, der Sowjetunion freundschaftlich gesinnten Regierungen war die Durchführung freier Parlamentswahlen. Im Juli wurden demokratische Wahlen zum litauischen und lettischen Sejm sowie zur estnischen Staatsduma abgehalten. Die Wahlen haben gezeigt, daß die herrschenden bürgerlichen Cliquen Litauens, Lettlands und Estlands nicht nach dem Willen ihrer Völker gehandelt haben, sondern nur eine kleine Ausbeuterschicht vertreten. Der litauische und lettische Sejm sowie die estnische Staatsduma, die in allgemeiner, direkter, gleicher und geheimer Abstimmung gewählt wurden, haben sich bereits einmütig zu politischen Grundfragen geäußert. Mit Befriedigung können wir feststellen, daß die Völker Estlands, Lettlands und Litauens mit großer Mehrheit Vertreter wählten, die sich einmütig für die Einführung der Sowjetordnung und den Beitritt Litauens, Lettlands und Estlands zur Union der Sozialistischen Sowjetrepubliken ausgesprochen haben.

Damit müssen die Beziehungen zwischen Litauen, Lettland, Estland und der Sowjetunion auf eine neue Grundlage gestellt werden.

Der Oberste Sowjet wird den Beitritt Litauens, Lettlands und Estlands als Sozialistische Sowjetrepubliken zur Sowjetunion erörtern. Es kann kein Zweifel daran bestehen, daß der Beitritt dieser Republiken ihnen einen raschen wirtschaftlichen Aufstieg und ein allseitiges Erblühen ihrer nationalen Kulturen gewährleistet. Ihre Kräfte werden um ein Vielfaches gestärkt, ihre Sicherheit wird gewährleistet, zugleich wird die Macht der großen Sowjetunion weiter wachsen.

Der Beitritt der baltischen Staaten zur UdSSR bedeutet, daß das Sowjetvolk um 2,88 Millionen Einwohner Litauens, 1,95 Millionen Einwohner Lettlands und 1,12 Einwohner Estlands anwächst. Nimmt man die Bewohner Bessarabiens und der Nordbukowina hinzu, dann wird die Bevölkerungszahl der Sowjetunion um ca. 10 Millionen ansteigen. Wenn man außerdem die Bevölkerung der Westukraine und Westweißrußlands von mehr als 13 Millionen berücksichtigt, dann hat die Sowjetunion im vergangenen Jahr über 23 Millionen Menschen hinzugewonnen.«[8]

Damals glaubten wir, Molotow habe mit seinem zynischen Triumph recht. Alle formalen Bestimmungen schienen eingehalten und der Beitritt eine natürliche Sache zu sein. Uns kam nicht in den Sinn, daß im Baltikum das Stalinsche Szenarium einer beschleunigten politischen und sozialen Entwicklung vom Kapitalismus zum Sozialismus erstmalig erprobt wurde. Die einzelnen Schritte waren:

- zunächst der Abschluß eines »Freundschaftsvertrages« und der Einmarsch sowjetischer Truppen, was formal keine unmittelbare Veränderung der gesellschaftlichen Ordnung bedeutete;
- danach die »Demokratisierung« dieser Ordnung, was vor allem hieß, die kommunistischen Parteien zu legalisieren;
- einige Zeit später die »Verschlechterung« der diplomatischen Beziehungen, der Einmarsch weiterer Truppen als

Garantie dafür, daß die alten Regime keinen Widerstand leisteten;

- die fingierte »Forderung des Volkes«, die Regierungen durch sowjetfreundlichere (nicht unbedingt kommunistische) zu ersetzen;
- Neuwahlen nach von Moskau diktierten Einheitslisten;
- die Bildung von neuen Parlamenten und Exekutivorganen im Vorfeld der Aufforderung zum Beitritt zur UdSSR;
- die entsprechenden Parlamentsbeschlüsse;
- Anträge auf Beitritt zur Sowjetunion, die vom Obersten Sowjet der UdSSR rasch akzeptiert wurden;
- all das bei Zustimmung Deutschlands sowie Nichteinmischung Englands und Frankreichs, die bereits in den Krieg verwickelt waren.

Stalin konnte mit der erfolgreichen Umsetzung dieses Szenariums, das er selbst entwickelt hatte, durchaus zufrieden sein. So zufrieden, daß er beschloß, dieses Vorgehen auch auf das benachbarte Finnland anzuwenden, das als strategisches Vorfeld der UdSSR nicht weniger von Bedeutung war. Deutschlands Zustimmung hatte er formal bereits mit dem Geheimprotokoll vom 23. August erhalten. Mit dem Stillhalten der Westmächte war zu rechnen, da der Krieg anhielt. Konnte es also losgehen?

FÜNFZEHNTES KAPITEL

Wie man aus einer Niederlage einen Sieg macht

Für Stalin war Finnland der Teil seiner Einflußsphäre, zu dem die Geheimprotokolle von 1939 den Weg geebnet hatten. Es heißt, er habe den »Winterkrieg« bis Ende 1939 hinausgeschoben, um zunächst den Anschluß des Baltikums praktisch in die Wege zu leiten. In Litauen, Lettland und Estland wurden sowjetische Militärbasen eingerichtet, was die Regierungen ohne Widerstand hinnahmen. Deutschland sah dem Lauf der Dinge gelassen zu, bis die Sowjetisierung des Baltikums im Jahre 1940 abgeschlossen war. Aber Finnland ...

Wußte der Vorsitzende der Finnischen Kommunistischen Partei, Otto Kuusinen, von diesem »Aber«? In einer Novembernacht des Jahres 1939 rollte er in einem Salonwagen, den man an den berühmten Roten Pfeil – den Expreß Moskau–Leningrad – angehängt hatte, nach Norden, um bald offiziell zum Chef einer »demokratischen Regierung Finnlands« ernannt zu werden. Ihm gegenüber saß Jelissej Sinizyn, künftiger General, Resident des NKWD in Helsinki und dort unter dem Namen Jelissejew tätig. Einen Tag zuvor hatte Stalin beide empfangen.

Kuusinen berichtete Sinizyn in jener Nacht, daß Stalin und Woroschilow ihn im September 1939 bereits einmal in den Kreml gerufen hatten. Dort erklärten sie ihm, zur Sicherung der Nordwestgrenzen der UdSSR müsse man die Zustimmung Finnlands zu einem Gebietsaustausch – der Karelischen Landenge gegen einen Teil Kareliens – erreichen. Sollte Finnland sich weigern, war militärische Gewalt angesagt.

»Stalin«, gab General Sinizyn Kuusinens Worte wieder, »wollte das Szenarium für die baltischen Staaten auch auf Finnland anwenden ...«[1]

Das Szenarium für die baltischen Staaten! Aber mit Finnland lief die Sache anders. Zwar konnte Stalin im Winterkrieg von 1939/40 die angestrebten territorialen Veränderungen erreichen, aber das Land selbst wurde nicht Teil der sowjetischen Einflußsphäre. Daher ist unschwer zu vermuten, daß Stalin, wenn er das Baltikum zum Maßstab nahm, mit dem im März 1940 geschlossenen Frieden nicht zufrieden sein konnte.

In seinem persönlichen Archiv gibt es eine kleine Sammlung von handgeschriebenen Zetteln mit Bemerkungen und sogar Zeichnungen, die er auf Sitzungen hingekritzelt hatte, wenn er sich langweilte. Darunter sind hochinteressante Kommentare zu wichtigen politischen Entscheidungen. Einer – datiert vom 17. April 1940 und mit dickem grünem Stift angestrichen – besteht nur aus wenigen Zeilen: »1) War es richtig, daß die Regierung Ende 1939 Krieg mit Finnland anfing? 2) War der Plan zur Konzentration der Kräfte gegen Finnland richtig, der in den ersten Kriegswochen realisiert wurde?«[2]

Ein Psychologe Freudscher Schule würde sagen: Da haben wir sie, die vertrackten Fragen, die den Diktator im Kreml quälten! In der Tat, hatte Stalin richtig gehandelt, als er im Winter 1939/40 gegen Finnland losschlug? Waren die enormen Verluste an Menschen und an internationalem Ansehen gerechtfertigt, die die Sowjetunion hinnehmen mußte?

Aber wenn man Stalins Gedanken ergründen will, hilft Freuds Methode wohl kaum weiter. Denn hier geht es nicht um Fragen, die in Stalins Unterbewußtsein herumgeisterten, sondern um das Konzept einer Rede, die Stalin am 17. April 1940 auf einer Beratung im ZK der KPdSU(B) hielt, das vom 14. bis 17. April eine Bilanz des Finnlandkrieges zog.

Dort sprachen 46 Personen – Kommandeure von Verbänden der Roten Armee und höchste Führungsoffiziere. Den Vorsitz führten der Volkskommissar für Verteidigung, Marschall Kliment Woroschilow, und sein Stellvertreter

Gennadi Kulik, aber die Fäden hatte Stalin selbst in der Hand. Er hielt dort auch das Schlußwort. Diese Rede war lange Zeit geheim. Weil sie nicht im Hauptbestand von Stalins Akten lag, wurde sie erst 1996 entdeckt.

»Rede J.W. Stalins
auf der Kommandeurstagung der RKKA

17. April 1940

Genossen,

ich möchte mich einigen Fragen zuwenden, die entweder in den Reden nicht angesprochen, oder wenn doch, dann nicht ausreichend behandelt worden sind.

Die erste Frage ist der Krieg gegen Finnland.

Haben Partei und Regierung richtig gehandelt, als sie Finnland den Krieg erklärten? Diese Frage geht vor allem die Rote Armee an.

Wäre es nicht auch ohne Krieg gegangen? Ich denke, nein. Es wäre unmöglich ohne Krieg gegangen. Der Krieg war notwendig, denn die Friedensverhandlungen mit Finnland hatten nichts gebracht, und die Sicherheit Leningrads mußte unbedingt gewährleistet werden. Seine Sicherheit ist die Sicherheit unseres Vaterlandes. Das allein schon deshalb, weil in Leningrad 30–35 Prozent unserer Verteidigungsindustrie stehen und von Leningrads Unversehrtheit das Schicksal des ganzen Landes abhängt. Außerdem ist Leningrad unsere zweite Hauptstadt. Nach Leningrad vorzustoßen, es zu besetzen und dort z. B. eine bürgerliche oder eine weißgardistische Regierung zu etablieren hieße, eine ernstzunehmende Basis für den Bürgerkrieg gegen die Sowjetmacht zu schaffen.

Das ist die militärische und politische Bedeutung Leningrads als Industriezentrum und zweite Hauptstadt. Daher ist Leningrads Sicherheit auch die Sicherheit des ganzen Landes. Somit ist klar: Da die Friedensverhandlungen mit Finnland ergebnislos endeten, mußten wir den Krieg erklären, um die Sicherheit Leningrads und damit auch die Sicherheit unseres Landes mit militärischer Gewalt zu organisieren, zu gewährleisten und zu konsolidieren.

Die zweite Frage: Haben unsere Partei und Regierung nicht übereilt gehandelt, als sie Ende November/Anfang Dezember den Krieg erklärten? Konnten sie das nicht aufschieben, noch zwei, drei oder vier Monate warten, sich vorbereiten und erst dann handeln? Nein. Partei und Regierung hatten vollkommen recht, als sie die Sache nicht aufschoben und, wohl wissend, daß wir auf den Krieg unter finnischen Bedingungen noch nicht umfassend vorbereitet waren, Ende November/Anfang Dezember mit den aktiven Kampfhandlungen begannen. Das hing doch nicht allein von uns ab, sondern vor allem von der internationalen Lage. Im Westen waren sich gerade die drei größten Mächte an die Gurgel gegangen. Wann sollte man denn sonst das Problem Leningrad lösen, wenn nicht in einem Augenblick, da die dort alle Hände voll zu tun hatten und die Gelegenheit günstig war, um zuzuschlagen?

Es wäre eine große Dummheit und politisch kurzsichtig gewesen, diese Chance nicht zu nutzen, nicht zu versuchen, die Frage der Sicherheit Leningrads anzupacken und zu lösen, solange im Westen noch Krieg tobte. Das um zwei Monate zu verschieben hätte bedeutet, es um zwanzig Jahre zu verschieben, denn in der Politik kann man nicht alles vorhersehen. Zwar kämpften sie dort im Westen, aber irgendwie lustlos – halb Krieg, halb Kartenspiel.

Unter Umständen konnten sie sich auch bald wieder vertragen. Das war nicht auszuschließen. Dann hätten wir in der Tat eine günstige Gelegenheit verpaßt, die Frage der Verteidigung Leningrads anzupacken und unseren Staat zu sichern. Das wäre ein großer Fehler gewesen.

Daher haben unsere Partei und Regierung richtig gehandelt, als sie die Sache nicht aufschoben und sofort mit den Kriegshandlungen begannen, da die Gespräche mit Finnland ausgesetzt wurden.

Die dritte Frage: Der Krieg war erklärt, die Kampfhandlungen hatten begonnen. Waren unsere Stäbe und Truppen an der Front richtig verteilt? Bekanntlich marschierten sie in fünf Hauptkolonnen auf. Die wichtigste Kolonne stand auf der Karelischen Landenge. Eine zweite marschierte auf Serdobol (Sortavala) am Nordufer des Ladogasees zu. Die dritte, etwas kleinere, auf Uleåborg (Oulu). Die vierte auf Tornio und die fünfte von Nord nach Süd auf Petsamo.

War dieser Truppenaufmarsch an der Front richtig? Ich denke, ja. Was wollten wir damit erreichen?

Wenn die Karelische Landenge genommen werden sollte, dann war die erste Aufgabe folgende: Im Krieg darf man nicht nur mit Gutem, sondern muß auch mit Schlechtem rechnen, am besten mit dem Schlimmsten. Die stärkste Kolonne unserer Truppen hatten wir auf der Karelischen Landenge postiert, um für alle Eventualitäten seitens der Finnen gegen Leningrad gerüstet zu sein.

Wir wissen, daß England und Frankreich die Finnen unterstützen, aber insgeheim auch Deutschland, Schweden, Norwegen, Amerika und Kanada. Das wissen wir genau. Im Krieg muß man auf alles gefaßt sein und darf vor allem das Schlimmste nicht aus dem Auge lassen. Davon ausgehend, mußte auf der Karelischen Landenge eine starke Streitmacht stehen, weil nur sie Leningrad gegen alle Eventualitäten absichern konnte.

Zweitens wurde diese Truppenkolonne gebraucht, um die finnischen Stellungen auf der Karelischen Landenge mit der Bajonettspitze zu erkunden – ihre Kräfteverteilung und ihre Verteidigung – diese beiden Dinge.

Drittens mußten wir für weitere Truppen einen Brückenkopf für den Sprung nach vorn und den darauf folgenden Vormarsch schaffen. Viertens galt es, wenn möglich, Wyborg zu nehmen.

Der Truppenaufmarsch auf der Karelischen Landenge verfolgte also drei Ziele: eine starke Barriere zu errichten, die Leningrad gegen alle Eventualitäten absicherte, zweitens das Gelände und das finnische Hinterland zu erkunden, was sehr notwendig war, und drittens einen Brückenkopf für den Sprung heranrückender Truppen zu schaffen.

Kommen wir nun zum Frontabschnitt nördlich des Ladogasees. Hier hatten unsere Truppen zwei Ziele: wiederum Aufklärung – eigentlich waren es drei Ziele – Truppenaufklärung, damit meine ich Aufklärung mit dem Bajonett, was eine sehr wichtige und die exakteste Art der Aufklärung ist. Eine Aufmarschbasis schaffen, um Truppen heranzuführen und dann hinter die Mannerheim-Linie vorzustoßen. Das war das zweite Hauptziel.

Die gleiche Aufgabe hatte auch die dritte Kolonne – Gelände und Bevölkerung erkunden, eine Aufmarschbasis schaffen und, wenn die Bedingungen günstig waren, den Zugang nach Ku… [unleserlich – L. B.] öffnen. Letzteres war eine mögliche, wenn auch nicht sehr wahrscheinliche, nicht ganz reale Aufgabe.

Die vierte Kolonne marschierte in Richtung Tornio. Sie sollte in dieser Richtung aufklären und eine Aufmarschbasis für Verbände schaffen, die dann herangeführt werden und unter günstigen Umständen auf ... [unleserlich – L. B.] marschieren sollten.

Das Ziel der fünften Kolonne war Petsamo. Aufklärung, Errichtung einer Aufmarschbasis, Angriff auf die Stadt. Diese vielen Gruppierungen hatten das konkrete Ziel, die Finnen zur Aufsplitterung ihrer Kräfte zu zwingen. Wir verfügten über größere Reserven als sie, wir mußten sie schwächen, den Druck in Richtung Karelische Landenge verstärken, schließlich durchbrechen und nördlich davon den Finnischen Meerbusen erreichen.

Die Gruppe, die nördlich des Ladogasees handelte, hatte die Aufgabe, Serdobol einzunehmen und ins Hinterland vorzustoßen. Die Gruppe Uleåborg sollte ... [unleserlich – L. B.] erobern. Die Gruppe Kondopoga bis Tornio vorstoßen und die Gruppe Petsamo sich schließlich mit der Gruppe Kondopoga vereinigen.

Wir ließen nicht erkennen, daß es unser Ziel war, Aufmarschbasen zu schaffen und Aufklärung zu betreiben. Hätten wir unsere Karten aufgedeckt, dann hätte sich unter unseren Truppen Ernüchterung breitgemacht. Warum sind wir so vorsichtig gewesen und haben verdeckt gehandelt? Warum konnte man nicht einfach von allen fünf Seiten losmarschieren und die Finnen in die Zange nehmen? Diese schwerwiegende Aufgabe haben wir nicht gestellt, weil der Krieg gegen Finnland eine sehr mühselige Angelegenheit ist. Aus der Geschichte unserer Armee und unseres Landes wissen wir, daß es vier Versuche gab, Finnland zu erobern. Beim fünften Mal wollten wir es packen. Peter I. hat bekanntlich 21 Jahre Krieg geführt, um den Schweden ganz Finnland abzunehmen. Es war damals eine schwedische Provinz – genau das Gebiet, das wir jetzt erobert haben –, die Gegend um Kolajärvi und Petsamo. Außerdem die ganze Karelische Landenge bis Wyborg und die Wyborger Bucht. Nur die Halbinsel Hanko bekam Peter nicht. Aber er kämpfte 21 Jahre lang.

Nach Peter I. führte dessen Tochter Elisabeth zwei Jahre Krieg, um Rußlands Einfluß in Finnland auszubauen. Ein wenig gelang ihr das auch. Aber Helsingfors (Helsinki) blieb in finnischer Hand. Auch Katharina II. zog für zwei Jahre in den Krieg, erreichte aber kaum etwas.

Schließlich führte Alexander I. zwei Jahre Krieg und eroberte alle Regionen Finnlands.

Die russischen Truppen gingen damals genau so vor wie heute. Sie vollzogen Umgehungsmanöver, machten Gefangene und entführten Stäbe. Aber auch die Finnen umzingelten uns und machten Gefangene – das ist vorgekommen.

Da wir all das wußten, gingen wir davon aus, daß sich der Krieg gegen Finnland bis August oder September 1940 hinziehen kann. Wir haben eben nicht nur die günstigste, sondern auch die schlimmste Variante ins Auge gefaßt. Von den ersten Kriegstagen an haben wir Aufmarschbasen in fünf Richtungen vorbereitet. Hätte sich der Krieg hingezogen oder ein Nachbarstaat eingegriffen, dann planten wir, in den Richtungen, wo wir bereits Aufmarschbasen hatten, 62 Infanteriedivisionen einzusetzen und weitere 10 in Reserve zu halten. Insgesamt also 72. Denen sollte die Lust vergehen, sich dort einzumischen. Aber dazu kam es nicht. Wir hatten nur ganze 50 Divisionen zur Verfügung. 10 Divisionen blieben in der Reserve, denn unsere Truppen leisteten gute Arbeit, schlugen die Finnen und brachten sie in Bedrängnis.

Seit Beginn des Krieges boten wir ihnen zwei Möglichkeiten zur Auswahl: Entweder ihr macht große Zugeständnisse, oder wir zerreiben euch zu Staub, und ihr bekommt eine Regierung Kuusinen, die eurer Regierung die Eingeweide herausreißt. So sprachen wir mit der finnischen Bourgeoisie. Die zog Zugeständnisse vor, damit es nicht zu einer Volksregierung kam. Na also. Wir einigten uns gütlich und akzeptierten, denn wir haben recht weitgehende Zugeständnisse erreicht. Sie sichern Leningrad von Norden, Süden und Westen ab; zugleich bleibt die Bedrohung aller lebenswichtigen Zentren Finnlands erhalten. Helsingfors ist jetzt von zwei Seiten bedroht – von Wyborg und Hanko. Allerdings wurde der Plan für einen großen Krieg nicht Wirklichkeit; der Krieg war nach drei Monaten und zwölf Tagen zu Ende. Aber nur deshalb, weil unsere Armee gute Arbeit geleistet hat, weil es sich als richtig erwies, Finnland politisch einen Schuß vor den Bug zu setzen. Entweder, ihr Herren finnische Bourgeois, lenkt ein, oder wir geben euch die Regierung Kuusinen, die euch ausweiden wird. Sie haben sich für die erste Möglichkeit entschieden.

Zu einigen weiteren Fragen: Wie Sie wissen, zeigten sich nach den ersten Erfolgen beim Vormarsch unserer Truppen bald nach Kriegsbeginn an allen Frontabschnitten Mängel in der Koordinierung. Das kam daher, daß unsere Truppen und die Kommandeure nicht in der

Lage waren, sich auf die Bedingungen des Krieges in Finnland einzustellen.

Es fragt sich, was sie daran gehindert hat. Mir scheint, das lag an der Hurra-Psychose, die es vorher in den Truppen und unter den Kommandeuren gab. Der Polenfeldzug hat uns schrecklich geschadet. Er hat uns verwöhnt. Artikel wurden geschrieben und Reden gehalten, daß unsere Rote Armee unbesiegbar ist, daß sie nicht ihresgleichen hat, daß es ihr an nichts fehlt, nie gefehlt hat und nie fehlen wird. Aber die Geschichte kennt keine unbesiegbaren Armeen. Auch die besten haben Niederlagen einstecken müssen. Bei uns, Genossen, aber hat man sich gebrüstet, unsere Armee sei unbesiegbar, wir machen das mit links, uns fehlt es an nichts. In der Praxis gibt es keine solche Armee und wird es sie niemals geben.

Das hat unsere Truppen daran gehindert, ihre Mängel zu erkennen und sich auf die Bedingungen Finnlands einzustellen. Sie haben nicht sofort begriffen, daß der Krieg in Polen ein militärischer Spaziergang und kein Krieg war. Sie haben sich nicht klargemacht, daß sie in Finnland kein militärischer Spaziergang, sondern ein richtiger Krieg erwartet. Es hat gedauert, bis unsere Armee das erkannte, spürte und sich auf die Bedingungen in Finnland einzustellen begann.

Vor allem das hat unsere Truppen daran gehindert, zu begreifen, daß sie nicht zu einem militärischen Spaziergang unterwegs waren, wo man nur mit Hurra vorwärtsstürmen brauchte, sondern in einen Krieg zogen. Mit der Vorstellung, unsere Armee sei unbesiegbar, mit dieser Angeberei, die bei uns schrecklich entwickelt ist – dabei sind die unwissendsten Leute die größten Prahlhänse –, muß Schluß sein. Diese Großtuerei muß ein für allemal aufhören. Wir müssen unseren Leuten als Regel einhämmern, daß es eine unbesiegbare Armee nicht gibt. Wir müssen ihnen Lenins Worte einhämmern, daß einmal zerschlagene oder geschlagene Armeen danach sehr gut kämpfen können. Wir müssen ihnen – vom Kommandeur bis zum Soldaten – einhämmern, daß Krieg ein Spiel mit vielen Unbekannten ist, in dem es auch Niederlagen geben kann. Daher gilt es nicht nur zu lernen, wie man angreift, sondern auch, wie man sich zurückzieht. Es gilt das Wichtigste zu beherzigen – die Philosophie Lenins.

Sie ist unübertroffen, und es wäre gut, wenn unsere Bolschewiken sich diese Philosophie zu eigen machten, die der Spießbürgerphilosophie grundlegend widerspricht, unsere Armee sei unbesiegbar, habe alles und könne jeden besiegen. Von der Vorstellung – das machen wir mit links – müssen wir uns verabschieden, wenn wir eine wirklich moderne Armee haben wollen.

Was hat unsere Armee daran gehindert, sich rasch und aus der Bewegung heraus an die Bedingungen anzupassen, sich nicht auf einen Spaziergang einzustellen, sondern auf einen richtigen Krieg? Was hat unsere Kommandeure daran gehindert, den Krieg nicht auf alte, sondern auf neue Art zu führen? Hier ist zu bedenken, daß wir, seit die Sowjetmacht besteht, noch nie einen wirklich modernen Krieg geführt haben. Die unbedeutenden Episoden in der Mandschurei, am Chassan-See oder in der Mongolei – das war alles Unsinn und kein Krieg. Es waren einzelne Episoden auf eng begrenztem Raum. Japan hatte Angst, einen richtigen Krieg anzufangen. Auch wir wollten ihn nicht. Beim Kräftemessen auf engstem Raum zeigte sich, daß Japan unterlegen war. In der Mongolei hatten sie und wir jeweils zwei, drei Divisionen, am Chassan-See ebenfalls. Einen richtigen Krieg hat unsere Armee bisher nicht geführt. Auch der Bürgerkrieg war kein richtiger Krieg, er lief ohne Artillerie, ohne Luftwaffe, ohne Panzer und Granatwerfer ab. So aber kann von einem ernsthaften Krieg keine Rede sein. Das war ein besonderer Krieg, kein moderner. Wir waren schlecht bewaffnet, gekleidet und ernährt. Aber wir haben einen Feind geschlagen, der viel mehr Waffen hatte, weil hier vor allem die Moral eine Rolle spielte.

Was also hat unsere Kommandeure daran gehindert, den Krieg in Finnland auf neue Art zu führen, nicht wie den Bürgerkrieg, sondern anders? Das lag meiner Meinung nach an dem Kult, der mit den Traditionen und Erfahrungen des Bürgerkrieges getrieben wird. Wonach bewertet man denn bei uns einen Kommandeur? Hast du am Bürgerkrieg teilgenommen? Nein. Weg mit dir! Und der, hat der teilgenommen? Ja. Her mit ihm! Er hat große Erfahrung, na und so weiter.

Natürlich sind die Erfahrungen des Bürgerkrieges sehr wertvoll. Auch die Traditionen des Bürgerkrieges sind es. Aber sie reichen überhaupt nicht aus. Daher muß mit dem Kult um diese Traditionen und Erfahrungen Schluß gemacht werden. Er hindert unsere Kommandeure daran, sich schnell auf einen modernen Krieg einzustellen.

Der Genosse Kommandeur ist bei uns doch nicht der letzte Dreck. Er steht ganz vorn. Aus dem Bürgerkrieg hat er große Erfahrungen mitgebracht. Er wird respektiert. Er ist ein aufrechter Mann, aber er kann sich bis heute nicht auf das Neue, das Moderne einstellen. Er begreift nicht, daß man nicht einfach ohne Artillerievorbereitung vorwärtsstürmen kann. Er macht das mit Hurra. Wenn er so Krieg führt, dann geht es schief, ob die Kämpfer nun erstklassig sind oder nicht. Es geht auf jeden Fall schief. Wenn der Gegner in seinen Stellungen sitzt, Artillerie und Panzer hat, dann schlägt er uns ganz einfach kurz und klein.

Das war das Problem der 7. Armee: Man begriff nicht, daß die Artillerie entscheidend ist. Dieses ganze Gerede, man müsse Munition sparen – wozu denn Selbstladegewehre, die so viele Patronen verbrauchen, wozu denn Maschinenpistolen? –, all das Gerede, daß man nur gezielt schießen darf, das ist altes Denken in der Tradition des Bürgerkrieges. Daran ist nichts modern.

Woher kommen all diese Debatten? Die gab es nicht nur in der Armee, sondern auch hier bei uns. Zivilisten wie ich und Molotow kennen sich auch ein wenig in militärischen Dingen aus. Militärische Laien haben mit den Chefs von Militärorganen gestritten, sich schließlich durchgesetzt und sie gezwungen anzuerkennen, daß wir gegen die Finnen einen modernen Krieg führen, der ihnen von drei Staaten beigebracht wird – von Deutschland, England und Frankreich. Einerseits einen modernen Krieg mit befestigten Räumen zu führen und andererseits zu behaupten, man dürfe nur gezielt schießen – das ergibt einfach keinen Sinn.

Wir haben auch darüber gesprochen, warum die Produktion der Maschinenpistole Degtjarjow eingestellt worden ist. Angeblich, weil ihr Magazin nur 25 Schuß Munition faßt. Das ist dumm, aber sie wurde eingestellt. Warum? Ich kann es nicht sagen.

Warum haben wir keine Granatwerfer? Das ist doch nichts Neues. Im imperialistischen Weltkrieg haben sich die Deutschen 1915 gegen die Truppen im Osten und Westen, gegen unsere und die Franzosen, vor allem mit Granaten zur Wehr gesetzt. Granaten hat man viel mehr als Menschen. Das war vor 24 Jahren. Warum haben wir bis heute keine Granatwerfer? Niemand weiß eine Antwort auf diese Frage.

Wie ist das alles zu erklären? Damit, daß in allen Köpfen noch die

Traditionen des Bürgerkrieges herumgeistern. Wir sind ohne Granaten und ohne Maschinenpistolen ausgekommen. Was bedeutet schon eure Artillerie? Wir haben prächtige Menschen, Helden, einer wie der andere! Wir stürmen und siegen! Das erinnert mich an die Rothäute in Amerika, die mit Keulen gegen Gewehre loszogen und damit die Amerikaner besiegen wollten. Die Keule gegen das Gewehr. Sie wurden alle abgeschossen.

An diesem Kult um die Traditionen und Erfahrungen des Bürgerkrieges halten die Menschen noch immer fest. Er hat sie mental daran gehindert, sich die neuen Methoden des modernen Krieges rasch anzueignen. Nach zwei, drei, vier Wochen fing das dann langsam an: zuerst die … [unleserlich – L.B.], dann die 13. Armee. Stern schaffte es, sich umzustellen, wenn auch nicht ohne Schwierigkeiten. Gut hielt sich Gen. Frolow von der 14. Armee. Am schlechtesten lief es bei Gen. Kowaljow. Da er ein guter Soldat, ein Held des Bürgerkrieges ist und sich damals mit Ruhm bedeckt hat, fällt es ihm jetzt schwer, die Erfahrungen des Bürgerkrieges abzulegen, die überhaupt nicht mehr ausreichen. Wer das Gegenteil glaubt, den erwartet der sichere Untergang. Ein Kommandeur, der denkt, er könne nur nach den Erfahrungen des Bürgerkrieges kämpfen und siegen, scheitert als Kommandeur. Er muß diese Erfahrungen und Werte unbedingt mit den Erfahrungen des modernen Krieges anreichern. Eine interessante Frage: Was ist eigentlich ein moderner Krieg? Was verlangt er? Er verlangt Artillerie in großen Mengen. Sie ist die Göttin des modernen Krieges. Wer sich auf moderne Kriegführung einstellen will, der muß begreifen, daß die Artillerie entscheidet. Viel Artillerie. Daher ist all das Gerede, man müsse gezielt schießen, nicht große Flächen bestreichen, man müsse Munition sparen, blanker Unsinn, der nur zum Mißerfolg führt. Wenn man pro Tag 400 bis 500 Granaten verschießen muß, um das Hinterland des Gegners zu zerstören, seine vorgeschobenen Stellungen zu vernichten, damit er nicht zur Ruhe kommt, damit er nicht schlafen kann, dann darf man nicht mit Granaten und Patronen sparen. Finnische Soldaten haben geschrieben, daß sie sich vier Monate lang nicht ausschlafen konnten. Erst am Tag des Waffenstillstandes haben sie das tun können. Das war die Artillerie. Sie ist das Allerwichtigste.

Das zweite sind Flugzeuge. Viele Flugzeuge – nicht hunderte, sondern tausende. Wer einen modernen Krieg führen und darin siegen will, der darf nicht davon schwafeln, man müsse sparen, um den Feind mit einem Schlag überwältigen und seine Städte auf den Kopf stellen zu können – das sei dann der Sieg. Wenn wir mehr Granaten und Patronen einsetzen, werden wir weniger Menschen verlieren. Wer an Granaten und Patronen spart, hat mehr Verluste. Wir müssen uns entscheiden. Entweder wir verschießen mehr Granaten und Patronen, schonen unsere Armee, erhalten ihre Kräfte und haben nur minimale Opfer, oder wir sparen an Bomben und Granaten.

Auch Panzer sind entscheidend, wiederum in Massen, nicht hunderte, sondern tausende. Gut gepanzerte Fahrzeuge – darauf kommt es an. Wenn die Panzer eine dicke Haut haben, können sie bei der Artillerie und der Infanterie, die wir haben, Wunder vollbringen. Also: mehr Granaten und Patronen auf den Gegner verschießen, die eigenen Leute schonen und die Kräfte der Armee erhalten.

Das Vierte sind Granatwerfer, ohne die kein moderner Krieg auskommt. Massen von Granatwerfern. Alle Kompanien, Bataillone und Regimenter müssen unbedingt Sechs- und Acht-Zoll-Granatwerfer haben. Das ist für den modernen Krieg unerläßlich. Sie sind eine sehr wirksame Waffe, eine billige Artillerie. Ein tolles Ding – so ein Granatwerfer! Unsere Losung muß sein: Nicht mit Granaten sparen, sondern die Menschen schonen. Wenn wir an Bomben und Granaten sparen, wenn wir die Menschen nicht schonen, werden wir weniger Kämpfer haben. Wenn Sie wollen, daß wir den Krieg mit geringem Blutzoll führen, dann sparen Sie nicht mit Granaten.

Das nächste sind automatische Handfeuerwaffen. Bis jetzt wird bei uns gestritten, ob wir Selbstladegewehre und Magazine mit zehn Schuß Munition brauchen. Wer noch in den Traditionen des Bürgerkrieges lebt, mag ein guter Mann sein, aber er ist ein Dummkopf, wenn er fragt: Wozu brauchen wir ein Selbstladegewehr? Nehmen Sie unsere alte Flinte mit fünf Patronen und halten das Selbstladegewehr mit zehn Schuß Munition dagegen. Das kennen wir doch: anlegen, zielen, schießen, neue Zielscheibe und wieder anlegen, zielen, schießen. Ein Kämpfer mit einem Zehn-Schuß-Gewehr haut dreimal so viele Kugeln raus wie der Mann mit unserer Flinte. Er ist drei Soldaten wert! Da muß man doch einfach zum Selbstlader greifen, immerhin ist das ein Halbautomat. Wie nötig das ist, hat der Krieg bewiesen. Für die Kampfaufklärung, für Nachtgefechte, wenn man ins Hinterland eindringt und dort losschlägt – was für ein Schreck, was für eine Panik im Rücken des Gegners! Mein Respekt! Unsere Soldaten sind keine Feiglinge, aber vor den automatischen Waffen sind sie davongelaufen. Diese Dinge müssen wir doch nutzen!

Das heißt, für die Infanterie sind solche Handfeuerwaffen wie das halbautomatische Gewehr und die Maschinenpistole unabdingbar.

Weiter. Aufbau eines zivilisierten, qualifizierten und gebildeten Kommandeursbestandes. Den haben wir nicht, oder höchstens in Einzelfällen.

Ich spreche hier vom ganz gewöhnlichen Truppenkommandeur. Er soll Befehle geben, d. h., Flugzeuge, Artillerie, Panzer, eine Panzerbrigade, Granatwerfer kommandieren. Aber wenn er nicht einmal eine allgemeine Vorstellung von dieser Art Waffen hat, was für Befehle kann er dann geben? Der heutige Truppenkommandeur ist nicht mehr der Kommandeur der Zeit des Bürgerkrieges, wo es um Flinten und Drei-Zoll-Maschinengewehre ging. Wer heute Kommandeur sein und in allen Waffengattungen respektiert werden will, der muß sich mit Flugzeugen, Panzern, mit Artillerie verschiedenen Kalibers, mit Granatwerfern auskennen. Dann kann er auch Befehle geben. Wir brauchen also einen zivilisierten, qualifizierten, gebildeten Kommandeursbestand.

Weiter. Gebraucht werden gut zusammengesetzte, reibungslos funktionierende Stäbe. Bis vor kurzem hieß es doch: Wenn ein Kommandeur versagt hat, dann ab in den Stab mit dem Schlappschwanz! Oder umgekehrt: Wenn im Stab ein Mann mit Kommandeursqualitäten auftauchte, dann konnte man hören: Der hat im Stab nichts zu suchen, der muß auf einen Kommandoposten. Wenn wir uns Stäbe so vorstellen, dann werden wir keine Stäbe haben. Was aber bedeutet das? Dann fehlt ein Organ, das Befehle vorbereitet und ausführt. Das ist eine sehr ernste Sache. Wir müssen qualifizierte, reibungslos funktionierende Stäbe aufbauen. Das erfordert der moderne Krieg genauso, wie er Artillerie und Flugzeuge in großer Zahl verlangt.

Dann brauchen wir für den modernen Krieg gut ausgebildete, disziplinierte Kämpfer, die Initiative zeigen. Unserem Kämpfer fehlt es an Initiative. Er ist als Individuum schwach entwickelt. Er ist schlecht ausgebildet. Wenn sich aber ein Mensch in seiner Sache nicht auskennt

– wie soll er dann Initiative zeigen? Dann steht es auch schlecht um seine Disziplin. Solche Kämpfer müssen wir ausbilden, nicht die Mitjas, die in den Bürgerkrieg gezogen sind! Wir brauchen einen Kämpfer neuer Art. Ihn müssen und können wir ausbilden – eine entwickelte Persönlichkeit mit Initiative und Disziplin.

Für den modernen Krieg brauchen wir weiter politisch standhafte und militärisch beschlagene Politarbeiter. Es genügt nicht, daß der Politarbeiter ständig von der Partei Lenins und Stalins redet. Das ist doch nichts als Halleluja. Das ist zu wenig. Das reicht heute nicht mehr aus. Er muß politisch standhaft, politisch gebildet, zivilisiert und militärisch beschlagen sein. Ohne das werden wir keinen guten Kämpfer, keine gut organisierte Versorgung und keinen guten Nachwuchs für die Armee haben.

Das sind die Voraussetzungen, die wir sowjetischen Menschen brauchen, um einen modernen Krieg zu führen und in diesem Krieg zu siegen.

Was glauben Sie, hatten wir eine solche Armee, als wir gegen Finnland in den Krieg zogen? Nein, wir hatten sie nicht. Zum Teil vielleicht. Aber es fehlte ihr vieles an diesen Voraussetzungen. Warum? Weil unsere Armee, wie sehr wir sie auch loben mögen – ich liebe sie nicht weniger als Sie – eine junge Armee ist, die ihre Feuertaufe noch nicht erhalten hat. Sie hat viel Technik, und sie glaubt an ihre Kraft sogar mehr, als sie sollte. Sie tut so, als sei sie unbesiegbar. Aber es ist trotz allem eine junge Armee.

Erstens ist unsere moderne Rote Armee auf den Schlachtfeldern Finnlands unter Beschuß gekommen und hat dort ihre Feuertaufe erlebt. Was hat sich dabei gezeigt? Daß unsere Menschen neue Menschen sind. Ungeachtet aller Mängel haben sie sich sehr rasch – in kaum eineinhalb Monaten – umgestellt und sind andere geworden. Unsere Armee ist aus diesem Krieg fast als moderne Armee herausgekommen, wenn ihr auch noch einiges fehlt. Wenn sie auch noch einige alte Zöpfe mit sich herumschleppt. Sie hat sich fest auf die Gleise einer wirklich modernen sowjetischen Armee gestellt. Das ist das wichtigste Plus der Erfahrung, die wir auf den Schlachtfeldern Finnlands gewonnen haben, wo wir unsere Armee ins Feuer schickten, damit sie diese Erfahrung macht. Ein Glück, daß sie mit Gottes Hilfe diese Erfahrung nicht bei der deutschen Luftwaffe, sondern in Finnland gemacht hat! Aber daß unsere Armee nicht mehr die ist, die sie im November vergangenen Jahres war, daß die Kommandeure und Kämpfer heute andere sind, daran kann es keinerlei Zweifel geben. Allein daß sie jetzt bereits Blockierungsgruppen hat, ist ein deutliches Zeichen dafür, daß unsere Armee zu einer modernen Truppe wird.

Nach alledem müssen wir uns natürlich fragen, was die finnische Armee eigentlich darstellt. Viele von Ihnen haben gesehen, wie beweglich und diszipliniert sie handelt, welche Tricks sie beherrscht. Bei einigen ist sogar Neid auf die finnische Armee aufgekommen. Die Frage ist, ob man sie mit vollem Recht eine moderne Armee nennen kann. Ich glaube nicht. Was die Verteidigung der befestigten Räume betrifft, so war, was die finnische Armee zeigte, mehr oder weniger befriedigend. Aber sie ist doch nicht wirklich modern, denn sie verhält sich in der Verteidigung passiv. Die Verteidigungslinie des befestigten Raumes ist für sie, was für die Muslime Allah ist. Die Idioten sitzen in ihren Feuernestern und kommen nicht raus! Sie denken, die knackt keiner. Sie können dort sitzen und Tee trinken. So verhält sich keine moderne Armee zu ihrer Verteidigungslinie. Eine moderne Armee darf ihre Verteidigungslinie nicht passiv behandeln, wie stark diese auch sein mag.

Diese Passivität in der Verteidigung, diese passive Haltung zu ihren Verteidigungslinien charakterisiert die finnische Armee, wie sie da hinter ihren Wällen sitzt, als nicht wirklich moderne Armee. Das zeigt sich auch in dem fast religiösen Glauben an die Überlegenheit ihrer befestigten Räume. Im Angriff sind die Finnen ebenfalls keinen Pfifferling wert. Drei Monate lang haben wir gekämpft. Aber können Sie sich auch nur an einen einzigen ernsthaften Großangriff der finnischen Armee erinnern? Den gab es nicht. Nicht einmal eine Konterattacke haben sie gewagt, obwohl sie in Räumen saßen, wo die Feuerstellungen, wo das ganze Geländer vermessen und kartographiert ist wie auf einem Übungsplatz, wo sie mit geschlossenen Augen hätten schießen können. Trotzdem sind sie nur sehr selten zum Gegenangriff übergegangen. Und ich kenne auch keinen einzigen Fall, wo sie damit nicht gescheitert wären. Was einen ernsthaften Angriff betrifft, um unsere Front zu durchbrechen oder eine Stellung zu nehmen – so etwas hat es einfach nicht gegeben. Die finnische Armee ist zu großen Angriffsoperationen nicht in der Lage. Das ist ihr Hauptmangel. Sie ist zu großen Angriffsoperationen nicht in der Lage, in der Verteidigung passiv und wagt sich nur sehr selten zu Gegenangriffen hervor, die sie noch dazu ungeschickt organisiert und bei denen sie immer Verluste einstecken mußte.

Das ist ihr Hauptmangel. Diese Armee ist nicht für den Angriff, sondern für die Verteidigung aufgebaut und ausgebildet worden. Nicht einmal für eine aktive, sondern ausschließlich für eine passive Verteidigung.

Für eine Verteidigung mit dem tiefen Glauben an einen Fetisch, an die Unverwundbarkeit der eigenen Stellungen. Eine solche Armee kann ich nicht modern nennen.

Wozu ist sie fähig, und weshalb haben sie einzelne Genossen beneidet? Sie ist zu kleinen Aktionen in der Lage, zu Umgehungsmanövern, zum Eindringen ins Hinterland, zum Anlegen von Sperren, weil sie ihr Gelände kennt, aber nur dazu. Die Sperren sind reine Tricks. Ein Trick ist eine gute Sache. Er beweist List, Mutterwitz und all das. Aber nur mit Tricks kommt man nicht weit. Einmal klappt es, man überrascht den Gegner im Hinterland. Auch ein zweites Mal kann eine List gelingen, aber ein drittes Mal bestimmt nicht. Eine Armee kann sich nicht nur auf Tricks verlassen. Es muß eine richtige Armee sein. Wenn nicht, dann ist sie nicht vollwertig. Das ist meine Einschätzung der finnischen Armee.

Ich spreche hier nur von der taktischen Seite. Nicht davon, daß sie auch deswegen schwach ist, weil sie wenig Artillerie hat. Nicht, weil die arm wären – das ist es nicht. Aber sie haben erst jetzt begriffen, daß man den Krieg ohne Artillerie verliert. Von einem anderen Mangel gar nicht zu reden: Die finnische Armee hat auch wenig Flugzeuge. Nicht, daß denen das Geld dafür fehlte. Sie haben ziemlich viel Kapital, entwickelte Zellulosefabriken, die Pulver herstellen. Und Pulver ist teuer. Sie haben mehr Zellulosefabriken als wir, etwa doppelt so viele. Wir produzieren 5000 Tonnen Zellulose im Jahr. Von ihnen haben wir jetzt Fabriken erobert, die 400000 Tonnen im Jahr herstellen. Aber über das Doppelte ist nach wie vor in ihrer Hand. Das ist ein reiches Land. Wenn sie keine Flugzeuge besitzen, dann deshalb, weil sie die Stärke und Bedeutung der Luftwaffe noch nicht begriffen haben. Auch das ist ein Mangel.

Eine Armee, die nicht zum Angriff, sondern zur passiven Verteidigung ausgebildet ist; eine Armee, die über keine ernst zu nehmende Artillerie verfügt; eine Armee, die keine ernst zu nehmende Luftwaffe hat, obwohl alle Möglichkeiten dafür vorhanden wären; eine Armee, die gute Partisanenaktionen durchführt, ins Hinterland eindringt, Sperren legt und so weiter und so fort – die kann ich keine moderne Armee nennen.

Meine Schlußfolgerung. Was hat uns der Sieg gebracht? Wen haben wir eigentlich besiegt? Wir haben drei Monate und zwölf Tage gekämpft. Dann fielen die Finnen auf die Knie. Wir haben nachgegeben, und der Krieg war zu Ende. Nun fragt sich, wen wir besiegt haben. Es heißt, die Finnen. Na klar haben wir die Finnen besiegt. Aber nicht das ist das Wichtigste an diesem Krieg. Die Finnen zu besiegen ist nun wahrlich keine gewaltige Aufgabe gewesen. Natürlich mußten wir sie besiegen. Aber wir haben nicht nur die Finnen besiegt, sondern auch ihre Lehrer aus Europa, die deutsche Verteidigungstechnik, die englische und die französische. Wir haben nicht nur die Finnen besiegt, sondern die Technik der fortgeschrittensten Staaten Europas. Wir haben nicht nur die Technik der fortgeschrittensten Staaten Europas besiegt, sondern auch ihre Strategie und Taktik. Die ganze Verteidigung Finnlands, der ganze Krieg liefen auf Weisung, nach den Ratschlägen Englands und Frankreichs ab. Vorher haben die Deutschen noch ordentlich geholfen, denn die finnischen Verteidigungslinien sind zur Hälfte nach ihren Ratschlägen gebaut.

Wir haben nicht nur die Finnen geschlagen. Das war keine so große Aufgabe. Das Wichtigste an unserem Sieg ist, daß wir die Technik, die Strategie und Taktik der fortgeschrittensten Staaten Europas geschlagen haben, deren Vertreter die Lehrer der Finnen waren. Das ist unser eigentlicher Sieg. *(Stürmischer Beifall, alle erheben sich, Hurra-Rufe)*«[3]

Diese Rede vom 17. April 1940 ist in mehrfacher Hinsicht bemerkenswert. Die militärische Analyse enthielt zahlreiche kritische Anmerkungen zu den Mißerfolgen in der ersten Phase des Krieges, als das Kommando der Roten Armee eindeutig versagte. Schließlich wurde der Volkskommissar für Verteidigung, der »ruhmreiche Marschall« Woroschilow, danach von seinem Posten abgelöst. Der politische Aspekt der Rede kam jedoch für viele unerwartet: Stalin schätzte den Krieg insgesamt positiv ein. Mit der ersten Frage, die er auf seinem Zettel notiert hatte, leitete er dann auch die Rede ein:

»Haben Partei und Regierung richtig gehandelt, als sie Finnland den Krieg erklärten?«

Bald stellte er auch die zweite Frage:

»Haben unsere Partei und Regierung nicht übereilt gehandelt, als sie Ende November/Anfang Dezember den Krieg erklärten?«

Stalin beantwortete beide rhetorische Fragen: Ja, es war richtig. Nein, sie haben nicht übereilt gehandelt. Der Leser wird sagen: Anders konnte es auch gar nicht sein. Einem Diktator ist Selbstkritik fremd. Um so interessanter sind die Argumente, mit denen der Generalsekretär des ZK der KPdSU(B) den Krieg vor den im Kreml Versammelten rechtfertigte, die in diesem Krieg viel Bitteres erfahren hatten.

Erstens sprach er von der Sicherheit Leningrads. Und das in einem für die Zuhörer überraschenden Zusammenhang: Es bestünde also die Gefahr, daß die Finnen nach Leningrad vorstoßen, es besetzen konnten, »um dort eine bürgerliche oder eine weißgardistische Regierung zu etablieren,« d. h., »eine ernstzunehmende Basis für den Bürgerkrieg gegen die Sowjetmacht zu schaffen«.

Eine weißgardistische Regierung? Bürgerkrieg in der Sowjetunion Ende 1939? Nach den Stalinschen Säuberungen in Partei, Regierung und Roter Armee? Nach der Zerschlagung jeglicher denkbaren und undenkbaren Opposition? Aber da die Behauptung von Stalin kam, erschien allen auch dieses phantastische Argument zutreffend.

Stalin blieb dabei nicht stehen. Er tröstete die Kommandeure damit, daß sie nicht nur die Finnen, sondern deren Lehrer, die Deutschen, Engländer und Franzosen, »die Technik, die Strategie und Taktik der fortgeschrittensten Staaten Europas«, geschlagen hätten. Damit gab er zu verstehen, daß es eigentlich zwei Pläne für diesen Krieg gegeben hatte: einen großen Plan für einen großen Krieg und den für einen kleinen Konflikt. Das sind seine Worte:

»Seit Beginn des Krieges boten wir den Finnen zwei Möglichkeiten zur Auswahl an: Entweder ihr macht große Zugeständnisse, oder wir zerreiben euch zu Staub und ihr bekommt eine Regierung Kuusinen, die eurer Regierung die Eingeweide herausreißt. So sprachen wir mit der finnischen Bourgeoisie. Die zog Zugeständnisse vor, damit es nicht zu einer Volksregierung kam. Na also. Wir einigten uns gütlich und akzeptierten, denn wir haben recht weitgehende Zugeständnisse erreicht. Sie sichern Leningrad von Norden, Süden und Westen ab; zugleich bleibt die Bedrohung aller lebenswichtigen Zentren Finnlands erhalten. Helsingfors ist jetzt von zwei Seiten bedroht – von Wyborg und Hanko. Allerdings wurde der Plan für einen großen Krieg nicht Wirklichkeit; der Krieg war nach drei Monaten und zwölf Tagen zu Ende.«

Das war jedoch eine sehr freie Darstellung der damaligen Situation. Denn Stalin hatte Mannerheim niemals vor die Wahl gestellt – Kuusinen oder Zugeständnisse. Mannerheim hätte nur gelacht, denn er wußte, wie die Finnen zu den Kommunisten standen. Sie ließen sich keine Zugeständnisse abringen. Sie verteidigten sich heldenhaft und durchkreuzten damit alle Pläne Stalins, Schaposchnikows und Merezkows. Nur mit Mühe konnte Stalin sie im März zum Frieden bewegen.

Im Frühjahr 1940 war also lediglich der »kleine Krieg« zu Ende gegangen. Und der »große Krieg«? In Stalins Erwägungen steckte ein schwerwiegender, sehr gefährlicher Hintergedanke. Betrachten wir zunächst die Rolle der von Moskau sofort nach dem Einmarsch gebildeten »volksdemokratischen Regierung« unter Führung des Chefs der finnischen Kommunisten, Otto Kuusinen, der lange Jahre im sowjetischen Exil verbracht hatte. Der Krieg bewirkte, daß sich die finnische Bevölkerung nur noch enger um die rechtmäßige Regierung scharte. Marschall Mannerheim und die ganze finnische Bourgeoisie hatten wohl kaum Respekt vor Kuusinen, der im Lande keinerlei reale Kraft hinter sich hatte und daher keineswegs in der Lage war, die Regierung in Helsinki zu stürzen, ihr »die Eingeweide herauszureißen«. Bemerkenswert war auch etwas anderes: Hatte man noch im Dezember

1939 in Moskau mit großem Pomp einen Freundschafts- und Beistandsvertrag mit der Regierung einer Finnischen Demokratischen Republik geschlossen, so war von diesem im Verlaufe des Krieges bald überhaupt keine Rede mehr. Ohnehin existierte eine solche Regierung nur in dem von der Roten Armee besetzten Gebiet, das die Zivilbevölkerung nahezu vollzählig verlassen hatte. Alle Hoffnungen auf einen »Volksaufstand« gegen die Regierung in Helsinki, wovon in den für den Krieg vorbereiteten Dokumenten Malenkows die Rede war, erwiesen sich als illusorisch. Am 12. März 1940 unterschrieb die Sowjetunion einen Friedensvertrag mit der Regierung Tanner/Ryti. Aber die Rede vom 17. April zeigt, daß Stalin damit nicht zufrieden war. Wollte er noch einmal auf seinen »großen Plan« zurückkommen?

Heute kann diese Frage beantwortet werden: Im Archiv des Generalstabs der Roten Armee liegen zwei Dokumente, die bezeugen, daß für das zweite Halbjahr 1940 ein weiterer Krieg der Sowjetunion gegen Finnland in Vorbereitung war. Hier ihr Hauptinhalt:

Bei dem ersten Dokument handelt es sich um eine Denkschrift des Volkskommissars für Verteidigung der UdSSR, Marschall der Sowjetunion Semjon Timoschenko, und seines Generalstabschefs, Kirill Merezkow. Beide waren mit dem Thema gut vertraut: Der neue Volkskommissar Timoschenko hatte am Ende des Finnlandkrieges die Nordwestfront kommandiert. Der ehemalige Befehlshaber der Leningrader Front, Merezkow, hatte 1939 den Kriegsplan verfaßt und war danach zum Generalstabschef ernannt worden. Die Denkschrift ist vom 18. September 1940 datiert und trägt die Signatur 103203/ow (von besonderer Wichtigkeit). Sie enthält Überlegungen zum Aufmarsch der Truppen der Roten Armee im Falle eines Krieges gegen Finnland. Nach Angaben zum Zustand der finnischen Truppen folgt der Kampfauftrag:

»Bei unserem Aufmarsch ist von folgendem auszugehen:

1. In der Phase der Truppenkonzentration sind unsere Grenzen zuverlässig zu sichern.

2. Durch einen Vorstoß der Hauptkräfte über Savonlinna in Richtung Mikkeli und über Lappeenranta in Richtung Heinola ist bei Umgehung der Befestigungen in Richtung Helsingfors bei gleichzeitigem Vorstoß von Wyborg über Sippola in Richtung Helsingfors nach Mittelfinnland einzudringen, sind dort die Hauptkräfte der finnischen Armee zu zerschlagen und ist der mittlere Teil Finnlands zu besetzen.

   Dieser Schlag ist mit einem weiteren aus Richtung Halbinsel Hanko und mit Handlungen der Baltischen Rotbannerflotte im Finnischen Meerbusen zu kombinieren.
3. Gleichzeitig mit dem Hauptstoß der Nordwestfront ist ein Schlag in Richtung Rovaniemi, Kemijärvi und Uleåborg zu führen, um die Küste des Bottnischen Meerbusens zu erreichen, Nordfinnland abzuschneiden und die direkte Verbindung von Mittelfinnland nach Schweden und Norwegen zu unterbrechen.
4. Durch aktives Handeln im Norden ist Finnland bereits in den ersten Kriegstagen der Hafen Petsamo zu nehmen und damit die Grenze zu Norwegen im Bereich Petsamo-Nautsi zu schließen.«

Für diese Ziele sollten beträchtliche Kräfte eingesetzt werden – 46 Schützen- und 2 Panzerdivisionen, eine motorisierte Division, 3 Panzerbrigaden, 13 Artillerieregimenter und Hilfseinheiten. 11 Divisionen sollten aus dem Militärbezirk Leningrad kommen, 2 aus dem Baltikum, 8 aus Moskau, 4 vom Ural, 2 vom Nordkaukasus und 6 aus dem Wolgagebiet – mit anderen Worten, alle Militärbezirke des europäischen Teils der UdSSR hatten ihren Beitrag zu leisten.

Die Planung des Generalstabes war klar und überschaubar: Es sollten zwei Fronten (Armeegruppen) gebildet werden – die Nord- und die Nordwestfront, deren Zusammensetzung genau festgelegt war. Die Nordfront sollte Petsamo einnehmen. Im mittleren Bereich wollte man zur Küste des Bottnischen Meerbusens vorstoßen und damit Finnland von Schweden und Norwegen abschneiden. Die Nordwestfront sollte Helsinki erobern. Die Baltische Flotte hatte die finnische Marine zu zerschlagen. Die ganze Operation sollte unter dem Kodewort S3-20 ablaufen.[4]

Merezkow forderte diesmal mehr Truppen als im ersten Finnlandkrieg (46 Divisionen anstelle von 40). Offenbar hatte er den Mißerfolg des Winterkrieges nicht vergessen. Wieviel Zeit Timoschenko und Merezkow für die Ausführung von Stalins »großem Plan« vorsahen, geht aus einem zweiten Dokument hervor, einer Weisung des Volkskommissars und des Generalstabschefs an den Leningrader Militärbezirk. Wie bereits im Winterkrieg sollte dieser auch bei der neuen Operation gegen Finnland die Hauptrolle spielen. Nach Kriegsbeginn fiel diese der zu schaffenden Westfront zu. Die Weisung enthält auch einen Zeitplan:

»Als Hauptaufgaben stelle ich der Nordwestfront die Zerschlagung der Streitkräfte Finnlands, die Besetzung der angegebenen Teile seines Territoriums und den Vorstoß zum Bottnischen Meerbusen am 45. Tag der Operation. Ich befehle:

1. In der Phase der Truppenkonzentration sind die Richtungen Wyborg und Keksholm zuverlässig zu sichern, ist Wyborg unter allen Umständen zu halten und kein Durchbruch des Gegners zum Ladogasee zuzulassen.
2. Die Konzentration der Truppen ist am 35. Tag der Mobilmachung abzuschließen. Auf besonderen Befehl ist zum Generalangriff vorzugehen. Der Hauptschlag ist in Richtung Lappeenranta, Heinola, Hämeenlinna, Hilfsschläge sind in Richtung Korniselkyä, Kuopio, Savonlinna und Mikkeli zu führen. Die Hauptkräfte der finnischen Armee sind im Gebiet von Mikkeli, Heinola und Hamina zu zerschlagen. Am 25. Tag der Operation ist Helsingfors zu nehmen und die Front von Kuopio über Jyvaskylä, Hämeenlinna bis Helsingfors zu errichten.

   Auf dem rechten Flügel geht die Nordfront (der Stab Kandalakscha) am 40. Tag der Mobilmachung zum Angriff über und nimmt am 30. Tag der Operation die Region Kemijärvi-Uleåborg ...«[5]

Wie man sieht, hatte Stalin in seiner Rede nicht nur die propagandistische Begründung für seinen Plan einer Sowjetisierung Finnlands geliefert, sondern auch die praktische Weisung gegeben, wie die faktische Niederlage im Winterkrieg in einen Sieg der Stalinschen Außen- und Militärpolitik umzumünzen sei. Dabei wußte er genau, in welchem Zustand die Rote Armee im Frühjahr 1940 war. Das geht aus einem Dokument hervor, das ebenfalls lange Zeit geheimgehalten wurde. Es handelt sich um das Protokoll der Übernahme des Volkskommissariats für Verteidigung von Woroschilow durch Timoschenko.

Dieses war im April, als Stalin seine so überaus optimistische Rede hielt, noch nicht fertiggestellt, denn es ist vom 7. Dezember datiert. Aber was darin stand, wußte Stalin nur zu gut. Hier ein Auszug:

»AUS DEM PROTOKOLL DER ÜBERNAHME
DES VOLKSKOMMISSARIATS FÜR VERTEIDIGUNG DER UDSSR
DURCH S. K. TIMOSCHENKO VON K. J. WOROSCHILOW

7. Dezember 1940
Streng geheim

In Ausführung des Beschlusses des Rates der Volkskommissare der UdSSR Nr. 690 vom 8. Mai 1940 wurden bei der Übernahme des Volkskommissariats für Verteidigung durch Gen. Timoschenko von Gen. Woroschilow in Anwesenheit der Gen. Shdanow, Malenkow und Wosnessenski die Berichte der Leiter der zentralen Verwaltungen entgegengenommen. Dabei wurde folgendes festgestellt:

Organisation und Aufbau des zentralen Apparates

1. Das geltende Statut des Volkskommissariats für Verteidigung (NKO), das von der Regierung im Jahre 1934 bestätigt wurde, ist veraltet, entspricht nicht mehr dem aktuellen Aufbau und enthält nicht die Aufgaben, die dem Volkskommissariat für Verteidigung gegenwärtig gestellt sind. Für die neugeschaffenen Verwaltungen – die Hauptverwaltung Rote Armee, die Verwaltung Militärtechnische Versorgung, die Verwaltung Versorgung, die Verwaltung Versorgung mit Lebensmitteln, Bekleidung und Ausrüstung, die Verwaltung Schützen- und Granatwerferwaffen, die Verwaltung Militärhochschulen, die Verwaltung Treibstoffversorgung und die Verwaltung des Chefs der Infanterie – existieren nur provisorische Bestimmungen. Der Aufbau der übrigen Verwaltungen – General-

stab, Verwaltung Artillerie, Verwaltung Nachrichten, Verwaltung Bau und Unterkunft, Verwaltung Luftstreitkräfte und Inspektionen – ist verändert, die entsprechenden Bestimmungen sind aber nicht bestätigt.

Da das NKO inzwischen aus 34 selbständigen Verwaltungen und Abteilungen besteht, die Zuständigkeitsbereiche der Stellvertreter des Volkskommissars jedoch nicht exakt genug voneinander abgegrenzt sind, kommt es in den Verwaltungen des NKO häufig zu Verzögerungen bei der Lösung von Problemen.

2. In der Armee gelten bis zu 1080 verschiedene Dienstvorschriften, Anleitungen und Handbücher. Die wichtigsten – die Felddienstvorschrift, die Innendienstvorschrift, die Disziplinarordnung und die Gefechtsvorschriften einiger Waffengattungen – sind veraltet und müssen gründlich überarbeitet werden. Es fehlen: eine Vorschrift für die Führung großer Truppenverbände (Armeen), eine Vorschrift für Angriff und Verteidigung befestigter Räume und eine Vorschrift für das Handeln von Truppen im Gebirge.
3. Die meisten Truppenteile haben nur eine Übergangsstruktur, die vom Volkskommissar nicht bestätigt ist. Die Arbeit mit Stellenplänen und Personallisten liegt im argen. Ca. 1400 Stellenpläne und Personallisten, nach denen die Truppen existieren und versorgt werden, sind von niemandem bestätigt und tragen provisorischen Charakter.
4. Fragen der Militärgesetzgebung und der Systematisierung der Befehle des Volkskommissars für Verteidigung sind nicht geklärt. Viele Befehle müssen aufgehoben und überarbeitet werden, weil sie überholt sind und die Truppenführung erschweren.
5. Die Kontrolle der Ausführung ergangener Befehle und Beschlüsse der Regierung ist unzureichend organisiert. Die Ausbildung der Truppen wird nicht lebendig und wirksam geführt. Kontrollen vor Ort finden in der Regel nicht statt; man begnügt sich mit schriftlichen Berichten.

Operative Planung

1. Zum Zeitpunkt von Übergabe und Übernahme des Volkskommissariats für Verteidigung liegt kein operativer Kriegsplan vor; ein operativer Gesamtplan oder Teilpläne sind nicht vorhanden.

Der Generalstab hat keine Angaben über den Sicherungszustand der Grenzen. Die Beschlüsse der Militärräte der Bezirke, Armeen und Fronten zu dieser Frage sind dem Generalstab nicht bekannt.

2. Die Führung der operativen Ausbildung der höchsten Kommandeure und Stäbe läuft allein auf deren Planung und das Erlassen von Direktiven hinaus. Seit 1938 haben der Volkskommissar persönlich und der Generalstab mit den höchsten Kommandeuren und Stäben keine Ausbildung mehr durchgeführt. Eine Kontrolle der operativen Ausbildung in den Militärbezirken fehlt fast völlig. Das Volkskommissariat für Verteidigung hat bei der Ausarbeitung der Fragen des operativen Truppeneinsatzes im modernen Krieg Rückstände zu verzeichnen.
3. Um die Vorbereitung der Kriegsschauplätze auf den Krieg ist es in jeder Hinsicht schlecht bestellt. Das hat zur Folge:
   a) Das Militärtransportwesen setzt die vorhandenen Kapazitäten für Truppentransporte nicht flexibel genug ein. Richtlinien für die Benutzung der Eisenbahn auf dem Kriegsschauplatz, die die Funktionen der Organe des Volkskommissariats für Verkehr und der Organe des Militärtransports exakt festlegen, sowie eine Transportordnung gibt es nicht.
   b) Der Straßenbau kommt nur langsam voran und wird von zahlreichen Institutionen – Hauptverwaltung Eisenbahnen, Hauptverwaltung Straßen, Hauptverwaltung Lager des NKWD – ausgeführt, was bewirkt, daß die Mittel aufgesplittert werden und ein Gesamtplan des Straßenbaus fehlt.
   c) Der Bau von Fernmeldeanlagen durch das Volkskommissariat für Fernmeldewesen weist große Rückstände auf. Seitens des NKO ist er 1940 völlig zusammengebrochen, da der Generalstab und die Verwaltung Nachrichten das nötige Baumaterial zu spät bestellt und daher nicht erhalten haben. Die Verkabelung und die Verwendung von Bronzeleitungen werden nur sehr begrenzt vorgenommen.
   d) Westweißrußland, die Westukraine, der Odessaer und der Transkaukasische Militärbezirk sind sehr schlecht mit Flugplätzen ausgestattet.
   e) Einen aus dem operativen Plan abgeleiteten klaren und exakten

Plan der Pioniervorbereitung der Kriegsschauplätze gibt es nicht. Das ganze System der Pioniervorbereitung und die Hauptabschnitte sind nicht festgelegt.

f) Bis zur Übergabe des Volkskommissariats ist an die Militärbezirke keine Direktive zur Bestätigung des Planes der Errichtung befestigter Räume im Jahre 1940 ergangen.
   Ein System des Vorfeldes ist nicht endgültig ausgearbeitet; in den Militärbezirken wird das Problem unterschiedlich gelöst.
   Die Frage der Bewaffnung der neugeschaffenen befestigten Räume muß dringend gelöst werden. Vor allem betrifft das diejenigen an der Westgrenze.

g) Die Kriegsschauplätze sind nur sehr unzureichend topografisch vorbereitet. Der Bedarf der Truppen an Kartenmaterial ist bei weitem nicht gedeckt.

Auffüllung und Aufbau der Truppen

1. Zum Zeitpunkt der Übernahme liegt dem Volkskommissariat keine exakte Zahl der tatsächlichen Stärke der Roten Armee vor. Durch Verschulden der Hauptverwaltung Rote Armee ist die Erfassung des Personalbestandes in sehr vernachlässigtem Zustand.
2. Die Truppen setzen sich aus Stamm- und Zusatzpersonal zusammen. Ein Plan der Entlassung von Zusatzpersonal wird gerade ausgearbeitet.
3. Die Ordnung über die Dienstlaufbahn für Soldaten und Unterführer aus dem Jahre 1931 ist veraltet und zur Verwendung nicht geeignet. Niemand hält sich mehr daran. Eine neue Ordnung ist bisher nicht erarbeitet.
4. Bestimmungen für die Verwaltung der Truppenteile (Regimenter) und Verbände (Divisionen und Brigaden) liegen nicht vor. Die Ordnung für die Truppenwirtschaft ist veraltet und muß überarbeitet werden. Eine Ordnung für die Verwaltung der Truppen im Felde wurde nicht erstellt.

Vorbereitung der Mobilmachung

1. Durch den Krieg und die bedeutenden Umgruppierungen der Truppen wurde der Mobilmachungsplan verletzt. Einen neuen Mobilmachungsplan hat das Volkskommissariat nicht.

Die Erarbeitung von Maßnahmen zur Mobilmachung, wenn der entsprechende Befehl ergeht, ist nicht abgeschlossen.

2. Das Volkskommissariat für Verteidigung hat folgende Mängel der Mobilmachung noch nicht beseitigt, die bei der Teilmobilmachung vom September 1939 auftraten:
   a) Die Erfassung der Wehrpflichtigen der Reserve ist in schwer vernachlässigtem Zustand, da seit 1927 keine Neuregistrierung mehr erfolgte.
   b) Es existiert keine einheitliche Erfassung der Wehrpflichtigen. Mitarbeiter der Eisenbahn, des Wassertransports und des NKWD werden gesondert erfaßt.
   c) Die Tätigkeit der Wehrkommandos ist unbefriedigend und schlecht organisiert.
   d) Es fehlt eine Reihenfolge der Mobilmachung der Truppenteile, was zu Überlastungen in den ersten Tagen der Mobilmachung führte.
   e) Die Pläne zur Unterbringung der Truppen bei der Mobilmachung sind unrealistisch.
   f) Der Plan zur Ausstattung mit Uniformen bei der Mobilmachung ist nicht detailliert ausgearbeitet.
   g) Die Benachrichtigung bei der Mobilmachung von Wehrpflichtigen, Pferden und Kraftfahrzeugen erfolgt ungleichmäßig.
   h) Es fehlt eine exakte Ordnung zur Verpflichtung von Arbeitskräften in Kriegszeiten.
   i) Die Erfassung von Pferden, Wagen, Geschirren und Kraftfahrzeugen ist unrealistisch und kann nicht befriedigen.
3. In der Reserve sind 3,155 Millionen nicht ausgebildeter Wehrpflichtiger erfaßt. Einen Plan für ihre Ausbildung hat das Volkskommissariat für Verteidigung nicht. Auch Wehrpflichtige der Reserve mit unzureichender Ausbildung werden als ausgebildetes Personal erfaßt. Der Bedarf an Fachkräften in einer Reihe von Berufen wird durch die Mobilmachung nicht gedeckt. Das Volkskommissariat für Verteidigung hat auch keinen Plan für die Umschulung von Fachkräften und die Qualifizierung schlecht ausgebildeten Personals.
4. Die in den Truppen und Wehrkommandos vorhandenen Dienstvorschriften zur Mobilmachung, die als veraltet bekannt sind, wurden bisher nicht überarbeitet.

Zum Zeitpunkt der Übernahme des Volkskommissariats für Verteidigung liegt in der Armee ein bedeutender Fehlbestand an Führungspersonal vor, besonders in der Infanterie, wo er zum 1. Mai 1940 21 Prozent der Sollstärke betrug. Es wurde festgestellt, daß die jährlichen Abgänge der Offiziersschulen den Bedarf beim Ausbau der Armee und dem Anlegen einer notwendigen Reserve nicht decken.

Die Qualität der Ausbildung des Kommandeursbestandes ist niedrig, besonders auf der Ebene der Züge und Kompanien, wo 68 Prozent nach einem Kurzlehrgang von sechs Monaten zum Unterleutnant ernannt wurden.

Die Ausbildung des Kommandeursbestandes in den Offiziersschulen ist unbefriedigend organisiert. Ursachen sind die geringe Qualität der Ausbildungspläne, die schlechte Organisation der Lehrveranstaltungen, die unzureichende Auslastung der Ausbildungszeit, vor allem aber eine schwache praktische Feldausbildung. Die Weiterbildung des Kommandeursbestandes ist nicht im erforderlichen Maße organisiert. Mängel der Ausbildungsprogramme für Kommandeure in den Offiziersschulen sind: Durchführung der Lehrveranstaltungen vorwiegend in den Unterrichtsräumen, mangelnde Feldausbildung, Überfrachtung der Lehrpläne mit allgemeinbildenden Fächern zum Nachteil der militärischen Disziplinen.

Es existiert kein exakt festgelegtes System der Vergabe von Dienstgraden. In manchen Fällen ist es dabei zu Kampagnen gekommen. Dazu trug das Fehlen einer regelmäßigen Bewertung des Kommandeursbestandes bei. Nach der geltenden Beförderungsordnung werden die fachlichen Qualitäten des Kommandeurs und seine Leistung bei der Gefechtsausbildung seiner Einheit nicht berücksichtigt. Das rührt daher, daß die Kommandeure von der Auswahl und Beförderung der Kader weitgehend ferngehalten und diese zumeist von den Politorganen vorgenommen werden.

Die Erfassung des Kommandeursbestandes ist unzureichend organisiert und weist nicht die Kommandeure aus, die bereits über Kampferfahrung verfügen. Anwärterlisten fehlen völlig.

Bei der Ernennung von Kommandeuren hat die Verwaltung Kader die Chefs der betroffenen Waffengattungen und Dienste ungenügend einbezogen.

Normen für die Auffüllung des Kommandeursbestandes in Kriegszeiten wurden nicht erarbeitet. Erfassung und Ausbildung des Kommandeursbestandes der Reserve befinden sich in unbefriedigendem Zustand.

Es existiert kein Plan der Auffüllung und Ausbildung des Kommandeursbestandes der Reserve zur vollen Mobilmachung der Armee in Kriegszeiten.

Gefechtsausbildung der Truppen

Die Hauptmängel der Truppenausbildung sind:

1. Das niedrige Ausbildungsniveau des mittleren Kommandeursbestandes auf der Ebene der Züge und Kompanien, besonders der schwache Ausbildungsstand des niederen Kommandeurskorps.
2. Eine schwache taktische Ausbildung besonders der kleinen Einheiten in allen Gefechts- und Aufklärungsarten.
3. Eine unbefriedigende taktische Ausbildung der Truppen im Gelände, ihre Unfähigkeit, die Anforderungen der jeweiligen Gefechtslage zu erfüllen.
4. Ein äußerst schwacher Ausbildungsstand der Truppen für das Zusammenwirken auf dem Gefechtsfeld: Die Infanterie ist nicht in der Lage, die Feuerwalze zu nutzen und sich von ihr zu lösen. Die Artillerie ist nicht imstande, die Panzer zu unterstützen. Die Luftwaffe beherrscht nicht das Zusammenwirken mit den Bodentruppen.
5. Die Truppen können nicht Ski laufen.
6. Sie tarnen sich schlecht.
7. Die Truppen beherrschen die Feuerleitung nicht.
8. Sie sind nicht darin ausgebildet, befestigte Räume anzugreifen, Hindernisse anzulegen und zu überwinden, Flüsse zu forcieren.

Ursachen dafür sind:

1. Die Truppen werden nicht richtig ausgebildet und erzogen.

   Die Gefechtsausbildung läuft häufig formal ab. Die Truppen werden nicht unter Bedingungen trainiert, die der Realität auf dem Gefechtsfeld nahekommen und den Anforderungen der Kriegsschauplätze entsprechen.

   Der hochgradig formale Charakter der Ausbildung und Erziehung der Truppen hat bei diesen falsche Vorstellungen von der harten Realität des Krieges entstehen lassen.

Die Truppen lernen kaum, was sie für die Erfüllung der Gefechtsaufgaben im Felde brauchen. Nur ungenügend werden ihnen Ausdauer, körperliche Härte und das Bestreben anerzogen, den Befehl widerspruchslos, exakt und schnell, ungeachtet aller Schwierigkeiten auszuführen und diese dabei zu überwinden. Statt dessen wird häufig pseudo-demokratisches Denken zugelassen, das zur Untergrabung der Autorität des Kommandeurs führt.

2. Die Programme und Pläne der Gefechtsausbildung sind falsch aufgebaut, was dazu führt, daß die Waffengattungen isoliert voneinander ausgebildet werden, daß die Dauer der Ausbildung und des Gefechtsschießens identischer Einheiten verschieden sind und nicht ausreichend materiell abgesichert werden.

Zustand der Waffengattungen

1. Die Infanterie:
   a) Den Fragen der Organisation, Bewaffnung und Ausbildung der Infanterie wird nicht genügend Aufmerksamkeit gewidmet.
   b) Die Infanterie ist schlechter ausgebildet als die anderen Waffengattungen.
   c) Für die Infanterie ist keine ausreichend ausgebildete Reserve vorhanden.
   d) Die Kommandeure der Infanterie sind schlecht ausgebildet und reichen bei weitem nicht aus.
   e) Die Bewaffnung der Infanterie entspricht nicht den Erfordernissen des modernen Gefechts, insbesondere fehlen Granatwerfer und Maschinenpistolen.
2. Die Luftstreitkräfte:

   Im materiellen Bereich sind die Luftstreitkräfte der Roten Armee in den letzten drei Jahren nach Geschwindigkeit, Reichweite und Motorenleistung sowie Bewaffnung der Flugzeuge hinter die Fliegerkräfte fortgeschrittener Armeen anderer Staaten zurückgefallen. Das Volkskommissariat für Verteidigung (Verwaltung Luftstreitkräfte) hat nicht mit ausreichender Initiative und Beharrlichkeit auf die Einführung modernerer Flugzeugtypen gedrungen. Die Verwaltung Luftstreitkräfte hat dem militärischen Flugzeugbau keine Entwicklungsrichtung vorgegeben. Aus diesem Grunde besitzen die Luftstreitkräfte keine Sturzkampfbomber und sind bei der Einführung moderner Flugzeugtypen im Rückstand. Bei der Bewaffnung gilt gleiches für die Einführung großkalibriger Waffen.

Die Entwicklung neuer Flugzeugtypen, ihre Erprobung und Fertigung verlaufen äußerst langsam.

Die Erfassung der Flugzeuge und Motoren kann nicht befriedigen. Eine Erfassung nach Qualität erfolgt überhaupt nicht.

Die Bestände an fliegertechnischen Ausrüstungen reichen nicht aus und können den Bedarf der Truppenteile nicht decken.

Das Netz der Flugplätze ist unzureichend und gewährleistet nicht die normale Tätigkeit der Einheiten der Fliegerkräfte. Es ist veraltet, muß verändert und auf größere Verbände (Divisionen) eingestellt werden.

Mit ihrer gegenwärtigen Organisation sind die Luftwaffenstützpunkte nicht in der Lage, moderne, operative Flugplätze zu versorgen und das ganze Jahr über funktionsfähig zu halten.

Das fliegende Personal ist im Bombenabwurf, im Fliegen bei schlechten Wetterbedingungen und im Schießen nicht genügend ausgebildet.

Die Fliegerschulen verlassen wenig qualifizierte Piloten, die in der Regel nur mit veralteten Maschinen umgehen können, weshalb die jungen Flieger in den Einheiten umgeschult werden müssen.

Die Fragen der Dienstlaufbahn des fliegenden Personals sind nicht geregelt. Daher besteht seit 1938 die nicht zu akzeptierende Situation, daß Rotarmisten des aktiven Militärdienstes nach einem Jahreslehrgang in Unteroffiziersschulen als Kommandeure mittlerer Ebene entlassen werden.

Obwohl ein eklatanter Mangel an Navigationsoffizieren besteht, ist deren Ausbildung nicht organisiert.

Bei den Fliegerkräften kommt es immer noch häufig zu Havarien und schweren Unfällen, da das fliegende Personal schlecht ausgebildet ist, das Material nicht kennt, wenig Disziplin hält, der Flugbetrieb schlecht organisiert ist und die Kommandeure der Einheiten und Verbände für Havarien und Unfälle nicht zur Verantwortung gezogen werden.

3. Luftlandeeinheiten sind bisher nicht ausreichend entwickelt worden.

Der Aufbau von Luftlandeeinheiten geringer Stärke entspricht nicht den heutigen Anforderungen. Das muß verändert werden.

Stärkere Verbände sind aufzubauen, und das Fallschirmspringen ist zu entwickeln.

Die doppelte Unterstellung unter die Verwaltung Gefechtsausbildung (für die Gefechtsausbildung) und die Luftstreitkräfte (für die Versorgung mit Sonderausrüstung und Flugzeugen) wirkt sich negativ auf die Führung und die Gefechtsausbildung der Einheiten der Luftlandetruppen aus.

4. Die motorisierten und Panzertruppen:

Die Bewaffnung der Panzereinheiten bleibt hinter den heutigen Anforderungen zurück, da moderne Fahrzeuge mit starker Panzerung verspätet eingeführt wurden.

Das Zusammenwirken der Panzereinheiten mit anderen Waffengattungen wird nicht ausreichend trainiert.

Die Reparatur von Kraftfahrzeugen und Panzern geht schleppend vor sich, obwohl die Kapazitäten ausreichend sind.

Die vorhandenen Reparatursätze reichen nicht aus und sind ungünstig zusammengesetzt. Die am meisten gebrauchten Ersatzteile sind nur in kleinen Stückzahlen vorhanden, die den Bedarf nicht decken.

Die laufende Instandhaltung und Teilüberholung der Gefechtsfahrzeuge unter Feldbedingungen ist nicht richtig organisiert. Nach der geltenden Ordnung werden Gefechtsfahrzeuge zur Reparatur in Werkstätten des Hinterlandes transportiert. Das verzögert die Instandsetzung. So wird nicht gewährleistet, daß sie rechtzeitig wieder in Gebrauch genommen werden können.

Der Einsatz des vorhandenen Kraftfahrzeug- und Traktorenparks wird unbefriedigend organisiert, weshalb ein großer Teil der Fahrzeuge der Armee reparaturbedürftig ist.

Der vorhandene Traktorenpark reicht nicht aus, um den vollständigen Einsatz der Artillerie zu gewährleisten.

5. Die Artillerie:

Da dem Aufbau und der Ausbildung von Artillerieeinheiten genügend Aufmerksamkeit zuteil wurde, reichen die vorhandenen materiellen Mittel der Artillerie bei kleinen und mittleren Kalibern aus, um den Bedarf zu decken. Rückstände gibt es bei großen Kalibern und bei der Fla-Artillerie. Besonders dringender Bedarf besteht bei den größten Kalibern über 203 Millimeter.

Bei Munition wird der Bedarf der Armee an den mittleren Kalibern nicht ausreichend gedeckt. Spezialmunition für die Artillerie (panzerbrechende, Brand- und Flakmunition) ist nur in sehr unzureichendem Umfang vorhanden.

Die Artillerie ist nicht genügend mit Feuerleitgeräten und Feldstechern ausgerüstet.

Die bestehenden Lager reichen für die Aufbewahrung der vorhandenen Vorräte nicht aus. Die Lagerwirtschaft ist unbefriedigend organisiert. Zum Zeitpunkt der Übernahme lagerten aufgrund fehlender Kapazitäten und der Überfrachtung der Lager mit nutzlosen Gütern große Mengen Waffen und Munition unter freiem Himmel.

6. Die Schützenwaffen:

   Moderne Typen von Schützenwaffen (Maschinenpistolen und Selbstladegewehre) werden vom Volkskommissariat für Verteidigung zu spät und äußerst schleppend eingeführt.

   Was die Anzahl der Gewehre betrifft, so wird der Mobilmachungsbedarf der Armee gedeckt. Der Verlust von Waffen und der Bedarf neuer Einheiten in Kriegszeiten sind dabei allerdings nicht berücksichtigt.

7. Die Bewaffnung mit Minen und Granatwerfern:

   Das Volkskommissariat für Verteidigung hat der Bewaffnung mit Minen und Granatwerfern keine Beachtung geschenkt. Daher wurde die Rote Armee nicht mit Granatwerfern ausgerüstet und in ihrem Gebrauch nicht ausgebildet. Zum Zeitpunkt der Übernahme des Volkskommissariats ist die Rote Armee noch nicht vollständig mit Granatwerfern ausgestattet. Der Fehlbestand in den Einheiten ist hoch, große Kaliber sind nur als Muster vorhanden.

   Völlig ignoriert wurden bisher der Einsatz und die Verwendung von Infanterie- und Panzerminen. Die Produktion solcher Minen ist nicht organisiert, lediglich Versuchsmuster sind vorhanden.

8. Die Pioniertruppen:

   Sie bleiben nach Aufbau und Bewaffnung hinter den anderen Waffengattungen zurück.

   Die Ausstattung der bestehenden Truppenteile mit allgemeiner Pionierausrüstung ist gering. Neueste Mittel der Pioniertechnik – Grabengeräte, Tiefbohrgeräte oder moderne Straßenbaumaschinen

– sind nur als Muster vorhanden und gehören nicht zur Ausrüstung der Pioniertruppen.

Übersetzmittel sind nicht ausreichend vorrätig, besonders nicht für schwere Technik. Stacheldraht steht den Pioniertruppen nur in sehr geringen Mengen zur Verfügung.

Bei Ausbildung und Bewaffnung der Truppen werden so grundsätzliche Fragen wie die Überwindung befestigter Räume, das Errichten und Räumen von Hindernissen, insbesondere wenn diese vermint sind, nicht genügend berücksichtigt oder völlig außer acht gelassen.

9. Die Nachrichtentruppen:

Sie sind gegenwärtig vielfach mit Telegrafen- und Telefonapparaten veralteter Typen ausgerüstet. Die Einführung neuer funktechnischer Mittel verläuft äußerst langsam und nicht in ausreichendem Umfang. Die Truppen sind nahezu bei allen Arten von Nachrichtentechnik schlecht ausgestattet. Ein großer Mangel ist das Fehlen von Geräten hoher Arbeitsgeschwindigkeit für die verschlüsselte Nachrichtengebung.

Der gegenwärtige Rückstand bei der Entwicklung von Nachrichtentechnik und die schlechte Organisation des Nachrichtenverkehrs haben dazu geführt, daß die Nachrichtentruppen beim Einmarsch in die Westukraine und nach Westweißrußland sowie im Krieg gegen die Weißfinnen keine stabilen, stets funktionierenden Nachrichtenverbindungen herstellen konnten.

10. Die chemischen Truppen:

Das Volkskommissariat für Verteidigung hat den chemischen Waffen immer weniger Beachtung geschenkt.

Die vorhandenen Entgiftungsmittel entsprechen nach Quantität und Qualität nicht den Anforderungen. Die Entgiftungsfahrzeuge, die heute zur Ausrüstung gehören (ARS und ACHI-5), sind kaum geländegängig. Als Entgiftungsmittel ist nur Chlorkalk vorhanden.

Die chemische Schutzausbildung der Truppen kann nicht befriedigen, was sich aus der Unterschätzung der Bedeutung chemischer Angriffsmittel durch die Truppenkommandeure erklärt.

Die wissenschaftliche Forschungsarbeit zur Entwicklung chemischer Waffen ist schwach entwickelt. Neue Waffenarten werden nur langsam in der Armee eingeführt.

11. Die Reiterei:

Zustand und Bewaffnung der Reiterei sind befriedigend. Festgestellt wurde eine mangelhafte Organisation der Einheiten der Gebirgskavallerie.

Zustand der Aufklärung

Die Organisation der Aufklärung ist einer der schwächsten Bereiche in der Tätigkeit des Volkskommissariats für Verteidigung. Eine organisierte Aufklärung und systematische Beschaffung von Informationen über ausländische Armeen existiert nicht.

Die Tätigkeit der Verwaltung Aufklärung ist nicht mit der des Generalstabes koordiniert. In Gestalt der Verwaltung Aufklärung verfügt das Volkskommissariat für Verteidigung nicht über ein Organ, das die Rote Armee mit Daten über Organisation, allgemeinen Zustand, Bewaffnung oder Bereitschaft zum Aufmarsch ausländischer Armeen versorgt. Zum Zeitpunkt der Übernahme lagen dem Volkskommissariat für Verteidigung derartige Angaben nicht vor. Die Kriegsschauplätze und ihr Zustand sind nicht erkundet.

Luftverteidigung

Die Luftverteidigung der Truppen und geschützten Punkte befindet sich in einem Zustand völliger Vernachlässigung. Der gegenwärtige Stand der Luftverteidigung entspricht nicht den aktuellen Anforderungen.

Der Bewaffnung der aktiven Kräfte der Luftverteidigung mit Fla-Artillerie wurde nicht die nötige Aufmerksamkeit geschenkt. Völlig unzureichend ist die Ausrüstung der Fla-Artillerie mit Leitgeräten. Die vorhandenen Entfernungsmesser lassen nur ein Schießen bis zu einer Höhe von 6200 m zu. Die verwendeten Fla-Kommandogeräte sind unvollkommen.

Der Ausbildungsstand der Fla-Einheiten ist unbefriedigend. Sie trainieren an veralteten Flugzeugtypen. Mit modernen Flugzeugen haben sie keinerlei Praxis.

Die Scheinwerfereinheiten sind schwach entwickelt. Nicht alle Objekte verfügen über Scheinwerfer, so daß die dort stationierte Fla-Artillerie nur bei Tageslicht Luftangriffe abwehren kann.

Der Flugmeldedienst ist schlecht organisiert, unzureichend ausgebildet, schlecht bewaffnet und nicht in der Lage, Flugzeuge des Gegners rechtzeitig zu entdecken und anzuzeigen. Mittel der Funkaufklärung (RUS und REDUT) sind nur in Einzelexemplaren vorhanden. Es ist ungeklärt, wem der Flugmeldedienst untersteht, dem Kommandeur der Luftstreitkräfte oder der Abteilung Luftverteidigung.

Zum Zeitpunkt der Übernahme hat das Volkskommissariat für Verteidigung den Beschluß der Regierung über die Einführung von Gehilfen der Truppenkommandeure für Luftverteidigung in den grenznahen Militärbezirken nicht realisiert.

Die Führung der Tätigkeit der lokalen Luftverteidigungspunkte durch das Volkskommissariat für Verteidigung kann nicht befriedigen.

Beim gegenwärtigen Zustand von Führung und Organisation der Luftverteidigung ist der notwendige Schutz vor Luftangriffen nicht gewährleistet.

Aufbau des Hinterlandes und Rückwärtige Dienste

1. Die Führungstätigkeit zum Aufbau des Hinterlandes, zur entsprechenden Ausbildung des Kommandeurskorps und der Einrichtungen des Hinterlandes ist schlecht. In den vergangenen zwei Jahren hat es keine einzige spezielle Übung für das Hinterland und keinen Lehrgang für Kommandeure der Rückwärtigen Dienste gegeben. Zwar wurde in einem Befehl des Volkskommissars gefordert, keine Übung ohne Einbeziehung des Hinterlandes durchzuführen, aber de facto fand das in vielen Einheiten nicht statt. Das Statut der Rückwärtigen Dienste ist geheim und daher dem Kommandeurskorps nicht bekannt. Es muß überarbeitet werden.
2. Die Gebiete, die 1939/40 zur UdSSR kamen, sind als Hinterland nicht vorbereitet.
3. Die Mobilmachungsanforderungen aus den Jahren 1937/38 sind veraltet und müssen überarbeitet werden.
4. Der Bewaffnungs- und Versorgungsplan für das Jahr 1940 ist durch Verschulden der Hauptverwaltung Rote Armee bisher nicht auf die Militärbezirke aufgeschlüsselt, was eine bedarfsgerechte Versorgung der Truppen in Friedens- und Kriegszeiten nicht ermöglicht.
5. Die Erfassung nach Quantität und Qualität ist in den zentralen Verwaltungen für Versorgung schlecht organisiert, was es unmöglich macht, den Versorgungsstand der Truppen exakt festzustellen.

6. Die im Winter 1940 verbrauchten Fonds an Lebens- und Futtermitteln sind noch nicht wieder aufgefüllt. Auf Kamtschatka, Sachalin und in der Mongolischen Volksrepublik fehlen sie völlig. Die geographische Verteilung dieser Fonds muß gründlich überprüft werden.
7. Die Finanzpläne für den ersten Kriegsmonat sind veraltet, unbrauchbar und müssen überarbeitet werden.

Kriegswirtschaftliche Versorgung

Der Beschluß des Rates der Volkskommissare der UdSSR und des ZK der KPdSU(B) vom 9. August 1935, in der Truppenwirtschaft und der gesamten kriegswirtschaftlichen Versorgung der Armee eine mustergültige Ordnung herzustellen, wurde nicht erfüllt.

Die Truppenwirtschaft befindet sich immer noch in einem Zustand der Vernachlässigung. Erfassung und Abrechnung der materiellen Ausrüstung sind nicht organisiert. Während der Gefechtshandlungen von 1939/40 funktionierten die Rückwärtigen Dienste von Armee und Truppen nur unbefriedigend.

Sanitätsdienst

Die Erfahrungen des Krieges gegen die Weißfinnen haben gezeigt, daß der Ausbildungsstand im Sanitätsdienst der Roten Armee nicht ausreicht. Durch Verschulden der Verwaltung Sanitätsdienste mangelte es an medizinischem Personal, besonders an Chirurgen dort, wo sie am meisten gebraucht wurden.

Die Ausbildung des aktiven medizinischen Personals und der Reserve unter Gefechtsbedingungen, besonders in der Feldchirurgie, in Organisation und Taktik des Sanitätsdienstes können nicht befriedigen.

Die Bestimmungen für die Evakuierung der Verwundeten bei rascher Rückkehr der Leichtverletzten in die Truppe müssen überarbeitet werden.

Der größte Mangel in der Tätigkeit der Verwaltung Sanitätsdienste während des sowjetisch-finnischen Krieges bestand darin, daß sie nicht für die Bestattung der auf dem Schlachtfeld Gefallenen sorgte.

Die geltenden Fristen für die Erneuerung medizinischer Ausrüstung wurden nicht immer eingehalten.

Militärische Lehranstalten

Das Netz der höheren militärischen Lehranstalten besteht aus 16 Militärakademien und 10 Militärischen Fakultäten, 132 Offiziersschulen der Landstreitkräfte, 52 Offiziersschulen der Luftstreitkräfte für fliegendes Personal und Techniker, die der Verwaltung Militärhochschulen, der Verwaltung militärische Lehranstalten und der Verwaltung militärische Lehranstalten der Luftstreitkräfte unterstehen.

Ein schwerwiegender Mangel der Lehrpläne der Militärakademien besteht darin, daß für die Fachdisziplinen wenig Zeit vorgesehen ist, was die Qualität der Ausbildung beeinträchtigt.

Die Militärakademien und Offiziersschulen sind nicht ausreichend mit neuen Waffentypen ausgestattet. Es werden niedrige Anforderungen gestellt und großzügig Noten verteilt.

Die Ausbildung der Hörer an Militärakademien weist schwerwiegende Mängel auf, deren wichtigste sind:

a) unzureichende Kenntnis der materiellen Mittel
b) ungenügende praktische Fertigkeiten
c) schlechte Fremdsprachenkenntnisse.

Militärisches Erfinderwesen

Das militärische Erfinderwesen, für das im Volkskommissariat für Verteidigung eine eigene Abteilung besteht, ist von den Verwaltungen Bewaffnung und Technische Versorgung losgelöst. Dadurch wird die Einführung wertvoller Erfindungen in der Armee verzögert und erfolgt nicht rechtzeitig.

Die Abteilung Erfindungen befaßt sich nur mit der Prüfung eingehender Erfindungen und hat keine Möglichkeit, diese selbständig umzusetzen.

Die Verwaltungen des Volkskommissariats widmen den in ihren Bereichen eingehenden Projekten nicht die notwendige Aufmerksamkeit.

Führung des Militärverlages

Im Publikationsplan des Militärverlages ist die Herausgabe von Literatur zu solchen aktuellen Fragen der Gefechtsausbildung der Armee vorzusehen wie Allgemeine Taktik, Taktik kleiner Einheiten, Stabsdienst, Rückwärtiger Dienst, Armeen der Nachbarstaaten sowie Handbücher für Kommandeure spezieller Waffengattungen.

Der Apparat des Militärverlages muß durch Entlassung unfähiger Mitarbeiter und Einstellung qualifizierter Militärredakteure verstärkt werden.

Zu beenden ist die Praxis, die finanziellen Mittel für Vorschüsse an Autoren für noch nicht geschriebene Bücher und Honorare für Manuskripte schlechter Qualität zu verschwenden.

ANLAGE: Aufstellung der Bestände an den Hauptwaffenarten zum 1. Mai 1940

Übergeben	Übernommen
K. Woroschilow	S. Timoschenko

Bei der Übergabe/Übernahme anwesend:
Shdanow, Malenkow, Wosnessenski.«[6]

Und diese Armee sollte den zweiten Finnlandkrieg gewinnen? Aber ihre virtuelle Rolle hatte diese Armee gespielt: Ihre Kommandeure waren nun »scharfgemacht«, und Stalin konnte Molotow leichten Herzens den Auftrag erteilen, bei Hitler zu sondieren, wie dieser zu einem zweiten Krieg im Nordwesten Europas stand.

SECHZEHNTES KAPITEL

Ein Besuch, der keinen Umschwung brachte

Heute wird wohl kaum jemand die enorme Bedeutung und die schwerwiegenden Folgen der Wende bestreiten, die 1939 in den sowjetisch-deutschen Beziehungen vollzogen wurde. Diese war auch damals offensichtlich, obwohl ein bedeutender Teil der Dokumente geheimgehalten wurde. Die Welt spürte dennoch bald die weitgehenden politischen Konsequenzen dieses Schrittes, der von den Beteiligten eine zumindest äußerliche Revision bisheriger Verhaltensnormen forderte. Dabei hatte die deutsche Seite die Initiative und hielt daran mit ungewöhnlicher Beharrlichkeit fest.

In welchem Maße wiederholte sich diese Konstellation im Herbst 1940? Formal ging die Initiative für den Besuch Molotows in Berlin wiederum von der deutschen Seite aus. Dieser Schritt wurde in den höchsten politischen Kreisen Deutschlands bereits im März 1940 diskutiert, nur ging es damals um Ribbentrops Vorschlag, Stalin selbst nach Berlin einzuladen. Diese Idee fand bei Hitler keinen Anklang. Dann überfiel die Wehrmacht Dänemark und Norwegen und begann ihren Westfeldzug, der mit der Besetzung Belgiens, der Niederlande, Luxemburgs sowie mit dem katastrophalen Zusammenbruch Frankreichs endete. Erstmalig signalisierte Ribbentrop eine mögliche Einladung Molotows dem deutschen Botschafter in Moskau, Friedrich von der Schulenburg, am 26. September.[1] Ribbentrops Brief an Stalin mit der offiziellen Einladung Molotows wurde am 12. Oktober 1940 unterzeichnet und am 17. Oktober in Moskau übergeben.[2]

Für die sowjetische Führung konnte dies Anlaß sein, eine gewisse Bilanz des Kurses zu ziehen, den sie im August 1939 eingeschlagen und der so schwerwiegende Folgen für das internationale Kräfteverhältnis, für die Verteilung der Gewichte zwischen den kriegführenden Gruppierungen mit sich gebracht hatte. Wie sah also die Bilanz der Stalinschen Beschwichtigungspolitik im Herbst 1940 aus?

Aktiva aus der Sicht der sowjetischen Führung:

- Erweiterung des Brückenkopfes im Westen um die Westukraine, Westweißrußland, Litauen, Estland und Lettland, die nun Bestandteil der Sowjetunion waren;
- Schritte in Richtung einer analogen Einverleibung Bessarabiens und der Nordbukowina;
- Erwerb eines »legitimen« Mitspracherechts auf dem Balkan, Aufstieg der Sowjetunion zu einer Donaumacht;
- Anmeldung des Anspruchs auf Eingliederung Finnlands in die sowjetische Einflußsphäre, wenn auch bislang ohne Erfolg;
- anscheinende Erhöhung des internationalen Status und Einflusses der UdSSR, die zuvor in den Augen der westlichen Demokratien als Paria galt, nun aber zum Partner im diplomatischen Spiel geworden war;
- Aussichten auf größeren Einfluß im Nahen und Mittleren Osten, darunter in der Türkei und im Iran;
- deutsche Lieferversprechen für die Rüstungsindustrie und die Rote Armee, Kennenlernen fortgeschrittener deutscher Technik.

Passiva aus breiterer Sicht:

- der moralische Schaden, der dem Ansehen der UdSSR als faktischer Verbündeter Deutschlands zugefügt wurde;
- der Mißerfolg im sowjetisch-finnischen Krieg, der die Schwäche der Roten Armee offenbarte;
- Stärkung des Gewichts Deutschlands in Südosteuropa, das traditionelle Positionen der UdSSR, vor allem in Bulgarien, bedrohte;
- größere Distanz von England und den USA, potentiellen Verbündeten für den Fall einer deutschen Aggression;

- beginnende sowjetisch-deutsche Reibungen in mehreren Fragen (Baltikum, Balkan);
- Probleme in der internationalen kommunistischen Bewegung wegen des sowjetisch-deutschen Nichtangriffspaktes.

Wie nahm sich diese politische Bilanz im Lichte der militärischen Maßnahmen aus, die Stalin im Vorfeld eines künftigen Konfliktes ergreifen wollte? Der Finnlandkrieg von 1939/40 hatte eindeutig ergeben, daß die Rote Armee auf einen großen Konflikt im Grunde genommen nicht vorbereitet war. Die von der Propaganda aufgeblasenen Erfolge am Chassan-See (1939) und am Chalchin-Gol (1939) hatten bisher verbergen können, welche Komplikationen in der Roten Armee als Folge der Repressalien entstanden waren. Der Finnlandkrieg zwang zu ernsten Schlußfolgerungen, wie sie z. B. im angeführten Protokoll der Übergabe des Volkskommissariats für Verteidigung der UdSSR von Woroschilow an Timoschenko enthalten waren.[3] Die Ende 1939 überstürzt eingeleiteten Maßnahmen zur Entwicklung der Rüstungsindustrie und der Militärtechnik konnten 1940 noch keine wesentlichen Ergebnisse bringen, da sie ohnehin für den Zeitraum bis 1941/42 geplant waren. So bezeugte der Flugzeugkonstrukteur Alexander Jakowlew später, daß die neuen Maschinen für die Rote Armee erst 1941 zur Serienfertigung bereit waren.[4] Ähnlich sah es auch bei der Herstellung von Panzern aus. Auf allen Sitzungen des Obersten Militärrates, wo, wie damals üblich, die Überlegenheit alles Sowjetischen beschworen wurde, standen die großen Fehler und Irrtümer im militärischen Bereich zur Debatte. Und wieder ergibt sich 1940 eine erstaunliche Parallele zur Art und Weise der Entscheidungsfindung im Jahre 1939. So wie das Gefühl der Unvermeidlichkeit eines deutschen Überfalls Stalin und das Politbüro beherrschte, als sie sich zwischen dem englisch-französischen und dem deutschen Angebot zu entscheiden hatten, so vollzogen sich auch jetzt wieder all die komplizierten politischen Manöver vor dem Hintergrund militärischer Entscheidungen, die gegen Deutschland gerichtet waren. Darin lag ein ganz eigenes Paradox Stalinscher Politik.

Um die Absichten bewerten zu können, mit denen die sowjetische Führung in die Berliner Verhandlungen ging, reicht eine Betrachtung der diplomatischen Schritte Moskaus nicht aus. Parallel dazu und leider unabhängig davon wurden die militärischen Pläne des Generalstabs überarbeitet, was in einem Dokument mit dem Titel »Gedanken zu den Grundlagen des strategischen Aufmarsches der Streitkräfte der Sowjetunion in West und Ost in den Jahren 1940/41« seinen Niederschlag fand.

Das Erstaunlichste an diesem Dokument ist, daß die gegen Deutschland gerichtete Grundorientierung des Planes im Vergleich zum Jahre 1938, das heißt, vor dem Abschluß des sowjetisch-deutschen Paktes, beibehalten wurde. Diese Orientierung, die noch aus der Zeit Michail Tuchatschewskis als stellvertretender Volkskommissar für Verteidigung stammte, wurde lediglich präzisiert. Der Grundgedanke, der im März 1938 unter Leitung von Boris Schaposchnikow ausgearbeitet worden war, lautete: Die Sowjetunion »muß auf den Kampf an zwei Fronten vorbereitet sein – im Westen gegen Deutschland, das von Polen, Italien, Ungarn, Rumänien und Finnland unterstützt wird, und im Osten gegen Japan«. Der neue Plan des Jahres 1940, den wir im weiteren noch detaillierter betrachten werden, ging von der gleichen Voraussetzung aus.[5]

Was bedeutete diese militärische Orientierung für die Politik? Kurzfristig war sie zweifellos eine Schlußfolgerung aus den deutschen Siegen im Westen, die für die weitere strategische Planung nicht folgenlos bleiben konnten. Langfristig ging es offenbar um eine Rückversicherung Stalins für den Fall, daß die derzeitigen sowjetisch-deutschen Beziehungen (des Jahres 1940) sich verschlechtern und einer Konfrontation weichen sollten. Die militärstrategische Planung war Teil des allgemeinen Beschwichtigungskurses, denn auf Grund des Zustandes der Roten Armee konnte sich Stalin 1940 noch nicht in der Lage fühlen, in einen Weltkrieg einzugreifen. Als er sich anschickte, in Berlin die nächsten Manöver im Rahmen dieses Kurses zu vollziehen, sicherte er gleichsam sein militärisches und ideologisches Hinterland ab. Nachdem er Weisungen gegeben hatte, die aus seiner Sicht die strategische Sicherheit der UdSSR gewährleisteten, konnte er sich »ruhigen Herzens« auf die Sondierungsgespräche in Berlin einlassen.

Äußerlich und nach den offiziellen Erklärungen zu urteilen, blieben die Beziehungen zwischen der UdSSR und Deutschland im Rahmen der Vereinbarungen von 1939. Molotow hatte das auf den Tagungen des Obersten Sowjet im März und August 1940 wiederholt unterstrichen. In der diplomatischen Korrespondenz zwischen Berlin und Moskau tauchten in jener Zeit allerdings erste Anzeichen von Mißstimmung auf, insbesondere was das Verhältnis beider Staaten zu Südosteuropa betraf. In Berlin wurde bereits die Frage gestellt, ob es zweckmäßig sei, den Nichtangriffspakt weiter einzuhalten. Mehr noch, als Hitler am 2. Juni 1940 und dann noch einmal am 30. Juni über das weitere Vorgehen nach dem Sieg über Frankreich reflektierte, äußerte er die Meinung, der nächste Schritt müßte der Feldzug gegen die Sowjetunion sein, möglicherweise noch im Jahre 1940. Das Oberkommando der Wehrmacht (OKW) hielt das für unreal, so daß Hitler am 31. Juli als neuen Termin den Mai 1941 nannte, den die Militärs dann akzeptierten.

Wußte man davon in Moskau? Vereinzelte, nicht sehr glaubhafte erste Berichte über die Vorbereitung eines Feldzuges im Osten kamen in den Sommermonaten 1940 vor allem über die Militäraufklärung (damals die Fünfte Verwaltung der RKKA, später Verwaltung Aufklärung GRU) und wurden der obersten Führung zur Kenntnis gegeben. Zur Frage, ob diese Berichte die militärpolitischen Entschlüsse beeinflußten, sei lediglich gesagt, daß derartige Warnungen selbst im Mai und Juni 1941, als sie bereits im Übermaß eingingen, keine Wirkung zeigten. Aber wir schrieben erst das Jahr 1940. Außerdem waren im Sommer und Herbst jenes Jahres bereits die Weisungen des OKW vom 15. Februar 1940 über die Desinformation in Kraft, auf die die Residenturen des Volkskommissariats für Innere Angelegenheiten (NKWD) und für Staatssicherheit (NKGB) in Berlin auch prompt hereinfielen.

Ein wichtiges und sehr bezeichnendes Beispiel für die wirksame Desinformation ist die Tätigkeit der Berliner Residentur der Ersten Verwaltung, später Hauptverwaltung des NKWD-NKGB der UdSSR. Sie mußte unter schwierigsten Bedingungen agieren, denn ihre besten Kräfte waren den Repressalien zum Opfer gefallen, weshalb sie seit 1938 de facto nicht mehr funktionierte. Erst nach dem Pakt von 1939 wurde der Beobachtungspunkt in Berlin reanimiert. An seine Spitze trat Amajak Kobulow, ehemals Volkskommissar für Staatssicherheit der Ukrainischen Sowjetrepublik, ein Mann ohne jede Erfahrung als Aufklärer, aber mit großem Gewicht für den Volkskommissar für Innere Angelegenheiten, Lawrenti Berija, bei dem Amajaks Bruder Sachar Kobulow als Stellvertreter tätig war. Unter Amajak wurde im August 1940 ein neuer Informant angeworben, der den Decknamen »Lyzeumsschüler« erhielt.[6] Dahinter verbarg sich der lettische Journalist Orest Berlings, der in Wirklichkeit Agent des deutschen Sicherheitsdienstes SD war und von SS-Standartenführer R. Likus geführt wurde. Über ihn sagte Ribbentrop: »In diesen Agenten können wir alle Informationen pumpen, die wir wollen.« Leider durchschaute man in Moskau das Doppelspiel nicht und war sogar der Meinung, wenn man »Lyzeumsschüler« gut ausbilde, könne »aus ihm ein wertvoller Agent werden«. So der stellvertretende Leiter der Ersten Verwaltung des NKWD Pawel Sudoplatow.

Die Berichte, die dieser Agent vor dem Molotow-Besuch lieferte, sind in ihrer Tendenz eindeutig: Im Oktober 1940 teilte er mit, daß »in Deutschland die Vorbereitung auf eine Verbesserung der Beziehungen mit Rußland auf verschiedenen Gebieten in vollem Gange ist«. Am 14. Oktober hieß es, Deutschland sei daran interessiert, mit Rußland eine neue Vereinbarung zu schließen, um der ganzen Welt zu zeigen, daß die Sowjetunion Deutschlands Verbündeter sei, was England in keiner Weise ändern könne. Dabei suggerierte man Moskau aus Berlin, die Lage in der Welt habe sich seit dem August 1939 grundlegend verändert: Der Dreimächtepakt sei unterzeichnet, Rumänien und Finnland seien faktisch besetzt. Deutschland konzentriere alle seine Marinekräfte gegen England. Im Oktober gelangten weitere Meldungen von »Lyzeumsschüler« nach Moskau. Er teilte mit, bestimmte Kräfte in Deutschland setzten sich dafür ein, Druck auf die UdSSR auszuüben, falls sie die Neuordnung Europas nicht aktiv unterstütze. Ribbentrop habe jedoch einen Plan, England zu überzeugen, es solle die Illusion fallenlassen, daß es von außen Hilfe erwarten könne. Im November 1940 hieß es aus derselben Quelle, Molotows Reise nach Berlin sei »ein Ereignis von überragender Bedeutung mit außerordentlichen Folgen«.[7] Ein deutscher Diplomat habe im Gespräch mit »Lyzeumsschüler« erklärt, dieser Besuch werde eine »neue Ära« einleiten. Alle Untiefen in den deutsch-russischen Beziehungen seien passiert, und man könne nun hoffen, daß Rußland endgültig seinen Platz in der neuen Weltordnung erkenne, womit faktisch alle großen politischen Probleme gelöst seien. Daran könne England nichts ändern. Es werde in den nächsten zwei, drei Wochen vernichtet werden. In einem angeblichen Gespräch mit einem einflußreichen Beamten des Reichsaußenministeriums tauchten analoge Gedanken auf. Dazu ließ man durchblicken, man halte die Teilung der Türkei und des ganzen Nahen Ostens zwischen Deutschland und Rußland für eine brisante Frage. Auch eine globale Abgrenzung der Einflußsphären sei nicht ausgeschlossen. Diese gezielten Desinformationen erreichten Moskau über die Kanäle des NKWD-NKGB.

Daß man in Moskau die Tür für die Zusammenarbeit mit Deutschland offen hielt, zeigte sich auch in der Haltung der Sowjetunion zur Unterzeichnung des Dreimächtepaktes zwischen Deutschland, Italien und Japan am 27. September

1940 in Berlin. Die offizielle Reaktion aus Moskau kam rasch: Am 30. September erschien in der »Prawda« ein ungezeichneter Artikel, dessen Plazierung auf der ersten Seite in auffälligen Lettern verriet, daß es sich um eine offizielle Stellungnahme handelte.[8] Der Artikel stammt in der Tat aus Molotows Feder. Das Manuskript ist fast ohne Veränderungen in Molotows Akten im Archiv des ZK der KPdSU zu finden. Diese Stellungnahme ist geradezu ein Musterbeispiel für die Diplomatie Stalins und Molotows, die glaubten, dort die wahre Sicht der sowjetischen Führung auf den Gang der Dinge meisterhaft verhüllt zu haben. Der Dreimächtepakt kam für sie zwar nicht überraschend, brachte sie aber in eine äußerst prekäre Lage. Die Logik ihrer bisherigen Linie, das begriffen Stalin und Molotow genau, führte an einen Punkt, da sich die Sowjetunion gezwungen sehen würde, selbst dem Pakt beizutreten. Lehnte sie dies brüsk ab, konnte sie damit das ganze Gebäude der Beziehungen der UdSSR zu den Achsenmächten ins Wanken bringen. Der Text, der am 27. September, unmittelbar nach Unterzeichnung des Paktes, geschrieben wurde, aber erst drei Tage später erschien, enthielt folgende Hauptgedanken:

- Der Pakt ist für die UdSSR keine Überraschung.
- Er bedeutet, daß der Krieg in eine neue Phase tritt.
- Der Pakt ist eine Folge der gewachsenen Aggressivität der USA und Englands.
- Er bestätigt die Grundsätze des sowjetisch-deutschen Vertrages von 1939 sowie das Einvernehmen zwischen der UdSSR und den Beteiligten des Paktes.

Der Kommentar war in einem vorwurfsvollen Ton gegen England und die USA geschrieben. Die UdSSR dagegen wurde als »ihrer Politik des Friedens und der Neutralität treu« dargestellt. Als der deutsche Gesandte in Moskau, von Tippelskirch, am 26. September 1940 über die bevorstehende Unterzeichnung informierte, erklärte er, der Pakt habe eine antiamerikanische Stoßrichtung.[9] Außerdem teilte er mit, er erwarte einen Brief Ribbentrops an Stalin, in dem die Einladung Molotows nach Berlin ausgesprochen werde. Am 17. Oktober 1940 informierte Molotow Schulenburg, die Einladung nach Berlin sei angenommen.[10] Am 21. Oktober antwortete Stalin Ribbentrop auf die in dem Brief angesprochenen inhaltlichen Fragen und teilte den Besuchstermin mit.[11]

Daß der Reichsaußenminister mit Stalin und nicht mit seinem Partner Molotow korrespondierte, entspricht nicht der üblichen diplomatischen Praxis. Auch die vorherige Ankündigung des Briefes unterstreicht, daß es sich hier um einen Schritt handelte, von dem sich die politische Führung Deutschlands äußerst wichtige Entscheidungen versprach, die Ribbentrop vorbereitet hatte.

Der Entscheidungsprozeß in totalitären Staaten verläuft nicht so eingleisig, wie man das in der Regel annimmt. Auch Hitler (und ebenso Stalin) faßte zuweilen Entschlüsse, indem er zwischen mehreren Varianten wählte, die aus seiner nächsten Umgebung an ihn herangetragen wurden. Als es nach dem Ende des Frankreichfeldzugs im Sommer 1940 um die nächsten Schritte im Krieg ging, der für Hitler mit der Niederlage Frankreichs bei weitem nicht beendet war, wurden mehrere Alternativen geprüft.

Neben dem sofortigen Beginn des Ostfeldzuges gab es den Gedanken, einen »Kontinentalblock« gegen England zu schaffen, den deutsche Geopolitiker von Friedrich Naumann bis zu Karl Haushofer seit Anfang des 20. Jahrhunderts vertraten. Als Fundament dieses Blocks sah man ein Bündnis zwischen Berlin, Rom, Moskau und Tokio, dem sich die kleineren und mittleren europäischen Mächte anschließen sollten. Ribbentrop setzte sich bereits während der Vorbereitung des Vertrages mit der UdSSR im Sommer und Herbst 1939 vehement für dieses hypothetische Projekt ein. Im Sommer 1940 sah er weitere Ansatzpunkte für aktive Schritte in Richtung Kontinentalblock; vor allem bemühte er sich um die Rolle des Vermittlers zwischen der UdSSR und Japan.[12] Dieses Vorhaben war wesentlich schwieriger, als die Beziehungen zwischen der Sowjetunion und Italien zu regeln, die fast schon als normal gelten konnten. Bei einer Begegnung auf dem Brenner einigten sich Hitler und Mussolini am 4. Oktober 1940 darauf, eine kontinentale Koalition zu schaffen, wobei Hitler vorschlug, Rußland in Richtung des Indischen Ozeans zu lenken. Der ebenfalls anwesende Ribbentrop meinte, die Russen fürchteten Deutschland. Hitler jedoch schätzte Moskaus Reaktion auf den Dreierpakt als »vernünftig« ein.[13] Als der Chef des Oberkommandos des Heeres (OKH), Generaloberst Franz Halder, nach dem Kriege die Situation im Jahre 1940 analysierte, äußerte er die Meinung, Hitler habe es damals noch für möglich gehalten, einen Krieg gegen Rußland zu vermeiden, wenn dieses keine Expansionsbestrebungen in Richtung Westen zeigte. Dafür war es aus Hitlers Sicht jedoch notwendig, die russische Expansion in Richtung Balkan und Türkei zu lenken, was unweigerlich zu einem Konflikt mit Großbritannien führen mußte.[14]

Kann es sein, daß in den Kalkulationen Hitlers und den Plänen des deutschen Generalstabes die Möglichkeit eine Rolle spielte, die Rote Armee könnte an der Seite Deutschlands in militärische Operationen eingreifen? Galt in früheren Zeiten in unserem Lande schon allein eine solche Frage als Ketzerei, so müssen heute einige dokumentarisch belegte Tatsachen der Jahre 1939/40 nüchtern und ohne ideologische Scheuklappen analysiert werden.

Paradox ist vor allem, daß diese Möglichkeit von Stalin selbst ins Spiel gebracht wurde. Der deutschen Niederschrift des Gesprächs mit Ribbentrop vom 28. September 1939 zufolge legte er nach weitschweifigen Ausführungen des deutschen Außenministers seinen Standpunkt mit folgenden Worten dar:

»Der Herr Reichsaußenminister hat vorsichtig angedeutet, daß Deutschland Zusammenarbeit nicht als militärischen Beistand versteht und die Sowjetunion nicht in den Krieg hineinziehen will. Das ist sehr taktvoll und gut gesagt. Es ist doch eine Tatsache, daß Deutschland gegenwärtig keinen fremden Beistand braucht und auch weiterhin offenbar nicht brauchen wird. Sollte aber Deutschland entgegen den Erwartungen in eine schwierige Lage geraten, dann kann es sicher sein, daß das sowjetische Volk ihm zu Hilfe kommt und nicht zuläßt, daß Deutschland erdrosselt wird. Die Sowjetunion ist an einem starken Deutschland interessiert und läßt nicht zu, daß es niedergeworfen wird.«

Diese Mitschrift, die Gustav Hilger anfertigte, hat eine wenig bekannte, aber höchst interessante Geschichte. In Stalins Archiv liegt eine »Mitteilung F. von der Schulenburgs vom 19. Oktober 1939«[15], in der der Botschafter mitteilt, daß Ribbentrop in einer Rede englische Behauptungen dementieren wollte, er habe die Sowjetunion in Moskau um militärischen Beistand gebeten, den Stalin angeblich abgelehnt habe (»Keinen einzigen Soldaten!«). Ribbentrop bat nun Stalin durch Schulenburg, die deutsche Mitschrift seiner Worte zu autorisieren. Dann folgte diese in einer russischen Übersetzung, die man offenbar in der deutschen Botschaft angefertigt hatte: »Der Standpunkt Deutschlands, das militärischen Beistand ablehnt, ist aller Ehren wert. Aber die Sowjetunion ist an einem starken Deutschland interessiert, und in einem militärischen Konflikt zwischen Deutschland und den westlichen Demokratien stimmen die Interessen der Sowjetunion und Deutschlands durchaus überein. Die Sowjetunion wird niemals dulden, daß Deutschland in eine schwierige Lage gerät.«

Was hat Stalin nun tatsächlich gesagt? Eine vollständige Mitschrift des Gesprächs durch sowjetische Diplomaten ist in Stalins Archiv nicht zu finden. Dort liegt nur ein gesondert geschriebener Auszug mit dem Vermerk Molotows: »Unser Text anstelle des Textes in der Rede Ribbentrops (am 19. 10. an Schulenburg übergeben).« Das Dokument ist abgezeichnet: »Ins Geheimarchiv. W. M.«[16]

»Unser«, d. h., der überarbeitete sowjetische Text lautete:

»Der Standpunkt Deutschlands, das militärischen Beistand ablehnt, ist aller Ehren wert. Aber ein starkes Deutschland ist eine notwendige Voraussetzung für den Frieden in Europa – daher ist die Sowjetunion an einem starken Deutschland interessiert. Die Sowjetunion kann folglich auch nicht einverstanden sein, daß die Westmächte Bedingungen schaffen, die Deutschland schwächen und in eine schwierige Lage bringen können. Daran besteht ein gemeinsames Interesse Deutschlands und der Sowjetunion.«

Hier zeigt sich sehr deutlich, daß Stalin in der Öffentlichkeit keine zu eindeutigen Versprechungen abgeben wollte (»Das sowjetische Volk wird Beistand leisten« oder Ähnliches). Aber dieser merkwürdige Meinungsaustausch war charakteristisch für das Verhältnis zwischen den beiden Diktaturen. Ribbentrop, der herausfinden sollte, ob sowjetische Unterstützung wahrscheinlich sei, gebrauchte als Versuchsballon die absurde Formulierung, Hitler brauche keinen militärischen Beistand, und wartete Stalins Reaktion ab. Diese folgte auf dem Fuße.

Hatte Ribbentrop Stalin Anlaß für ein derart weitgehendes Versprechen gegeben? In der Tat hatte Hitler vor Ribbentrops Abreise aus Berlin am 26. September den Wunsch geäußert, eine künftige Zusammenarbeit Deutschlands mit der UdSSR möge auch militärische Partnerschaft gegen England einschließen. Es galt zu sondieren, welche Aussichten für ein reguläres Bündnis in künftigen Kämpfen gegen die Westmächte bestanden. Folgerichtig sprach der Minister in Moskau die Frage nach dem Charakter der deutsch-sowjetischen Beziehungen an. Dabei drückte sich Ribbentrop recht verschwommen aus. Er deutete an, daß man nicht nur Zusammenarbeit erwarte, sondern im weiteren auch gewisse Verpflichtungen. Sogleich folgte aber die Einschränkung, das bedeute nicht, daß Deutschland von der UdSSR militärischen Beistand erwarte. Mit England und Frankreich werde es selber fertig.[17]

Das also war der Anlaß für Stalins Erklärung, die Ribbentrop unverzüglich nach Berlin übermittelte. Die Antwort ließ nicht lange auf sich warten. Bereits am nächsten Tag erklärte er Stalin kategorisch, die deutsche Regierung erwarte von der Sowjetunion keinerlei militärischen Beistand; dagegen sei wirtschaftliche Unterstützung von beträchtlichem Wert.

Hier ist allerdings zu bedenken, daß man den September 1939 schrieb. Die Debatte über militärische Zusammenarbeit hatte also keinen großen praktischen Sinn, wenn man von der Episode absieht, daß die deutsche Luftwaffe beim Überfall auf Polen einen sowjetischen Rundfunksender für Peilungszwecke benutzte. In der realen militärischen Planung der Wehrmacht waren keinerlei gemeinsame Aktionen vorgesehen. Was Stalin betraf, so war für ihn nicht die Beteiligung, sondern gerade die Nichtbeteiligung an diesem Krieg wichtig.

Auch die Praxis der sowjetisch-deutschen Beziehungen im Herbst 1939 – Stalins unverhüllte Erpressung der deutschen Seite in der Litauenfrage, sein Druck bei anderen Aspekten der Politik im Baltikum – zeigte, daß die beiden frischgebackenen Verbündeten von einer militärischen Zusammenarbeit meilenweit entfernt waren. Für die Sowjetunion bestand keine derartige Notwendigkeit, und auch für Deutschland war es nicht mehr als eine theoretische Annahme. Das zeigen die Gespräche, die Ribbentrop von Ende 1939 bis Anfang 1940 mit dem OKW führte. Dort ging es um eine »indirekte Strategie« im Krieg gegen England und die eventuelle Einbeziehung der Sowjetunion. Diese sollte allerdings nicht in Europa, sondern gegen die britischen Positionen im Nahen Osten und in Asien wirksam werden. Die erhalten gebliebenen Dokumente sind in dieser Hinsicht sehr bezeichnend.[18]

Nach Ribbentrops Gespräch mit dem Chef des OKW, Generalfeldmarschall Keitel, am 8. Januar 1940 verfaßte der Chef des Führungsstabes des OKW, General Jodl, ein ausführliches Memorandum »über die militärischen und militärpolitischen Probleme im Südosten Europas und im nahen Orient«[19]. Darin legte er dar, daß Deutschland weiterhin nur an einer Front Krieg führen und seine Kräfte nicht in Südosteuropa verausgaben sollte. Als »russische Operationsmöglichkeiten«[20] definierte er Aktionen gegen

Indien, die Annexion Bessarabiens sowie Handlungen gegen die englischen und französischen Truppen im Nahen Osten vom Kaukasus her.

Die erste Variante sah er wegen der großen Entfernungen als unrealistisch an, betrachtete aber sowjetische Störtätigkeit in Afghanistan und nahe der indischen Grenzen als nützlich für Deutschland. »Es muß bezweifelt werden, ob die russische Wehrmacht sich in ihrem heutigen Zustand eine Operation nach Asien hinein zutraut. Vom deutschen Standpunkt ist es aber in hohem Maße wünschenswert, die russischen Kräfte in diese Richtung und damit auch voraussichtlich vom Balkan abzulenken! Italienische Interessen würden dabei, soweit hier zu übersehen, nicht berührt werden. In Anbetracht der besonderen Bedeutung dieser Stoßrichtung im Kampf gegen England wäre auch eine wenigstens mittelbare Unterstützung einer solchen Operation von unserer Seite gerechtfertigt.«[21]

Diese hypothetischen Gedanken Jodls über die Möglichkeit, die UdSSR könnte an der Seite Deutschlands in den Krieg eintreten, waren nicht ganz aus der Luft gegriffen. Die deutsche Aufklärung hatte offenbar von den Beschlüssen des Alliierten Oberkommandos Kenntnis erhalten, daß eine englisch-französische Operation gegen den Kaukasus mit Bombenabwürfen auf Baku in Vorbereitung war. Sollte dies Wirklichkeit werden, konnte Deutschland mit Gegenschlägen der Roten Armee rechnen. Jodl bezeichnete es in seinem Memorandum als Ziel Rußlands, die Gebiete zurückzuerobern, die es im Vertrag von Kars 1921 verloren hatte. Außerdem werde es die Gefahr der Bombenangriffe auf die Ölquellen abwenden sowie »die dem sowjetrussischen Haupterdölgebiet um Baku (50 % des russischen Öls) drohende Gefahr von Luftangriffen aus dem vorderasiatischen Raum«[22] beseitigen wollen. Allerdings mußten das OKW und Ribbentrop eigentlich wissen, daß eines der Hauptziele Stalins gerade darin bestand, die Sowjetunion nicht in einen Weltkrieg hineinziehen zu lassen, auf welcher Seite auch immer.

Parallel zum europäischen Aspekt der neuen Pläne verfolgte Ribbentrop als eines seiner Ziele die Annäherung der UdSSR und Japans, bei der er den Vermittler spielen wollte. Lange vor Molotows Besuch informierte er Tokio über eine mögliche Erweiterung des Dreimächtepaktes und die dabei anvisierte Aufteilung der Welt in Einflußsphären: die südlichen Meere für Japan, Irak und Indien für die UdSSR, Zentralafrika für Deutschland und Nordafrika für Italien. Noch im Februar 1941 versicherte Ribbentrop dem japanischen Botschafter in Berlin, Hiroshi Oshima, die UdSSR sei grundsätzlich bereit, sich dem Dreimächtepakt anzuschließen![23]

Ribbentrops neue Vorschläge an Stalin fußten also auf der klar umrissenen Konzeption, bei dem im August 1939 eingeschlagenen Kurs zu bleiben und daraus für Deutschland maximalen Nutzen zu ziehen – bis hin zu einem möglichen Eintritt der Sowjetunion in den Krieg. Letzteres war nicht zwingend, denn auch eine »neutrale« Haltung der UdSSR konnte für Berlin von beträchtlichem Vorteil sein. Zugleich bildete der Entschluß zum Ostfeldzug den politischen Hintergrund für Hitlers weitere militärische Pläne.

SIEBZEHNTES KAPITEL

Molotow in Berlin

Am 10. November 1940 um 18.50 Uhr rollte Molotows Sonderzug aus dem Belorussischen Bahnhof von Moskau. Der Außenminister wurde von einer repräsentativen Delegation begleitet. Mit ihm reisten der Volkskommissar für Schwarzmetallurgie, Iwan Tewossjan, fünf stellvertretende Volkskommissare – Wladimir Dekanosow, Wsewolod Merkulow, Alexej Krutikow, Wassili Balandin, W. S. Jakowlew –, einige Abteilungsleiter des Volkskommissariats für Auswärtige Angelegenheiten – insgesamt 65 Personen. In Molotows Zug saßen auch Botschafter von der Schulenburg, sein Botschaftsrat Gerhard von Walter und der Leiter der deutschen Wirtschaftsdelegation, Karl Schnurre. Der Zug passierte am Abend des 11. November die Grenze und traf am 12. November um 11.00 Uhr in Berlin ein. Unmittelbar darauf begannen die Gespräche. Um 12.00 Uhr empfing Ribbentrop Molotow und Dekanosow. Um 15.00 Uhr begann in der Reichskanzlei das Gespräch mit Hitler. Am Abend fand im Hotel »Kaiserhof« ein Empfang zu Ehren des Gastes statt, an dem Hitler allerdings nicht teilnahm. Am Vormittag des 13. November traf Molotow mit Göring und Heß zusammen, um 14.00 Uhr noch einmal mit Hitler. Am Morgen hatte es zunächst ein Frühstück und danach ein weiteres Gespräch mit Ribbentrop gegeben. Um 19.00 Uhr gab Molotow in der sowjetischen Botschaft ein Essen. Als Bombenalarm einsetzte, sprach er mit Ribbentrop bis Mitternacht im Luftschutzkeller weiter. Am Morgen des 14. November reiste der sowjetische Außenminister ab. Am späten Abend überquerte der Zug die Grenze, und am 15. November war die Delegation wieder in Moskau. Soweit zum Ablauf des Besuches.[1]

In der umfangreichen Literatur zu diesem Thema überwiegt die Meinung, es habe sich bei diesem Besuch um einen Dialog der Gehörlosen gehandelt, in dem Hitler das eine und Molotow etwas ganz anderes sagte. Hitler habe von allgemeinen Vorstellungen zur Umgestaltung der Welt gesprochen, Molotow sich dagegen auf konkrete Fragen (Finnland, Donau usw.) konzentriert. Nun, da Molotows Notizen vom 9. November 1940 vorliegen, können die Verhandlungen in neuem Licht betrachtet werden. Hier dieses Dokument im Wortlaut:

»STR. GEHEIM
W. M.
(9/XI. 40)
EING. DIR.-VEN FÜR DIE BERL.-REISE

1. *Ziel* der Reise:
   a) Wirkliche Absichten D. und aller Teilnehmer des Dreimächtepaktes (D., I, J.) bei Realisierung des Planes für ein ›neues Europa‹ und ›Neuer Ordnung Ostasiens‹ *erkunden*: *Grenzen* ›Neu. Eur.‹ und ›Neu.ordn. O.-A.‹: *Charakter* staatl. Strukturen und Beziehungen einz. europ. Staaten in ›N.E.‹ und in ›O.-A.‹; *Etappen* und *Zeiträume* für Realisierung dieser Vorhaben, zumindest der nächstliegenden; *Aussichten* für Beitritt weiterer Staaten zu Dreierpakt; *Platz der UdSSR* in diesen Plänen zum gegenwärtigen Zeitpunkt und später.
   b) Einen ersten Entwurf der *Interessensphären der UdSSR* in Europa *vorbereiten*, ebenso im Nahen und Mittleren Asien, nachdem Möglichkeiten für Übereinkommen darüber mit D. (ebenso mit *I.*) erkundet sind, jedoch im derzeitigen Verhandlungsstadium keinerlei Vereinbarungen mit D. und *I.* abschließen, da die Verhandlungen in Moskau fortgesetzt werden sollen, das Ribb-p in nächster Zeit besuchen wird.
2. Da die sowj.-dt. Vereinbarung über die teilweise Abgrenzung der Interessensphären zwischen der UdSSR und Dt. durch die Entwicklung (mit Ausn. Finnl.) ausgeschöpft ist, in den Verhandlungen erreichen, daß zur *Interessensphäre der UdSSR* weiter gehören:
   a) *Finnland* auf der Grundlage der sowj.-dt. Vereinbarung von 39, bei deren Erfüllung D. alle Schwierigkeiten und Unklarheiten zu

beseitigen hat (Abzug dt. Truppen, Einstellung jeglicher polit. Demonstrationen in F. und D. gegen und zum Schaden der Interessen der UdSSR).

b) *Donau*, vor allem das Donaudelta, entsprechend den Direktiven für Gen. Sobolew.
Zugleich unsere Verärgerung ausdrücken, daß D. in der Frage der Garantien und des Truppeneinmarschs in Rumänien die UdSSR nicht konsultiert hat.

c) *Bulgarien* – Hauptfrage der Verhandlungen – muß nach Übereinkunft mit D. und I. zur Interessensphäre der UdSSR gehören; *auf dieser Grundlage* Garantien der UdSSR für Bulgarien ebenso wie Garantien Deutschlands und Italiens für Rumänien, Einmarsch sowjetischer Truppen in Bulgarien.

d) Frage der Türkei und ihres Schicksals kann nicht ohne unsere Beteiligung entschieden werden, da wir in der Türkei gewichtige Interessen haben.

e) Frage des weiteren Schicksals *Rumäniens* und *Ungarns* als an UdSSR angrenzende Staaten interessiert uns sehr; wir wollen Vereinbarungen darüber.

f) Frage des *Iran* kann nicht ohne Beteiligung der UdSSR entschieden werden, da wir dort schwerwiegende Interessen haben. Dies ohne Not nicht ansprechen.

g) Zu *Griechenland* und *Jugoslawien* möchten wir wissen, was die Achse zu unternehmen gedenkt.

h) Was *Schweden* betrifft, bleibt UdSSR bei der Haltung, daß Wahrung Neutralität dieses Staates im Interesse UdSSR und Deutschlands. Bleibt D. ebenfalls bei dieser Haltung?

i) UdSSR als Ostseeanlieger ist an freier Durchfahrt ihrer Schiffe aus der Ostsee in Friedens- und Kriegszeiten durch Kl. und Gr. Belt, Öresund, Kattegat und Skagerrak interessiert. Es wäre gut, nach dem Beispiel der Donaukonferenz eine Beratung von Vertretern der interessierten Staaten zu dieser Frage durchzuführen.

j) Auf *Spitzbergen* muß die Tätigkeit unserer Kohlekonzession gewährleistet sein.

3. Zum *Transit* Deutschland-Japan haben wir eine starke Position, die zu berücksichtigen ist.
4. Wenn nach unserem Verhältnis zur *Türkei* gefragt wird, auf un-

sere Antwort an die Türken hinweisen: Wir haben ihnen erklärt, daß sie keinen Beistandspakt mit der UdSSR und daher nicht das Recht haben, von der UdSSR Hilfe zu fordern.

5. Wenn nach unseren Beziehungen zu *England* gefragt wird, dann im Sinne des Meinungsaustauschs in St.-s Landhaus antworten.
6. Erwähnen, daß uns Informationen vorliegen, Deutschland habe England über Roosevelt *Friedensvorschläge* gesandt. Entspricht das der Wahrheit, und wie lautet die Antwort?
7. Falls nach unseren Beziehungen zu den *USA* gefragt wird, antworten, daß USA uns ebenfalls fragen, ob wir Türkei und Iran Beistand leisten können, falls sie in Gefahr geraten. Unsererseits bisher keine Antwort.
8. Fragen, wo nach Dreierpakt Grenzen ›Neuer Ordnung Ostasiens‹ verlaufen.
9. Was *China* betrifft, das einen Punkt des Geheimprotokolls darstellt, hinweisen, daß ehrenhafter Frieden für China (Tschiang Kaischek) erreicht werden muß; UdSSR bereit, u. U. gemeinsam mit D. und I. Vermittlung zu übernehmen, wobei wir keine Einwände haben, daß Indonesien als Teil Einflußsphäre Japans anerkannt wird (Mandschukuo bleibt bei Japan).
10. Vorschlagen, eine *Friedensaktion* in Form öffentlicher Erklärung vier Mächte zu unternehmen (*wenn* sich günstiger Verlauf Hauptverhandlungen abzeichnet: Bulg., Türk. u.a.), wobei britisches Empire (*ohne* Mandatsgebiete) mit allen Besitzungen erhalten bleiben soll, die England zur Zeit gehören, unter Voraussetzung Nichteinmischung in Europa, sofortiger Abzug aus Gibraltar und Ägypten, Verpflichtung, Deutschland unverzüglich frühere Kolonien zurückzugeben.
11. Zu den *sowj.-japanischen* Beziehungen – im Rahmen meiner Antwort an Tatekawa bleiben.
12. Nach dem *Schicksal Polens* fragen – auf der Grundlage der Vereinb. von 1939.
13. Zur *Kompensation* für Vermögen im Baltikum: 25 Prozent in einem Jahr, 50 Prozent in drei Jahren (zu gl. Teilen).
14. Zu *wirtschaftl. Fragen*: Bei günst. Verlauf der Verhandlungen über Getreide sprechen.«[2]

Die ungewöhnliche Form dieses Dokuments, vor allem der inoffizielle Eindruck, den es erweckt, gibt zu einigen Fragen Anlaß. Zunächst ist festzustellen, wer es verfaßt hat. Molotows Handschrift ist unverkennbar und der Wissenschaft bestens bekannt. Aber warum hat er seine Gedanken auf Blättern festgehalten, die aus einem Notizblock herausgerissen wurden? Sie sind am oberen Rand perforiert und kleiner als das übliche Format. Warum eine so merkwürdige Form? Auch die Überschrift ist interessant. Sie wurde offenbar später mit dunklerer Tinte eingefügt. Das Datum, 9. November 1940, steht für sich auf einer Zeile. Ebenso links oben der Vermerk »Str[eng] geheim«. Darunter die Initialen »W. M.«[3]

Noch merkwürdiger sind die vielen Abkürzungen, von denen es auf den neun Seiten nur so wimmelt. Sie betreffen Staatsbezeichnungen, Adjektive und Namen. Außerdem gibt es in dem Text viele Unterstreichungen unterschiedlicher Art – Wellenlinien, einfache und doppelte Striche. Alle diese Eigenheiten haben mich zu der Überzeugung gebracht, daß das Dokument von Stalin (von wem sonst?) diktiert wurde, als er mit Molotow einen Tag vor dessen Abreise aus Moskau sprach. Die Begegnung fand offenbar in Stalins Landhaus statt, denn aus dem Terminkalender seines Sekretärs geht hervor, daß er in seinem Büro vom 5. bis 15. November 1940 keinerlei Arbeitsgespräche führte.[4]

In dieser persönlichen Meinung sehe ich mich auch durch folgenden Präzedenzfall bei einer anderen wichtigen Quelle bestärkt: Als sich Woroschilow im August 1939 darauf vorbereitete, die Leitung der sowjetischen Militärdelegation in den Verhandlungen mit den Militärmissionen Englands und Frankreichs zu übernehmen, diktierte ihm Stalin die Verhandlungsdirektive wörtlich in die Feder, die Woroschilow (ohne Fehl und Tadel) auf seinem Briefbogen des Volkskommissars für Verteidigung der UdSSR niederschrieb. Das kann sich bei einem so wichtigen Ereignis wie Molotows Besuch in Berlin durchaus wiederholt haben.[5]

Schließlich sei noch auf folgende Tatsache aufmerksam

gemacht: Aus den Chiffretelegrammen, die Stalin seinem Außenminister nach Berlin nachsandte, sind zwei »Empfehlungen«, genauer gesagt Weisungen bekannt. Eine betraf Indien (die Forderung, dieses unverzüglich in ein Dominion umzuwandeln, sollte nicht gestellt werden) und war vom 11. November datiert.[6] Die zweite, vom 13. November, betraf den Iran, über den Molotow nicht ausführlich sprechen sollte.[7] Beide Korrekturen sind in den handschriftlichen Text, der vom 9. November stammt, bereits eingetragen. Das Rätsel ist schnell gelöst: Molotow nahm diese Blätter aus seinem Notizblock nach Berlin mit und trug dort die Veränderungen ein. Damit können wir ausschließen, daß das Dokument von Molotow selbst ausgearbeitet wurde. Ohnehin hätte er nie gewagt, sich bei den Verhandlungen in Berlin allein von persönlichen Überlegungen leiten zu lassen. Die 14 Punkte sind eindeutig von Stalins Logik geprägt. Zusammen mit den telegrafischen Weisungen stellen sie das Programm Stalins für die Novembergespräche dar.

Nun zu dem Programm selbst:

Die »Einleitung« der Direktive (Punkt 1a) gibt durchaus logisch dem legitimen Wunsch der sowjetischen Führung Ausdruck, die wahren Absichten Deutschlands und aller Teilnehmer des Dreimächtepaktes zu erfahren. In der Tat mußte die Sowjetunion in Erfahrung bringen, welchen Inhalt die deutschen und japanischen Führungsspitzen in die so häufig gebrauchten Begriffe »Neues Europa« und »Neue Ordnung Ostasiens« legten, welcher Platz der UdSSR in diesen Plänen derzeit und später zugedacht war.

Der folgende Unterpunkt b und der ganze Punkt 2 gingen jedoch über den Rahmen einer diplomatischen Sondierung hinaus. Man kann sagen, daß in dem Gespräch Stalins mit Molotow vom 9. November 1940 die geheimsten, bestgehüteten Absichten beider zur Sprache kamen, nämlich einen ersten Entwurf der Interessensphären der UdSSR in Europa, im Nahen und Mittleren Asien auszuarbeiten. Molotow sollte bei den Verhandlungen in Berlin mit Hitler die Möglichkeiten sondieren, ob man darüber mit Deutschland und Italien übereinkommen könnte.

Im letzten Satz dieses Unterpunktes ist Stalins taktischer Schachzug formuliert, in Berlin nichts zu vereinbaren, sondern die Verhandlungen in Moskau fortzusetzen. Ribbentrops eventuellen Besuch hatte man bereits in einem vorausgegangenen Dokumentenaustausch zwischen Berlin und Moskau erörtert. Das erleichterte Molotows Aufgabe wesentlich, da alle Vorabsprachen, die er traf, in der nächsten Etappe präzisiert oder wieder aufgehoben werden konnten, wenn Stalin persönlich das Heft in die Hand nehmen wollte. Der Diplomat Valentin Bereshkow, der an den Berliner Verhandlungen unter dem Namen Bogdanow als Dolmetscher teilnahm, weist darauf hin, daß Stalin den Beginn der neuen Phase der sowjetisch-deutschen Beziehungen mit seiner Anwesenheit krönen wollte. Warum sollte er die einzigartige Chance verpassen, so fragt Bereshkow, durch den Beitritt zum Dreimächtepakt die neuen Bedürfnisse der UdSSR durchzusetzen? Dabei ging es insbesondere um die Kontrolle der Meerengen (Bosporus und Dardanellen). Dieses Problem wollte Stalin Aug' in Auge mit Hitler besprechen. In seinen Telegrammen an Molotow in Berlin bekräftigte Stalin noch einmal seine Absicht, die endgültigen Entscheidungen in Moskau zu fällen.

Die Liste der Wünsche, die die Sowjetunion zur Aufteilung der Einflußsphären hatte, ist in der Direktive in den Grundzügen enthalten. Gewisse Einzelheiten erörterte man offenbar getrennt, worauf die zusätzlichen Anordnungen hinweisen, die Molotow nachgesandt wurden. Zentrales Moment war die Südvariante der sowjetischen Expansion, wie sie in Punkt 2 und danach auch in den Punkten 4, 7, 10 und 14 dargelegt ist. Diese taucht in Stalins Programm nicht zufällig auf. Nachdem er die Lage an der Westflanke der Sowjetunion (Westukraine, Westweißrußland und Baltikum) in seinem Sinne gelöst hatte, ging er nun daran, sich mit den Südgrenzen der UdSSR zu befassen.

Stalin hatte damals Grund, mit den Südgrenzen unzufrie-

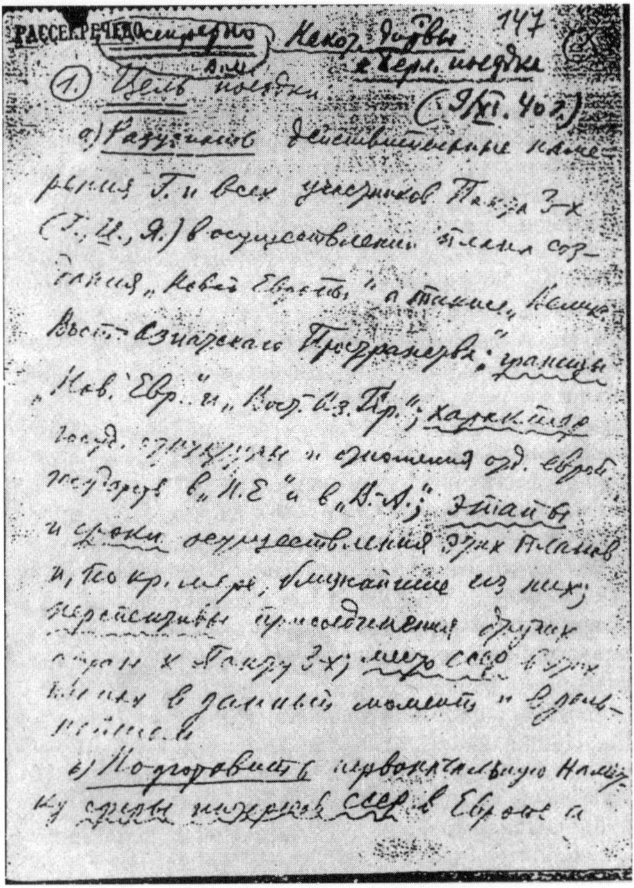
РАССЕКРЕЧЕНО секретно
Некот. дир-вы к Берл. поездке
147

1. Цель поездки (9/XI.40 г.)

а) Разузнать действительные намерения Г. и всех участников Пакта 3-х (Г., И., Я.) в осуществлении плана создания „Новой Европы", а также „Великого Восточно-Азиатского Пространства"; границы „Нов. Евр." и „Вост.-Аз. Пр."; характер госуд. структуры и отношения отд. европ. государств в „Н.Е." и в „В.-А."; этапы и сроки осуществления этих планов и, по крайней мере, ближайшие из них; перспективы присоединения других стран к Пакту 3-х; место СССР в этих планах в данный момент и в дальнейшем.

б) Подготовить первоначальную наметку сферы интересов СССР в Европе а

W. M. Einige Direktiv. Zur Berl.reise – Stalins Programm für Molotows Berlin-Besuch im November 1940

den zu sein. Die Beziehungen zur Türkei ließen viel zu wünschen übrig, die Frage der Meerengen (nach dem Vertrag von Montreux) bereitete der UdSSR ständiges Kopfzerbrechen, da ihre Flotte das Schwarze Meer nicht verlassen konnte, Afghanistan und Indien blieben Bollwerke britischen Einflusses, und im Iran operierten deutsche Agenten.

In Südosteuropa und auf dem Balkan baute Deutschland seine wirtschaftlichen und militärischen Positionen in großem Tempo aus – es schickte Truppen nach Rumänien, erhöhte seinen Einfluß in Bulgarien und Ungarn. Die Erdölfelder von Baku blieben weiter angreifbar, wenn auch mit dem Zusammenbruch Frankreichs die Gefahr britisch-französischer Bombenangriffe zunächst geschwunden war.

Der Plan, dessen Grundzüge die Direktive enthielt, sah eine Art diplomatisches Umfassungsmanöver vor. Kernstück war ein Beistandspakt mit Bulgarien, der den Einmarsch sowjetischer Truppen ermöglichen sollte. Einen ersten Vorschlag[8] hatte das Balkanland bereits im September 1939 erhalten. Im November war er noch einmal bestätigt worden. Sofia reagierte skeptisch und ging auf das Angebot nicht ein. Trotzdem wurden die Handelsbeziehungen mit dem Vertrag vom 5. November 1940 weiter ausgebaut. Es ist nicht ausgeschlossen, daß die Stalinsche Führung auf Grund der traditionell engen russisch-bulgarischen Beziehungen hoffte, das Land voll unter ihre Kontrolle zu bekommen. Die Rote Armee sollte auf dem Balkan vor allem als Kraft gegen die Türkei agieren, was möglich erschien, nachdem man die bulgarischen Ansprüche auf Ostthrakien befriedigt hatte. Wie Stalin Molotow in einem Telegramm erläuterte, war der Einmarsch sowjetischer Truppen »zum Schutz der Zugänge des Schwarzen Meeres« gedacht.[9] Und Stalin weiter:

> »Diese Frage ist jetzt besonders aktuell und duldet keinerlei Aufschub, weil die Türkei mit England verbündet ist, das mit seiner Flotte Inseln und Häfen in Griechenland besetzt hat, von wo es, gestützt auf seine Vereinbarung mit der Türkei, jederzeit die Küsten der UdSSR bedrohen kann.« (Chiffretelegramm vom 13. November 1940)

Diese Argumentation, die eindeutig auf Hitler zugeschnitten war, hatte einen doppelten Boden, denn nach Stalins Logik konnte damit auch eine Stärkung der deutschen Positionen in der Türkei und Bulgarien begründet werden.

Der zweite Griff nach den Dardanellen sollte über die Türkei erfolgen. Das Abkommen von Kars aus dem Jahre 1921 lag Stalin nach wie vor schwer im Magen. In der Direktive ist das allerdings nur an der Formulierung zu erkennen, man sorge sich um die Türkei und ihr Schicksal. In Punkt 4 wird auf die Spannungen in den sowjetisch-türkischen Beziehungen und auf das Fehlen einer Vertragsbasis hingewiesen. Damit wird auf ein Schreiben angespielt, das man dem türkischen Botschafter in Moskau, Haydar Aktay, am 4. November 1940 als Antwort auf eine Sondierung der Türkei angesichts der Verschärfung der Lage auf dem Balkan überreicht hatte. Darin brachte die UdSSR ihr »Befremden« über die Anfrage der Türkei zum Ausdruck, ob die UdSSR ihr Beistand leisten werde. »Zwischen der Sowjetunion und der Türkei besteht kein Beistandspakt«, erklärte man in Moskau.[10]

Diese Antwort war nicht frei von Zynismus. Verhandlungen über einen solchen Pakt schleppten sich seit Ausbruch des Zweiten Weltkrieges im September 1939 hin. Am 8. September hatte die Türkei einen Vertragsentwurf vorgelegt. Die Sowjetunion dagegen schlug vor, den alten Vertrag über Freundschaft und Neutralität vom Jahre 1925 zu bekräftigen. Die Verhandlungen, die daraufhin in Moskau stattfanden, endeten ergebnislos. Die sowjetische Seite stellte die Bedingung, beim Abschluß eines Beistandsvertrages zugleich ein Protokoll über die Meerengen zu unterzeichnen, das Garantien der Türkei enthalten sollte, sie werde deren Benutzung durch »aggressive Mächte« nicht zulassen. Darunter verstand man damals England und Frankreich. Die sowjetische Diplomatie behauptete, falls England und Frankreich einen Anspruch auf die Meerengen anmelden sollten, werde die UdSSR damit in den Krieg gegen Deutschland und Italien hineingezogen, was sie jedoch nicht wünschte.

Im Jahre 1940 gab es um die Türkei ein kompliziertes diplomatisches Spiel, an dem sowohl die Achsenmächte, als auch England und natürlich die UdSSR beteiligt waren. Mit seiner Reise nach Berlin meldete Molotow ausdrücklich den Anspruch auf Befriedigung der sowjetischen Interessen in der Türkei durch Deutschland an. Diese betrafen vor allem die Meerengen, aber nicht sie allein. Wie aus den zusätzlichen Weisungen Stalins hervorgeht, hatte Molotow auch Vollmacht, eine Teilung der Türkei zu erörtern. Hier hatten offenbar Berichte der sowjetischen Aufklärung ihre Wirkung getan. Es ist nicht schwer zu erraten, daß man eine Aufteilung der Türkei zwischen Bulgarien und der Sowjetunion (östlicher Teil, sowjetische Stützpunkte an den Meerengen) ins Auge faßte. Wie Stalin damals dachte, zeigt eine Formulierung, die er im Gespräch mit Dimitroff am 25. November 1940 gebrauchte:

»Wir werden die Türken nach Asien zurücktreiben. Was ist das, die Türkei? Dort leben zwei Millionen Georgier, anderthalb Millionen Armenier, eine Million Kurden usw.; nur 6–7 Millionen Türken.«[11]

Allerdings irrte Stalin bei seinen Plänen gründlich. Erstens war Italien kategorisch gegen die Errichtung sowjetischer Stützpunkte an den Dardanellen. Zweitens wollte auch Hitler die Sowjetunion von den Meerengen in Richtung Indien ablenken, worauf er im Gespräch mit Mussolini am 28. Oktober 1940 hinwies. Später ließ Hitler die Türken wissen, in den Gesprächen mit Molotow habe er die Liquidierung Bulgariens und der Türkei durch Rußland verhindert. Aber das war nicht Stalins einziger Irrtum vor Molotows Berlin-Besuch.

Wie groß Stalins Gelüste waren, wie er Hitler zur Fortsetzung der sowjetisch-deutschen Zusammenarbeit bewegen wollte, zeigt sehr plastisch Punkt 3 der Direktive: »Zum Transit Deutschland-Japan haben wir eine starke Position.« Auch für Japan hielt Stalin eine Morgengabe bereit – seine Einwilligung, daß Indonesien der japanischen Einflußsphäre zugeschlagen und Mandschukuo bei Japan verbleiben sollte.

Um Hitler für eine künftige vierseitige Vereinbarung zu interessieren, wurde eine öffentliche Erklärung über ge-

meinsame Garantien für das Britische Empire vorgeschlagen. Die Direktive zeigt, daß dieser Punkt im Unterschied zu anderen konkretisiert war und Garantien – offenbar aller vier Mächte – unter folgenden Voraussetzungen vorsah:
– Nichteinmischung Großbritanniens in Europa
– Abzug aus Gibraltar und Ägypten
– Rückgabe der früheren deutschen Kolonien
– Verzicht auf die Mandatsgebiete.

Hierbei handelte es sich jedoch offenbar nicht um das endgültige Programm, denn im Text hatte es zunächst geheißen, Indien den Dominionstatus »unverzüglich zu gewähren«. Später wurde dieser Satz jedoch auf nachträgliche Weisung gestrichen. Woher schöpften wohl Stalin und Molotow ihre Inspiration, deren Zynismus klar demonstrierte, was die Versicherungen Maiskis und Wyschinskis vor dem Besuch wert waren, die UdSSR sei um eine Verbesserung des Verhältnisses zu England bemüht, aber die Engländer wollten nicht?

All das drängt den Schluß auf, daß Molotows Notizen das Programm für die Verhandlungen in Berlin enthalten. Dort wollte man einen wichtigen Schritt zur Fortsetzung des Beschwichtigungskurses tun, von dem man sich reiche politische Dividende versprach. Stalin und Molotow glaubten, wie im August und September 1939 die Spielregeln bestimmen zu können. Darin lag ihr entscheidender Irrtum.

Betrachten wir nun, wie Molotow die Direktive vom 9. November erfüllte. Dabei wollen wir ihm keine Zensuren für seine Verhandlungsführung erteilen. Es soll vielmehr dargestellt werden, wie die Direktive in den Gesprächen umgesetzt wurde. Deren Verlauf hing schließlich nicht allein von Molotow ab. Von Hitlers weitaus höherem protokollarischen Rang abgesehen, konnten dieser und Ribbentrop den Heimvorteil nutzen. Sowohl Hitler als auch Ribbentrop neigten in Gesprächen zu ausschweifenden Monologen, ließen der anderen Seite nicht gern das Wort und wurden ärgerlich, wenn diese auf ihrer Meinung bestand und dazu ausführlich zu argumentieren suchte. Es sind Fälle bekannt, da

Hitler Gesprächspartner überhaupt nicht zu Wort kommen ließ. Molotow mußte mit diesen Nachteilen fertigwerden. Diese Art der Gesprächsführung war ihm in gewissem Maße nicht einmal unrecht, denn ohnehin hatte er vor, mehr zuzuhören, als selbst Stellung zu beziehen.

So gelang es ihm bei der ersten Begegnung mit Ribbentrop erst gegen Ende, seine Meinung zu artikulieren. Er äußerte seinen Wunsch, die deutsche Haltung vor allem zur Neuordnung Europas und zur Neuen Ordnung Ostasiens zu erfahren.

Nach Abschluß des Gesprächs schickte Molotow Stalin einen Bericht, ohne um zusätzliche Weisungen zu bitten. Diese folgten auf dem Fuße, denn Stalin erschien die Formulierung, der Vertrag von 1939 sei mit Ausnahme Finnlands erschöpft, nicht exakt genug. Das wurde im weiteren zurechtgerückt.[12]

Im ersten Gespräch mit Hitler beschränkte sich Molotow zunächst auf zustimmende Aussagen in allgemeinen Fragen. Seine ersten Äußerungen von Gewicht konnte er erst vortragen, nachdem Hitler bereits einen Monolog von einer halben Stunde gehalten hatte. Dabei wies Molotow sogleich darauf hin, er äußere nicht nur seinen eigenen Standpunkt, »sondern auch den der Sowjetregierung und Stalins persönlich«. Entsprechend seiner Direktive zog er es vor, folgende Fragen zu formulieren:

- ob sich Deutschland weiterhin an die Vereinbarungen über Finnland halten werde,
- was unter dem Dreimächtepakt und der Neuordnung Europas zu verstehen sei, in welchen Zeiträumen und in welcher Form man sie zu realisieren gedenke.

Wenn man Molotows Taktik während des ersten Gesprächs mit Hitler im Lichte von Stalins Vorgaben betrachtet, dann brachte ihm die Rolle des Fragenden gewisse Vorteile. Sie verpflichtete ihn nicht, den sowjetischen Standpunkt ausführlich darzulegen, was Molotow nicht wollte und in einer Reihe von Fällen auch nicht konnte, ohne sich zu sehr festlegen zu müssen. So gelang es ihm, viele der 14 Punkte abzuarbeiten, wenn auch die meisten nur in sehr allgemeiner Form (Finnland, Charakter des Dreimächtepaktes, die Perspektiven der Vereinbarungen von 1939, Schwarzes Meer, Balkan, Rumänien).

Diese Taktik war jedoch auf Hitlers Persönlichkeit nicht zugeschnitten, dem die »professorale« Art seines Gesprächspartners ungewohnt war. Erst als Molotow auf die Erweiterung des Dreimächtepaktes zu sprechen kam, besserte sich Hitlers Stimmung merklich.[13] Außerdem unterschätzte Molotow, daß sich bei Hitler in vielen schwierigen Fragen der sowjetisch-deutschen Beziehungen erheblicher Ärger angestaut hatte. So hatte er falsche Erwartungen, was Hitlers Haltung zu Finnland betraf. In seinem Telegramm an Stalin meldete er:

»Eindeutig ist Hitlers großes Interesse, die Freundschaft zur UdSSR zu festigen und sich über die Einflußsphären zu einigen. Spürbar ist auch der Wunsch, uns auf die Türkei zu lenken, von der Ribbentrop lediglich absolute Neutralität fordert. Über Finnland schweigt man sich bisher aus, aber ich werde sie schon noch zum Reden bringen. Bitte um Weisung. Molotow«[14]

Die Weisung folgte umgehend am Morgen des 13. November. Stalin billigte Molotows Taktik in allgemeinen Worten, gab aber zugleich weitere konkrete Empfehlungen, die der Außenminister wörtlich in sein zweites Gespräch mit Hitler einflocht. Wie optimistisch er dabei die Lage einschätzte, zeigt seine Frage an Stalin, ob er »die Erklärung« vorschlagen sollte.[15]

Nach dem zweiten Gespräch, das dreieinhalb Stunden dauerte, mußte Molotow seine bisherige optimistische Einschätzung revidieren. Hitler nahm von Anfang an eine sehr negative Haltung zu den Forderungen ein, die Molotow am 12. November dargelegt hatte. Besonderes Gewicht legte er auf Finnland. So erhielt dieses in der ganzen Diskussion einen »unangemessenen Rang«, wie Molotow später in einem Chiffretelegramm an Stalin einräumen mußte.[16]

War diese Hervorhebung der Finnlandfrage nun Hitlers

grundsätzliche Haltung oder lediglich ein taktischer Schachzug, mit dem er Molotow in die Schranken weisen wollte? Auf jeden Fall bot sich hier die Möglichkeit, Moskau klarzumachen, daß das beiderseitige Verhältnis bestimmte Grenzen hatte. Aber Molotow war weit gegangen, im Grunde hatte er die Möglichkeit eines weiteren militärischen Konfliktes mit Finnland angedeutet. Hitler warnte Molotow, er wolle keinen zweiten Krieg in Finnland, da ihm seine wohlwollende Neutralität im kürzlich ausgetragenen Winterkrieg schon schwer genug gefallen sei. Daran entspann sich der Streit: Molotow forderte, Finnland müsse ohne Wenn und Aber zur sowjetischen Interessensphäre gehören. Hitler dagegen warnte, Krieg in Finnland könne zu Komplikationen führen.

Im 16. Kapitel war davon die Rede, daß Stalin in der Tat einen zweiten Krieg gegen Finnland vorbereitete. Nunmehr kann als dokumentarisch belegt gelten, daß er im November 1940 tatsächlich glaubte, Hitler zur gleichen neutralen Haltung bewegen zu können wie bereits 1939 und damit die Kontrolle über Finnland zu erlangen. Aber Hitler erfüllte diese Hoffnung nicht, was verständlich ist, wenn man die wahren Absichten des Führers kennt. Molotow mußte die gleiche Frage immer wieder stellen, bis er endlich begriff, daß kein Kompromiß möglich war. Dadurch blieb für andere Probleme keine Zeit mehr. Nach dem Gespräch mit Hitler und der letzten Begegnung mit Ribbentrop mußte Molotow wohl oder übel nach Moskau berichten:

»An Stalin. Heute, am 13. November, fand das Gespräch mit Hitler statt. Es dauerte dreieinhalb Stunden. Nach dem Mittagessen folgte außerhalb des Programms ein dreistündiges Gespräch mit Ribbentrop. Hier ein kurzer Bericht über diese Begegnungen. Einzelheiten folgen.

Beide Gespräche haben nicht die gewünschten Ergebnisse gebracht. Im ersten nahm die finnische Frage die längste Zeit ein. Hitler erklärte, er bestätige die Vereinbarung vom vergangenen Jahr, Deutschland sei jedoch an der Erhaltung des Friedens in der Ostsee interessiert. Mein Hinweis, im vergangenen Jahr habe es dazu keinerlei Vorbehalte gegeben, wurde nicht zurückgewiesen, aber auch nicht weiter beachtet.

Die zweite Frage, bei der Hitler mißtrauisch reagierte, waren die Garantien der UdSSR für Bulgarien auf gleicher Basis wie die Deutschlands und Italiens für Rumänien. Hitler wich einer Antwort aus und bemerkte nur, dazu müsse er zunächst die Meinung Italiens einholen.

Das sind die wichtigsten Ergebnisse. Nicht gerade üppig, aber zumindest kennen wir Hitlers gegenwärtige Einstellung, mit der wir rechnen müssen.«[17]

Man ging verärgert auseinander. Auf dem Empfang in der sowjetischen Botschaft erschien Hitler nicht. Der Besuch war nicht so verlaufen, wie man es sich in Moskau vorgestellt hatte. Das gesamte hochkarätige Gefolge Molotows war faktisch zur Untätigkeit verurteilt. Dessen Formulierungen »nicht gerade üppig« und »beide Gespräche haben nicht die gewünschten Ergebnisse gebracht« treffen sicher den Kern der Sache, denn sie wurden unter dem unmittelbaren Eindruck der Gespräche geprägt.

Aber Hitler und besonders Ribbentrop wollten nicht in so düsterer Stimmung von Molotow scheiden. Bekanntlich übergab Ribbentrop Molotow am 13. November einen »allerersten Entwurf« für eine künftige Vereinbarung über den Beitritt der UdSSR zum Dreimächtepakt. Von einem bevorstehenden Besuch des Reichsaußenministers in Moskau war allerdings keine Rede mehr.

ACHTZEHNTES KAPITEL

Nach dem Besuch

Als Molotow nach Moskau zurückgekehrt war, entwickelten sich die Dinge geradezu paradox, und die Ergebnisse des Besuchs wurden im Politbüro des ZK der KPdSU(B) erörtert.

Diese Diskussion ist in den Protokollen des Politbüros nicht vermerkt, und auch Stalins Terminkalender weist keine derartige Sitzung aus. Kürzlich ist in der russischen Literatur jedoch eine Niederschrift des Kanzleichefs des Rates der Volkskommissare, J. Tschadajew, aufgetaucht, die er angeblich über die Erörterung der Ergebnisse der Reise am 15. November 1940 im Politbüro angefertigt hat. (Das Datum ist wenig glaubhaft, da Molotow erst am 15. November abends nach Moskau zurückkehrte.) Der historiografische Wert des Dokuments muß noch überprüft werden, da bisher unbekannt ist, wann es angefertigt wurde. In Stalins Terminkalender findet sich der Name Tschadajew nicht. Außerdem ist bekannt, daß auf Sitzungen des Politbüros das Mitschreiben nicht gestattet war. Wenden wir uns trotzdem diesem Zeugnis zu. Auf den ersten Blick bestätigt es, daß auch dieser Besuch in der üblichen sowjetischen Art als »Sieg« der sowjetischen Diplomatie und der »weisen« Stalinschen Analyse der deutschen Absichten behandelt wurde.

Nach Tschadajews Niederschrift (die dieser dem Historiker G. Kumanew übergab)[1] berichtete Molotow, der Besuch habe zu nichts geführt. »Die Unausweichlichkeit einer Aggression Deutschlands ist ungeheuer gewachsen; diese ist in naher Zukunft zu erwarten. Daraus müssen auch unsere Streitkräfte entsprechende Schlüsse ziehen.« Tschadajews Niederschrift enthält außerdem folgende zusammenfassende Bemerkung Stalins:

»Die Hitlerleute haben sich noch nie an moralische Normen oder Regeln gehalten. Um ihr Ziel zu erreichen, ist ihnen jedes Mittel recht. Wortbruch gehört zu den Grundsätzen ihrer Politik. Hitler redet ständig von seiner Friedensliebe. Er hatte Verträge mit Österreich, Polen, der Tschechoslowakei, Belgien und Holland. Keiner hat ihm je etwas bedeutet. Er hatte nie die Absicht, sie einzuhalten, und brach sie bei der erstbesten Gelegenheit. Dieses Schicksal hat er auch dem Vertrag mit uns zugedacht. Aber durch den Abschluß des Nichtangriffsvertrages mit Deutschland haben wir bereits zwei Jahre für die Vorbereitung des entscheidenden, tödlichen Kampfes gegen den Hitlerismus gewonnen. Natürlich können wir den Vertrag nicht als Grundlage für eine verläßliche Sicherheit ansehen. Garantie für einen stabilen Frieden ist allein die Stärkung unserer Streitkräfte.«

Diese auf den ersten Blick klare und richtige Erklärung gibt jedoch zu einigen Fragen Anlaß. Wenn Stalin bereits im November 1940 forderte, sich zum entscheidenden Kampf auf Leben und Tod gegen den Hitlerismus vorzubereiten, warum erwartete er dann den Krieg nach wie vor erst für 1942? Warum wurde in den Dokumenten des Generalstabes die Bereitschaft der Roten Armee frühestens für Ende 1941 gefordert? All das läßt die Niederschrift Tschadajews in einem zweifelhaften Licht erscheinen. Offenbar handelt es sich hier um durchaus richtige, aber spätere Aussagen Stalins. Die praktischen Schritte der sowjetischen Diplomatie, insbesondere die Wirtschaftsverhandlungen mit Deutschland Anfang 1941 und einige weitere, folgten leider weiterhin der bisherigen Beschwichtigungspolitik und den Kompromissen mit Hitler.

Auch andere Teile von Tschadajews Niederschrift lassen Zweifel aufkommen. Danach habe Molotow das Angebot der Zusammenarbeit mit den Mitgliedsstaaten des Dreimächtepakts zurückgewiesen, worauf Stalin mit den Worten reagierte: »Sehr richtig!« Aber inzwischen ist belegt, daß in der Direktive vom 9. November 1940 eine solche Absage nicht vorgesehen war. Mehr noch: Die stenografischen Protokolle der Gespräche vom 12. und 13. November sagen aus, daß Molotow diesen Gedanken kein einziges Mal zurückwies, sondern, im Gegenteil, Interesse dafür zeigte. Auch im Gespräch mit Ribbentrop am 13. November reagierte er nicht ablehnend, als dieser ihm den deutschen Vertragsentwurf über den Beitritt der Sowjetunion zum Dreimächtepakt überreichte. Erst am 25. November gab die sowjetische Seite darauf eine Antwort. Tschadajews Mitschrift kann höchstens so erklärt werden, daß Stalin und Molotow selbst im Kreise ihrer engsten Mitstreiter das Scheitern ihres Planes nicht zugeben und diese von der Richtigkeit ihres Kurses überzeugen wollten. Ähnliche Fälle sind bekannt, so z. B. Stalins Rede über den Finnlandkrieg vom 17. April 1940 oder seine Rede im Kreml am 5. Mai 1941. Wahrscheinlicher aber ist, daß die Niederschrift wesentlich später entstand und ihr eine Bewertung des Besuches zugrunde liegt, wie sie erst im nachhinein getroffen wurde.

Wenden wir uns nun der realen Entwicklung und den praktischen Schritten der UdSSR nach Molotows Berlin-Besuch zu.

Der erste war Molotows Erklärung gegenüber dem deutschen Botschafter Schulenburg am 25. November, die die direkte Antwort auf Ribbentrops Vorschläge in dem nächtlichen Gespräch mit Molotow darstellte.[2] Diese Erklärung, die der sowjetischen Öffentlichkeit viele Jahre lang vorenthalten wurde, wird heute von den verschiedenen Strömungen der russischen Geschichtsschreibung ganz unterschiedlich interpretiert. Ihr Inhalt ist nun kein Geheimnis mehr: Sie enthält die Bedingungen, zu denen die UdSSR bereit war, über einen Beitritt zum Dreimächtepakt zu sprechen.

Die äußeren Umstände dieser Aktion waren ungewöhnlich. Die sowjetische Seite demonstrierte ihre wohlwollende Haltung zu Deutschland mit der Ernennung des neuen Botschafters Dekanosow am 20. November 1940[3], dessen persönliche Nähe zu Stalin Schulenburg in seinem chiffrierten Telegramm besonders hervorhob. Am 18. November hatte Molotow bereits den japanischen Botschafter Tatekawa empfangen und den Wunsch der Sowjetunion bestätigt, einen Neutralitätsvertrag abzuschließen. In diesem Gespräch spielte der Dreimächtepakt allerdings keine Rolle. Am 19. November tauchte jedoch dieses Thema in Wladimir Pawlows Gespräch in Berlin mit dem Kenner der sowjetisch-deutschen Beziehungen F. von Niedermayer[4] auf, der erklärte, man brauche einen »Viermächtepakt«. Am selben Tag berichtete der Rat der Botschaft in Berlin, Wladimir Semjonow, nach Äußerungen aus diplomatischen Kreisen sei »Hitler zufrieden über die Gespräche mit Molotow«. Gleiches sagte auch ein Bericht des Geheimdienstes aus. Hitler habe aus den Gesprächen den Schluß gezogen, daß »es der Sowjetunion mit den freundschaftlichen Beziehungen zu Deutschland absolut ernst ist«.[5] Als interessantes Detail sei weiter erwähnt, daß am 21. November 1940 im Moskauer Bolschoi Theater die festliche Premiere von Richard Wagners Oper »Walküre« stattfand. Mit der Inszenierung hatte man demonstrativ den bedeutenden Filmregisseur Sergej Eisenstein betraut.

Molotow sprach am 25. November drei Stunden lang mit Schulenburg. Zunächst erörterte man die neuen Wünsche Deutschlands nach Lieferung strategisch wichtiger Güter wie Erze und Getreide. Ohne darauf Antwort zu geben, setzte Molotow das Gespräch fort und übergab die positive Antwort der Sowjetregierung zur Frage ihres Beitritts zum Dreimächtepakt. Angesichts der Bedeutung dieser Angelegenheit sandte Schulenburg Hilger mit dem russischen Originaltext nach Berlin. Einige Tage später teilte Molotow Schulenburg die Antwort auf die deutschen Handelswünsche mit. Sie war in allen Fällen positiv.

Die Note vom 25. November wird unterschiedlich eingeschätzt. Es gibt z. B. die Meinung, dieses Dokument sei absichtlich so abgefaßt worden, daß Hitler es nicht akzeptieren konnte und die Frage des Beitritts der UdSSR zum Dreimächtepakt sich damit von selbst erledigte. Andere Interpreten neigen dem Standpunkt zu, Stalin habe immer noch ernsthaft gehofft, mit seinen diplomatischen Manövern die Pläne anderer Staaten, auch der Achsenmächte, durcheinanderbringen und zudem England gemeinsam mit den USA unter Druck setzen zu können. Wenn aber die sowjetische Seite bewußt eine deutsche Ablehnung provozieren wollte, weshalb bemühte sie sich dann so beharrlich um eine offizielle deutsche Antwort? So brachte Molotow am 17. Januar 1941 gegenüber Schulenburg seine Verwunderung darüber zum Ausdruck, daß die deutsche Seite so hartnäckig schwieg. Der Botschafter hatte den Auftrag zu sagen, die Sache werde noch geprüft. Am 21. Januar teilte von Weizsäcker Dekanosow mit, Deutschland müsse seine Antwort mit den Verbündeten abstimmen.[6] Praktisch geschah jedoch nichts, weshalb Molotow mehrfach eine Antwort anmahnte. Selbst Stalin bedauerte im Gespräch mit Matsuoka am 18. April 1941 demonstrativ, daß sich Berlin zur Frage des Beitritts der UdSSR zum Dreimächtepakt nicht entschieden habe.[7]

Noch fragwürdiger ist die zweite Aktion, die die UdSSR im November 1940 im Ergebnis der Berliner Verhandlungen unternahm. Sie betraf Bulgarien, das in der Direktive vom 9. November als »Hauptfrage« in den Verhandlungen mit Hitler figurierte. Dem Balkan widmete Moskau in dieser Zeit höchste Aufmerksamkeit. Erstens entfaltete Deutschland hier plötzlich eine hektische Aktivität, und zweitens besaß die UdSSR in diesem Raum große Reserven. Der Cordon sanitaire, den man in den zwanziger und dreißiger Jahren um die Sowjetunion gezogen hatte, wies bereits sichtbare Lücken auf: Ein unabhängiges Polen gab es nicht mehr, Rumänien hatte Bessarabien abtreten müssen, und Bulgarien sah man wegen seines historisch gewachsenen, engen Verhältnisses zu Rußland als einen wichtigen Stützpunkt in Südosteuropa an, über den zudem der Weg zu den Meerengen führte. »Ruhe an den Meerengen wird nicht zu erreichen sein ohne eine Übereinkunft mit Bulgarien über den Durchmarsch sowjetischer Truppen zum Schutz der Zugänge zum Schwarzen Meer«, hatte Stalin in seinem Chiffretelegramm vom 13. November an Molotow geschrieben.[8]

Wie wir wissen, fand Stalins und Molotows Bulgarienprojekt bei Hitler keine Zustimmung. Stalin wartete diese auch gar nicht ab. Nach Molotows Rückkehr aus Berlin sandte er dem sowjetischen Botschafter in Sofia, Alexander Lawrischtschew, unverzüglich ein Telegramm, in dem er auf die Absicht der Deutschen hinwies, »möglichst viele Truppen nach Bulgarien zu verlegen. Wenn jemand die Sicherheit Bulgariens garantieren kann«, erklärte er, »dann ist das Rußland.« Molotow gab dem Botschafter als Orientierung mit, die neuen sowjetischen Vorschläge enthielten eine Garantie für den »Fortbestand des derzeitigen Regimes« und die Erfüllung von Bulgariens Gebietsansprüchen an die Türkei.

Als Molotow am 25. November Schulenburg die sowjetische Erklärung zum Dreimächtepakt übergab, wurde zeitgleich die Bulgarienaktion gestartet. Hauptakteure waren der Generalsekretär des sowjetischen Außenministeriums, Arkadi Sobolew, und der bulgarische Botschafter in der UdSSR, Ivan Stamenov.[9]

Um diese Aktion richtig bewerten zu können, ist zu bedenken, daß Bulgarien in den Berliner Verhandlungen der Punkt war, zu dem sich Hitler eindeutig negativ geäußert hatte. Zwar benutzte er den Konjunktiv, wies auf die Notwendigkeit hin, Italien konsultieren zu müssen, und stellte die rein rhetorische Frage, ob Bulgarien überhaupt um Garantien gebeten habe. Aber es konnte kein Zweifel bestehen, daß Deutschland nicht einverstanden war, Bulgarien der sowjetischen Einflußsphäre zuzuschlagen. Die sowjetische Initiative mußte also in Deutschland zumindest auf Befremden, wenn nicht gar auf aktive Gegenwehr stoßen. Eine weitere Interpretation: Die UdSSR habe mit diesem Schritt ihre in Berlin dargelegte Haltung bekräftigen wollen; die in den Vorschlägen an Bulgarien enthaltene Formulierung, die UdSSR werde möglicherweise nach Bulgarien dem Dreimächtepakt beitreten, sei ein Eingehen auf die deutschen Vorschläge gewesen. Ob nun so oder so, unmittelbar nach Molotows Rückkehr aus Berlin wurde die Sache offiziell. Der erste Schritt war ein Gespräch Molotows mit dem bulgarischen Botschafter Stamenov. Dieser wurde am 19. November ins NKID einbestellt, wo »rein zufällig« Molotow im Besprechungsraum auftauchte. In Anwesenheit Dekanosows konfrontierte er den Botschafter mit Hitlers Argument, daß Bulgarien einen Vertrag und eine Garantieerklärung Italiens besitze. Falls das der Fall sei, bestehe auch die Sowjetunion darauf, eine solche Garantie zu gewähren. Molotow bestätigte die Absicht der Sowjetunion, einen Beistandspakt vorzuschlagen, der das Fortbestehen des derzeitigen Regimes und die Erfüllung der bulgarischen Gebietsansprüche an die Türkei (Ostthrakien) enthalten sollte.[10]

Anschließend erschien Sobolew mit einem Sonderauftrag in Sofia, der als »Durchreise« zur Tagung der Donaukommission deklariert war. Er wurde von Außenminister Dimitar Popov, Premierminister Bogdan Filov und gegen Ende seines Aufenthaltes am 25. November von Zar Boris III. empfangen. Er übergab die sowjetischen Vorschläge im Wortlaut, deren Inhalt dank Stamenow in Sofia und Berlin bereits bekannt war. Auch die Ablehnung war bereits beschlossen, was die Bulgaren dem deutschen Gesandten von Richthofen unverzüglich mitteilten.

Am 25. November unternahm Stalin parallel dazu einen weiteren Schritt: Er rief Dimitroff zu sich, um diesen über die sowjetischen Vorschläge in Kenntnis zu setzen, die den freien Durchmarsch sowjetischer Truppen und die Garantie für das Zarenregime in Bulgarien beinhalteten. Diese Information entbehrte nicht einer gewissen Ironie, denn am selben Tag hatte Molotow bereits mit Dimitroff gesprochen und ihm die Differenzen mit Deutschland dargelegt. Dimitroff seinerseits hatte über die Aktivitäten der kommunistischen Parteien zur Zersetzung der »deutschen Okkupationstruppen in verschiedenen Ländern« berichtet. Molotow sprach die Empfehlung aus, dies »lautlos zu tun«. Aber kaum war Dimitroff zum Sitz des Exekutivkomitees der Komintern zurückgekehrt, als man ihn schon wieder in den Kreml rief. Hier der Eintrag in seinem Tagebuch:

»St[alin]: Heute unterbreiten wir den Bulgaren den Vorschlag, einen Beistandspakt zu schließen. Wir bieten keine Garantien an, der bulgarische Botschafter Stamenov hat Molotow offensichtlich beim letzten Mal falsch verstanden, sondern einen Pakt über gegenseitigen Beistand. Wir weisen die bulgarische Regierung darauf hin, daß die Sicherheit beider Staaten vom Schwarzen Meer und den Meerengen her bedroht ist und daß gemeinsame Anstrengungen erforderlich sind, um die Sicherheit zu gewährleisten. Historisch kam die Gefahr immer von hier: der Krimkrieg – die Besetzung Sewastopols, die Intervention von Wrangel im Jahre 1919 usw.

Wir unterstützen die territorialen Forderungen Bulgariens – die Linie Midia–Enez (Gebiet Westthrakien, Dedegatsch, Drama und Kavala). Wir sind bereit, den Bulgaren Unterstützung zu gewähren, Getreide, Baumwolle usw. in Form eines Darlehens, aber auch durch die Flotte und auf andere Weise. Wenn der Pakt geschlossen wird, werden wir uns konkret über Form und Umfang der gegenseitigen Hilfe einigen. Bei Abschluß des Beistandspaktes erheben wir keine Einwände gegen einen Beitritt Bulgariens zum Dreimächtepakt, sondern wir werden diesem Pakt sogar selber beitreten.

Wenn die Bulgaren diesen Vorschlag nicht annehmen, werden sie völlig in die Klauen der Deutschen und Italiener fallen und dann zugrunde gehen.

Im Hinblick auf die Türkei verlangen wir einen Stützpunkt, damit die Meerengen nicht gegen uns genutzt werden können. Die Deutschen wollen offensichtlich, daß die Italiener die Kontrolle über die Meerengen ausüben, doch sie können unsere vorrangigen Interessen in diesem Gebiet nicht ignorieren ...

- Das wichtigste ist jetzt Bulgarien. Sollte ein solcher Pakt abgeschlossen werden, wird sich die Türkei nicht dazu entschließen, gegen Bulgarien zu kämpfen, und die gesamte Lage auf dem Balkan wird sich verändern.
- Es ist ein Fehler anzunehmen, England sei geschlagen. Es verfügt im Mittelmeerraum über starke Streitkräfte. Es steht unmittelbar an den Meerengen. Nach der Eroberung der griechischen Inseln hat England seine Position in dieser Region gestärkt.
- Unsere Beziehungen zu den Deutschen sind nach außen höflich, doch gibt es zwischen uns ernstzunehmende Reibungen.

– Der Vorschlag wurde heute der bulgarischen Regierung übergeben. Unser Gesandter ist bereits von Filov empfangen worden. In Kürze wird er auch von Zar Boris empfangen. Dieser Vorschlag muß der breiten Öffentlichkeit Bulgariens bekanntgemacht werden.«[11]

Diese Beschreibung der sowjetischen Aktion bestätigt, daß es Stalin damit ernst war. Übrigens nahm er auch sofort die Hilfe der Bulgarischen Kommunistischen Partei bei der Werbung für die sowjetischen Vorschläge in Anspruch. In Sofia erschienen handgeschriebene Flugblätter mit diesem Angebot, was bei den bulgarischen Behörden Verärgerung hervorrief. Aber auch davon ließen sich Zar Boris und seine Regierung bei ihrer Entscheidung nicht beeindrucken. Am 30. November wurde der sowjetische Vorschlag höflich abgelehnt.

Stalin hatte also nach Molotows Berlin-Besuch seine alten Illusionen nicht abgelegt. Das bestätigte auch sein Verhalten in einem anderen Fall. Wie bereits erwähnt, erhielt der Stab des Leningrader Militärbezirks am 25. November 1940 aus dem Volkskommissariat für Verteidigung und dem Generalstab die Weisung, die im September erörterte Militäroperation gegen Finnland, in der die Rote Armee bis nach Helsinki und zum Bottnischen Meerbusen vorstoßen sollte, zu präzisieren. Die Operation fand dann bekanntlich nicht statt; wann sie abgesetzt wurde, ist unbekannt. Aber der Generalstab hatte die Pläne nach wie vor in der Schublade.

Die Stabsübungen der Roten Armee Anfang 1941 und auch die Kommandeurstagung vom Dezember 1940 zeugen davon, daß sich an der militärischen Planung nichts Wesentliches geändert hatte, was man hätte erwarten können, wenn man der Niederschrift J. Tschadajews Glauben schenken wollte. Vorherrschend war weiterhin die anmaßende Haltung, die Rote Armee brauche niemanden zu fürchten. So erklärte der Chef der Hauptabteilung Aufklärung des Generalstabes, General Filip Golikow, man müsse »eine Übertreibung der Erfolge ausländischer Armeen vermeiden, da sich das schädlich auf unsere Erziehungsarbeit auswirkt«. General D. Pawlow äußerte: »Die Deutschen haben nichts selbst erdacht. Sie haben genommen, was wir besitzen, haben es ein wenig verbessert und angepaßt.« Zugleich war auf der Tagung viel von den Schwächen in der Gefechtsausbildung der Roten Armee, vom schwerwiegenden technischen Rückstand der Panzertruppen, der Luftstreitkräfte und der Luftverteidigung die Rede.[12]

Bilanz: Molotows Besuch war kein Wendepunkt in den sowjetisch-deutschen Beziehungen, die unaufhaltsam ihrem für die UdSSR tragischen Ausgang zustrebten. Hitler sah sich in seinem Entschluß bestätigt, die Sowjetunion zu überfallen. In seiner »Weisung Nr. 18« vom 12. November 1940 hatte es bereits geheißen, die Vorbereitungen seien unabhängig von dem Besuch fortzuführen. Einige Wochen später unterzeichnete er dann die Weisung Nr. 21 »Fall Barbarossa«. Stalin mußte sich im Ergebnis dieses Besuches zwar von vielen Illusionen trennen, sah sich jedoch nicht veranlaßt umzusteuern und sich auf eine entschlossene Abwehr der Aggression zu orientieren. Nach seiner strategischen Kalkulation war diese erst irgendwann im Jahre 1942 zu erwarten.

Natürlich waren die Ergebnisse der Reise Molotows nach Berlin durch den bereits 1939 eingeschlagenen Kurs der Beschwichtigung des Aggressors mit all seinen Vorzügen und Nachteilen vorbestimmt. Weder Stalin noch Molotow brachten es fertig, über ihren Schatten zu springen, denn dieser Kurs hatte seine eigene Logik, die sie von einem scheinbaren Erfolg zum anderen, aber auch von einem heimlichen Zugeständnis zum anderen führte. Die Kunst der Politik besteht wohl darin, jene kaum sichtbare Grenze zu erkennen, wo Quantität in Qualität umschlägt, wo weitere Zugeständnisse an einen Aggressor sich von selbst verbieten.

Stalin ließ sich von der Aussicht verlocken, mit Hilfe geheimer Absprachen zu einem neuen Stadium seiner imperialen Politik zu gelangen. Nicht zufällig erklärte er im Januar 1940 gegenüber Mitgliedern des Politbüros unumwunden:

»Die Weltrevolution als einmaliger Akt ist Unsinn. Sie spielt sich zu unterschiedlichen Zeiten in unterschiedlichen Ländern ab. Auch die Handlungen der Roten Armee gehören zur Weltrevolution.«[13]

Diese revolutionäre Verbrämung von Stalins Großmachtstrategie, als deren Hauptinstrument er die Rote Armee sah, war nur sein Tribut an die kommunistische Phraseologie. In Wirklichkeit wurde die strategische Hauptaufgabe, die Sicherheit der UdSSR zu gewährleisten und die Abwehr einer künftigen faschistischen Aggression vorzubereiten, von der Verlockung in den Hintergrund gedrängt, mit den Achsenmächten eine zumindest zeitweilige Neuaufteilung der Einflußsphären zu erreichen.

Der innere Widerspruch der sowjetischen Politik der Jahre 1939–1941 war bereits mit der Entscheidung angelegt, die Stalin Anfang 1939 fällte. Die Allianz der beiden Diktaturen war ein Widerspruch in sich, auch wenn die äußeren Ähnlichkeiten überwogen, die mancher in den beiden totalitären Systemen zu erkennen glaubte. Hier wirkte nicht nur der ideologische Widerspruch zwischen den beiden »Sozialismen«, sondern der tieferliegende geopolitische Gegensatz zwischen Deutschland und der Sowjetunion in Europa in der Mitte des 20. Jahrhunderts. Die ideologischen Differenzen vermochte man auf Befehl noch irgendwie zu übertünchen, was in Deutschland und der Sowjetunion 1939 und Anfang 1940 auch in der Tat geschah. Aber was die Weltherrschaft betraf, so konnte es für Nazideutschland keinen Kompromiß mit der kommunistischen Sowjetunion geben. Das wußte Hitler, und das wußte auch Stalin. Man mußte nur erkennen, wann die Stunde der Wahrheit schlug. Aber genau darin irrte Stalin.

NEUNZEHNTES KAPITEL

Ein Dokument, das in Stalins Archiv fehlt

Ausnahmen bestätigen die Regel. Unsere Ausnahme ist ein Dokument, das in Stalins Archiv fehlt. Eigentlich hätte es dort liegen müssen, denn die sowjetische Aufklärung hatte Informationen darüber, daß Hitler Ende 1940 offiziell Weisung gab, den Feldzug gegen die UdSSR vorzubereiten.

Die Militäraufklärung der Vorkriegszeit arbeitete hochprofessionell. Ihre Vertreterin in Deutschland Ilse Stöbe meldete als erste, daß am 18. Dezember 1940 »Fall Barbarossa« beschlossen worden war. Diese Information, die sie von ihrem guten Bekannten, dem Diplomaten Rudolf von Scheliha, erhalten hatte, wurde in Moskau mit Skepsis aufgenommen. Der Chef der Militäraufklärung GRU, Filip Golikow, ordnete an, sie noch einmal nachzuprüfen. Stöbes Antwort lautete, die Information sei korrekt.

Den Wortlaut konnte die GRU allerdings nicht beschaffen. Auch das Codewort »Barbarossa« war ihr damals nicht bekannt. Das bestätigte mir Marschall Georgi Shukow. Den Inhalt des Planes bestimmten die Moskauer Analytiker allerdings recht genau. In einem Bericht der GRU vom 20. März 1941 hieß es dazu:

»... 14. Der Konflikt zwischen Deutschland und der UdSSR ist im Mai 1941 zu erwarten. Die Quelle hebt hervor, daß diese Auffassung sowohl in Militärkreisen als auch unter den Beamten des Außenministeriums kursiert. Niemand billigt diese Pläne. Man glaubt, daß die Ausweitung des Krieges auf die UdSSR das nationalsozialistische Regime nur seinem Ende näher bringen kann. Diese Meinung äußerte ein Neffe Brauchitschs, der einen wichtigen Posten im Außenministerium innehat ...

Von den wahrscheinlichsten Handlungsvarianten, die gegen die UdSSR vorgesehen sind, verdienen folgende Beachtung:

Variante Nr. 1 geht auf einen anonymen Brief zurück, den unser Botschafter in Berlin am 15. Dezember 1940 erhielt (Anlage 1).

›... Richtung des Hauptschlages: a) von Lublin über Pripjat nach Kiew; b) von Rumänien, zwischen Iasi und der Bukowina in Richtung Teterew; c) von Ostpreußen in Richtung Memel, Willing, zum Fluß Beresina und weiter längs des Dnepr in Richtung Kiew‹;

Variante Nr. 2 nach Angaben des Sondermilitärbezirks Kiew vom Dezember 1940 (Anlage 2):

›... Hauptschläge in drei Richtungen: a) von Ostpreußen in Richtung Litauen, Lettland und Estland. Dieser Schlag hat den Vorzug, daß Litauen, Lettland und Estland sofort zu Verbündeten Deutschlands werden. Außerdem schließt sich Finnland Deutschland an, um seine verlorenen Gebiete zurückzuholen; b) über Galizien und Wolynien. Diese Heeresgruppe wird Unterstützung von Ukrainern und Truppen aus Rumänien erhalten, die bestrebt sein werden, verlorene Gebiete zurückzuerobern.

Die Heeresgruppen in Richtung 2 und 3 kesseln die Truppen des Gegners in Kleinpolen ein. An den übrigen Abschnitten werden Hilfsschläge in Richtung Front mit dem Ziel geführt, das gesamte restliche Gebiet zu säubern.

Im Osten wird die UdSSR durch Japan gebunden, was für Deutschland ein Plus ist, da der Gegner zu gleicher Zeit zwei Fronten aufbauen muß und daher nicht alle seine Kräfte gegen Deutschland konzentrieren kann.‹

Variante Nr. 3 fußt auf unserem Bericht vom Februar 1941.

›... Für den Angriff auf die UdSSR werden drei Heeresgruppen geschaffen: Heeresgruppe 1 unter dem Befehl von Generalfeldmarschall Bock führt einen Schlag in Richtung Petrograd, Heeresgruppe 2 unter dem Befehl von Generalfeldmarschall Rundstedt in Richtung Moskau, Heeresgruppe 3 unter dem Befehl von Generalfeldmarschall Leeb in Richtung Kiew.

Der Angriff gegen die UdSSR soll um den 20. Mai herum beginnen.«[1]

Diese verschiedenen Varianten waren kein Ergebnis der sowjetischen Informationsbeschaffung, sondern Realität. Um sie wurde im OKW tatsächlich heftig debattiert.

Ich will hier nicht im einzelnen erörtern, inwiefern das sowjetische Oberkommando Stöbes Informationen bei der Ausarbeitung seiner Gegenpläne zu berücksichtigen vermochte. Leider lag der Plan Barbarossa in Moskau nicht vor. Im Unterschied zum amerikanischen Kriegsministerium, für das der berühmte amerikanische Kundschafter John Wood das Dokument in Berlin beschafft hatte. Aber die Amerikaner gaben es nicht an die Sowjetunion weiter.

Hier nun die Weisung Nr. 21 – »Fall Barbarossa« – im Wortlaut:

»GEHEIME KOMMANDOSACHE

Der Führer und Oberste Befehlshaber der Wehrmacht | F.H.Qu., den 18.12.40

OKW/WFSt/Abt.L(I) Nr. 33408/40 gK Chefs

Chef Sache | 9 Ausfertigungen

Nur durch Offizier

Weisung Nr. 21

FALL BARBAROSSA.

Die deutsche Wehrmacht muß darauf vorbereitet sein, auch vor Beendigung des Krieges gegen England Sowjetrußland in einem schnellen Feldzug niederzuwerfen (Fall Barbarossa).

Das Heer wird hierzu alle verfügbaren Verbände einzusetzen haben mit der Einschränkung, daß die besetzten Gebiete gegen Überraschungen gesichert sein müssen.

Für die Luftwaffe wird es darauf ankommen, für den Ostfeldzug so starke Kräfte zur Unterstützung des Heeres freizumachen, daß mit einem raschen Ablauf der Erdoperationen gerechnet werden kann und die Schädigung des ostdeutschen Raumes durch feindliche Luftangriffe so gering wie möglich bleibt. Diese Schwerpunktbildung im Osten findet ihre Grenze in der Forderung, daß der gesamte von uns beherrschte Kampf- und Rüstungsraum gegen feindliche Luftangriffe hinreichend geschützt bleiben muß und die Angriffshandlungen gegen England, insbesondere seine Zufuhr, nicht zum Erliegen kommen dürfen.

Der Schwerpunkt des Einsatzes der Kriegsmarine bleibt auch während eines Ostfeldzuges eindeutig gegen England gerichtet.

Den Aufmarsch gegen Sowjetrußland werde ich gegebenenfalls acht Wochen vor dem beabsichtigten Operationsbeginn befehlen.

Vorbereitungen, die eine längere Anlaufzeit benötigen, sind – soweit noch nicht geschehen – schon jetzt in Angriff zu nehmen und bis zum 15.5.41 abzuschließen.

Entscheidender Wert ist jedoch darauf zu legen, daß die Absicht eines Angriffes nicht erkennbar wird. Die Vorbereitungen der Oberkommandos sind auf folgender Grundlage zu treffen:

I. Allgemeine Absicht:

Die im westlichen Rußland stehende Masse des russischen Heeres soll in kühnen Operationen unter weitem Vortreiben von Panzerkeilen vernichtet, der Abzug kampfkräftiger Teile in die Weite des russischen Raumes verhindert werden.

In rascher Verfolgung ist dann eine Linie zu erreichen, aus der die russische Luftwaffe reichsdeutsches Gebiet nicht mehr angreifen kann. Das Endziel der Operation ist die Abschirmung gegen das asiatische Rußland auf der allgemeinen Linie Wolga–Archangelsk. So kann erforderlichenfalls das letzte Rußland verbleibende Industriegebiet am Ural durch die Luftwaffe ausgeschaltet werden.

Im Zuge dieser Operationen wird die russische Ostseeflotte schnell ihre Stützpunkte verlieren und damit nicht mehr kampffähig sein.

Wirksames Eingreifen der russischen Luftwaffe ist schon bei Beginn der Operation durch kraftvolle Schläge zu verhindern.

II. Voraussichtliche Verbündete und deren Aufgaben:

1. Auf den Flügeln unserer Operation ist mit der aktiven Teilnahme Rumäniens und Finnlands am Kriege gegen Sowjetrußland zu rechnen.

   In welcher Form die Streitkräfte beider Länder bei ihrem Eingreifen deutschem Befehl unterstellt werden, wird das Oberkommando der Wehrmacht zeitgerecht vereinbaren und festlegen.
2. Rumäniens Aufgabe wird es sein, zusammen mit der dort aufmarschierenden Kräftegruppe den gegenüberstehenden Gegner zu fesseln und im übrigen Hilfsdienste im rückwärtigen Gebiet zu leisten.
3. Finnland wird den Aufmarsch der aus Norwegen kommenden abgesetzten deutschen Nordgruppe (Teile der Gruppe XXI) zu dek-

ken und mit ihr gemeinsam zu operieren haben. Daneben wird Finnland die Ausschaltung von Hangö zufallen.

4. Mit der Möglichkeit, daß schwedische Bahnen und Straßen für den Aufmarsch der deutschen Nordgruppe spätestens von Operationsbeginn an zur Verfügung stehen, kann gerechnet werden.

III. Die Führung der Operationen:

A. Heer (in Genehmigung der mir vorgetragenen Absichten):

In dem durch die Pripetsümpfe in eine südliche und eine nördliche Hälfte getrennten Operationsraum ist der Schwerpunkt nördlich dieses Gebietes zu bilden. Hier sind 2 Heeresgruppen vorzusehen.

Der südlichen dieser beiden Heeresgruppen – Mitte der Gesamtfront – fällt die Aufgabe zu, mit besonders starken Panzer- und mot. Verbänden aus dem Raum um und nördlich Warschau vorbrechend die feindlichen Kräfte in Weißrußland zu zersprengen. Dadurch muß die Voraussetzung geschaffen werden für das Eindrehen von starken Teilen der schnellen Truppen nach Norden, um im Zusammenwirken mit der aus Ostpreußen in allgemeiner Richtung Leningrad operierenden nördlichen Heeresgruppe die im Baltikum kämpfenden feindlichen Kräfte zu vernichten. Erst nach Sicherstellung dieser vordringlichsten Aufgabe, welcher die Besetzung von Leningrad und Kronstadt folgen muß, sind die Angriffsoperationen zur Besitznahme des wichtigen Verkehrs- und Rüstungszentrums Moskau fortzuführen.

Nur ein überraschend schnell eintretender Zusammenbruch der russischen Widerstandskraft könnte es rechtfertigen, beide Ziele gleichzeitig anzustreben.

Die wichtigste Aufgabe der Gruppe XXI bleibt auch während der Ostoperationen der Schutz Norwegens. Die darüber hinaus verfügbaren Kräfte sind im Norden (Geb.-Korps) zunächst zur Sicherung des Petsamo-Gebietes und seiner Erzgruben sowie der Eismeerstraße einzusetzen, um dann gemeinsam mit finnischen Kräften gegen die Murmansk-Bahn vorzustoßen und die Versorgung des Murmansk-Gebietes auf dem Landwege zu unterbinden.

Ob eine derartige Operation mit stärkeren deutschen Kräften (2–3 Div.) aus dem Raum von Rovaniemi und südlich geführt werden kann, hängt von der Bereitwilligkeit Schwedens ab, seine

Eisenbahnen für einen solchen Aufmarsch zur Verfügung zu stellen.

Der Masse des finnischen Heeres wird die Aufgabe zufallen, in Übereinstimmung mit den Fortschritten des deutschen Nordflügels möglichst starke russische Kräfte durch Angriff westlich oder beiderseits des Ladoga-Sees zu fesseln und sich in den Besitz von Hangö zu setzen.

Bei der südlich der Pripetsümpfe angesetzten Heeresgruppe ist der Schwerpunkt im Raum von Lublin in allgemeiner Richtung Kiew zu bilden, um mit starken Pz. Kräften schnell in die tiefe Flanke und den Rücken der russischen Kräfte vorzugehen und diese dann im Zuge des Dnjepr aufzurollen.

Der deutsch-rumänischen Kräftegruppe fällt am rechten Flügel die Aufgabe zu

a) den rumänischen Raum und damit den Südflügel der Gesamtoperation zu schützen,

b) im Zuge des Angriffs am Nordflügel der Heeresgruppe Süd die gegenüberstehenden feindlichen Kräfte zu fesseln und bei fortschreitender Entwicklung der Lage im Verein mit der Luftwaffe ihren geordneten Rückzug über den Dnjestr im Nachstoß zu verhindern.

Sind die Schlachten südlich bzw. nördlich der Pripetsümpfe geschlagen, ist im Rahmen der Verfolgung anzustreben:

im Süden die frühzeitige Besitznahme des wehrwirtschaftlich wichtigen Donez-Beckens,

im Norden das schnelle Erreichen von Moskau. Die Einnahme dieser Stadt bedeutet politisch und wirtschaftlich einen entscheidenden Erfolg, darüber hinaus den Ausfall des wichtigsten Eisenbahnknotenpunktes.

B. Luftwaffe:

Ihre Aufgabe wird es sein, die Einwirkung der russischen Luftwaffe soweit wie möglich zu lähmen und auszuschalten sowie die Operationen des Heeres in ihren Schwerpunkten, namentlich bei der mittleren Heeresgruppe und auf dem Schwerpunktflügel der südlichen Heeresgruppe, zu unterstützen. Die russischen Bahnen werden je nach ihrer Bedeutung für die Operationen zu unterbrechen bzw. in ihren wichtigsten nahegelegenen Objekten (Flußübergänge!) durch kühnen Einsatz von Fallschirm- und Luftlandetruppen in Besitz zu nehmen sein.

Um alle Kräfte gegen die feindliche Luftwaffe und zur unmittelbaren Unterstützung des Heeres zusammenfassen zu können, ist die Rüstungsindustrie während der Hauptoperationen nicht anzugreifen. Erst nach dem Abschluß der Bewegungsoperationen kommen derartige Angriffe, in erster Linie gegen das Uralgebiet, in Frage.

C. Kriegsmarine:

Der Kriegsmarine fällt gegen Sowjetrußland die Aufgabe zu, unter Sicherung der eigenen Küste ein Ausbrechen feindlicher Seestreitkräfte aus der Ostsee zu verhindern. Da nach dem Erreichen von Leningrad der russischen Ostseeflotte der letzte Stützpunkt genommen und diese dann in hoffnungsloser Lage sein wird, sind vorher größere Seeoperationen zu vermeiden.

Nach dem Ausschalten der russischen Flotte wird es darauf ankommen, den vollen Seeverkehr in der Ostsee, dabei auch den Nachschub für den nördlichen Heeresflügel über See, sicherzustellen (Minenräumung!).

IV. Alle von den Herren Oberbefehlshabern auf Grund dieser Weisung zu treffenden Anordnungen müssen eindeutig dahin abgestimmt sein, daß es sich um Vorsichtsmaßnahmen handelt für den Fall, daß Rußland seine bisherige Haltung gegen uns ändern sollte. Die Zahl der frühzeitig zu den Vorarbeiten heranzuziehenden Offiziere ist so klein wie möglich zu halten, weitere Mitarbeiter sind so spät wie möglich und nur in dem für die Tätigkeit jedes einzelnen erforderlichen Umfang einzuweisen. Sonst besteht die Gefahr, daß durch ein Bekanntwerden unserer Vorbereitungen, deren Durchführung zeitlich noch gar nicht festliegt, schwerste politische und militärische Nachteile entstehen.

V. Vorträgen der Herren Oberbefehlshaber über ihre weiteren Absichten auf Grund dieser Weisung sehe ich entgegen.

Die beabsichtigten Vorbereitungen aller Wehrmachtteile sind mir, auch in ihrem zeitlichen Ablauf, über das Oberkommando der Wehrmacht zu melden.

Adolf Hitler«[2]

So sah der Plan im Dezember 1940 aus. In seinem Wesen blieb er bis zum Juni 1941 unverändert, wenn man von den Korrekturen absieht, die sich aus der Entwicklung an der Südflanke ergaben.

In diesem Zusammenhang ist folgende Frage von Bedeutung: In welchem Maße läßt sich das spätere Scheitern des Planes »Barbarossa« auf die strategische und operative Absicht der Weisung Nr. 21 zurückführen, und wo liegt die persönliche Verantwortung Adolf Hitlers?

In der deutschen Militärgeschichte gibt es Fälle von Legendenbildung, die enormen Einfluß auf das öffentliche Bewußtsein hatten. Ein Beispiel ist der berühmte Plan des Grafen Alfred von Schlieffen, den man als ein Meisterwerk der Kriegskunst des 19. und 20. Jahrhunderts ansah. Wie sich dann 1914 erwies, konnte dieser Plan Deutschland nicht zum Siege führen, sondern war sogar entscheidend für dessen Niederlage. Das aber tat dem Mythos vom Schlieffen-Plan keinen Abbruch. Alle Siege im Ersten Weltkrieg wurden ihm zugeschrieben, alle Niederlagen mit dem Abgehen von diesem Plan begründet.

In welchem Verhältnis standen Hitlers Entschlüsse und die Entscheidungen der Militärs bei Weisung Nr. 21 zueinander?

Wenn man Weisung Nr. 21 mit dem Entwurf des Generals Marcks vom August 1940 vergleicht, dann zeigt sich in der Tat ein Unterschied. Der besteht darin, daß General Marcks vorschlug, den Hauptschlag über die Ukraine zu führen. Hitler dagegen verlagerte das Schwergewicht in das Gebiet nördlich der Pripjat-Sümpfe und maß außerdem der Eroberung Leningrads besondere Bedeutung zu. Was letztere Entscheidung betrifft, so werden heute immer wieder Stimmen laut, Leningrad unter den erstrangigen Zielen einzuordnen sei ein Willkürakt Hitlers gewesen, der sich dabei nicht von militärischen, sondern von ideologischen Kriterien habe leiten lassen. Für ihn war Leningrad die Bastion des Bolschewismus. Hätte Hitler die Wehrmacht nicht dorthin abgelenkt, wäre es leichter gewesen, Moskau einzunehmen …

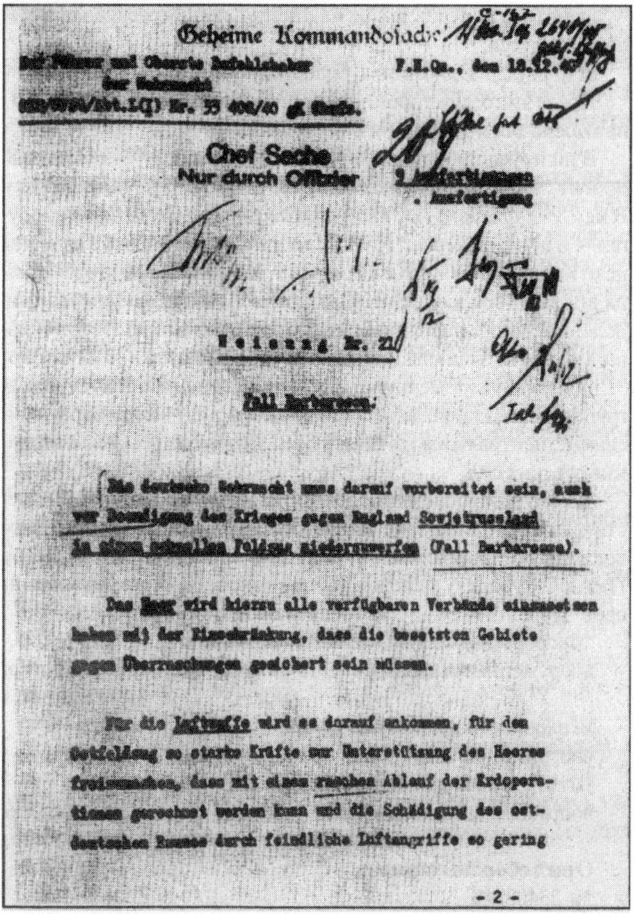
Geheime Kommandosache

Der Führer und Oberste Befehlshaber der Wehrmacht

OKW/WFSt/Abt.L(I) Nr. 33 408/40 g.K.Chefs.

F.H.Qu., den 18.12.40

Chef Sache
Nur durch Offizier

. Ausfertigung

Weisung Nr. 21

Fall Barbarossa.

Die deutsche Wehrmacht muss darauf vorbereitet sein, auch vor Beendigung des Krieges gegen England Sowjetrussland in einem schnellen Feldzug niederzuwerfen (Fall Barbarossa).

Das Heer wird hierzu alle verfügbaren Verbände einzusetzen haben mit der Einschränkung, dass die besetzten Gebiete gegen Überraschungen gesichert sein müssen.

Für die Luftwaffe wird es darauf ankommen, für den Ostfeldzug so starke Kräfte zur Unterstützung des Heeres freizumachen, dass mit einem raschen Ablauf der Erdoperationen gerechnet werden kann und die Schädigung des ostdeutschen Raumes durch feindliche Luftangriffe so gering

- 2 -

Weisung Nr. 21 – Fall Barabarossa

Bis in die jüngste Zeit hinein war dem wenig entgegenzusetzen. Hitler nannte Leningrad in der Tat das »Bollwerk des Bolschewismus«, und zwischen dem Entwurf von General Marcks und der Weisung Nr. 21 bestehen eindeutig Unterschiede. Wie kam dieses Dokument überhaupt zustande? Gab es Zwischenetappen? Lange Zeit hatten die

Historiker nebulöse Hinweise auf einen Entwurf, der angeblich im OKW unter Leitung von Jodl ausgearbeitet wurde und die Bezeichnung »Operationsstudie Loßberg« trug. Das Datum wurde nur angedeutet. Im Tagebuch des OKW ist sie am 12. September 1940 erwähnt, aber Jodls Stellvertreter, General Warlimont, behauptet in seinen Memoiren, die »Studie« sei Ende November entstanden, das heißt, als alle wichtigen Entscheidungen bereits gefallen waren.

Die Geschichte ist voller Paradoxe. So geschah es, daß die »Loßberg-Studie« ausgerechnet im sowjetischen Archiv deutscher Beutedokumente in Podolsk aufgefunden wurde. Sie hat es also wirklich gegeben, und sie liegt uns heute vor. Datiert ist sie vom 15. September 1940. In diesem Dokument taucht erstmalig der Gedanke auf, dem Nordabschnitt der Front besondere Bedeutung beizumessen, der dann in die von Hitler unterzeichnete Weisung Nr. 21 einging.

In der »Loßberg-Studie«, die ich als Kopie unter den Beutedokumenten des Stabes der Heeresgruppe Mitte entdeckte, ist das Dilemma ausführlich beschrieben, ob man nördlich oder südlich der Pripjat-Sümpfe angreifen sollte. Dort heißt es:

»Für die eigenen Operationen ist zunächst zu entscheiden, ob ihr Schwerpunkt nördlich oder südlich der Pripetsümpfe liegen soll. Daß die Operationen in beiden Räumen gleichzeitig einzuleiten sind, dürfte bei der deutschen Überlegenheit außer Zweifel stehen.

Für den Schwerpunkt im Norden sprechen die wesentlich besseren Aufmarschverhältnisse (siehe Bahnleistungen), das Interesse, den Russen im Ostseeraum schnell auszuschalten, die in Operationsrichtung verlaufenden verhältnismäßig guten russischen Bahnen, die mögliche Kooperation mit der durch Finnland anzusetzenden Gruppe XXI., die Erreichbarkeit von Leningrad und Moskau.

Für einen Schwerpunkt im Süden sprechen die Bedrohung Rumäniens, die Möglichkeit, deutsche mot. Verbände auf verhältnismäßig kurzen Wegen (aber nach Überschreiten der russischen Grenze schlechten Verbindungen) aus dem rumänischen Erdölgebiet und später im ostgalizischen Ölgebiet zu versorgen, die Bedeutung der Ukraine.

Vorgeschlagen wird der Schwerpunkt im Norden.«[3]

Hier wird also bereits eine klare Empfehlung gegeben, und sie geht nicht von Hitler aus, sondern vom OKW!

Für die Gesamtkonzeption dieser »Studie« ist folgende Aussage interessant:

»In welcher Weise im späteren Verlauf der Operationen der Zusammenhang der beiden Hauptgruppen ostwärts der Pripetsümpfe herzustellen und welches, räumlich gesehen, das militärische Endziel ist, wird wesentlich davon abhängen, ob und wann Rußland nach deutschen Anfangserfolgen von innen her zusammenbricht. Daß Rußland noch aktionsfähig bleibt, nachdem seine Westgebiete und der Anschluß an die Meere verloren gegangen sind, scheint auch dann ausgeschlossen, wenn das russische Rüstungsgebiet am Ural (Verteilung der russischen Rüstungsindustrie siehe Karte Anlage 4) berücksichtigt wird. Als sehr weitgestecktes Ziel kommt die allgemeine Linie Archangelsk–Gorki–Wolga (bis Stalingrad)–Don (bis zur Mündung ins Schwarze Meer) in Frage.«

Wie wir bereits wissen, formulierte Hitler in Weisung Nr. 21 offiziell genau dieses Ziel.

Als man in der Kriegsgeschichtlichen Abteilung des deutschen Generalstabes noch während des Krieges eine Aufstellung der militärischen Operationen anfertigte, hielt man dort fest, daß Loßbergs Überlegungen von entscheidender Bedeutung für den Entschluß waren, die Hauptkräfte auf den Norden des europäischen Teils Rußlands zu konzentrieren. Dort heißt es eindeutig, beim Abwägen aller Standpunkte sei die Entscheidung über den Nordabschnitt auf der Grundlage von zwei Dokumenten gefallen – der »Loßberg-Studie« vom 15. September und des Entwurfs des Generalstabes vom 26. November 1940. Das Dokument des Generalstabes enthält folgende Argumente zugunsten der Nordvariante:

1. In diesem Raum stehe die stärkste Kräftegruppierung der Roten Armee.
2. Das Eisenbahnnetz biete die günstigsten Voraussetzungen für die Truppenkonzentration.
3. Für die Angriffe auf Moskau und Leningrad seien wesentlich mehr Straßen und Eisenbahnlinien vorhanden.
4. Das Hauptziel – Moskau – sei von hier auf kürzestem Wege zu erreichen.
5. In der Nähe liege das Baltikum, dessen Eroberung eines der Hauptziele der ersten Kriegsetappe darstelle.[4]

Hier finden wir fast alle Argumente Loßbergs wieder! Außerdem hieß es in dem genannten Dokument der Kriegsgeschichtlichen Abteilung, Hitler habe bei seiner endgültigen Entscheidung Jodls und Loßbergs Überlegungen zugestimmt, auf Grund der deutschen Truppenüberlegenheit könne man auf einen zeitlich abgestuften Angriff verzichten; alle Heeresgruppen könnten gleichzeitig angreifen.

Man kann nicht sagen, daß dem deutschen Generalstab bei der Ausarbeitung des Planes Barbarossa die Schwierigkeiten dieses Unternehmens nicht bewußt waren. Diese bestanden aus seiner Sicht darin, daß man zugleich zwei Aufgaben zu lösen hatte. Zunächst galt es, die Front zu durchbrechen, und danach, den Gegner in die Zange zu nehmen.

Aber wie und wo sollte die sowjetische Front durchbrochen werden? Von Anfang an einigte man sich darauf, daß General Marcks' Vorschlag, die Front nur an einer Stelle zu durchbrechen, absolut unreal war. Daraufhin nahm man einen Durchbruch an zwei Stellen ins Visier. Aber auch das schien nicht auszureichen. Schließlich kam man auf die Lösung, die gesamte mehrere hundert Kilometer lange sowjetische Verteidigungslinie in einzelne Stücke aufzusplittern und damit der Roten Armee den Rückzug zu erschweren.

Die Weisung Nr. 21 war von einer enormen Anzahl zusätzlicher Befehle, Instruktionen und Anordnungen begleitet. Im Generalstab legte man dafür zunächst die »Akte Barbarossa« und später sogar die »Sammelakte Barbarossa« an. So ging der Name von Kaiser Friedrich I. Barbarossa aus dem Mittelalter in die Geschichte des 20. Jahrhunderts ein.

ZWANZIGSTES KAPITEL

Die sowjetische Antwort

»Den Verlauf eines Krieges vorherzusehen ist immer schwierig. Mit Sicherheit kann jedoch festgestellt werden, daß jeder Krieg seine Besonderheiten hat und man an seinem Beginn stets damit rechnen muß, daß die kämpfenden Seiten nicht darauf vorbereitet sind.« Diese Worte, die der herausragende sowjetische Militär Boris Schaposchnikow bereits 1930 schrieb, trafen voll auf die Situation im Juni 1941 zu, als die Sowjetunion von dem deutschen Überfall heimgesucht wurde. Auf den ersten Blick erscheint es wie ein historisches Paradox: Ausgerechnet ein Staat wurde davon überrascht, der sich seit seiner Geburtsstunde der Gefahr eines bewaffneten Angriffs aus der feindlichen Umkreisung heraus stets bewußt war.

Als der kommunistische Kriegsbegriff sich von der illusionären Hoffnung der Komintern (sprich: Lenins) auf eine sofortige Weltrevolution mit Hilfe der siegreichen Roten Armee gelöst hatte, kehrte die sowjetische Militärdoktrin auf den Boden der Realitäten des damaligen Europas zurück. In der Stalinzeit trat an die Stelle der Illusionen jedoch die paranoide Furcht vor einer Aggression der kapitalistischen Staaten, die die Sowjetunion umgaben. Dieses Konzept hatte auch einen innenpolitischen Aspekt: Bedrohung von außen sollte die sowjetische Gesellschaft zusammenschweißen und war damit ein starker Hebel in der Hand der Stalinschen Führung. Nur die Namen der Staaten wechselten, von denen man den Schlag erwartete. Den Platz des perfiden Frankreichs und Englands nahmen bald die näherliegenden Staaten des berüchtigten Cordon sanitaire – Rumänien und Polen – ein. Auch das Deutschland nach Rapallo tauchte zuweilen in diesem Zusammenhang auf. Es waren Deutschland und Italien, auf die Michail

Tuchatschewski in einem Streit mit dem bekannten Militärtheoretiker Alexander Swetschin hinwies. Der hob seinerseits Rumänien hervor, aber beide sahen Polen, das in der Presse nur das »Polen der Pans« hieß, mit großem Mißtrauen.[1] In der schlimmen Zeit der Prozesse gegen die »Volksfeinde« wurde der sowjetischen Öffentlichkeit viel über die Tätigkeit ausländischer Geheimdienste (Englands, Frankreichs, Deutschlands, Polens und Japans) berichtet, die einen Überfall ihrer Staaten auf die Sowjetunion vorbereiteten. Die Führung der Roten Armee erhielt die schwere Aufgabe, Pläne für die Verteidigung in jeglicher Lage, gegen jeglichen Feind vorzubereiten. Diesen Auftrag sollte der Marschall der Sowjetunion Boris Schaposchnikow erfüllen. Als Chef des Generalstabes legte er dem Volkskommissar für Verteidigung und dem ZK der KPdSU(B) im März 1938 den ersten grundlegenden strategischen Plan vor. Dieses Dokument in der Handschrift Schaposchnikows ist der russischen Öffentlichkeit leider kaum bekannt, denn es wurde erst 1998 im vollen Wortlaut veröffentlicht. Dabei ist es von größter Bedeutung, wenn man den weiteren Gang der Dinge in den Jahren 1940/41 begreifen will.

Es handelte sich dabei in erster Linie um einen Verteidigungsplan. Am Anfang stand die Bestimmung der künftigen Aggressoren[2]:

»b/n
24. März 1938

Streng geheim
Nur persönlich
Geschrieben in einem Exemplar

I. Die wahrscheinlichsten Gegner

In der gegenwärtigen politischen Situation in Europa und im Fernen Osten erscheint als wahrscheinlichster Gegner der faschistische Block – Deutschland und Italien, unterstützt von Japan und Polen.

Diese Staaten verfolgen das Ziel, die politischen Beziehungen zur UdSSR in einen bewaffneten Konflikt zu treiben.

Zum gegenwärtigen Zeitpunkt haben Deutschland und Italien

jedoch gegen die UdSSR noch nicht die Hände frei. Japan führt einen kräftezehrenden Krieg gegen China, der es dazu zwingt, seine militärischen Reserven anzugreifen und hohe finanzielle Mittel aufzuwenden.

Polen befindet sich im Wirkungskreis des faschistischen Blocks, wenn es auch bestrebt ist, den Schein einer unabhängigen Außenpolitik zu wahren.

Die schwankende Haltung Englands und Frankreichs schafft dem faschistischen Block die Möglichkeit, im Falle eines Krieges gegen die Sowjetunion mit Europa Absprachen zu treffen, um den größten Teil seiner Kräfte gegen die UdSSR einsetzen zu können.

Diese Politik Englands und Frankreichs bestimmt auch die Politik und die militärische Lage Finnlands, Estlands, Lettlands, Rumäniens, ebenso der Türkei und Bulgariens.

Die genannten Staaten werden vielleicht neutral bleiben und den Ausgang der ersten Auseinandersetzungen abwarten. Es ist aber auch nicht ausgeschlossen, daß sie an der Seite des faschistischen Blocks direkt in den Krieg eingreifen. Das ist besonders von Finnland und Estland zu erwarten. Auch Lettland könnte in den Konflikt hineingezogen werden. Litauen wird bereits in den ersten Kriegstagen von Deutschland und Polen besetzt werden.

Ob Rumänien in den Krieg eintritt, hängt von der Politik Frankreichs ab, besonders auch davon, ob der faschistische Block gegen die Tschechoslowakei losschlägt und mit seinen Hauptkräften südlich der Waldzone [in den deutschen Dokumenten die Pripetsümpfe – d. Ü.] operiert.

Die Türkei und Bulgarien werden neutral bleiben und das Vorgehen der Marine Italiens und Deutschlands im Schwarzen Meer gegen unsere Küsten nicht behindern. Die Türkei könnte sogar selbst einen bewaffneten Konflikt mit der UdSSR auslösen, um die Armenische Sowjetrepublik, Nachitschewan und vor allem Batumi zu besetzen.

Iran und Afghanistan werden ihre Streitkräfte verstärken, aber militärische Neutralität wahren.

Was Japan betrifft, so ist seine militärische Lage durch den gegenwärtigen Krieg in China einerseits geschwächt, andererseits auch gestärkt.

Die Schwächung Japans besteht darin, daß es für diesen Krieg bereits einen Teil seiner Menschen- und Materialreserven einsetzen mußte und jetzt ein Teil seiner Divisionen zwangsläufig durch die Okkupation chinesischen Gebiets gebunden ist. Andererseits verfügt Japan bereits über eine mobilisierte Armee, die fast vollständig auf dem Festland steht, das heißt, die kritische Etappe des Übersetzens ohne größere Probleme hinter sich gebracht hat.

Aber selbst wenn Japan im Krieg gegen China bereits beträchtliche Verluste erlitten hat, wird es im Falle eines bewaffneten Konflikts zwischen dem faschistischen Block und der UdSSR in Europa von diesem gezwungen werden, sich am Krieg gegen die UdSSR zu beteiligen. Anderenfalls schwänden die Aussichten, seine Eroberungspolitik im Fernen Osten fortsetzen zu können.

Die Sowjetunion muß also zum Kampf an zwei Fronten bereit sein – im Westen gegen Deutschland und Polen, teilweise gegen Italien bei möglicher Mitwirkung der Randstaaten, und im Osten gegen Japan.

Italien wird sich höchstwahrscheinlich mit seiner Flotte am Krieg beteiligen, während die Entsendung eines Expeditionskorps zu unseren Grenzen kaum zu erwarten ist.«

Nach dieser allgemeinen Einschätzung und der Prognose, daß die UdSSR im Falle eines Zweifrontenkrieges damit rechnen müsse, daß an ihren Grenzen 157 bis 173 Infanteriedivisionen, 7780 Panzer und Panzerfahrzeuge sowie 5136 Flugzeuge konzentriert werden, gab Schaposchnikow eine Bewertung der wahrscheinlichen operativen Pläne dieser Gegner:

»Im Westen: Deutschland und Polen könnten ihre Hauptkräfte nördlich oder südlich der Waldzone konzentrieren. Diese Entscheidung wird davon abhängen, wie sich die Lage in Mitteleuropa gestaltet und ob diese beiden Staaten sich über die Ukraine einigen können.

Wie glaubhaft die Deutschen den Polen auch garantieren mögen, daß sie ihre Hauptkräfte nördlich der Waldzone einsetzen, werden dort doch stets auch polnische Kräfte zu finden sein, da schwer vorstellbar ist, daß Polen sein Staatsgebiet ohne eigene Truppen läßt. Gleiches trifft auch auf den Fall zu, daß die Hauptkräfte Polens und Deutschlands südlich der Waldzone konzentriert werden. Auch in diesem Falle wird ein Teil der deutschen Truppen nördlich der Waldzone aufmarschieren …

> Im imperialistischen Krieg [dem Ersten Weltkrieg – d. Ü.] suchte das deutsche Oberkommando die Armeen der Verbündeten dadurch zu stabilisieren, daß sie sie mit eigenen Einheiten durchsetzte. Daher ist es sehr wahrscheinlich, daß in Estland und Finnland deutsche Divisionen auftauchen. Die Armeen dieser Staaten werden vom deutschen Oberkommando höchstwahrscheinlich dafür benutzt werden, konzentrische Schläge gegen Leningrad zu führen und das Leningrader Gebiet vom Territorium der UdSSR abzuschneiden.«

In beiden Fällen plädierte Schaposchnikow für eine strategische Verteidigung, aus der er zum Angriff übergehen wollte:

- nach Variante 1 entlang der beiden Ufer des Flusses Njemen mit der Hauptstoßrichtung auf Wilna, Grodno, Wolkowysk, Nowogrudok und Molodetschno;
- nach Variante 2 mit der Hauptstoßrichtung Kowel, Lwow, Brody, Dubno und weiter nach Lublin.

Zu entscheiden, welche Variante eintritt, hielt Schaposchnikow am zehnten Tag der Mobilmachung für möglich (oder sofort, wenn erkennbar war, ob der Gegner seine Hauptkräfte in Galizien oder in Nordpolen konzentrierte). In beiden Fällen mußten die Richtungen Moskau und Leningrad stark geschützt werden. Wenn man von der altmodischen Orientierung nach den »Tagen der Mobilmachung« einmal absieht, die noch aus der Zeit des Ersten Weltkrieges stammte, hatte Schaposchnikow das Dilemma der Roten Armee und eine mögliche Lösung durchaus korrekt bestimmt. Sein Plan wurde vom Obersten Militärrat am 19. November 1938 bestätigt.[3] Es ist bezeichnend, daß dieser Plan auch während der Geltungsdauer des sowjetisch-deutschen Paktes von 1939 nicht verändert wurde und formal weiter in Kraft war – natürlich mit Ausnahme der erwarteten Beteiligung Polens: Dieser Staat existierte nicht mehr.

Als geschickter und erfahrener Generalstäbler beleuchtete Boris Schaposchnikow, den Stalin übrigens als einzigen in der gesamten obersten Militärführung stets respektvoll mit Vor- und Vatersnamen ansprach, sofort den zentralen strategischen Punkt bei Ausbruch eines künftigen Krieges – die Frage, in welcher Richtung der Hauptschlag eines jeglichen Gegners erfolgen werde: nördlich oder südlich der Waldzone mit ihren ausgedehnten Sumpfgebieten. Er hielt beide Varianten für möglich, glaubte aber, der Gegner werde Variante 1 vorziehen, weil man dort den Aufmarsch am 20. Tag der Mobilmachung abschließen konnte. Bei der Südvariante waren dafür 28–30 Tage erforderlich. Nach dieser Einschätzung schlug Schaposchnikow 1938 auch für die sowjetische Verteidigung zwei Varianten vor:

»1. ERSTE VARIANTE: AUFMARSCH NÖRDLICH DER WALDZONE

Ziele dieses Aufmarsches sind:

1. eine entscheidende Niederlage für die nördlich der Waldzone konzentrierten Hauptkräfte der deutschen und polnischen Armeen;
2. aktive Verteidigung des Gebietes südlich der Waldzone;
3. feste Abriegelung der Stoßrichtungen Moskau und Leningrad;
4. Aufbau einer starken Reserve des Oberkommandos für den Schlag oder Antwortschlag gegen den angreifenden Gegner.

Für diese Aufgaben wird folgende *Kräfteverteilung* vorgeschlagen:

a) Für Handlungen gegen die Randstaaten werden 17 Schützendivisionen bereitgestellt – Einzelheiten siehe unten.

b) *Für Handlungen nördlich der Waldzone werden bereitgestellt:* 55 Schützendivisionen, 5100 Geschütze, 6 Kavalleriedivisionen, 11 Panzerbrigaden, insgesamt 4233 Panzer, 1763 Flugzeuge – davon 712 Bomber, 638 Jagdflugzeuge und 413 Aufklärungsmaschinen. Dazu eine Luftarmee aus 695 Maschinen – davon 500 Bomber, 128 Jagdflugzeuge und 67 Aufklärungsmaschinen.
Flugzeuge insgesamt: 2458

c) *Für Handlungen südlich der Waldzone werden bereitgestellt:* 30 Schützendivisionen, 3078 Geschütze, 8 Kavalleriedivisionen, 9 Panzerbrigaden, insgesamt 3312 Panzer, 1718 Flugzeuge – davon 794 Bomber, 438 Jagdflugzeuge und 486 Aufklärungsmaschinen. 275 Flugzeuge der Marinefliegerkräfte – davon 139 Bomber, 47 Jagdflugzeuge und 89 Aufklärungsmaschinen.

d) Als Reserve des Oberkommandos werden zusammengezogen:

16 Schützendivisionen, 928 Geschütze und 512 Panzer.

Außerdem schließen am 30. Tag weitere fünf Schützendivisionen die Mobilmachung ab, die in die Reserve des Oberkommandos eingeordnet werden.

Damit werden in der Hauptrichtung nördlich der Waldzone zur Verfügung stehen (die Kräfte des Leningrader Militärbezirks nicht mitgerechnet):

71 Schützendivisionen, die möglichen 80 Infanteriedivisionen des Feindes gegenüberstehen. Mit dem Anrücken weiterer fünf Divisionen werden die Kräfte fast gleich sein – 76 Schützendivisionen gegen 80 Infanteriedivisionen.

6388 Geschütze auf unserer Seite gegen 5500 Geschütze auf seiten des Gegners.

6 Kavalleriedivisionen gegen 5½ Kavalleriedivisionen.

4734 Panzer gegen 3800 Panzer und Panzerwagen.

3058 Flugzeuge gegen 2700.

Südlich der Waldzone:

30 Schützendivisionen gegen 40 mögliche Infanteriedivisionen.

3078 Geschütze gegen 2000.

8 Kavalleriedivisionen gegen 6½ Kavalleriedivisionen.

3312 Panzer gegen 2500 Panzer und Panzerwagen.

1400 Flugzeuge gegen 1000 Flugzeuge des Feindes.

Wenn man die Überlegenheit unserer Panzerwaffen im Vergleich zu den Panzern und Panzerwagen des Gegners berücksichtigt, werden wir in diesem Bereich eindeutig über die größere Stärke verfügen.

Wenn man dazu noch unsere Überlegenheit bei der Artillerie in Betracht zieht, dann wird die Verteidigung südlich der Waldzone nicht nur stabil, sondern auch aktiv sein können.

Bei der Festlegung *unserer Hauptstoßrichtung* nördlich der Waldzone ist davon auszugehen, daß wir auf die Hauptkräfte der deutschen Armee höchstwahrscheinlich im Gebiet von Svencionis – Molodetschno – Grodno treffen werden. Wenn die Deutschen die Neutralität Lettlands verletzen, dann ist es möglich, daß ein Teil der deutschen Kräfte nördlich der Dwina angreift. In Richtung Baranowitschi werden die Polen vorstoßen.

Unser Angriff nördlich der Dwina unter der Voraussetzung, daß

Lettland in den Konflikt eingreift oder von Polozk in westlicher und südwestlicher Richtung, mündet in ein langes Umgehungsmanöver in Räumen, wo nur wenige Eisenbahnstrecken vorhanden sind.

Unser Schlag gegen Baranowitschi und der Angriff mit den Hauptkräften in dieser Richtung wird langanhaltende Kämpfe auslösen.

Die günstigste Richtung des Hauptschlages wird somit beiderseits des Flusses Njemen liegen. Die Aufgabe wird darin bestehen, die sich dort sammelnden deutsch-polnischen Kräfte zu zerschlagen und mit unseren Kräften in den Raum Wilna, Grodno, Wolkowysk, Nowogrudok und Molodetschno vorzustoßen.

... Diese erste Variante gestattet es uns, nach den Konzentrationsfristen der Hauptmasse der Truppen mit unseren wahrscheinlichen Gegnern gleichzuziehen und die Kämpfe direkt an der Grenze zu beginnen.«

Außerdem zog Schaposchnikow eine weitere Variante in Betracht:

»2. Zweite Variante: Strategischer Aufmarsch südlich der Waldzone

Wie bereits dargelegt, kann die Entwicklung in Mitteleuropa oder die Entfaltung der Hauptkräfte der deutsch-polnischen Armeen in Galizien dazu führen, daß wir uns dazu entschließen, den strategischen Aufmarsch unserer Hauptkräfte in den Süden der Waldzone zu verlegen und zugleich nördlich und nordwestlich davon zur aktiven Verteidigung überzugehen.

Dieser Entschluß kann sofort oder in der Konzentrationsphase gefaßt werden, jedoch spätestens am 10. Tag der Mobilmachung, damit der Richtungswechsel der Marschkolonnen nach Südwesten rechtzeitig erfolgen kann.

Wie bereits dargelegt, kann südlich der Waldzone ein Aufmarsch von bis zu 79 Infanteriedivisionen, 4700 Panzern und Panzerwagen sowie 2800 Flugzeugen der deutschen und polnischen Armee erwartet werden.

Es ist sehr wahrscheinlich, daß dieser Aufmarsch der Hauptkräfte in der Gegend von Rowno und Ternopol, Lwow und Kowel erfolgt, wobei der Hauptschlag über Berditschew oder Kasatin gegen Kiew geführt wird. Es ist auch nicht ausgeschlossen, daß man einen Teil der

Kräfte durch Bessarabien führt, wenn Rumänien sich nicht dagegen zur Wehr setzt. Ein solcher Vorstoß durch Bessarabien ist gegen Schmerinka oder Winniza bzw. noch östlicher in die Flanke unserer strategischen Entfaltung zu erwarten.

Bei der zweiten Variante des strategischen Aufmarsches unserer Kräfte wird die Hauptaufgabe darin bestehen, den deutsch-polnischen Kräften eine entscheidende Niederlage zu bereiten. Daher müssen unsere Hauptkräfte an der Front Nowograd–Wolynski–Proskurow entfaltet werden, um gegen die Front Luzk–Lwow vorzustoßen und mit den Hauptkräften in den Raum Kowel, Lwow, Brody und Dubno mit weiterer Marschrichtung Lublin einzudringen.

An den Flanken: Aus Richtung Sarny sind wegen des Geländes nur in beschränktem Maße Manöver zu erwarten. Die Richtung südlich von Ternopol muß von einer starken Armee gesichert werden, um die Hauptgruppierung vor einem Schlag in die Flanke aus Richtung Lwow zu schützen.

An der rumänischen Grenze verbleiben nur drei Schützendivisionen, die sich auf befestigte Räume stützen. Die Verteilung der Reserven des Oberkommandos sollte es jedoch ermöglichen, rasch Kräfte einzusetzen, um den polnisch-deutschen Truppen den Rückzug über Bessarabien abzuschneiden. 17 Schützen- und 2 Kavalleriedivisionen könnten in diesem Falle die erste Kolonne bilden.

Bei Variante 2 werden für den strategischen Aufmarsch südlich der Waldzone vorgesehen:

57 Schützendivisionen, 8 Kavalleriedivisionen, insgesamt 5032 Geschütze, 13 Panzerbrigaden, insgesamt 5156 Panzer, 2182 Flugzeuge, davon 978 Bomber, 488 Jagdflugzeuge und 716 Aufklärungsmaschinen.

Dazu eine Luftarmee in Stärke von 695 Maschinen, davon 500 Bomber, 128 Jagdflugzeuge und 67 Aufklärungsmaschinen.

Bis zu 300 Bombenflugzeuge können außerdem von der Front nördlich der Waldzone abgezogen werden, womit im Südwesten insgesamt 3177 Maschinen agieren könnten, die 275 Marineflugzeuge nicht eingerechnet. Zusammen mit diesen beträgt die Gesamtstärke 3452 Maschinen.

Als Reserve des Oberkommandos werden 12 Schützendivisionen, 720 Geschütze und 385 Panzer konzentriert.«

Das war natürlich kein idealer Plan. Ungeachtet der Erfahrungen mit den deutschen Blitzkriegen in Westeuropa hingen die sowjetischen Militärs, darunter auch Schaposchnikow, immer noch veralteten Vorstellungen von der Anfangsphase der Kriegshandlungen an, die aus der Zeit des Ersten Weltkrieges stammten. Alle Phasen einer Operation wurden von dem fiktiven Tag der Mobilmachung aus berechnet. In der Tat heißt es in der Haager Konvention von 1907, »daß die Feindseligkeiten unter ihnen [den Staaten – d. Ü.] nicht beginnen dürfen ohne eine vorausgehende unzweideutige Benachrichtigung, die entweder die Form einer mit Gründen versehenen Kriegserklärung oder die eines Ultimatums mit bedingter Kriegserklärung haben muß«. Diese entstand vor dem Krieg von 1914 und zeigte damals sogar Wirkung: Von der Ermordung des Erzherzogs Ferdinand am 28. Juni 1914 bis zum österreichischen Ultimatum an Serbien verstrich fast ein Monat. In Rußland und Österreich wurde die Teilmobilmachung am 25., in Deutschland am 27. Juli verkündet. Die allgemeine Mobilmachung erfolgte erst in den Tagen vom 30. Juli bis zum 1. August 1914. Die Kampfhandlungen begannen sogar noch wesentlich später.

Hitlerdeutschland brach in den Jahren 1939/40 mit dieser »Tradition«, als es ohne jedes Zeremoniell über seine Opfer herfiel. Aber in den sowjetischen Strategiedokumenten von 1940 und auch noch in den nachfolgenden Varianten vom März bis Mai 1941 hielt man an der bereits zur Fiktion gewordenen Planung nach dem Tag der Mobilmachung fest.

1940 wurde damit begonnen, den alten Plan zu überarbeiten. Im August 1940 nahm Schaposchnikow ein neues Dokument in Angriff, das im September fertiggestellt war. Zentraler Gedanke dieses neuen Schaposchnikow-Planes, den Alexander Wassilewski, damals noch ein junger Oberst, in Perlschrift niedergeschrieben hat, lautete:

»Die Sowjetunion muß vorbereitet sein, den Kampf an zwei Fronten zu führen: im Westen gegen Deutschland, das von Italien, Ungarn, Rumänien und Finnland unterstützt wird; im Osten gegen Japan ...«

Der Plan räumte auch die Möglichkeit ein, daß sich die Türkei diesem Bündnis anschloß. Als Hauptgegner wurde Deutschland in einer Stärke von 230–240 Divisionen, 20000 Geschützen, 11000 Panzern und 11000 Flugzeugen erwartet. Die japanischen Kräfte berechnete man auf 50–60 Divisionen. Das war eine durchaus realistische Einschätzung, die auf Informationen der Aufklärung beruhte. Nicht weniger realistisch sah man auch das mögliche Vorgehen Deutschlands. In dem Plan hieß es, daß von den verschiedenen Varianten die »für Deutschland politisch günstigste und daher auch wahrscheinlichste« der Hauptstoß nicht südlich, sondern nördlich der Pripjatsümpfe sei, wodurch der zu erwartende Kriegsschauplatz geteilt werde:

»Deutschland wird seine Hauptkräfte höchstwahrscheinlich nördlich der Mündung des Flusses San aufmarschieren lassen, um den Hauptschlag von Ostpreußen in Richtung Riga, Kowno und weiter in Richtung Dwinsk und Polozk oder gegen Kowno, Wilna und weiter gegen Minsk zu führen.«

Außerdem erwartete der Generalstab der Roten Armee einen Schlag in Richtung Wolkowysk-Baranowitschi mit dem Versuch, die Rote Armee im Baltikum und in Weißrußland einzukesseln, um danach den Angriff gegen Leningrad und Moskau führen zu können.

Der Plan fand jedoch nicht die Zustimmung des neuen Volkskommissars Timoschenko.[4] Er mußte überarbeitet werden. Darüber gingen mehrere Wochen ins Land, und mit ihnen ging auch Schaposchnikow. Zum neuen Generalstabschef wurde General Kirill Merežkow ernannt. Am 18. September 1940 erklärten Merezkow und Timoschenko Schaposchnikows und Wassilewskis Schlußfolgerung für falsch. Als der Plan am 5. Oktober Stalin vorgelegt wurde, lehnte auch dieser die sorgfältig durchdachte Prognose Schaposchnikows mit den Worten ab:

»Ich denke, für die Deutschen sind das Getreide der Ukraine und die Kohle des Donbass besonders wichtig ...«

Übrigens hatten die Nachrichtendienste des Generalstabs damals nichts in der Hand, was die besondere Wahrscheinlichkeit der Südvariante belegt hätte. Aber Stalins Wort war Gesetz. Am 16. Oktober 1940 wurde ein neuer Plan vorgelegt, der die Abwehr des Hauptschlages der Deutschen südlich der Pripjatsümpfe vorsah.[5] Diese Orientierung galt bis unmittelbar vor Kriegsbeginn. Die Dokumente sahen vor, daß die Rote Armee durch hartnäckige Verteidigung der Staatsgrenze, gestützt auf Feldbefestigungen, nicht zulassen sollte, daß der Gegner auf sowjetisches Gebiet vordrang. So sollte Zeit gewonnen werden, um die Armee zu mobilisieren, die danach den Angriff des Gegners mit mächtigen Schlägen abzuwehren und die Kampfhandlungen auf sein Territorium zu verlagern hatte. Die erste strategische Kolonne sollte aus 57 Divisionen bestehen, die zweite Kolonne aus 52 Divisionen. 62 Divisionen sollten in Reserve gehalten werden.

Hier Auszüge aus der Variante des Plans vom 11. März 1941:

»... *I. Unsere wahrscheinlichen Gegner*

Die aktuelle politische Lage in Europa zwingt uns dazu, der Verteidigung unserer Westgrenzen außerordentliche Aufmerksamkeit zu widmen.

Ein möglicher bewaffneter Konflikt kann auf unsere Westgrenzen beschränkt bleiben. Aber auch ein Angriff Japans auf unsere Grenzen im Fernen Osten ist nicht auszuschließen.

Ein bewaffneter Überfall Deutschlands auf die UdSSR kann Finnland, Rumänien, Ungarn und weitere Verbündete Deutschlands in den militärischen Konflikt hineinziehen.

Die Sowjetunion muß also darauf vorbereitet sein, den Kampf an zwei Fronten zu führen: im Westen gegen Deutschland, das von Italien, Ungarn, Rumänien und Finnland unterstützt wird, im Osten gegen Japan als offener Gegner oder als ein Gegner, der bewaffnete Neutralität wahrt, welche aber jederzeit in einen offenen Konflikt umschlagen kann.

... *III. Die wahrscheinlichen operativen Pläne der Gegner*

Dokumentarische Unterlagen über die operativen Pläne der wahrscheinlichen Gegner liegen dem Generalstab der Roten Armee weder für den Westen noch für den Osten vor.

Über den strategischen Aufmarsch der möglichen Gegner kann folgendes angenommen werden:

Im Westen

Deutschland wird seine Hauptkräfte aller Wahrscheinlichkeit nach im Südosten von Siedlce bis Ungarn aufmarschieren lassen, um mit einem Vorstoß in Richtung Berditschew und Kiew die Ukraine zu erobern.

Dieser Vorstoß wird möglicherweise von einem Nebenstoß im Norden begleitet werden, der von Ostpreußen her gegen Dwinsk und Riga oder als konzentrischer Schlag aus Richtung Suwałki und Brest gegen Wolkowysk und Baranowitschi geführt wird.

Sollte Finnland an der Seite Deutschlands in den Krieg eintreten, ist nicht ausgeschlossen, daß dessen Armee mit der Unterstützung von 8–10 deutschen Divisionen Leningrad von Nordwesten her angreift.

Im Süden

Zu erwarten ist, daß gemeinsam mit den deutschen Truppen auch die rumänische Armee mit Unterstützung deutscher Divisionen in der Hauptrichtung Schmerinka zum Angriff übergeht …

Der Aufmarschtermin der deutschen Armeen an unseren Westgrenzen ist der 10.–15. Tag nach dem Beginn der Konzentrationsphase.

Im Osten

Das japanische Oberkommando wird seinen Land- und Seestreitkräften höchstwahrscheinlich die Eroberung unserer fernöstlichen Küstenregion Primorje als nächstes Ziel stellen, wofür im ersten Kriegsmonat voraussichtlich folgende Gruppierung der japanischen Streitkräfte eingesetzt wird:

in Richtung Primorje: 14–15 Infanteriedivisionen

in Richtung Sachalin: bis zu 3 Infanteriedivisionen

Sachalin gegenüber und an der Amurmündung: bis zu 2 Infanteriedivisionen

gegen Transbaikalien und die Mongolische Volksrepublik: 8–9 Infanteriedivisionen, deren Hauptgruppierung auf der Hochebene von Hailar stehen wird.

Die restlichen 30 japanischen Divisionen und kleinere Verstärkungskräfte könnten am Ende des zweiten Monats nach Beginn der Konzentrationsphase in die Nordmandschurei geführt werden.

Auch Aktionen einer starken Seekriegsflotte des Gegners gegen unsere Ostküsten, die versuchen werden, an der Südküste der Region Primorje bedeutende Kräfte anzulanden, müssen in Betracht gezogen werden.

IV. Grundlagen unseres strategischen Aufmarsches

Angesichts der Notwendigkeit eines strategischen Aufmarsches der Streitkräfte der Sowjetunion an zwei Fronten müssen die Hauptkräfte im Westen eingesetzt werden.

Im Osten sollten solche Kräfte verbleiben, die es uns ermöglichen, die erste Kolonne der japanischen Armee vor Konzentration der zweiten Kolonne zu vernichten und so eine stabile Lage herzustellen.

Unsere übrigen Grenzen müssen mit minimalen Kräften gesichert werden:

a) Zum Schutz der Nordküste verbleiben die 88. Schützendivision, Reserveeinheiten und der Grenzschutz.
b) Zum Schutz der Schwarzmeerküste von Odessa bis Kertsch verbleiben außer der Schwarzmeerflotte die 156. Schützendivision, Reserveeinheiten, die Küstenverteidigung und der Grenzschutz.
c) Zum Schutz der Schwarzmeerküste von Kertsch bis Suchumi verbleiben die 147. Schützendivision und der Grenzschutz.
d) Transkaukasien wird durch die Stationierung von 6 Schützendivisionen (davon 4 Gebirgsdivisionen), 2 Kavalleriedivisionen und 11 Fliegergeschwadern gesichert, letztere sind vor allem für die Verteidigung von Baku vorgesehen.
e) Die Grenzen Mittelasiens werden von zwei Gebirgsschützendivisionen und 3 Kavalleriedivisionen gesichert.

Insgesamt verbleiben an den Nord- und Südgrenzen der UdSSR folgende Feldeinheiten: 11 Schützendivisionen (davon 7 Gebirgsdivisionen), 5 Kavalleriedivisionen …

Der Volkskommissar für Verteidigung der UdSSR
Marschall der Sowjetunion (S. Timoschenko)

Der Chef des Generalstabs der Roten Armee
Armeegeneral (G. Shukow)

Ausgefertigt
Generalmajor (Wassilewski)«[6]

Der Generalstab der Roten Armee, ihr »Hirn«, wie ihn Boris Schaposchnikow nannte, war nach seiner Bestimmung verpflichtet, die Dokumente zu erarbeiten, die die Zeiträume zur Herstellung der Gefechtsbereitschaft und den Charakter der zu erwartenden Kriegshandlungen bestimmten. Diese Pflicht hat er durchaus erfüllt. Dabei ist jedoch eine Besonderheit des Generalstabs der Roten Armee zu bedenken: Wie kein anderes Organ dieser Art in der Welt war er von den Entscheidungen der Politik abhängig. Kein einziges Dokument von Bedeutung für die Armee trat in Kraft, ohne daß es vom Politbüro des ZK der KPdSU(B), das heißt, von Stalin persönlich genehmigt wurde. Sowohl der Volkskommissar für Verteidigung, Semjon Timoschenko, als auch der Generalstabschef – von August 1940 bis Januar 1941 war das Kirill Merezkow und danach Georgi Shukow – erstatteten Stalin regelmäßig, zuweilen mehrere Male in der Woche Bericht über die Lage. Viele Dokumente sind von Stalin und Molotow abgezeichnet.

Welche Zeiträume stellte sich Stalin für die Vorbereitung und Abwehr einer deutschen Aggression vor? Antwort auf diese wahrlich zentrale Frage findet man nur indirekt in folgenden Dokumenten:

- Die strategischen Papiere des Generalstabes, die von August bis Oktober 1940 ausgearbeitet wurden und bis zum Kriegsausbruch in Kraft blieben, umfaßten, wie es in der jeweiligen Präambel direkt hieß, 1940 und das ganze Jahr 1941. In der Variante vom 11. 3. 1941 hieß es eindeutig, daß der strategische Aufmarsch der Roten Armee von »wichtigen organisatorischen Maßnahmen abhängt, die im Jahre 1941 getroffen werden«.[7]
- Das Hauptdokument, das die Fristen für die Mobilmachung enthielt, war der Mobilmachungsplan 1941 (MP-41). Er trug das Datum 12. Februar 1941 und sah den Aufbau von 300 Divisionen vor. Die Realisierung dieser Aufgabe war für das ganze Jahr 1941 berechnet. Ihre optimale Stärke sollte die Rote Armee zum 1. Januar 1943 erreichen. Der Plan sah weiter vor, daß die Militär-

bezirke alle unverzüglich auszuarbeitenden Mobilmachungsdokumente bis zum 1. Juli 1941 vorzulegen hatten.[8]

- Für die Ausführung des Programms zum Bau neuer Panzer, neuer Flugzeuge und Geschütze sowie die entsprechende Ausbildung von Personal hatte man das ganze Jahr 1941 und 1942 (bis Dezember) eingeplant.[9]
- Neue Panzer und Flugzeuge sollten in der zweiten Hälfte des Jahres 1942 in der Roten Armee eingeführt werden. Für die Luftstreitkräfte war volle Bereitschaft zum 1. Januar 1942 angeordnet.
- Die Sollstärke der Roten Armee war ebenfalls zum 1. Januar 1943 zu erreichen.[10]
- Der im Frühjahr 1941 bestätigte Plan der Stabs- und Truppenübungen in den Grenzmilitärbezirken und operativen Verbänden der Roten Armee sah den Abschluß dieser Maßnahmen im Dezember 1941 vor. Im Oktober 1941 waren umfangreiche Manöver für Verteidigungsoperationen geplant.[11]
- Befestigte Räume längs der neuen Grenze sollten erst im Jahre 1942 angelegt und bewaffnet werden.[12]
- Die deutschen Waffenlieferungen an die Rote Armee nach dem Abkommen vom 10. 1. 1941 waren bereits bis August 1942 aufgeschlüsselt. Auch für die Jahre 1942/43 waren weitere Lieferungen vorgesehen.[13]
- Schließlich hatte der Generalstab im Frühjahr 1941 für das Kommandeurskorps seiner operativen Verwaltung noch einen Urlaubsplan für die Monate August bis November 1941 bestätigt. Das Politbüro beschloß im Juni 1941, Andrej Shdanow Urlaub zu genehmigen.[14]

Der Partei- und Staatsführung kann man nicht vorwerfen, daß sie nichts für die technische Umrüstung der Roten Armee getan hätte. Es verging keine Sitzung des Politbüros, da diese Fragen, insbesondere was den Bau von Panzern und Flugzeugen betraf, nicht erörtert wurden. Aber bei aller Anspannung der Kräfte und einem faktischen Mobilmachungszustand in der sowjetischen Industrie konnten erst 1942 und 1943 spürbare Ergebnisse erwartet werden. Wenn man zu all diesen belegten Tatsachen die Memoiren so wichtiger Persönlichkeiten wie Georgi Shukow, Alexander Wassilewski oder Pantelejmon Ponomarenko hinzunimmt, in denen übereinstimmend von Stalins Bemühungen die Rede ist, den Konflikt mit Deutschland mindestens bis 1942 hinauszuschieben, dann wird eindeutig klar, daß es sich hier um einen schwerwiegenden, geradezu kardinalen Irrtum handelte.

Was war geschehen?

Für all dies gibt es eine einfache Erklärung. Als man Wjatscheslaw Molotow in hohem Alter fragte, wie es geschehen konnte, daß der weise Stalin sich im Datum des Kriegsausbruchs so irrte, antwortete dieser:

»Das kann man in gewisser Weise nur sagen, wenn man hinzufügt: Dieser Irrtum war unausweichlich. Woher soll man wissen, wann der Gegner angreift ... Man wirft uns vor, wir hätten die Aufklärung ignoriert. Ja, sie hat gewarnt. Aber wenn wir uns nach der Aufklärung gerichtet und auch nur den kleinsten Anlaß gegeben hätten, wäre der Überfall noch früher gekommen ...«

Molotow wiederholte: »Einen anderen Kriegsbeginn konnte es gar nicht geben!« Und er fügte hinzu: »Jeder, der damals in Stalins Lage gewesen wäre, hätte sich geirrt. Aber schließlich kommt es doch darauf an, daß er ein Mann war, der aus dieser Lage wieder herausfand, und nicht nur das, sondern der den Sieg errang! Ja, wir haben einen Fehler gemacht, aber einen Fehler zweitrangiger Natur, weil wir fürchteten, den Krieg auf uns zu ziehen und dazu einen Anlaß zu geben.«[15]

Wenn man Molotow kennt, ist einem diese Erklärung verständlich, denn für ihn waren die zusätzlichen Millionen Opfer wahrscheinlich auch nur ein Fehler »zweitrangiger Natur«. Bei allem Zynismus dieser Interpretation hätte Molotow beinahe ein Wort fallenlassen, das entscheidend zu sein scheint. Erstmalig äußerte es jedoch nicht Molotow, sondern Shukow.

Im Jahre 1966 schrieb ich ein Buch über die Schlacht um Moskau. Dabei versuchte ich mit einem Mann ins Gespräch zu kommen, der darüber mehr wußte als jeder andere. Georgi Shukow war damals in Ungnade gefallen, lebte auf seinem Landhaus nahe dem Moskauer Autobahnring und war Gesprächen nicht abgeneigt. Ich unterhielt mich mehrere Male mit dem großen Heerführer. Als ich das Kapitel fertiggestellt hatte, in dem ich mich auf den Marschall bezog, schickte ich es ihm. Nach ein, zwei Wochen sandte mir sein Adjutant meine maschinengeschriebenen Seiten zurück, die mit Bemerkungen übersät waren, darunter einige wenig schmeichelhafte über die Militärs, die ich zitiert hatte. In meinem Text fand sich folgender Absatz:

»Im Gespräch mit Pantelejmon Ponomarenko sagte Stalin einmal, er habe gewußt, daß Hitlers Überfall nicht zu umgehen sei, sich aber im Zeitpunkt um etwa ein halbes Jahr geirrt. Die Führung des Sowjetlandes und seiner Streitkräfte, die in diesen ›Aufschub‹ große Hoffnungen setzte, hat sich großer Versäumnisse schuldig gemacht.«[16]

Shukow hatte die Worte »daß Hitlers Überfall nicht zu umgehen sei« unterstrichen und an den Rand geschrieben:

»Das ist gelogen, Stalin hoffte, daß es ihm gelingen werde, diesen Krieg irgendwie zu umgehen, weil er ihn fürchtete.«[17]

Stalin hat den Krieg gefürchtet. War das des Rätsels Lösung? Gefürchtet, weil er die Lage kannte. Er wußte von den Truppenkonzentrationen, er kannte Hitlers Absichten aus den Berichten der Nachrichtendienste bis in alle Einzelheiten. Aber er wollte nicht davon lassen, sich selbst für unfehlbar zu halten.

In einem zentral geführten Staat wie der Sowjetunion hat die Bestimmung von Zeitpunkten entscheidende Bedeutung. Durch den Willen und die Führung der Partei zusammengeschmiedet, zeigte die sowjetische Gesellschaft in der Tat ungeheure Bereitschaft, die gestellten Aufgaben um den Preis jeglicher Entbehrungen zu erfüllen. Dafür stand aber weitaus weniger Zeit zur Verfügung, als die Führung der Partei glaubte.

Wie ist ein so schwerwiegender, nicht taktischer, sondern

strategischer Irrtum der sowjetischen Führung zu erklären, der das Land so teuer zu stehen kam? Wie konnte Stalin, dessen Charakter und politische Tätigkeit bereits in jenen Jahren von Umsicht und Argwohn geprägt waren, dieser Irrtum unterlaufen? Weshalb nahm Stalin, wie Shukow in seinen Gedanken über die Tragödie des Jahres 1941 in der Nachkriegszeit fragte, nicht von Anfang jenes Jahres an entschlossen Kurs auf die Vorbereitung und Abwehr der Gefahr, die sich bereits klar abzeichnete? Wenn Stalin im April 1940 vor hohen Militärs erklärte, der Sinn des Krieges gegen Finnland habe darin bestanden, der Armee Gefechtserfahrungen zu verschaffen, weshalb zog er aus diesem Mißerfolg nicht sofort die notwendigen Schlußfolgerungen? Die Antworten auf diese Fragen sind wahrscheinlich nicht in erster Linie in dem besonders diktatorischen Denken Stalins zu finden, der selbst von seinen engsten Mitkämpfern keinerlei Widerspruch duldete. Vielmehr ist dies ein Problem, das jedem diktatorischen System anhaftet.

EINUNDZWANZIGSTES KAPITEL

Moskau, 5. Mai 1941

Wenn man mich fragte, was am 5. Mai 1941 in Moskau geschah, dann könnte ich, ohne nachzudenken, antworten: Natürlich, der 5. Mai war der Tag der Presse, der Feiertag der sowjetischen Zeitungsmacher. Wie jedes Jahr wurde er mit der traditionellen Festveranstaltung im berühmten Säulensaal des Hauses der Gewerkschaften begangen. Der 1. Mai mit Militärparade und Demonstration war gerade vorüber. Ich war in großer Entfernung am Mausoleum vorbeimarschiert und hatte Stalin kaum erkennen können, worüber ich sehr verstimmt war.

Die sowjetischen Zeitungen schrieben an jenem Tag das übliche. Die Frühjahrsaussaat hatte begonnen. In Gorki tagte eine Konferenz über analytische Chemie. Der Polarflieger Tscherewitschny war von der Wrangel-Insel gestartet. Die Kommunistin Anna Pauker traf aus rumänischem Kerker in der UdSSR ein. Und im Ausland? Kriegshandlungen im Irak, der englisch-deutsche Luftkrieg, von dem die Berichte beider Seiten exakt wiedergegeben wurden. Der Seekrieg. Der Krieg in Afrika. Das Eintreffen amerikanischer Schiffe in Suez. Ungewöhnlich lebendig klang eine TASS-Meldung aus Berlin: »Nach warmem Frühlingswetter hat es hier in den letzten drei Tagen einen Kälteeinbruch gegeben. In der Nacht zum 3. Mai ist in Berlin Schnee gefallen.« Und die »Prawda« vom 6. Mai: Hitlers Rede im Reichstag, in der er Großbritannien die Schuld am Krieg gab. Daneben eine Rede Roosevelts. Am 6. Mai erfuhren wir auch, daß am Abend des 5. der Jahresabschluß der Militärakademien mit einer Rede Stalins und einem Empfang für die Absolventen stattgefunden hatte.

Wie mir Augenzeugen berichteten[1], lag schon lange vor dieser Veranstaltung etwas Besonderes in der Luft. Listen wurden aufgestellt und Personaldaten aus Fragebögen verglichen. Jeder Anwesende gehörte einer Zwanzigergruppe an, der ein besonders zuverlässiger Absolvent vorstand. Am Tag zuvor erhielten die Auserwählten eine prächtige Einladung zum Regierungsempfang, die die Unterschrift des Kremlkommandanten, General Spiridonow, trug. Zur festgesetzten Zeit machten sich die Glücklichen in den Kreml auf, den die meisten noch nie betreten hatten. Aber sie kamen nicht dazu, sich dort umzuschauen. Paarweise hatten sie eine Kette von Kontrolleuren zu durchschreiten, die die Einladung prüften und jeden, gleich welchen Ranges, nach Waffen abtasteten.

Der Saal des Großen Kremlpalastes war zum Bersten gefüllt. Volkskommissar Timoschenko begrüßte die Anwesenden. Dann erstattete der Chef der Verwaltung Militärische Bildungseinrichtungen, Generalleutnant Smirnow, den Bericht an die Regierung. Es folgte eine Grußansprache des offiziellen Staatsoberhaupts, Michail Kalinin. Aber nicht das war der Höhepunkt. Der wurde erreicht, als Timoschenko Stalin das Wort gab. Dieser schloß seine Rede nicht mit den üblichen Glückwünschen, sondern mit den Worten: »Und jetzt bittet uns Genosse Timoschenko zu einem bescheidenen Essen unter Genossen.«

Armeegeneral Nikolai Ljaschtschenko, damals Major, saß einem der Tische auf diesem Empfang vor. Die Führung speiste im Georgensaal, alle übrigen in den angrenzenden Sälen, wohin man die Trinksprüche übertrug. Als die Gäste Platz nahmen, erwartete sie eine Überraschung: An jedem der Tische für je zwanzig Armeeangehörige wartete ein schweigsamer Mann in Zivil. Ljaschtschenko, der bereits eine solide militärische Laufbahn hinter sich hatte, seit langem Parteimitglied war und als Held des Spanienkrieges galt, war von dessen Anwesenheit gar nicht begeistert. Aber da konnte man nichts machen. Wodka, Sekt und Wein ließen die leicht getrübte Stimmung bald wieder steigen, und als Stalin gleich mehrere Trinksprüche ausbrachte, kannte die Begeisterung keine Grenzen. Am nächsten Tag erschien in den Zeitungen nur die knappe offizielle Meldung:

»Genosse Stalin wies in seiner Rede auf die tiefgreifenden Veränderungen der letzten Jahre in der Roten Armee hin. Er hob hervor, daß diese Armee gründlich umgerüstet wurde und sich auf den modernen Krieg eingestellt hat. Genosse Stalin hielt eine Grußansprache an die Kommandeure, die die Militärakademien absolviert haben, und wünschte ihnen Erfolg in der Arbeit. Genosse Stalin sprach etwa vierzig Minuten, seine Rede fand höchste Aufmerksamkeit.«[2]

Eine solche Pressemeldung konnte nur größtes Interesse an dieser Rede wecken. Es ist verständlich, daß man vor allem in Berlin mehr wissen wollte. Im Mai 1941 waren die sowjetisch-deutschen Beziehungen bereits sehr gespannt. Vom Botschafter in Moskau, Graf Friedrich Werner von der Schulenburg, erwartete man genaueren Bericht darüber, was Stalin tatsächlich gesagt hatte. Hatte er über Deutschland gesprochen? Wie reagierte er auf die in der ganzen Welt umherschwirrenden Gerüchte von einem bevorstehenden deutschen Überfall?

Schulenburg übermittelte zunächst die offizielle Version, die äußerst knapp und sehr allgemein gehalten war. Erst einen Monat später erfuhr er mehr. Am 4. Juni 1941 meldete er nach Berlin:

»DEUTSCHE BOTSCHAFT
Nr. A2/301/41
2 Exemplare, Anlage
Geheim
Zum Telegramm Nr. 1082 vom 6.5.41 und Bericht A/1571/41

INHALT: ANGABEN ÜBER DIE REDE STALINS VOR DEN ABSOLVENTEN DER MILITÄRAKADEMIE

Über die Rede, die Stalin anläßlich der Entlassung der Absolventen der Militärakademie am 5. Mai 1941 im Kreml gehalten hat, ist bisher Authentisches nicht verlautet. Der hiesige DNB*-Vertreter Schüle hat nunmehr über den weiteren Inhalt der Rede durch einen Gewährs-

* DNB – Deutsches Nachrichtenbüro.

mann einige Äußerungen eines Augenzeugen erhalten, die er in der anliegenden Aufzeichnung niedergelegt hat. Für die Richtigkeit der Angaben kann naturgemäß keine Gewähr übernommen werden; immerhin klingen sie nicht unwahrscheinlich.

gez. v. d. Schulenburg«[3]

Die mit dem Vermerk »Vertraulich« versehene Niederschrift beginnt mit einer Beschreibung der Atmosphäre im Saal des Kremlpalastes. Weiter heißt es:

»[Anlage] AUFZEICHNUNG
Hierzu erfahre ich aus einer gut unterrichteten sowjetischen Quelle, daß Stalin mehr als zwei Drittel seiner Rede einer exakten und völlig leidenschaftslosen Gegenüberstellung des deutschen und des sowjetischen Kriegspotentials gewidmet habe. Er hat in seiner bekannten ruhigen Sprechweise, ohne jegliches Pathos, seinen Zuhörern eingehend die Stärke und Ausrüstung des deutschen Heeres, der Kriegsmarine und der Luftwaffe anhand einiger Zahlen vor Augen geführt und ebenso klar die Leistungen der deutschen Kriegs- und Rüstungsindustrie gekennzeichnet, jeweils im Vergleich zu den entsprechenden Angaben über das sowjetische Kriegspotential. Stalin sei dann zu dem Schluß gekommen, daß das sowjetische Kriegspotential dem deutschen nicht gewachsen sei. In Anbetracht dieser Tatsache hat er empfohlen, zwei Schlußfolgerungen zu ziehen:

1.) die sowjetische Politik müsse dem gegenwärtigen Kräfteverhältnis Rechnung tragen,
2.) die sowjetischen Streitkräfte und die Rüstungsindustrie haben keinen Grund, sich ihrer erreichten Erfolge, so erheblich sie auch seien, übermäßig zu rühmen oder gar auf ihren Lorbeeren auszuruhen. Es gelte, mit Anspannung aller Kräfte an der Ausbildung und Ausrüstung der Armee, dem Ausbau der Kriegsindustrie zum Zwecke der Stärkung der Landesverteidigung weiter zu arbeiten.

Unter den Zuhörern, vor denen Stalin in seiner kurzen Rede diese Gedanken entwickelte, sei – so wurde mir durch meinen Gewährsmann erzählt – der Eindruck vorherrschend gewesen, daß es Stalin darauf angekommen sei, seine Gefolgschaft auf einen ›neuen Kompromiß‹ mit Deutschland vorzubereiten.«[4]

Leider kann der Bericht von Schüle nicht als authentisch betrachtet werden. Heute ist bekannt, daß dieser Text von der sowjetischen Seite untergeschoben wurde, die im Mai 1941 so großes Interesse daran hatte, Deutschland »nicht zu provozieren«, ihm keinen Vorwand für eine Zuspitzung der Beziehungen zu liefern.

Andere Informationen hatte damals der prominente britische Journalist Alexander Werth, der Dienstälteste unter den Auslandskorrespondenten in Moskau, der in der sowjetischen Hauptstadt über langjährige Verbindungen verfügte. Über diese erhielt er, wie er nach dem Krieg in seinem berühmten Buch »Rußland im Kriege« schrieb, Informationen, wonach Stalin am 5. Mai etwa folgendes sagte:

»1. Die Situation ist äußerst ernst. Mit einem deutschen Angriff ... muß man rechnen.
2. Die Rote Armee ist noch nicht stark genug ...
3. Die Sowjetregierung will mit allen ... Mitteln einen bewaffneten Konflikt bis zum Herbst hinauszögern ...
4. ... Der Krieg mit Deutschland wird fast unvermeidbar im Jahr 1942 stattfinden ... Die Sowjetunion wird u. U. selbst die Initiative ergreifen.
5. England ist noch nicht am Ende, und das amerikanische Kriegspotential fällt immer mehr ins Gewicht. Japan wird sich, was die Sowjetunion betrifft, ruhig verhalten ...
6. Immer und immer wieder wies Stalin darauf hin, daß die Zeitspanne bis zum August die allergefährlichste sei.«[5]

Das ist eine völlig andere Version! Von Kompromissen keine Rede. Eine klare Orientierung auf den Krieg mit ausgeprägter antideutscher Einstellung. Es gibt keine direkten Hinweise dafür, daß diese Information auf die gleiche Weise zu Werth gelangte wie jene zu Schüle. Aber der Verdacht bleibt, Stalin könnte Interesse daran gehabt haben, in London und Washington Anteilnahme am Geschick der UdSSR zu wecken, sollte es zu Komplikationen mit Deutschland kommen.

Aber auch das war noch nicht die letzte Variante. Die nächste tauchte bereits während des Krieges auf, als die deutsche Aufklärung nach Berlin meldete, einige gefangene sowjetische Offiziere wären bei der Abschlußfeier für die Absolventen der Militärakademien am 5. Mai 1941 zugegen gewesen. Diese hätten Stalin angeblich davon sprechen hören, daß mit dem defensiven Charakter des sowjetischen Vorgehens Schluß sein und man zur Offensive übergehen müsse.[6] Eine weitere Version des Kerngedankens der Rede Stalins, angeblich aus dem Munde eines Vertreters des ZK der KPdSU(B) vor Offizieren der Garnison Poltawa, lautete:

»Jetzt ist die Zeit gekommen, in der wir von der Verteidigung im taktischen Sinne dieses Wortes zur Verteidigung im strategischen Sinne übergehen müssen ... Anders gesprochen, man darf nicht den Angriff des mutmaßlichen Gegners abwarten, sondern muß ihn selber angreifen. Das schafft unbestreitbare Vorteile, und so wird auch die strategische Verteidigung der Sowjetunion geführt werden.«[7]

Die umfangreichsten Aussagen gefangener sowjetischer Offiziere hat Gustav Hilger nach dem Krieg veröffentlicht. Drei hatte er persönlich verhört. Aus ihrem Munde klangen Stalins Worte so:

»Mit dieser Defensivlosung müsse jetzt Schluß gemacht werden, weil sie überholt sei. Zwar sei es der Sowjetunion gelungen, unter dieser Parole ihre Grenzen im Norden und Westen weit vorzuschieben und ihre Bevölkerungszahl um 13 Millionen zu vergrößern. Damit könne man aber keinen Fußbreit Boden mehr gewinnen. Die Rote Armee müsse sich an den Gedanken gewöhnen, daß die Ära der Friedenspolitik zu Ende und die Ära einer gewaltsamen Ausbreitung der sozialistischen Front angebrochen sei. Wer die Notwendigkeit eines offensiven Vorgehens nicht anerkenne, sei ein Spießbürger und ein Narr. Auch müsse mit den Lobpreisungen der deutschen Armee endlich Schluß gemacht werden!«[8]

Natürlich interessierten sich nicht nur ausländische Botschaften und Nachrichtendienste brennend für den Inhalt dieser Rede. Schließlich waren ungewöhnliche Zeiten angebrochen. Auch der einfache Sowjetbürger spürte, daß sich dunkle Wolken zusammenzogen. Eineinhalb Jahre tobte nun schon der Weltkrieg, an dem die Sowjetunion bisher nicht beteiligt war. Aber wie lange konnte sie sich noch heraushalten?

Diese Frage hatte für die einzelnen Schichten unserer Gesellschaft unterschiedliches Gewicht. Besonders akut war sie für die sowjetischen Streitkräfte. Die hatten gerade erst den Finnlandkrieg mit erheblichen Enttäuschungen und schmerzhaften Verlusten hinter sich gebracht. Angespannt wurde an der Stärkung der Roten Armee gearbeitet, wo sich viele von dem tragischen Schlag noch nicht erholt hatten, den ihnen kein äußerer Feind, sondern die eigene Führung zugefügt hatte. Neue Waffentypen wurden eingeführt. Aber all das löste das Hauptproblem nicht – die Gefahr des heraufziehenden Krieges. Gegen wen würde man kämpfen müssen? Die offizielle Propaganda sprach zwar immer noch von sowjetisch-deutscher Zusammenarbeit, aber die Loblieder auf die Siege der deutschen Waffen waren inzwischen verstummt. Der Fall Frankreichs und der nordeuropäischen Staaten, die deutliche Stärkung der deutschen Positionen auf dem Balkan – all das war für die sowjetischen Diplomaten und Politiker kein Grund zur Freude.

Stalin aber hüllte sich in Schweigen. Ohnehin wandte er sich äußerst selten mit einer Rede an sein Volk, und das sehr bewußt. So erhielt jedes Wort aus seinem Munde eine besondere, beinahe rituelle Bedeutung. Dieser magischen Wirkung konnte sich niemand entziehen. Meiner Erinnerung nach ist Stalin in den ersten Monaten des Jahres 1941 überhaupt nicht öffentlich aufgetreten. Seine letzte programmatische Rede hatte er auf dem XVIII. Parteitag im März 1939 gehalten. Auf den Tagungen des Obersten Sowjet der UdSSR sprach in der Regel Wjatscheslaw Molotow.

Mit Informationen verwöhnte man die sowjetische Öffentlichkeit damals nicht. Wurde eine Rede nicht im Wortlaut veröffentlicht, gab es dafür wohl einen Grund. Stalin wußte schon, warum. Und das traf zweifellos zu, wovon die flankierenden Maßnahmen zur Desinformation zeugten. Aber das war für ihn offenbar nicht die Hauptsache. Auf jener Festveranstaltung vom 5. Mai 1941 hatte er die Elite der Roten Armee um sich versammelt, um die all seine Pläne und Hoffnungen kreisten. Augenzeugen berichten, daß Stalin kein vorbereitetes Referat verlas, sondern nur einen kleinen Zettel in der Hand hielt. Etwas zu notieren war damals nicht üblich und auch nicht ratsam. Stenographen wurden im Saal nicht gesichtet. Bisher ist kein Stenogramm dieser Rede aufgetaucht. Im Parteiarchiv findet sich lediglich eine Niederschrift von neun Seiten. Da der Auftritt etwa 40 Minuten dauerte und Stalin immer in gemessenem Tempo sprach, kann man davon ausgehen, daß in dieser kurzen Notiz der Hauptinhalt der Rede erfaßt ist. Das bestätigt ein Vergleich mit Gedächtnisprotokollen einzelner Teilnehmer an dem Empfang im Kreml, den ich vorgenommen habe.

»Kurze Niederschrift der Rede des Genossen Stalin bei der Verabschiedung der Hörer der Militärakademien der Roten Armee am 5. Mai 1941 im Kreml

Gen. Stalin sprach in seiner Rede von den Veränderungen der letzten drei bis vier Jahre in der Roten Armee, über die Ursachen für die Niederlage Frankreichs, darüber, warum England Rückschläge erleidet und Deutschland Siege erringt, ob die deutsche Armee wirklich unbesiegbar ist.

Genossen, gestatten Sie mir, Ihnen im Namen der Sowjetregierung und der Kommunistischen Partei zum Abschluß des Studiums zu gratulieren und Erfolg in Ihrer Arbeit zu wünschen.

Genossen, Sie haben die Armee vor drei oder vier Jahren verlassen. Wenn Sie jetzt in ihre Reihen zurückkehren, werden Sie sie nicht wiedererkennen. Die Rote Armee ist nicht mehr die, die sie vor Jahren war.

a) Was stellte die Rote Armee vor drei, vier Jahren dar?

Die wichtigste Waffengattung war die Infanterie. Zu ihrer Bewaffnung gehörten Gewehre, die nach jedem Schuß neu geladen werden mußten, leichte und schwere Maschinengewehre, Haubitzen und Kanonen mit einer Anfangsgeschwindigkeit bis zu 900 Metern pro Sekunde.

Die Flugzeuge erreichten 400–500 Stundenkilometer.

Die Panzer hatten eine dünne Panzerung, die einer 37-mm-Kanone standhielt.

Eine Division war bis zu 18 000 Mann stark, was nichts über ihre Kampfkraft aussagte.

b) Was stellt die Rote Armee heute dar?

Wir haben unsere Armee umgestaltet und mit moderner Technik ausgerüstet. Allerdings muß man sagen, daß viele Genossen die Ereignisse am Chassan-See und am Chalchin-Gol überbewerten, was die militärischen Erfahrungen betrifft. Dort hatten wir es nicht mit einer modernen, sondern mit einer veralteten Armee zu tun. Dies nicht zu sagen hieße, Sie zu belügen.

Gewiß haben Chassan-See und Chalchin-Gol eine positive Rolle gespielt. Diese besteht darin, daß wir die Japaner im ersten und im zweiten Falle geschlagen haben. Aber wirkliche Erfahrungen für die Umgestaltung unserer Armee haben wir aus dem russisch-finnischen Krieg und dem aktuellen Krieg im Westen gewonnen.

Ich sagte bereits, daß wir jetzt eine moderne, mit neuester Technik ausgerüstete Armee haben. Was stellt unsere Armee heute dar?

Früher bestand die Rote Armee aus 120 Divisionen. Gegenwärtig zählt sie 300 Divisionen. Die Divisionen sind etwas kleiner, dafür aber beweglicher geworden. Früher war eine Division 18000 bis 20000 Mann stark. Heute sind es 15000 Mann.

Ein Drittel sind motorisierte Divisionen. Darüber wird nicht gesprochen, aber Sie müssen das wissen. Von 100 Divisionen sind zwei Drittel Panzer- und ein Drittel motorisierte Divisionen. In diesem Jahr wird die Armee über 500000 Traktoren und Lastkraftwagen verfügen.

Unsere Panzer haben ihre äußere Gestalt verändert. Früher hatten sie nur eine dünne Panzerung. Heute reicht diese nicht mehr aus. Erforderlich ist eine 3–4mal stärkere Panzerung.

Wir haben Panzer für die erste Staffel, die die Front durchbrechen werden. Dann gibt es Panzer der zweiten und dritten Staffel, die die Infanterie begleiten. Die Feuerkraft der Panzer wurde erhöht.

Zur Artillerie:

Früher haben wir uns für Haubitzen begeistert. Der moderne Krieg hat das verändert und die Rolle der Kanonen verstärkt. Wenn man Befestigungen und Panzer des Gegners bekämpfen will, muß man im direkten Richten und mit hoher Anfangsgeschwindigkeit des Geschosses – bis 1000 und mehr Meter pro Sekunde – schießen.

Die Kanonenartillerie spielt heute in unserer Armee eine große Rolle.

Zu den Luftstreitkräften:

Früher galten 400–500 Stundenkilometer als ideale Geschwindigkeit. Heute ist das überholt. Wir verfügen über ausreichend Flugzeuge mit einer Höchstgeschwindigkeit von 600–650 Stundenkilometern. Sie werden in Massenproduktion hergestellt. Im Kriegsfalle werden sie als erste Staffel aufsteigen. Sie bahnen auch unseren relativ veralteten Typen I-15, I-16, I-153 (Möwe) und SB den Weg. Wenn letztere als erste aufstiegen, würden sie sofort abgeschossen.

Man kann gute Kommandeure haben, aber wenn es an moderner Technik fehlt, kann man den Krieg verlieren. Früher haben wir einer so preiswerten, aber wertvollen Waffe wie dem Granatwerfer keine Aufmerksamkeit geschenkt. Wir haben ihn geradezu mißachtet. Jetzt gehören zu unserer Bewaffnung moderne Granatwerfer verschiedener Kaliber.

Früher hatten wir keine Einheiten auf Motorrädern. Jetzt haben wir diese motorisierte Kavallerie aufgebaut und verfügen über sie in ausreichender Menge.

Um diese neue Technik, diese neu ausgerüstete Armee zu befehligen, brauchen wir Kommandeure, die die moderne Kriegskunst in Vollkommenheit beherrschen.

Das sind die Veränderungen im Aufbau der Roten Armee. Wenn Sie in die Einheiten kommen, werden Sie sie mit eigenen Augen sehen.

Von all dem brauchte ich eigentlich gar nicht zu sprechen, aber unsere Schulen und Akademien bleiben hinter der modernen Armee zurück.

c) Unsere militärischen Lehranstalten bleiben hinter der Entwicklung der Roten Armee zurück.

Hier hat Gen. Smirnow über die Absolventen und ihre Ausbildung nach neuen militärischen Erfahrungen gesprochen. Ich kann ihm nicht zustimmen. Unsere Schulen bleiben nach wie vor hinter der Armee zurück.

Dort wird noch an der alten Technik ausgebildet. So hat man mir berichtet, daß in der Artillerieakademie noch die Drei-Zoll-Kanone ein Thema ist. Stimmt das, Genossen Artilleristen? (Wendet sich an die Artilleristen.) Die Schule hinkt der Armee hinterher. Die Akademie der Luftstreitkräfte benutzt für die Ausbildung noch die alten Maschinen der Typen I-15, I-16, I-153 und SB. Man darf nicht mehr an der alten Technik ausbilden. Wenn man an der alten Technik ausbildet, produziert man rückständiges Personal.

Dazu leisten auch die Lehrpläne ihren Beitrag. Wenn man Neues auf neue Weise vermitteln will, müssen die Lehrpläne geändert werden. Aber dafür muß man eine Menge arbeiten. Viel leichter ist es doch, nach den alten Plänen zu unterrichten. Das macht weniger Mühe und Sorgen. Unsere Schule kann und muß die Ausbildung der Kommandeure auf die neue Technik einstellen und die Erfahrungen des modernen Krieges nutzen.

Daß unsere Schulen zurückbleiben, ist ganz logisch. Das muß überwunden werden.

Wenn Sie in die Armee kommen, werden Sie die Neuerungen sehen. Um Ihnen die Sache zu erleichtern, habe ich von der Reorganisation unserer Armee berichtet.

Warum hat Frankreich eine Niederlage erlitten, Deutschland aber siegt? Ist die deutsche Armee wirklich unbesiegbar?

Sie kommen aus der Hauptstadt in die Einheiten. Die Rotarmisten und Kommandeure werden Sie fragen, was jetzt vor sich geht. Schließlich kommen Sie aus den Akademien, waren nahe an der Führung. Berichten Sie, was in der Welt geschieht. Warum wurde Frankreich besiegt? Warum wird England geschlagen und Deutschland gewinnt? Ist die deutsche Armee wirklich unbesiegbar? Der Kommandeur darf nicht nur kommandieren und befehlen. Das ist zuwenig. Er muß auch mit den Soldaten offen reden können, ihnen die Entwicklung erklären. Unsere großen Heerführer hatten immer ein enges Verhältnis zu den Soldaten. Suworow muß unser Vorbild sein.

Man wird Sie fragen: Was sind die Ursachen dafür, daß Europa aus den Angeln gehoben wird, warum hat Frankreich eine Niederlage erlitten und Deutschland gesiegt? Wieso hat Deutschland die bessere Armee? Es ist doch eine Tatsache, daß Deutschland nach der Ausrüstung und der Organisation die bessere Armee hat. Wie ist das zu erklären?

Lenin hat einmal gesagt, daß geschlagene Armeen sehr lernfähig sind. Dieser Leninsche Gedanke gilt auch für Nationen. Geschlagene Nationen lernen gut. Die deutsche Armee, die 1918 geschlagen wurde, hat ihre Lektion gut gelernt.

Die Deutschen haben die Ursachen ihres Scheiterns kritisch geprüft und Wege gefunden, ihre Armee besser zu organisieren, auszubilden und auszurüsten.

In der deutschen Armee hat sich das militärische Denken weiterentwickelt. Sie wurde mit neuester Technik ausgestattet. Man hat sie mit neuen Methoden der Kriegführung bekanntgemacht.

Grundsätzlich hat diese Frage zwei Seiten.

Es genügt nicht, eine gute Technik und Organisation zu haben. Man braucht möglichst viele Verbündete.

Da geschlagene Armeen lernfähig sind, hat Deutschland die Erfahrungen der Vergangenheit bedacht.

1870 haben die Deutschen die Franzosen geschlagen. Warum? Weil sie nur an einer Front gekämpft haben.

Die Deutschen haben 1916/17 Rückschläge erlitten. Warum? Weil sie an zwei Fronten gekämpft haben.

Warum haben die Franzosen aus dem letzten Krieg 1914–1918 nichts gelernt?

Lenin sagte uns: Parteien und Staaten sind dem Untergang geweiht, wenn sie vor Mängeln die Augen verschließen, sich an ihren Erfolgen berauschen, sich auf den Lorbeeren ausruhen und von den Erfolgen den Kopf verdrehen lassen.

Die Franzosen waren von ihren Siegen vor Selbstzufriedenheit von Schwindel befallen ... Sie waren untätig und haben Verbündete verloren. Die Deutschen haben sie ihnen weggenommen. Frankreich hat sich auf seinen Erfolgen ausgeruht. In seiner Armee ist das militärische Denken nicht vorangekommen. Es ist auf dem Niveau von 1918 stehengeblieben. Man hat sich nicht um die Armee gekümmert und ihr keine moralische Unterstützung gegeben. Eine andere Moral ist aufgekommen, die die Armee zersetzt hat. Man schaute von oben herab auf das Militär. Offiziere galten als Versager, als Nichtskönner, die es nicht zu einer Fabrik, einem Betrieb, einer Bank oder einem Geschäft gebracht haben und deshalb zur Armee gehen mußten. Nicht einmal für die Mädchen waren sie eine gute Partie. Da die Armee mit so viel Verachtung bedacht wurde, konnte es passieren, daß sie in die Hände von Leuten wie Gamelin und Ironside fallen konnte, die wenig von militärischen Dingen verstanden. Ähnlich war die Haltung zum Militär auch in England. Die Armee muß von Volk und Regierung größte Fürsorge und Liebe erfahren – darin liegt ihre moralische Stärke. Die Armee muß man hegen und pflegen. Wenn in einem Lande die Moral verfällt, dann wird es auch keine starke, kampffähige Armee geben. Das ist in Frankreich geschehen.

Zur guten Vorbereitung auf einen Krieg gehört nicht nur eine moderne Armee, sondern auch die politische Seite.

Was heißt es, den Krieg politisch vorzubereiten? Das heißt, verläßliche Verbündete in ausreichender Zahl zu haben, dazu neutrale Staaten. Als Deutschland diesen Krieg begann, hat es diese Aufgabe bewältigt, England und Frankreich nicht.

Das sind die politischen und militärischen Gründe für Frankreichs Niederlage und Deutschlands Sieg.

Ist die deutsche Armee wirklich unbesiegbar?

Nein, unbesiegbare Armeen gibt es nicht und hat es auf dieser Welt nie gegeben. Armeen sind entweder sehr gut, gut oder schlecht. Als Deutschland den Krieg begann, geschah das in der ersten Zeit unter der Losung der Befreiung vom Joch des Versailler Friedens. Die war populär und fand Unterstützung bei allen, die sich von Versailles benachteiligt fühlten. Jetzt hat sich die Lage verändert.

Heute marschiert die deutsche Armee unter anderen Losungen. An die Stelle der Befreiung von Versailles sind Eroberungsziele getreten.

Unter den Losungen eines Raubkrieges wird die deutsche Armee keinen Erfolg haben. Diese Losungen sind gefährlich.

Als Napoleon I. unter den Losungen der Befreiung von der Leibeigenschaft Krieg führte, fand er Unterstützung, Sympathie und hatte Erfolg.

Als Napoleon I. zu Eroberungskriegen überging, machte er sich viele Feinde und mußte schließlich scheitern.

Der deutschen Armee, die heute unter der Losung der Unterwerfung anderer Länder und Völker unter deutsche Herrschaft Krieg führt, wird kein Sieg beschieden sein.

Aus militärischer Sicht besitzt die deutsche Armee nichts Besonderes an Panzern, Artillerie oder Flugzeugen.

Ein großer Teil der deutschen Armee verliert jetzt den Schwung, den sie zu Beginn des Krieges hatte.

Außerdem machen sich in der deutschen Armee Aufschneiderei, Selbstzufriedenheit und Überheblichkeit breit. Das militärische Denken kommt nicht mehr voran, die Technik fällt im Vergleich zu uns zurück, und bei der Luftwaffe zieht auch Amerika allmählich an Deutschland vorbei.

Wie konnte es geschehen, daß Deutschland diese Siege errang?

1. Das ist Deutschland gelungen, weil seine geschlagene Armee lernfähig war, sich umstellte und alte Werte neu betrachtete.
2. Es ist ihm auch deshalb gelungen, weil England und Frankreich, die im vergangenen Krieg erfolgreich waren, sich als nicht lernfähig erwiesen und nicht nach neuen Wegen suchten. Die französische Armee war einst die dominierende Armee auf dem Kontinent.

   Das sind die Gründe dafür, daß es mit Deutschland bis zu einem bestimmten Punkt bergauf ging.

   Aber jetzt kämpft Deutschland unter der Flagge der Unterwerfung anderer Völker.

   Während die alte Losung gegen Versailles diejenigen zusammenführte, die mit Versailles unzufrieden waren, kann Deutschlands neue Losung nur zu Spaltung führen.

   Was die Entwicklung der Militärtechnik betrifft, so hat die deutsche Armee den Sinn dafür verloren, sie weiter zu vervollkommnen. Die Deutschen meinen, ihre Armee sei ideal, hervorragend und unbesiegbar. Da irren sie sich.

   Eine Armee muß jeden Tag vervollkommnet werden.

   Ein Politiker, ein Staatsmann, der der Selbstzufriedenheit verfällt, kann schlimme Überraschungen erleben, so wie Frankreich in die Katastrophe stürzte.

Ich gratuliere Ihnen noch einmal und wünsche Ihnen Erfolg.«[9]

Die Vergangenheit zeigt sich uns in verschiedener Gestalt – in den Zeilen persönlicher Briefe, als vergilbtes Foto oder als alter Film mit hüpfenden Bildern. Stalins Rede holt uns, nicht zuletzt mich selbst, mit ihrem ganz eigenen Ton in eine mir heute fremde, längst vergangene Zeit zurück, in der andere Sitten und Gebräuche herrschten, andere Formen gesellschaftlichen Verhaltens, die uns heute unverständlich, ja sogar absurd erscheinen. Das war eine andere Welt mit ihrer eigenen Ordnung, die wir damals für unstrittig und einzig vorstellbar hielten. Eine Welt, in der Stalins Wort alles andere überwog.

Diese streng gegliederte und in sich logische Rede konnte durchaus beeindrucken, von der Wirkung auf die damals in jenem Saal Versammelten gar nicht zu reden. In beiden Teilen – zur Innen- und Außenpolitik – demonstrierte der Redner hohes Vertrauen zu seinen Zuhörern. So gab Stalin dort streng geheime Zahlen zur Stärke der Roten Armee bekannt, für die jeder ausländische Agent teuer bezahlt hätte. Sie entsprachen der Wirklichkeit – am 21. Juni 1941 umfaßte die Rote Armee in der Tat 303 Divisionen. Die Versammelten erwiesen sich des Vertrauens würdig: Nichts davon sickerte ins Ausland durch. Gleiches ist auch über Stalins Ausführungen zur deutschen Armee zu sagen, über deren Ziele man sich damals offiziell ganz anders – wesentlich höflicher und freundlicher – äußerte. Jeder Offizier der Roten Armee, der damals der Wehrmacht Eroberungsziele unterstellt hätte, wäre nicht mit Arrest oder einer Parteistrafe davongekommen, sondern hätte eine hohe Freiheitsstrafe riskiert. Stalin brach dieses Tabu.

Wer die Rede gelesen hat, wird ihrem Verfasser wohl kaum einen Mangel an Logik vorwerfen können. Selbst wenn man diese heute als Frucht des Priesterseminars abzuwerten sucht. Oder irrte er in seinen Hauptaussagen? Nein, er hatte durchaus recht, als er Armeen, Parteien und selbst Staaten, deren Verantwortliche in ihrer Überheblichkeit aus der Geschichte keine Lehren ziehen wollten, den sicheren Untergang voraussagte. Als er den Mythos von der unbesiegbaren deutschen Armee in Frage stellte. Als er davon sprach, daß ein Krieg auch politisch vorbereitet werden muß.

Zweifellos hatte er recht. Aber zugleich zeigt sich hier eine entscheidende Besonderheit in Stalins Denken: Derartige Warnungen galten stets nur für seine Gegner. Niemals für ihn selbst. Nicht für seine Partei und nicht für die von ihm geführte Regierung. Die waren unfehlbar. Ihre besondere, ihre sozialistische Natur bewahrte sie angeblich davor, jemals in Selbstüberschätzung zu verfallen …

War dies eine späte Besinnung auf Lenins Wort von einer überheblichen Partei, die dieser 1920 geäußert hatte? Lenin hatte das moralische Recht, eine solche Warnung auszusprechen. Stalin dagegen konnte nur heucheln, denn er wußte genau, was im Lande und in der Partei seit jener Warnung vor sich gegangen war.

Eine weitere Besonderheit, von der viele berichten, die einmal Gelegenheit hatten, Stalin sprechen zu hören: Seine eiserne Logik, die er mit Zahlen und Fakten untermauerte, erzeugte den überwältigenden Eindruck, Stalin wisse alles, mehr als jeder Fachmann. Neue Panzer. Neue Geschütze. Die Lehren des Krieges. Schlußfolgerungen aus dem Finnlandfeldzug. Neue Divisionen. Neue Flugzeuge mit einer Spitzengeschwindigkeit von 600–650 Stundenkilometern. Was aber bekam die Rote Armee tatsächlich in die Hand, die am 22. Juni 1941 über 21 900 Flugzeuge und 23 200 Panzer verfügte? Ein kleiner Trost könnte Hitlers beiläufige Bemerkung sein, er hätte diesen Krieg nicht angefangen, wenn er gewußt hätte, daß Stalin so viele Panzer besaß. Aber das war nicht ernst gemeint: Im OKW und OKH wußte man genau, daß der Gegner nur sehr wenige moderne Panzer zur Verfügung hatte – und noch weniger moderne Flugzeuge.

Führte Stalin auf diese Weise nur die anderen hinters Licht, oder täuschte er auch sich selbst? Nach dem Finnlandkrieg hätte er eigentlich klüger sein müssen. Die Truppenkommandeure waren es auf jeden Fall, allerdings beileibe nicht alle, vor allem nicht die in den oberen Etagen. Stalin wurde von dem System getäuscht, das er selbst geschaffen hatte. Aus reinem Selbsterhaltungstrieb berichtete jedes Glied dieses Systems allein davon, wie all seine »weisen« Anordnungen ausgeführt wurden, ohne es je zu wagen, diese zu hinterfragen. Das russische Wort für Show ist erst in den letzten Jahren in Mode gekommen, aber hervorgebracht hat es das Stalinsche System. Im Unterschied zur Romanow-Dynastie schlug jedoch für den Sowjetstaat die Stunde der Wahrheit nicht erst 300 Jahre nach Katharina II., sondern an jenem 22. Juni 1941.

Stalins Rede vom 5. Mai wandte sich letztlich gegen ihn selbst. Indirekt sagte er darin die Katastrophe voraus, die die Sowjetarmee und den Sowjetstaat erwartete, denn er selbst beging genau die Fehler, vor denen er andere gewarnt hatte. Er zog keine Lehren aus dem Krieg, er bewahrte die Partei und sich nicht vor Arroganz und Selbstbetrug. Daneben wirkte noch ein weiterer Charakterzug, der Stalin in seiner inneren Widersprüchlichkeit kennzeichnete. Wenn Politiker Gefahr wittern, neigen sie zuweilen dazu, die Flucht nach vorn anzutreten. Warum eine Schwäche, die der Gegner bemerken könnte, nicht mit Imponiergehabe überspielen? Warum nicht so tun, als sei man stark und unbesiegbar? Vielleicht gelingt es ja, den Gegner zu beeindrucken. Als genialer Demagoge griff Stalin mehrfach zu dieser Methode.

Gilt das auch für die Vorkriegszeit? Die Verfechter der These von einer »sowjetischen Expansion« zitieren an dieser Stelle gern Reden sowjetischer Militärs und Parteifunktionäre, die in unverhüllt aggressivem Ton gehalten waren. So z. B. die Rede des Chefs der Politischen Hauptverwaltung der Roten Armee, Lew Mechlis, auf dem XVIII. Parteitag der KPdSU(B) im März 1939. Dieser forderte, den Kreis der Sowjetrepubliken zu erweitern. Man verweist darauf, daß Mechlis Stalin nahestand, was nicht zu bestreiten ist. Als Neunzehnjähriger war ich mit Mechlis' Sohn Lonja befreundet und habe Lew Sacharowitsch bei Tische öfter tief überzeugt davon reden hören, der Einmarsch der Roten Armee in Westweißrußland und der Westukraine sei so eine »Erweiterung« gewesen, von der Stalin in seinem berühmten »Schwur« an Lenins Sarg gesprochen hatte. Man könnte weitere nicht ganz so bekannte Zitate anführen. Auch Andrej Shdanow sprach 1941 davon, daß es nun mit den Verteidigungskriegen vorbei sei.

Aus Zitaten baut man kein Haus, wenn man sie auch nicht einfach abtun kann. Tatsache war, daß damals die in diesen Zitaten zum Ausdruck kommende Einstellung der Shdanows und Mechlis' sowie die reale Planung des Generalstabes, die von oben bestätigt war, koexistierten. Die Propagandisten konnten den Mund aufreißen, die Generalstäbler aber hatten sich um die Truppen zu kümmern. Dabei war ihnen nicht nach Aufschneiderei zumute. Stalin ließ beide gewähren und blieb bei seiner erprobten Methode, auf mehreren Klavieren zu spielen. Den letzten Akkord behielt er sich allerdings immer selbst vor.

So war es auch am 5. Mai. Augenzeugen erinnern sich, daß er seine Rede mit einigen dramatischen Akzenten schmückte. Als er z. B. auf die Mängel in der militärischen Ausbildung zu sprechen kam, wandte er sich an den Chef der Akademie der Luftstreitkräfte, General Sokolow-Sokolenko, und fragte ihn in strengem Ton:

»Welche neuen Flugzeugtypen nehmen Sie mit Ihren Kursanten durch?«

Eine analoge Frage stellte er auch dem Chef der Artillerieakademie. Die Generäle standen stramm, wagten aber kein Wort. So erinnert sich General Tolkonjuk an diese Szene. Er notierte sich Stalins Worte über Deutschland:

»Wir stehen an der Schwelle eines großen Krieges, der offenbar nicht mehr abzuwenden ist. Durch unsere richtige Politik, vor allem durch den Nichtangriffsvertrag mit Deutschland, haben wir einen bestimmten Zeitgewinn erzielt.«

General Ljaschtschenko erinnert sich an etwas andere Formulierungen:

»Mit Deutschland haben sich keine freundschaftlichen Beziehungen entwickelt. Der Krieg gegen Deutschland ist unabwendbar. An Molotow gewandt: Wenn Genosse Molotow und der Apparat des Volkskommissariats für Auswärtige Angelegenheiten den Kriegsausbruch hinauszögern können, dann haben wir Glück. Aber Sie müssen draußen alle Maßnahmen zur Erhöhung der Gefechtsbereitschaft der Truppen ergreifen.«

Als ich Zweifel an der Exaktheit dieser Erinnerungen andeutete, erklärte mein Gesprächspartner voller Empörung:

»Nein, ich habe da nichts durcheinandergebracht, und ich sage Ihnen auch, warum. Als ich nach der Akademie meinen Dienst in Saporoshje antrat, war ich erschüttert, welche Ruhe und Selbstzufriedenheit dort noch herrschten. Man bat mich natürlich, von Stalins Rede zu berichten, was ich auch tat. Anschließend kamen Vertreter der Politverwaltung und der Sonderabteilung zu mir und fragten mich streng, wieso ich Staatsgeheimnisse preisgebe. Ob ich mir da nicht etwas ausgedacht hätte. Schließlich war in den Zeitungen ganz anderes zu lesen. Als wir dann nach dem 22. Juni ohne Gewehre und ohne Kanonen an die Front geschickt wurden, mußte ich noch oft an Stalins Worte denken ...«

»Wurden Trinksprüche ausgebracht?« fragte ich den General.

»Natürlich! Zum Beispiel der berühmte Toast auf die Artilleristen, in dem Stalin die Artillerie den ›Gott des Krieges‹ nannte ...«

Leider, so fügte er hinzu, habe man nicht alles verstanden, denn die Übertragung per Lautsprecher war schlecht (er saß im Roten Zimmer), und im Saal ging es ziemlich geräuschvoll zu.

Die Archive helfen, auch diese Lücke zu schließen. Der Inhalt der drei Trinksprüche Stalins wurde festgehalten:

»*Erste Ansprache des Genossen Stalin auf dem Empfang:*

Gestatten Sie mir, einen Toast auf die Führungskader unserer Akademien, die Vorgesetzten und Dozenten auszubringen, darauf, daß der Rückstand beim Studium der modernen Technik überwunden wird.

Wie ist es zu diesem Rückstand gekommen? Zum ersten, weil es für die Lehrer leichter ist, die bereits bekannte alte Technik zu vermitteln. Wenn Sie den Hörern neues Material vorstellen wollen, dann müssen Sie es zuerst selber studieren und beherrschen. Sie müssen sich umstellen. In den Akademien wird noch nach alten Lehrplänen ausgebildet. Das ist der erste Grund. Der zweite Grund liegt darin, daß die Versorgungsdienste unserer Armee den Schulen und Akademien keine neue Technik zur Verfügung stellen. Sie müssen sie aber unbedingt bekommen, damit sie sie studieren und diesen Rückstand aufholen können.

Zweite Ansprache des Genossen Stalin auf dem Empfang:

Auf die Gesundheit der Artilleristen! Die Artillerie ist die wichtigste Waffengattung. Sie ist der Gott des modernen Krieges. Artillerie gibt es in allen Waffengattungen – in der Infanterie, in Panzern und Flugzeugen.

Auf die Gesundheit der Panzersoldaten! Panzer sind eine bewegliche, von Stahlplatten geschützte Artillerie mit einem Kaliber von bis zu 130 mm.

Auf die Gesundheit der Flieger! Es gibt zwei Arten der Luftwaffe. Die für große Entfernungen, für Angriffe auf das Hinterland, für Partisanenaktionen und für Diversionsakte. Aber sie hat keine große Bedeutung. Entscheidend ist die Luftwaffe für kurze Entfernungen, die bisher unterschätzt und vernachlässigt wurde. Hier geht es um die Fliegerkräfte, die mit Artillerie, mit Panzern und Infanterie zusammenwirken. Es geht um Jagdflieger, um Schlachtflieger, um Sturzkampfflieger.

Auf die Gesundheit der Kavalleristen! Wir haben die Kavallerie etwas reduziert, aber auch heute spielt sie eine große Rolle, und wir haben noch viel davon.

Die Rolle der Kavallerie ist im modernen Krieg sehr wichtig. Sie wird den Erfolg nach dem Durchbruch der Front vertiefen. Sie wird zurückweichende Einheiten des Gegners verfolgen, sich in Frontdurchbrüche zwängen. Vor allem muß sie zurückweichenden Artillerieeinheiten nachsetzen und verhindern, daß diese neue Feuerstellungen einrichten und sich dort festsetzen.

Auf die Gesundheit unserer Nachrichtensoldaten und unserer ruhmreichen Infanteristen!

Ich habe hier die Infanterie nicht erwähnt. Die moderne Infanterie – das sind gepanzerte Menschen, das sind Motorrad- und Panzersoldaten.

Zur Bedeutung des Selbstladegewehrs:
Ein Kämpfer mit einem Selbstladegewehr ist soviel wert wie drei Kämpfer mit einem gewöhnlichen Gewehr.

Dritte Ansprache des Genossen Stalin auf dem Empfang:

Das Wort nimmt ein Generalmajor der Panzertruppen.

Er bringt einen Trinkspruch auf die Stalinsche friedliche Außenpolitik aus.

Genosse Stalin: Gestatten Sie mir eine Korrektur:

Die Friedenspolitik hat unserem Lande den Frieden gesichert. Friedenspolitik ist eine gute Sache. Wir haben diese defensive Linie so lange verfolgt, bis wir unsere Armee umgerüstet, mit modernen Kampfmitteln ausgestattet haben.

Jetzt aber, da unsere Armee rekonstruiert und zur Genüge mit Technik für die moderne Schlacht ausgerüstet ist, da wir stark geworden sind, müssen wir von der Verteidigung zum Angriff übergehen.

Wenn wir unser Land verteidigen wollen, müssen wir offensiv handeln. Von der Verteidigung zur Militärpolitik der Angriffsoperationen. Wir müssen unsere Ausbildung, unsere Agitation und Propaganda, unsere Presse auf die Offensive umstellen. Die Rote Armee ist eine moderne Armee, eine moderne Armee aber ist eine Angriffsarmee.«[10]

Wie brisant diese Mixtur aus richtigen und eindeutig falschen, aus realistischen und großsprecherischen Aussagen war, zeigt sich deutlich in diesen drei Trinksprüchen. Der erste – in ernstem, warnenden Ton – sollte motivieren, den großen Rückstand in der Ausbildung aufzuholen. Im zweiten suggerierte Stalin: Alles ist hervorragend, die modernste Technik steht bereit. Dabei wußte er, daß es nicht so war. Selbst mit der hoffnungslos veralteten Reiterei ging er gnädig um, und das nach dem Winterfeldzug von 1940! Im »revolutionären Pathos« ist auch der dritte Trinkspruch gehalten, der die Zuhörer in Kampfstimmung und Angriffslust versetzen sollte. Einige, denen ich diesen Toast vorlas, meinten sogar, Stalin habe eindeutig zu viel Wein getrunken. Aber das ist eine sehr einfache Erklärung. Denn eigentlich hatte er damit gar nichts Neues gesagt. Die sowjetische Militärdoktrin sah damals vor, sehr rasch von der Verteidigung zum Angriff überzugehen. So wirkte die These von der »modernen Angriffsarmee« nach 1940 fast banal. Schließlich wollte Stalin den Krieg gewinnen und nicht verlieren!

Den Heerführer Alexander Suworow kennt man nicht nur in Rußland. Seine Regimenter gelangten auf ihren heroischen Feldzügen bis in die Schweiz, wo an der berühmten »Teufelsbrücke« bis heute eine Gedenktafel an ihn erinnert. Sie schlugen Aufstände in Polen nieder. Kurz vor dem Kriege rettete Stalin seinen Namen vor dem Vergessen. Als der Krieg dann ausbrach, stellte Stalin Suworow in eine Reihe mit den anderen großen Militärs der russischen Geschichte – Alexander Newski, Dmitri Donskoi und Michail Kutusow. Ich muß die Herren des britischen Geheimdienstes dafür loben, daß sie für einen ihrer Agenten ein so klingendes Pseudonym wählten.

Mit bürgerlichem Namen heißt dieser neuernannte Suworow Wladimir Bogdanowitsch Resun. In den Westen gelangte er im Jahre 1978. Einen akademischen Grad hat er nicht erworben. Da er 1947 geboren wurde, kennt er Krieg und Vorkriegszeit nur aus Büchern. Er diente in der Armee, absolvierte die Offiziersschule Kiew und studierte danach an der Akademie für Militärdiplomaten. Mit der Kriegsgeschichte hat er sich nie befaßt, Archive kaum von innen gesehen. Im Jahre 1977 kam er in die Hauptabteilung Aufklärung des Generalstabes der Sowjetarmee, wo er sich wiederum nicht der Militärgeschichte widmete, sondern sich auf die Tätigkeit eines Militäraufklärers vorbereitete. Er sollte nicht im Untergrund kämpfen, sondern unter dem Dach einer Auslandsvertretung tätig sein. Da er es verstand, sich seinen Vorgesetzten angenehm zu machen, schickte man ihn nicht in das heiße Tansania oder den kriegsgeschüttelten Libanon, sondern in die gottgesegnete Schweiz. Dort bat er dann um Asyl …

Soll ich hier noch einmal in den Streit um den »Präventivkrieg« einsteigen? Ehrlich gesagt, erscheint mir das unwürdig. Die Opfer der Aggression können den Versuch – jeglichen Versuch – zur Rechtfertigung der Aggression einfach nicht akzeptieren. Zudem liegen Tatsachen in Hülle und Fülle vor, die diese bereits von Hitler, Ribbentrop und Goebbels in Umlauf gesetzte Version widerlegen.

Aber die Wege der Geschichte sind unergründlich. Im Westen angekommen, brachte Resun zunächst das Buch »Das Aquarium« heraus, in dem er seine Erinnerungen an die Militäraufklärung GRU lebendig und nicht ohne Talent beschreibt. Dann folgte »Der Eisbrecher«, ein Werk mit Anspruch auf dokumentarische Authentizität. Darin wärmt er die alte (Goebbelssche) Version wieder auf, der Krieg gehe nicht auf Hitlers, sondern auf Stalins Konto. Im Westen erregte das Buch kein allzu großes Aufsehen, aber als es ins Russische übersetzt wurde, geschah etwas Merkwürdiges: Der russischen Öffentlichkeit, die seit Ende der achtziger Jahre erlebte, wie ein Mythos der Stalinzeit nach dem anderen gestürzt wurde, erschien Suworows These geradezu als der Höhepunkt dieser Welle: Selbst der Krieg war also Stalins Werk! Das Buch hatte einen unerwarteten Erfolg, überall sprach und schrieb man darüber. Die russischen Militärhistoriker versetzte das geradezu in einen Schockzustand. Zuerst verschlug es ihnen die Sprache, was die Zweifel nährte. Und als sie dann ihre Argumente wiederfanden, glaubte man ihnen einfach nicht mehr. Inzwischen setzte Suworow seinen Sturmlauf fort: Er schrieb neue Bücher, in denen er zwar die versprochenen Dokumente nicht vorlegte, aber die einmal gefundene Goldader weiter intensiv und nicht ungeschickt ausbeutete.

Weshalb schwiegen die Historiker? Sie glaubten, die wahre Geschichte des deutschen Überfalls sei allen bekannt. Als ob jeder wüßte, daß die Weisung zur Konzentration der deutschen Truppen bereits am 23. Dezember 1940 erging. Die Wissenschaftler wollten keine Binsenweisheiten über die Vorkriegszeit verkünden. Das hätten sie aber tun müssen!

Denn wenn Stalin so viele verabscheuungswürdige Taten nachgewiesen wurden, warum sollte nicht noch eine weitere hinzukommen? Die Historiker hätten auch darauf hinweisen müssen, was die Deutschen von dieser »präventiven« Variante hielten. Als man in Berlin an die Planungsarbeit für den Fall »Barbarossa« ging, stellte man sich in der Tat die Frage, wie die Russen reagieren würden. Schließlich galt die UdSSR bei den Ideologen des Nationalsozialismus als politisch aggressiver Staat. Die Militärs vom Generalstab waren jedoch der Meinung, es sei unwahrscheinlich, daß sich die Russen in der Lage fühlten, einen großangelegten Angriff zu starten. So dachte man im Jahre 1940. Als der Zeitpunkt für den Fall »Barbarossa« näherrückte, äußerte Hitler, der offenbar von sich selbst ausging, Sorge über ein mögliches präventives Handeln der sowjetischen Seite. Das war am 25. März 1941. Aber etwa um diese Zeit schrieb Generalstabschef Halder in sein Tagebuch:

»Die Frage der Sicherung des Ostens gegen ein russisches Prävenire tritt in den Vordergrund. Wir werden uns aber nicht zu voreiligen Maßnahmen verleiten lassen dürfen. Ich glaube nicht an eine russische Initiative.«[11]

Am 11. April wurde seine Meinung von der Abteilung Fremde Heere Ost (Aufklärung) des Generalstabes bestätigt, die einschätzte, daß die sowjetische Armee weiterhin von defensivem Charakter sei. Schließlich meldete der stellvertretende Militärattaché in der UdSSR, Krebs, frisch aus Moskau zurückgekehrt, am 5. Mai an Halder:

»Rußland wird alles tun, um den Krieg zu vermeiden. Jedes Zugeständnis bis auf territoriale Forderungen ist zu erwarten ... Rußland wird zwanzig Jahre brauchen, bis es wieder die alte Höhe erreicht.«[12]

Derartige Bemerkungen sind im Tagebuch des Generalstabschefs nur selten, sie gehen unter in den zahllosen Eintragungen über Truppenverlegungen nach Osten, den Abschluß der Truppenkonzentrationen nach dem Plan »Barbarossa« und die Bereitschaft zum Angriff, dessen Ziel Halder mit Hitlers Worten beschrieb:

»Es handelt sich um einen Vernichtungskampf ... die Vernichtung der bolschewistischen Kommissare und der kommunistischen Intelligenz ... Der Kampf wird sich sehr unterscheiden vom Kampf im Westen. Im Osten ist Härte Milde für die Zukunft.«[13]

Wie können sich nach all dem immer noch Leute finden, die die Legende von Stalins »Präventivkrieg« wiederkäuen?!

ZWEIUNDZWANZIGSTES KAPITEL

Was wußte man in Moskau?

Es ist schwer zu sagen, welches der Rätsel, die Stalins Verhalten in der Vorkriegszeit aufgibt, wohl das komplexeste sei. Wahrscheinlich ist noch am schwersten zu begreifen, wieso Stalin, für den höchste Wachsamkeit und Mißtrauen geradezu als Markenzeichen galten, im Morgengrauen des 22. Juni 1941 eingestehen mußte, von dem deutschen Überfall überrascht worden zu sein. Stalin – und überrascht?

Leider – oder zum Glück! – ist es nicht einfach, diese widersprüchliche Figur zu verstehen, die das 20. Jahrhundert überschattete. Warnungen, daß Deutschland früher oder später die Sowjetunion überfallen werde, gingen Stalin vielfach zu, und das nicht erst am Vorabend des Krieges. Eine besondere Akte in seinem persönlichen Archiv, die die Nummer 186 trägt, enthält die Berichte seiner geliebten Aufklärung, des politischen Nachrichtendienstes von OGPU/NKWD. Diese Akte mit der Kurzbezeichnung INO beweist, daß die ersten derartigen Kassandrarufe nicht erst von 1940, sondern schon von 1933 und 1934 stammen. Stalin schenkte ihnen stets große Beachtung. So vermerkte er auf dem Bericht über das Treffen Hitlers mit führenden deutschen Militärs im Mai 1934:

»An Gen. Woroschilow. Lies das. Ein sehr interessantes Dokument. Stalin.«[1]

Auf anderen Berichten stehen Bemerkungen wie: »In mein Archiv. J. St.« Oder: »Vieles unklar, aber trotzdem interessant (17. 3. 1933).« Stalin beurteilte die alarmierenden Berichte von INO zum Teil sehr kritisch. So erhielt er am 10. Mai 1938 mit der Unterschrift des berüchtigten Volkskommissars Nikolai Jeshow den Bericht eines wichtigen Informanten mit dem Decknamen »Schwan«. Dieser meldete, gegen die UdSSR habe sich eine Allianz gebildet, der England, Deutschland, Japan, Italien und Polen angehörten. Man werbe noch um die Türkei, Finnland und die Randstaaten der Sowjetunion. Der Krieg werde mit einem Überfall Japans beginnen. Deutsche Truppen sollten durch Polen marschieren, wofür die Deutschen bereits die polnischen Eisenbahnen inspizierten. Stalin schrieb auf den Rand: »Welche Strecken inspizieren die Deutschen?«[2] Dazu die Weisung: »Nachprüfen«. Besonders kritisch sah Stalin die Militäraufklärung. Im Sommer 1939 schrieb er auf einen Bericht der GRU aus Warschau: »Widersprüchlich und wenig wahrscheinlich«.[3] Dem Residenten der GRU, Samochin, ließ er über dessen Chef Golikow mitteilen: »Eine zweifelhafte Information. Schlecht geschrieben, dazu mit unverständlichen Stellen. Samochin soll den Inhalt noch einmal per Kurier schicken.«[4]

Trotzdem strömten seit Anfang 1940 über alle Kanäle der Aufklärung Berichte nach Moskau, die sämtlich in einem Punkt übereinstimmten – der Vorbereitung eines deutschen Überfalls auf die UdSSR. Solcher Kanäle gab es mehrere:
– die Militäraufklärung GRU des Generalstabes (Golikow)
– die Auslandsaufklärung des NKWD (Erste Verwaltung, Fitin)
– die Grenztruppen des NKWD (Maslennikow)
– die Militärtransportaufklärung des NKWD (Milstein)
– die Funkaufklärung des NKWD
– den diplomatischen Dienst der Botschaften der UdSSR, die allerdings über kein besonderes Aufklärungsorgan verfügten.

Dieser riesige Apparat lief 1940/41 auf Hochtouren. Die Aufklärer vor Ort konnten nicht übersehen, daß der sowjetisch-deutsche Nichtangriffsvertrag unterlaufen wurde. Auf den oberen Ebenen wirkte der Vertrag jedoch immer noch nach. In der ersten Zeit wollte man Stalin »nicht beunruhigen« und glättete die Berichte. Dann verfiel man auf eine andere Taktik: Die Meldungen über die konkreten Kriegsvorbereitungen wurden nicht mehr unterdrückt, aber mit beruhigenden Wertungen versehen oder zur Desinformation aus englischen Quellen erklärt. Ein typisches Beispiel ist der Bericht vom 20. März 1941, den ich in dem Kapitel »Ein Dokument, das in Stalins Archiv fehlt« erwähnt habe. Nach Darlegung der drei möglichen Varianten eines deutschen Überfalls desavouierte GRU-Chef Golikow seine Informanten faktisch mit den angefügten Schlußfolgerungen:

»1. Auf Grund aller angeführten Aussagen und möglichen Handlungsvarianten in diesem Frühjahr bin ich der Meinung, daß der wahrscheinlichste Zeitpunkt für eine Aktion gegen die UdSSR nach dem Sieg über England oder dem Abschluß eines für Deutschland ehrenhaften Friedens liegt.
2. Gerüchte und Dokumente, die einen Krieg gegen die UdSSR im Frühjahr dieses Jahres für unumgänglich halten, sind als Desinformationen zu betrachten, die vom englischen, vielleicht sogar deutschen Geheimdienst ausgestreut werden.

Chef der Verwaltung Aufklärung
des Generalstabs der Roten Armee
Generalleutnant (Golikow)«[5]

Aber bei weitem nicht alle Aufklärer waren bereit, der Stalinschen Interpretation zu folgen.

Dies belegt ein Brief, den der Resident der Militäraufklärung in Berlin, Militärattaché Wassili Iwanowitsch Tupikow, im April 1941 an Golikow schrieb. Er soll hier vollständig zitiert werden:

»25./26. April 1941

In den dreieinhalb Monaten meiner Tätigkeit hier habe ich Ihnen etwa 150 Telegramme und mehrere Dutzend schriftlicher Berichte geschickt. Sie betreffen verschiedene Bereiche; ihre Glaubwürdigkeit und ihr Wert sind unterschiedlich. Sie alle aber sind Mosaiksteinchen für eine Antwort auf die wichtigste Frage:

Gehört zu den Plänen der deutschen Politik und Strategie – nicht als Fernziel, sondern als konkrete Aufgabe – ein Krieg gegen uns? Zu welchem Zeitpunkt könnte ein solcher Konflikt ausbrechen, und wie sähe die deutsche Seite dabei aus?

Ich habe die Zahl der übersandten Berichte genannt. Denken Sie bitte nicht, daß ich Vielschreiberei generell als etwas Positives in der Arbeit betrachte. Aber die Analyse dessen, was für mich in diesen dreieinhalb Monaten greifbar war, hat mich zu einer bestimmten Schlußfolgerung geführt, die ich Ihnen mitteilen möchte.

Wenn ich damit offene Türen einrennen sollte, dann entmutigt mich das in keiner Weise.

Wenn ich mich dagegen irre und Sie mich korrigieren, dann wäre ich Ihnen dafür sehr dankbar.

Der sowjetisch-japanische Neutralitätspakt hat meiner Ansicht nach sehr deutlich gemacht, welchen Kurs die deutsche Politik gegenüber der Sowjetunion verfolgt.

Dem Besuch Matsuokas gingen voraus:

a) Das Ausstreuen der Behauptung in allen Bevölkerungsschichten, unter ausländischen Politikern und Kundschaftern, ein Krieg zwischen der UdSSR und Deutschland sei unvermeidlich.
b) Tatsächliche Truppenkonzentrationen im Osten, die tatsächliche pioniermäßige Vorbereitung des östlichen Kriegsschauplatzes und die tatsächliche Evakuierung der deutschen Bevölkerung aus den Ostgebieten.
c) Ein demonstratives Ignorieren unserer Interessen in der deutschen Balkanpolitik.
d) Die Wertung von Matsuokas Aufenthalt in Moskau lediglich als vom Transit erzwungen, seines Besuches bei den Genn. Molotow und Stalin als Zeichen der Dankbarkeit dafür, daß für ihn ein Waggon oder Zug von Wladiwostok bis zur deutschen Grenze bereitgestellt wurde.

Matsuokas Besuch war begleitet:

a) Von fortgesetzter Propaganda der Unvermeidlichkeit eines Konflikts zwischen Deutschland und der UdSSR, die in dieser Zeit geradezu in Hysterie überging.
b) Von der Auslegung der Verhandlungen mit Matsuoka als Kontaktaufnahme zwischen Deutschland und Japan für ein gleichzeitiges Vorgehen dieser Staaten gegen die Sowjetunion.

c) Von fortgesetzten Truppenkonzentrationen im Osten, über die jetzt demonstrativ informiert wird.

Über Matsuokas zweiten Aufenthalt in Moskau bis zum Abschluß des Paktes wurde hier so gut wie nichts berichtet, wenn man von knappen Protokollmeldungen absieht.

Der Abschluß des Paktes überraschte die deutschen Kreise offenbar. Sie mußten sich nun eine neue Auslegung von Matsuokas Europareise einfallen lassen.

Diese war allerdings sehr rasch formuliert:

a) Die Begegnungen in Berlin und Rom hätten Matsuoka so gewaltige politische Möglichkeiten aufgezeigt, daß der Moskauer Pakt lediglich eine erste Schwalbe sei, die weitere Siege der Achsenmächte ankündige.
b) Matsuoka habe in Moskau einen glänzenden Sieg errungen. (Über wen, und worum ging es dabei?)
c) Der sowjetisch-japanische Pakt wurde Moskau von Berlin diktiert. Er eröffne eine neue Etappe in den Beziehungen zwischen Deutschland und der UdSSR und bedeute die Kapitulation letzterer.

Unter Korrespondenten, Diplomaten aus dem zivilen und militärischen Bereich sowie unter allen Bevölkerungsschichten wird jetzt mit deutscher Gründlichkeit die Version verbreitet, die Gefahr eines Konfliktes sei geschwunden, da die UdSSR kapituliert habe und kaum wieder versuchen werde, dort Politik zu machen, wo bereits deutsche Politik sei.

Am 18.4. habe ich mich mit dem Ihnen bekannten ›Ökonomen‹ in einem Restaurant getroffen. Er sagte mir, er freue sich darüber, daß das Klima zwischen Deutschland und der Sowjetunion jetzt wesentlich besser sei als bei unserer letzten Begegnung. (Damals schwirrte die Luft von Gerüchten über einen bevorstehenden Krieg gegen uns. Er sagte damals, er sei darüber verwundert, ja geradezu verblüfft, wolle nicht daran glauben, wisse nicht, was das alles bedeute usw.)

Jetzt, so erklärte er, sei die Gefahr eines Konfliktes gebannt.

Auf meinen Einwurf, ob sie denn jemals real gewesen sei, antwortete er bejahend und fuhr fort, durch den Abschluß des Paktes mit Japan habe die UdSSR ihr Verhältnis zu Deutschland wieder stabilisiert.

Ich erwiderte, mir sei das alles unverständlich, denn ich war und sei der Meinung, daß die Beziehungen zwischen der UdSSR und Deutschland von den Verträgen zwischen ihnen selbst bestimmt würden und ein Pakt mit einer dritten Seite dafür kein Gradmesser sein könne.

Seine Antwort begann er mit der Erklärung, alles was er nun sage, komme nicht von ihm, sondern von einem Mann, der faktisch nahezu allein über das Schicksal Deutschlands entscheide. (Ich verstand, daß er Göring meinte.)

Auf meinen Gedanken antwortete er nicht direkt, sondern setzte buchstäblich zu einer programmatischen Rede an:

1. Die Beziehungen zwischen der UdSSR und Deutschland sind nur als Wirtschaftskontakt denkbar. Einen politischen Kontakt kann es wegen der Gegensätzlichkeit der Gesellschaftssysteme nicht geben.
2. Deutschland kämpft im gegenwärtigen Krieg um notwendigen Lebensraum. Die UdSSR hat davon mehr als genug innerhalb der eigenen Grenzen. Daher kann ein Vordringen in die deutsche Einflußsphäre nicht mit ihren Lebensinteressen, sondern nur mit einem aggressiven antideutschen Kurs als Politik eines Systems gegen das andere erklärt werden. Die Versuche der UdSSR, sich den Lebensinteressen Deutschlands entgegenzustellen, haben kürzlich zu einer Zuspitzung geführt, die jetzt dank des Paktes wieder geschwunden ist. (Warum auf Grund des Paktes, erklärte er nicht.)
3. Deutschland steht jetzt vor der Aufgabe, England auf den Kriegsschauplätzen außerhalb Europas zu schlagen. Dafür braucht Deutschland die Türkei. Bei der heutigen Lage auf dem Balkan kann es über die Haltung der Türkei keinen Zweifel geben: Sie wird tun, was ihr Deutschland diktiert, denn England hat den letzten Rest von Ansehen verloren, und die UdSSR wird sich heraushalten.
4. In den Wirtschaftsbeziehungen muß die UdSSR die Interessen Deutschlands berücksichtigen und genauso auf den Äquivalentenaustausch achten, wie dies Deutschland tut.

   Deutschland braucht soviel Getreide, damit es eine siegreiche Kriegführung gewährleisten kann. Weiter zitierte er folgende Allegorie: ›Wenn Ratten hungrig sind, nagen sie selbst Stahlplatten durch, um an Getreide zu kommen.‹ Die Deutschen sind jetzt so weit, daß ihre Chemiker daran arbeiten, den Inhalt der Klärgruben wieder für die menschliche Ernährung nutzbar zu machen.

Soweit die Aussagen von ›Ökonom‹, der erklärte, dies seien nicht seine Gedanken, sondern die eines Staatsmannes.

Was bedeutet das Gesagte?

Nach meiner Meinung bedeutet es, daß die Deutschen vor nicht allzu langer Zeit einen Angriff gegen uns in ihrem politischen Programm hatten. Nach diesem Programm sollte Japan gleichzeitig mit Deutschland losschlagen.

Der Moskauer Pakt hat den Hauptinhalt dieses Programms (die zweite Front) zunichte gemacht.

Damit dieser Fehlschlag ihrer Politik nicht für jeden sichtbar wird, behandeln die Deutschen den Pakt wie einen Sieg Berlins und beinahe wie eine Niederlage Moskaus. Vor allem aus innenpolitischen Gründen muß Deutschland verhindern, daß dieser Fehlschlag publik wird.

Denn bis vor kurzem wurde breiten Bevölkerungsschichten eingehämmert, der Krieg stehe vor der Tür. Jetzt soll er plötzlich vertagt werden. Das erklärt die blitzartige Geschwindigkeit, mit der die Berliner Version des Moskauer Paktes unter die Leute gebracht wurde, und die antisowjetische Stoßrichtung dieser Version.

Wenn man also davon ausgeht, daß der Überfall tatsächlich kurz bevor stand, dann hat der Pakt, der einen wichtigen Teil dieser Vorbereitungen störte, diesen in der Tat aufgeschoben. Er hat ihn aufgeschoben, weil die Kräfte neu berechnet werden müssen und möglicherweise ein anderes Bündnis zu schmieden ist.

Aber auch nach dem Pakt bleibt die deutsche Sicht auf die Beziehungen zur Sowjetunion ausgeprägt antisowjetisch. Die UdSSR figuriert darin als eine Art Dominion.

Daher ist die Frage des Konflikts eine Frage des Zeitpunktes, der nicht sehr fern liegt. Denn da Deutschland so abhängig von normalen Beziehungen zu uns ist, hat es kaum stabile deutsch-sowjetische Beziehungen für einen langen Zeitraum auf antisowjetischer Grundlage ins Auge gefaßt.

Das sind Tatsachen allgemein politischer Art.

Auch der Zustand der Streitkräfte zeugt davon, daß Deutschland schon seine Reserven angreift, aber sich trotzdem eine Armee von einer Stärke leistet, wie sie nirgendwo eingesetzt werden kann, es sei denn auf unserem Kriegsschauplatz.

Gegenwärtig stehen, wenn man die Einberufung von Reservisten und Wehrpflichtigen im April miteinbezieht, über neun Millionen Mann unter Waffen.

Gegen die Briten und Franzosen ist Deutschland mit sieben Millionen Mann angetreten.

Seit Herbst 1940 werden deutsche Truppenverbände (von den ersten Einheiten nach der Zerschlagung der Briten und Franzosen abgesehen) ununterbrochen nach Osten verlegt. Gegenwärtig befinden sich im Osten, d. h., in Ostpreußen, Polen und Rumänien, 118–120 Divisionen.

Gegen Briten und Franzosen ließ Deutschland an der Westfront 150–160 Divisionen aufmarschieren.

Die Truppenkonzentration im Osten setzt sich fort.

Nach politisch-moralischen Kriterien, nach Ausbildungs- und Ausrüstungsstand haben die Streitkräfte jetzt ihren Höhepunkt erreicht. Die Reichsführung kann nicht davon ausgehen, daß dieser über längere Zeit zu halten ist, denn bereits jetzt lösen die geringsten Komplikationen, die auf ein weiteres Hinauszögern des Kriegsbeginns hindeuten, in breiten Bevölkerungsschichten höchste Nervosität aus.

Wo die Interessen der UdSSR und Deutschlands durch den Gang der Dinge miteinander kollidieren (z. B. auf dem Balkan), mißachtet Deutschland in seiner Außenpolitik die Interessen der UdSSR, ja, es sucht solche Kollisionen geradezu und verfolgt seine Interessen dann ganz unverhüllt antisowjetisch und mit militärischen Mitteln selbst dort, wo es nur noch im militärischen Sinne gegen die Sowjetunion geht (Finnland).

Ununterbrochen werden Kriegsgüter aus Deutschland nach Finnland gebracht. In der letzten Zeit gibt es auch Berichte, daß Truppeneinheiten dorthin transportiert werden.

Nun zum Zustand unserer Streitkräfte.

Die Deutschen sind zweifellos über die Schwachpunkte der Roten Armee aus der Zeit bis einschließlich 1939 informiert.

Ebenso unzweifelhaft wissen sie auch darüber Bescheid, in welchem Tempo die Neuformierung unserer Armee vorankommt und welche Probleme dabei bestehen. Derartige Informationen sind aber von größtem Gewicht, wenn es um den Zeitpunkt eines Krieges gegen uns geht.

Schlußfolgerung:

Ich habe eingangs darauf hingewiesen, daß meine Überlegungen auf verschiedenen konkreten Tatsachen beruhen, über die ich Ihnen zu verschiedener Zeit und in verschiedenen Dokumenten berichtet habe.

Alle diese Tatsachen führen mich zu folgender Überzeugung:

1. In den deutschen Plänen des gegenwärtigen Krieges ist die UdSSR der nächste Gegner.
2. Der Ausbruch des Konflikts steht möglicherweise kurz bevor, auf jeden Fall wird er noch in diesem Jahr erfolgen. Natürlich kann es sein, daß diese Absichten und der Zeitpunkt auf Hindernisse von der Art der Reise Matsuokas ›über Berlin und Rom nach Moskau‹ stoßen, wie man hier in diplomatischen Kreisen sagt. Aber das geschähe nicht nach dem Willen der Deutschen, sondern gegen ihn.
3. Aus meiner Sicht werden die Deutschen als nächstes folgende Schritte tun:
   a) Die Türkei wird durch den Dreimächtepakt oder eine analoge Vereinbarung eingebunden.
   b) Schweden tritt dem Dreimächtepakt bei, und danach auch Finnland, das längst dazu bereit ist.
   c) Die Truppentransporte in Richtung unseres Kriegsschauplatzes werden verstärkt.
   d) Ob die Deutschen umfangreiche Operationen im Nahen Osten und in Afrika planen, wo Truppenkontingente eingesetzt werden müßten, die die europäische Gruppierung schwächten, ist schwer zu sagen, obwohl offiziell solche Ziele wie Suez, Mossul oder die Zerschlagung der Engländer in Abessinien verkündet werden.

Der Militärattaché der UdSSR in Deutschland
Generalmajor W. Tupikow«[6]

Tupikow war seinen Aufgaben durchaus gewachsen. Und er stand nicht allein. Aber sein Brief, so verzweifelt er klang, blieb bei Golikow liegen.

Über ihr eigenes Verhalten hüllte sich die sowjetische Aufklärung nach dem Kriege fast fünfzig Jahre lang in Schweigen. Nur hier und da kam etwas ans Licht, aber auch das eher zufällig. So ist es nur einer Laune Nikita Chruschtschows zu verdanken, daß der Name Richard Sorges überhaupt in unserem Land bekannt wurde. Eines Abends zeigte man ihm den im Westen gedrehten Film »Wer sind Sie, Dr. Sorge?« Chruschtschow fragte Anastas Mikojan, der neben ihm saß: »Hatten wir tatsächlich einen solchen Agenten?« Mikojan nickte, meinte aber in seiner sprichwörtlichen Vorsicht, ein anderer Anwesender, der stellvertretende GRU-Chef General Mamsurow, wisse darüber besser Bescheid. Der General sagte Chruschtschow die Wahrheit, und dieser wies an, man möge über Sorge in den Zeitungen schreiben.

Andere große sowjetische Kundschafter der Vorkriegszeit hatten da weniger Glück. So lagen beim KGB alle Informationen über Harro Schulze-Boysen und Arvid Harnack (Decknamen »Hauptfeldwebel« und »Korse«) lange Zeit unter Verschluß, weil Walter Ulbricht und nach ihm auch Erich Honecker hartnäckig behaupteten, die »Rote Kapelle« sei nicht von der sowjetischen Aufklärung, sondern vom ZK der KPD geführt worden. Sie sei überhaupt keine Kundschaftergruppe, sondern eine antifaschistische Untergrundorganisation gewesen.

Wie paradox es auch klingen mag: Die sowjetischen Nachrichtendienste arbeiteten nicht nur gegen den künftigen Feind, sondern auch gegeneinander. Die Palme gehörte hier aus verständlichen Gründen dem NKWD. Lange Zeit spielten in der Auslandsaufklärung die Militärs die führende Rolle. Das lag u. a. daran, daß sie von begabten Menschen geführt wurden, die vor allem hervorragende Organisatoren waren. Gerade in der Aufklärung spielen bekanntlich Erfahrung und Kontinuität eine große Rolle. Spionagechefs wechselt man nicht von einem Tag zum anderen. Oberst Nicolai und Admiral Canaris arbeiteten viele Jahre lang auf diesem Posten, ebenso der legendäre »C«, der Chef des britischen Nachrichtendienstes, Admiral Sinclair, und sein Nachfolger Menzies. Die sowjetische Militäraufklärung GRU wurde von 1924 bis 1935 von Jan Karlowitsch Bersin (mit bürgerlichem Namen Peter Kjusis) aufgebaut. Er schuf ein riesiges Netz von Residenturen und wandte dabei Mittel an, die später als »Feindmethoden« verunglimpft wurden. So richtete er als Deckung für seine Agenten Firmen (Trepper) oder Verlage (Radó) ein, womit es ihnen gelang, tief in die Gesellschaften der westlichen Welt einzudringen. Getreu dem damals in der Partei der Bolschewiki noch geltenden Prinzip des Internationalismus schaute Bersin nicht als erstes in die Personalakte eines Kandidaten. Auch hatte er keine Vorbehalte, wenn darin stand, daß dieser Jude war. Vermutlich wurde danach damals gar nicht gefragt. Im Gegenteil, Bersin schätzte den beweglichen jüdischen Geist, das Sprachtalent und die Anpassungsfähigkeit an fremde Bedingungen, die dieses Volk in den Jahrhunderten der Diaspora erworben hatte. Trepper, Manewitsch oder Gurewitsch wären wohl unter Stalin kaum Aufklärer geworden.

Die Aufklärung des NKWD befaßte sich in der ersten Zeit besonders mit Fragen des Kampfes gegen die Konterrevolution. Bis Anfang der dreißiger Jahre hatte sie ebenfalls zahlreiche »glänzende« Operationen auf ihrem Konto – so das berühmte Unternehmen »Trust«, das mit der Festnahme des »Superspions« Seiner Britischen Majestät Sidney Reilly in der Sowjetunion endete, oder die Entführung des Generals Skoblin.

Anfangs bestand zwischen beiden Diensten – des Militärs und der Sicherheitsorgane – Kooperation oder zumindest so etwas wie friedliche Koexistenz. Fähige Mitarbeiter wechselten von einem Dienst zum anderen. So ging z. B. Samuel Ginsburg (der spätere Walter Kriwitzki), den Bersin entdeckt hatte, Anfang der dreißiger Jahre zum INO. Aber bald änderte sich das. Stalin und seine rechte Hand, die OGPU, begannen ihre blutige Schlacht gegen die überzeugtesten und ehrlichsten Mitkämpfer, vor allem in der Armee. Dieser Schlag traf auch die GRU. Als erster fiel Jan Bersin. Das Kaderkarussell begann sich zu drehen. Auf Bersin folgten Uritzki, Gendin, Orlow und schließlich Proskurow. 1940 kam Golikow auf diesen Posten, ein unbeweglicher und in der Aufklärung unerfahrener Mann, aber Stalin treu ergeben. In den drei Jahren von 1938 bis 1941 hatte die Militäraufklärung fünf verschiedene Chefs. Wenn man bedenkt, daß fast alle stellvertretenden Chefs der

GRU und nach einem Bericht Proskurows an Stalin im Jahre 1940 auch über die Hälfte der Mitarbeiter den Repressalien anheimfielen, dann kann man ermessen, welcher Schlag der Militäraufklärung von ihren Rivalen zugefügt wurde. Aber auch diese entgingen ihrem Schicksal nicht. Sowohl der Chef der Aufklärung der Sicherheitsdienste, INO, Abram Sluzki, als auch sein Nachfolger Michail Spiegelglas wurden erschossen. Ein besonders vernichtender Schlag ereilte die Berliner Residentur, wo erst unmittelbar vor Kriegsausbruch mit Alexander Michailowitsch Korotkow wieder ein erfahrener und geschickter Kundschafter auftauchte. Etwas besser erging es London – hier konnten die berühmten Cambridge Five weiterarbeiten, wenn man ihre Berichte auch mit großem Mißtrauen aufnahm. Von Richard Sorge ganz zu schweigen, den sowohl Stalin als auch Golikow für einen Provokateur hielten …

Wenn man die zahlreichen Kanäle bedenkt, über die unangenehme Informationen nach Moskau flossen, dann mußte sich dort ein plastisches Bild ergeben. Zu den Berichten der Nachrichtendienste kamen chiffrierte Telegramme und schriftliche Dokumente per Kurier aus den Botschaften. Nicht nur Dekanosow aus Berlin sandte Informationen zu diesem Thema, sondern auch die diplomatischen Vertretungen in England, den USA, Rumänien, Bulgarien und Japan.

Ein weiteres Paradox: Obwohl Dekanosow Stalins Mann war, wollte dieser nichts von den Vorbereitungen auf einen Überfall gegen die UdSSR hören und lesen. Dekanosow sandte von Ende 1940 bis zum 21. Juni 1941 eine Warnung nach der anderen. Das ging so weit, daß Berija einen Tag vor Kriegsausbruch an Stalin schrieb:

»Ich bestehe noch einmal darauf, unseren Botschafter in Berlin, Dekanosow, abzulösen und zu bestrafen, weil er mich ununterbrochen mit Desinformationen bombardiert, Hitler bereite angeblich einen Überfall auf die UdSSR vor. Jetzt hat er mir mitgeteilt, daß dieser Überfall morgen beginnen soll.«[7]

Aber Stalin schenkte all den aufstörenden Meldungen keinen Glauben. Nicht einmal dann, wenn sie ihm der Volkskommissar für Staatssicherheit, Wsewolod Merkulow, persönlich zuleitete. Auf einen seiner Berichte schrieb er: »An Genossen Merkulow. Ihre ›Quelle‹ im Stab der deutsch. Luftwaffe können Sie zum Teufel schicken. Das ist keine ›Quelle‹, sondern eine Desinformation. J. St.«[8]

Das war unmißverständlich. Heute wissen wir, daß diese Quelle Harro Schulze-Boysen (im Stab der Luftwaffe) und Arvid Harnack (im Wirtschaftsministerium) waren, hochintelligente Menschen und treue Antifaschisten, deren Mitarbeit in der legendären Kundschaftergruppe, die die Gestapo »Rote Kapelle« nannte, sie bald den Kopf kosten sollte.

Mich hat Stalins brutale Äußerung über die »Quellen« besonders tief getroffen, denn ich hatte vor einigen Jahren Gelegenheit, eine Frau aus der unmittelbaren Umgebung von Schulze-Boysen und Harnack zu sprechen. Bereits in den fünfziger Jahren lernte ich in Berlin Greta Kuckhoff kennen, die dieser Gruppe angehört hatte. Wir trafen uns häufig in Berlin und Moskau. Ich wollte damals sogar ein Buch über sie schreiben, aber wir kamen überein, daß es dafür noch zu früh war. Ich wußte bereits, daß die SED-Führung und Walter Ulbricht persönlich in jenen Jahren die Heldentaten der sowjetischen Aufklärer um keinen Preis anerkennen wollten, weil sie sie als Mitglieder einer illegalen Gruppe vereinnahmt hatten, die angeblich unter direkter Leitung des ZK der KPD stand. Weder Greta Kuckhoff noch ich hatten die Absicht, uns auf diese Heuchelei einzulassen, und gegen Ulbrichts Willen etwas zu veröffentlichen war damals so gut wie unmöglich.

Greta Kuckhoff berichtete ausführlich, wie frühzeitig diese Kundschafter und Antifaschisten über die Vorbereitungen auf den Fall »Barbarossa« in Deutschland informierten:

»Dafür brauchte man nur aufmerksam zu beobachten, was um uns herum geschah. Z. B. hatten wir in unserer Gruppe Mitarbeiter des Wetterdienstes. Die Anfragen, die sie erhielten, sagten ihnen genau, wohin man die schwere Artillerie verlegte. Besonders tiefen Einblick in diesen Bereich hatte Harro Schulze-Boysen, der im Reichsluftfahrtministerium tätig war. Er unterhielt Kontakte zu einem großen Kreis gut informierter hoher Offiziere.

Wenn ich nicht irre, dann wußten wir bereits im Oktober 1940, daß der Überfall bevorsteht. Ganz sicher kann ich aber sagen, daß wir Anfang April 1941 den Zeitpunkt genau kannten. Wir gaben ihn sofort weiter, denn wir waren der Meinung, daß dies ein ungeheures Verbrechen an den Völkern der Sowjetunion war, das Hunderttausende Menschen, darunter auch viele deutsche Soldaten, das Leben kosten werde.

Arvid Harnack war sehr gut über die wirtschaftlichen Vorbereitungen auf den Krieg informiert, da er im Reichswirtschaftsministerium arbeitete. Dort wurden genaue Statistiken über den Bedarf an Benzin und anderen Ressourcen für die Kriegführung erarbeitet. So kam ein Steinchen zum anderen, entstand ein umfassendes Bild davon, wie der Überfall vorbereitet wurde. Um so tiefer war unsere Erschütterung, als wir in den ersten schweren Wochen nach Kriegsbeginn die Namen der Ortschaften hörten, die wir in unseren Informationen genannt hatten. Ausgerechnet in den Richtungen, die wir angegeben hatten, errang die Wehrmacht die größten Erfolge. Das konnten wir einfach nicht begreifen …«

Was sollte ich meiner Gesprächspartnerin sagen? Sie hatte in ihrem Leben schwerste Prüfungen bestanden und war wie durch ein Wunder am Leben geblieben. Man hatte ihr Todesurteil in eine Gefängnisstrafe umgewandelt, und sowjetische Truppen brachten ihr die Freiheit. Ich konnte ihr nichts sagen. Wir selbst lesen heute fassungslos die inzwischen offengelegten Archivdokumente, die beweisen, in welchem Umfang Informationen an der Schwelle des Krieges nach Moskau strömten. Natürlich mußte man sie damals mit kritischem Blick lesen. Natürlich können diejenigen, die noch heute Stalins Unfehlbarkeit verteidigen, einwenden, daß Stalin schließlich nicht jeden Bericht persönlich in allen Einzelheiten abwägen konnte. Aber wenn Dutzende solcher Berichte eingingen? Oder gar Hunderte? Wenn selbst der Generalstabschef die Warnungen ernst nahm?

Historiker und Psychologen können heute darüber streiten, wie man die Schuld aufteilt zwischen Politikern, die die Wahrheit nicht glauben wollten, und Militärs, die den Politikern die Wahrheit nicht glaubhaft machen konnten. Zuweilen ist zu hören, der Chef der Hauptverwaltung Aufklärung, General Golikow, habe Berichte der genannten Art nur deshalb mit diskreditierenden Bemerkungen versehen, weil sie Stalin sonst überhaupt nicht zur Kenntnis genommen hätte. Derartige Erklärungen klingen jedoch sehr nach einem verspäteten Alibi. Militärs auf so verantwortungsvollen Posten wie Volkskommissar Timoschenko oder Generalstabschef Shukow hätten auf der Wahrheit bestehen können und müssen. Sie taten es nicht.

Das ist die eine Seite der Medaille. Es gibt aber auch die andere. Wenn man die Beschlüsse des Politbüros des ZK der KPdSU(B) in den Vorkriegsjahren durchsieht, dann kann man diesem höchsten Führungsorgan des Staates nicht vorwerfen, es habe sich nicht mit der Vorbereitung auf die kommende militärische Auseinandersetzung befaßt. Hier nur eine Auswahl relevanter Beschlüsse, die selbstverständlich als »streng geheim«, »geheim« oder »besonders wichtig« klassifiziert waren:

- Am 27. Mai 1939 faßte das Politbüro einen Beschluß über die Herstellung von synthetischem Treibstoff. Die erste Produktionslinie sollte im Jahre 1940, die zweite 1941 den Betrieb aufnehmen.
- Am selben Tag, dem 27. Mai 1939, erging der Beschluß über die Produktion von gegossenen Schichtpanzerplatten in den Kirow- und Ischor-Werken in Leningrad.
- Am 20. August 1939 wurde entschieden, in der Moskauer Metro Luftschutzbunker für große Menschenmassen einzurichten. Der Abschluß der Arbeiten war für Dezember 1940 vorgesehen.
- Am 29. August 1939 beschloß das Politbüro, 4000 Parteimitglieder zur politischen Arbeit in die Rote Armee zu entsenden.
- Am 13. März 1940 wurden Militärlehrgänge für Mit-

arbeiter der Parteikomitees angeordnet. Die ersten sollten im Mai/Juni 1940 beginnen, weitere bis Ende 1940 folgen.

- Am 20. März 1940 wurde festgelegt, daß innerhalb von drei Jahren 208400 Kommandeure und 890000 Unterführer auszubilden seien. Diese Maßnahme stand im Zusammenhang mit der angewiesenen vollen Mobilmachung in den Jahren 1940/41.
- Am 25. März 1940 richtete man eine Kommission für die Beförderung hoher Armeekommandeure ein.

Im Unglücksjahr 1941 befaßte sich das oberste Führungsorgan der Partei weiter mit diesen Fragen:

- Am 21. Januar 1941 nahm das Politbüro einen internen Bericht über die reale Planerfüllung im Jahre 1940 entgegen. Dort hieß es, die Produktion in der Verteidigungsindustrie sei um 33 Prozent gewachsen, die Erdölförderung, das Bauwesen und die chemische Industrie dagegen wiesen Rückstände auf.
- Etwa zur gleichen Zeit legte der Chef der Politischen Hauptverwaltung der Roten Armee, Saporoshez, einen Bericht über den Stand der Militärpropaganda vor, in dem er bedauernd feststellte: »In der gesamten Propaganda im Lande herrscht ein friedlicher Ton vor. Sie ist nicht von militärischem Geist getragen und weist das sowjetische Volk nur selten auf die kapitalistische Umkreisung und auf den unvermeidlichen Krieg hin.«
- Im April meldete Saporoshez, daß in der Roten Armee 9841 Politoffiziere mittlerer Ränge fehlten.
- Am 26. April forderten Timoschenko und Shukow die Einberufung von zusätzlichen 100000 Mann, um das Programm zur Modernisierung der Luftstreitkräfte realisieren zu können.
- Der stellvertretende Volkskommissar für Verteidigung, Kulik, berichtete Stalin über Störungen in der Produktion von panzerbrechenden Leuchtspurgranaten der Kaliber 57, 76 und 88 mm sowie von Panzergranaten und Halbpanzergranaten der Kaliber 107, 122 und 152 mm.[9]

Alle diese Themen, die in geheimen Anlagen zu den Sitzungsprotokollen des Politbüros festgehalten sind, stellen nur eine Auswahl dar. Aber bereits sie zeigt, daß man in Moskau nicht untätig blieb. Allerdings erhebt sich die Frage, wann alle diese Verteidigungsmaßnahmen abgeschlossen sein sollten. Dieser Zeitpunkt lautete: Ende 1942.

Von Februar bis Juni 1941 hagelten widersprüchliche Weisungen Stalins auf den Volkskommissar für Verteidigung nieder, der sie an die Truppen weiterzugeben hatte. Ein Beispiel dafür ist die Befestigung der Grenze. Bereits 1940 begann man an der neuen Grenzlinie befestigte Räume einzurichten. Aber dafür standen keine Waffen zur Verfügung. Nun entbrannte ein Streit darüber, ob man die Artillerie in den befestigten Räumen an der bis 1939 bestehenden alten Außengrenze der Ukraine und Weißrußlands, die die Deutschen aus einem unerfindlichen Grunde »Stalinlinie« nannten, abbauen sollte. Schaposchnikow, Shdanow und Kulik waren für teilweisen Abbau. Shukow und Timoschenko widersetzten sich, weil sie der Meinung waren, diese Linie könnte noch von Nutzen sein. Stalin stimmte zunächst der ersten, später der zweiten Meinung zu. Daher befahl der Generalstab am 8. April 1941, die sechs größten befestigten Abschnitte zu »konservieren«. Am 14. April kam der nächste Befehl: In den neuen befestigten Abschnitten war Kampfbereitschaft herzustellen.

Der Beschluß über die Durchführung großer Wehrübungen (wozu 800000 Mann einberufen werden sollten) wurde erst im März 1941 gefaßt. Im April stimmte Stalin nach einem Vortrag Shukows zu, den Schutz der Westgrenze zu verstärken. Er gestattete es, unter größter Geheimhaltung zwei Armeen – angeblich zu Feldmanövern – aus der Tiefe des Landes nach Weißrußland und in die Ukraine vorrücken zu lassen. Im Mai verlegte der Generalstab 28 Divisionen und vier Armeeverwaltungen an die Grenze.

Als Timoschenko am 13. Juni um Weisung bat, die Truppen in Gefechtsbereitschaft zu versetzen und die Grenze mit einer ersten Staffel abzuriegeln, antwortete Stalin lediglich: »Wir denken darüber nach.« Am 14. Juni forderte er Meldung über die Gesamtzahl der sowjetischen Divisionen. Als er sie erhielt, meinte er: »Das ist doch nicht wenig! Nach unseren Informationen haben die Deutschen nicht so viele Truppen.«

Heute ist schwer nachzuvollziehen, wie Stalin zu dieser Meinung kam. Shukow hatte gemeldet, er verfüge über 149 Divisionen und eine gesonderte Brigade. Die drei deutschen Heeresgruppen (Leeb, Bock und Rundstedt) zählten zusammen 135 Divisionen. Aber nach Personalstärke und Kampfkraft waren sie den sowjetischen deutlich überlegen. Das einzige, worin Stalin recht hatte, war die Anzahl der sowjetischen Panzer und Flugzeuge. Die Sowjetunion besaß 22300 Panzer und 22000 Flugzeuge. Das war in der Tat mehr, als Deutschland zur Verfügung hatte. Aber ein großer Teil war veraltet![10]

Shukow nannte seine Gefühle in jenen Tagen »zwiespältig«. Zwar wurden Maßnahmen ergriffen, aber sie reichten bei weitem nicht aus. Auch Stalins Verhalten kann man nicht anders als »zwiespältig« nennen.

Die Annahme, Stalin habe in jener Zeit wichtige Entwicklungen übersehen, muß heute kategorisch ausgeschlossen werden. Aus allen Kanälen der Aufklärung strömte in den Jahren 1940/41 eine solche Menge von Berichten, daß man nur von einem bewußten Ignorieren vitaler Informationen sprechen kann. Wenn man allein die Zahl der Dokumente nimmt, die direkt an Stalin gingen, dann ergibt sich folgendes eindrucksvolles Bild:

Juni 1940	7
Juli 1940	19
August 1940	13
September 1940	9
Oktober 1940	4
November 1940	5
Dezember 1940	7

Januar 1941	12
Februar 1941	13
März 1941	28
April 1941	51
Mai 1941	43
1.–22. Juni 1941	60[11]

Unabhängig davon, wie die Qualität der Berichte zu bewerten war und wie weit sie zutrafen, kann man nur zu dem Schluß kommen, daß Stalin blind auf den Erfolg seines politischen Manövers vertraute. Im Juni 1941 war kein Zweifel an der Echtheit der Informationen mehr möglich, denn sie kamen nicht nur von Agenten, deren Zuverlässigkeit man anzweifeln konnte, sondern waren mit absolut zuverlässigen technischen Mitteln wie dem Abhören von Telefonen oder der Entschlüsselung von Meldungen aus japanischen, italienischen oder türkischen Quellen beschafft worden. Nicht zu deuteln war z. B. an einem Bericht des stellvertretenden Volkskommissars für Staatssicherheit, Kobulow, vom 20. Juni 1941, der den Mitschnitt eines Telefongesprächs von Botschafter Schulenburg am 16. Juni 1941 enthielt:

»Ich persönlich bin sehr pessimistisch gestimmt. Wenn ich auch nichts Konkretes weiß, so glaube ich doch, daß Hitler einen Krieg gegen Rußland im Schilde führt. Ende April habe ich Hitler bei einer persönlichen Begegnung ganz offen gesagt, daß sein Plan, Krieg gegen die UdSSR zu führen, der reine Wahnsinn ist, daß jetzt nicht die Zeit ist, an Krieg gegen die Sowjetunion zu denken. Glauben Sie mir, wegen dieser Offenheit bin ich bei ihm in Ungnade gefallen, riskiere jetzt meine Karriere und finde mich vielleicht bald in einem Konzentrationslager wieder. Ich habe Hitler nicht nur mündlich meine Meinung gesagt, sondern ihm auch darüber geschrieben. Da ich Rußland gut kenne, habe ich Hitler gesagt, daß man keine Truppen an den Grenzen der Sowjetunion konzentrieren darf, wenn ich dafür garantiere, daß die UdSSR keinen Krieg will. Man hat nicht auf mich gehört.«[12]

Man mußte in der Tat Stalins Selbstsicherheit haben, um die Gefahr auch jetzt noch zu ignorieren!

Erst Ende Mai gestattete Stalin, daß die Truppen der zweiten strategischen Staffel der Reserve des Oberkommandos (29 Divisionen) in ihre Stellungen einrückten. Am 21. Juni genehmigte er, die Truppen in Gefechtsbereitschaft zu versetzen. In derselben Direktive wies er aber auch an, »auf keine Provokationen hereinzufallen«. Dieser Befehl ging am 22. Juni um 3.00 Uhr morgens an die Militärbezirke hinaus. Viele Truppenteile erreichte er erst, als der deutsche Überfall bereits begonnen hatte. Am 21. Juni kamen im Politbüro Zweifel auf. Aus einer handschriftlichen Notiz von Georgi Malenkow geht hervor, daß es beschließen wollte, vier Fronten aufzubauen und in volle Gefechtsbereitschaft zu versetzen. Ein solcher Beschluß wurde jedoch nie unterschrieben. Im Archiv findet sich lediglich ein Entwurf.[13]

Nun kommen wir wieder auf die eingangs gestellte Frage zurück: Wie konnte Stalin die deutsche Bedrohung »übersehen«? Wie konnte er zulassen, daß die Rote Armee derart schwere Schläge hinnehmen mußte?

Beim Nachdenken über diese Frage und beim Abwägen aller rationalen Argumente zur Situation im Frühjahr und Sommer 1941 ertappte ich mich bei dem Gedanken: Kann man Stalins Handeln und seine ganze Persönlichkeit überhaupt mit normalen Maßstäben messen? Ich sage Nein und erlaube mir, ohne den Vorwurf eines neuen Personenkults zu fürchten, dafür folgende Argumente anzuführen:

Das erste trifft auf alle Diktatoren zu. Diese Menschen leben in ihrer eigenen, uns völlig fremden und von ihrer Umgebung isolierten Welt. Hitlers Lebensumstände sind bekannt, die Stalins weniger. Aber er hatte in der Tat seine eigene Welt. Beginnen wir mit seiner Lebensweise: Sein Lebensraum war eng umgrenzt: Das Arbeitszimmer im Kreml, die »nahe Datsche« in Kunzewo und die Wohnung im Kreml, wo er sich kaum aufhielt. Die Stadt Moskau existierte für ihn seit vielen Jahren nur hinter den Scheiben seiner gepanzerten Packard-Limousine. Alle Reden der letzten Jahre hatte er im Kreml gehalten. Nur hin und wieder fuhr er ins Bolschoi Theater und nahm dort in seiner Loge Platz. Sie lag links von der Bühne, von allen Foyers und Korridoren hermetisch abgeschirmt. Ebenso eng war der Personenkreis, mit dem Stalin Umgang pflegte: Berija (»Lawrenti«), Molotow (»unser Wjatscheslaw«), Kaganowitsch, Mikojan, Shdanow. Die Militärführung war bereits die zweite Ebene – zunächst Woroschilow, ab 1941 Timoschenko und Shukow. In diesem engen Kreis und meist beim Mittag- oder Abendessen wurden die wichtigsten Fragen entschieden.

Selbst die Personen, die Stalin zu sich rief, konnten ihm nicht berichten, was in der Welt außerhalb der Kremlmauern geschah – weder in Worten, wegen der Kürze der Audienz, noch psychologisch, weil sie von Furcht gepackt waren. Vom Ausland konnte Stalin niemand aus eigener Anschauung berichten – Botschafter gelangten nicht zu ihm, sowjetische Diplomaten noch weniger. Molotow kannte das Ausland nur von seinen Reisen. Es blieben Papiere – streng ausgewählte Informationen von Agenten, Berichte von Botschaften. Ausländische Zeitungen las Stalin nicht, weil er dazu nicht imstande war. Er sah lediglich die kurzen Zusammenfassungen des Sonderbulletins von TASS.

So bildete und entwickelte sich nach eigenen Gesetzen seine abgeschlossene Welt, in der Stalin alle Vorgänge ausschließlich auf sich selbst bezog. Wenn man bedenkt, wie geradlinig dieser in den Traditionen des Tifliser Priesterseminars erzogene Mann dachte, wenn man weiß, für wie unfehlbar er sich hielt, dann wird deutlich, daß es nicht in diese Welt paßte, nach Tatsachen zu forschen und diese kritisch zu analysieren. Tatsachen und Fakten hatten sich in Stalins Kopf allerdings in enormem Umfang angehäuft, womit er seine Gesprächspartner immer wieder überraschte und beeindruckte.

Deshalb macht es wenig Sinn, die Frage zu stellen, weshalb Stalin zuweilen so abgehoben handelte. Warum er z. B.

die Mobilmachung nicht genehmigte. Bemerkte er die deutschen Truppenkonzentrationen nicht? Derartige Fragen sind einfach nicht angebracht.

Wie sah Stalin den Krieg, der außerhalb der Sowjetunion tobte? Empfand er Befriedigung darüber? Einer Denkschule zufolge soll Stalin bis zu den vierziger Jahren der Idee der Weltrevolution angehangen und sich selbst zunächst als Bewahrer, später als Träger dieses verhängnisvollen Konzepts gesehen haben. Aber am Ende der dreißiger Jahre war Stalin ein anderer als in den zwanziger Jahren, als er noch die Revolution auf den Spitzen der Bajonette nach Polen tragen wollte. Als Lenins Nachfolger sah er seine Hauptaufgabe in der Konsolidierung der entstandenen Ordnung im Inneren des Landes, und sei es mit Gewalt. Äußere Ziele gerieten immer mehr an den Rand des Geschehens. Übrigens stellten auch deutsche Beobachter – Graf Schulenburg, sein Militärattaché Gustav Köstring und Botschaftsrat Gustav Hilger – mit Erstaunen fest, wie sich die Kommunistische Partei und Stalin selbst mehr und mehr von den expansionistischen weltrevolutionären Losungen abwandten und rein imperiale, »vaterländische« Ziele verkündeten. Diese Einschätzung teilte selbst Hitler, der die neuen Wesenszüge des sowjetischen Führers mehrfach erwähnte.

Nein, Stalin strebte keine Expansion im Namen der Weltrevolution mehr an. Er verfolgte inzwischen russisch-imperiale Ziele. Nicht einmal ein Sowjetpolen interessierte ihn noch, obwohl man doch hätte erwarten können, daß er auf Revanche für die Niederlage von 1920 brannte. Als Hitler ihm im August 1939 über Ribbentrop anbot, er möge bis Warschau vorrücken, stimmte Stalin zunächst zu, lehnte am 25. September 1939 dann aber doch ab. Dabei gebrauchte er, wie wir wissen, ein geradezu umwerfendes Argument: Man müßte dann in einem Teil des Landes eine autonome sozialistische Sowjetrepublik Polen einrichten, die stolzen Polen aber könnten das nutzen, um ihre Wiedervereinigung anzustreben. Da war die Wiedervereinigung der Westukraine und Westweißrußlands mit der »angestammten Heimat« doch eine ganz andere Sache!

Wie Molotow berichtet, soll es nach dem Krieg in Stalins Landhaus folgendes Gespräch gegeben haben: Als man ihm eine neue Karte der Sowjetunion brachte, heftete sie Stalin an die Wand und begann zu sinnieren:

»›Schauen wir doch mal, was wir da haben ... Im Norden ist alles in Ordnung, normal. Finnland hat sich uns gegenüber sehr schuldig gemacht, und wir haben die Grenze ein Stück von Leningrad abgerückt. Das Baltikum, alter russischer Boden, gehört wieder uns, die Weißrussen leben jetzt alle zusammen, ebenso die Ukrainer und die Moldauer. Im Westen ist alles normal.‹ Damit ging er zu den Grenzen im Osten. ›Und was haben wir hier? ... Die Kurilen sind jetzt unser, ganz Sachalin ist unser – wie schön! Dazu Port Arthur und Dalni‹, Stalin fuhr mit seiner Pfeife über China, ›auch die ostchinesische Eisenbahn ist unser. Mit China und der Mongolei ist alles in Ordnung ... Nur hier gefällt mir unsere Grenze nicht‹, sagte Stalin und wies auf die Gegend südlich des Kaukasus.«[14]

Und das sollte ein Revolutionär sein, der einen Weltumsturz plante? Natürlich nicht. Er war zum »Sammler russischer Länder« geworden, worunter er selbstverständlich alle Teile der großen Sowjetunion verstand.

DREIUNDZWANZIGSTES KAPITEL

Das große Spiel

Die Geschichte der letzten Friedensmonate der Sowjetunion vor dem Überfall Deutschlands gibt uns noch immer Rätsel auf. Wieso zeigte der sonst so argwöhnische Stalin auf die Berichte von den deutschen Truppenkonzentrationen keine Reaktion? Weshalb waren die sowjetischen Gegenmaßnahmen so widersprüchlich? Wie konnte Stalin Hitlers Friedensbeteuerungen Glauben schenken?

Einer Antwort auf diese Fragen begegnet man in Georgi Dimitroffs Tagebuch. Als dieser am 21. Juni 1941 von chinesischen Kommunisten die Mitteilung erhielt, Hitler werde noch am selben Tag die UdSSR überfallen, rief er Molotow an und bat ihn, das Stalin mitzuteilen. Molotow antwortete (laut Dimitroffs Tagebucheintrag):

»Die Lage ist unklar. Hier läuft ein großes Spiel. Nicht alles hängt von uns ab. Ich werde mit J[osef] W[issarionowitsch] reden.«[1]

Die Worte »läuft ein großes Spiel« sind von Dimitroff unterstrichen. Was meinte Molotow damit?

Die Lage Anfang 1941 erschien deshalb fast absurd, weil es trotz der wachsenden Spannungen in den Beziehungen zwischen Deutschland und der UdSSR nach außen hin so schien, als stünde alles bestens. Diplomaten versicherten einander freundschaftlicher Gefühle, Zwischenfälle wurden als Mißverständnisse bagatellisiert, Güterzüge mit sowjetischem Getreide rollten nach Westen.

Die Situation wirkt auch deshalb absurd, weil beide Seiten beste Möglichkeiten hatten, die wahren Absichten des Gegners zu durchschauen. Selbst in der für Ausländer hermetisch abgeriegelten Sowjetunion reisten deutsche Offiziere umher und besuchten Rüstungsbetriebe.[2] Beide Zweige der sowjetischen Aufklärung hatten inzwischen ihre verlorenen Positionen in Deutschland im wesentlichen wiederhergestellt. Die Residentur der Militäraufklärung in Berlin leitete der erfahrene General Tupikow, die des NKWD/NKGB Amajak Kobulow, der zwar ein Neuling war, aber das volle Vertrauen Berijas hatte. Er stellte den Kontakt zu antifaschistischen Gruppen und vor längerer Zeit angeworbenen Quellen wieder her, darunter der Quelle »Breitenbach«, die direkt aus der Gestapo nach Moskau berichtete. Hinter diesem Pseudonym verbarg sich der Kriminalkommissar und SS-Hauptsturmführer Willy Lehmann.[3] Die Informationen strömten nur so, man mußte sie lediglich nutzen.

Dem militärischen Konflikt ging also der Kampf der Nachrichtendienste beider Länder voraus. In diesem Bereich entfaltete sich auch das »große Spiel«, von dem Molotow sprach. Die Spieler hatten folgende Ausgangspositionen:

Als Hitler den Überfall vorbereitete, waren er und seine Abwehr nicht so arrogant zu glauben, ihr Treiben werde unbemerkt bleiben. Eher gingen sie vom Gegenteil aus. Am 15. Februar und 12. Mai 1941 erließ Generalfeldmarschall Keitel daher zwei Sonderbefehle zur Desinformation des Gegners. Nach dem ersten sollte diesem suggeriert werden, nicht ein Überfall auf die UdSSR, sondern auf England, Griechenland oder Nordafrika stünde bevor. Der zweite galt für den Fall, daß die Truppenkonzentrationen nicht mehr zu übersehen waren. Dazu wurde angewiesen, diese zwar einzuräumen, aber als Manöver darzustellen, das der Desinformation Englands diente.[4]

Soweit die Absicht. Bei ihrer Umsetzung gingen Abwehr und SD davon aus, daß die sowjetische Aufklärung und die Nachrichtendienste anderer Länder in Deutschland sehr aktiv waren und somit die beste Möglichkeit darstellten, Stalin zu desorientieren, ihn glauben zu machen, bis zu einem Angriff auf die UdSSR sei es noch weit.

Kanäle dafür gab es mehr als genug. Unter ihnen war Orest Berlings, Deckname »Lyzeumsschüler«, den Kobulow im Jahre 1940 angeworben hatte.[5] Aus Dokumenten in deutschen Archiven geht hervor, daß er von Anfang an für Kobulow und den SD arbeitete. So erteilte ihm Kobulow im Dezember 1940 persönlich den Auftrag, den Inhalt der geheimen Rede Hitlers vom 18. Dezember (dem Tag der Unterzeichnung des Planes »Barbarossa«) zu erkunden. Auf Berlings' Bericht schrieb Ribbentrop: »In diesen Agenten können wir alle Informationen pumpen, die wir wollen.« Prompt berichtete »Lyzeumsschüler« nach Moskau, ein Überfall auf ... England werde vorbereitet.

Aber nicht nur Doppelagenten kamen zum Einsatz. Aus durchaus zuverlässigen Quellen trafen von einem bestimmten Moment an Informationen besonderer Art in Moskau ein. Das geschah zu der Zeit, da Keitel seinen zweiten Befehl erlassen hatte, als die deutschen Truppenkonzentrationen an den Grenzen der Sowjetunion nicht mehr bestritten werden konnten. Man braucht nur die zahlreichen Berichte zu lesen, die heute in den Archiven der russischen Auslandsaufklärung liegen, und man sieht, daß die Deutschen ihre Absicht mit aller Konsequenz in die Tat umsetzten. In den Informationen, die aus unterschiedlichsten Quellen stammen, findet sich besonders häufig das Argument, in Deutschlands Kriegsplänen stehe die Sowjetunion höchstens an zweiter Stelle nach England. Viel lieber wolle man mit ihr verhandeln, um Getreide, Erdöl, Kohle und andere Güter zu erhalten. Deutschlands Forderung nach größeren Lieferungen von Lebensmitteln und Rohstoffen könnte sowohl in Verhandlungen als auch in Form eines Ultimatums gestellt werden. Die Ablehnung eines solchen Ultimatums wurde gleichsam als Kriegsgrund hingestellt. Damit orientierte man die sowjetische Aufklärung darauf, aufmerksam zu beobachten, wann sich dieser Schritt abzeichnete.

Die Berliner Residentur berichtete fortwährend über die Vorbereitung des Überfalls – so in Telegrammen des höchst zuverlässigen »Hauptfeldwebels« (Harro Schulze-Boysen), die bereits Ende 1940 und erneut im Januar 1941 eingingen. Jedoch am 2. April 1941 erhielt Stalin aus dem kürzlich gebildeten Volkskommissariat für Staatssicherheit (NKGB), dem die Auslandsaufklärung nun als Erste Verwaltung angehörte, die Sonderinformation Nr. 1196/M. Darin hieß es unter Berufung auf »Lyzeumsschüler«, Deutschland habe nicht ausreichend eigenes Getreide. Das war die reine Wahrheit. Daher sehe es sich »gezwungen, die Getreide- und Erdölressourcen des Sowjetstaates zu nutzen«.[6] Das konnte man, wenn man wollte, als Aufforderung zur Erweiterung des Handelsaustausches zwischen beiden Ländern nehmen. Es klang beruhigend, weil nicht davon die Rede war, durch Krieg und Okkupation an diese Ressourcen zu gelangen.

Zugleich erhielt die Residentur der Ersten Verwaltung des NKGB in Berlin von dem vertrauenswürdigen Harro Schulze-Boysen die Mitteilung, daß

»Deutschland die Kriegsvorbereitungen besonders auffällig betreibt, um seine militärische Überlegenheit zu demonstrieren. Hitler hat den Plan für einen Überfall auf die Sowjetunion initiiert, weil er einen Präventivkrieg gegen sie für notwendig hält, um nicht mit einem noch stärkeren Gegner konfrontiert zu werden. Dem Beginn der Kriegshandlungen soll ein Ultimatum an die Sowjetunion vorausgehen, dem Dreimächtepakt beizutreten. Die Realisierung dieses Planes wird mit dem Abschluß des Krieges gegen Jugoslawien und Griechenland erwartet.«[7]

Die Analysegruppe des NKGB, die aus drei Personen bestand und von M. A. Alachwerdow geleitet wurde, empfahl am 14. April, diese Information nicht weiterzugeben. Sie begründete dies damit, daß von einem solchen Ultimatum erstmals die Rede sei. Die Quelle habe sie von einem gewissen Offizier Gregor aus Görings Verbindungsstab zum deutschen Außenministerium erhalten, über dessen Zuverlässigkeit nichts bekannt sei. Die Empfehlung wurde jedoch verworfen. Bereits am 5. Mai versandte das NKGB seine Sonderinformation Nr. 1450/M an den üblichen Empfängerkreis – Stalin, Molotow und Berija. Darin hieß es unter Berufung auf Informationen des Pressesprechers des deutschen Wirtschaftsministeriums, G. Kroll:

»... Deutschland wird von der UdSSR fordern, an der Seite der Achsenmächte gegen England in den Krieg einzutreten. Als Garantie dafür, daß die UdSSR bis zum Endsieg an der Seite der Achse kämpft, wird die Besetzung der Ukraine und möglicherweise auch des Baltikums durch deutsche Truppen gefordert werden.«[8]

Einen zweiten Hinweis auf ein Ultimatum Hitlers konnte die Aufklärung nicht ignorieren und gab ihn kommentarlos an die Führung weiter.

Vielleicht wären diese Geheimdienstinformationen nicht auf fruchtbaren Boden gefallen, hätten sie nicht zu Überlegungen gepaßt, die Stalin und Molotow seit längerer Zeit im Kopf herumgingen.

Das sollte sich bald darauf zeigen. Schon wenige Tage später hielt sich Botschafter Wladimir Dekanosow für kurze Zeit in Moskau auf. Wie es üblich war, stattete er seinem deutschen Amtskollegen von der Schulenburg, der in einer alten Villa am Tschisty pereulok residierte, einen Besuch ab. Am 5. Mai trafen sie sich zum Frühstück. Dekanosow hatte an diesem Gespräch besonderes Interesse, weil er wußte, daß Schulenburg kurz zuvor, am 28. April, mit Hitler zusammengetroffen war. Schulenburg zögerte nicht, dies während des Frühstücks zu erwähnen. Das Gespräch nahm dann aber eine unerwartete Wendung, da der deutsche Botschafter auf »Gerüchte über einen bevorstehenden militärischen Konflikt zwischen der UdSSR und Deutschland« zu sprechen kam, der seine Stellung in Hitlers Augen sehr komplizieren werde.

Seit dem Kriege sind verschiedene Versionen des Gesprächs vom 5. Mai 1941 in Umlauf. Schulenburgs Botschaftsrat Gustav Hilger schrieb in seinen Erinnerungen, der Botschafter habe die Sowjetregierung angeblich vor dem am 22. Juni zu erwartenden deutschen Überfall gewarnt. Die gleiche Version verbreitet der russische Historiker G. Kumanew, der Anastas Mikojan als Quelle angibt.[9] Nach Stalins Archiv läßt sich jetzt feststellen, was tatsächlich gesprochen wurde. Das Datum des Überfalls nannte der Botschafter nicht. Zugleich gab er Dekanosow eindringlich zu verstehen, die Kriegsgerüchte seien so stark, »daß man sie als Tatsache ansehen muß«. Der sowjetische Diplomat verhielt sich sehr merkwürdig: Immer wieder suchte er Schulenburg eine Aussage zu entlocken, ob er auf eigene Faust oder im Auftrage seiner Regierung handle. Zugleich erinnerte er Schulenburg spontan (?) an dessen Gespräch mit Molotow vom 25. Oktober, in dem der sowjetische Außenminister Bereitschaft gezeigt hatte, über den Beitritt zum Dreimächtepakt zu sprechen. Beide Gesprächspartner kamen zu dem Schluß, daß man sich noch einmal treffen müsse, um die entstandene Lage weiter zu erörtern.[10]

Die Fortsetzung kam für Schulenburg unerwartet. Am 9. Mai suchte Dekanosow ihn erneut auf – diesmal allerdings nicht auf eigene Initiative, sondern in Stalins Auftrag – und schlug ihm vor, eine gemeinsame Pressemitteilung darüber zu verfassen, daß die Gerüchte über einen sich zuspitzenden Konflikt nicht zutreffend seien. Darüber müsse man allerdings verhandeln. Schulenburg stellte vorsichtig die Frage, ob es nicht besser sei, wenn Stalin einen Brief mit diesem Vorschlag an Hitler schreibe. Diese Frage zu beantworten, war Dekanosow nicht befugt.

Hier nun Dekanosows Niederschrift des Gesprächs vom 9. Mai:

»Ich habe darüber nachgedacht, welche Maßnahmen man ergreifen könnte ... Mir scheint, da es um beiderseitiges Handeln geht, solle man vielleicht ein gemeinsames Kommuniqué veröffentlichen, in dem es zum Beispiel heißen könnte, daß seit gewisser Zeit Gerüchte über Spannungen in den sowjetisch-deutschen Beziehungen und einen angeblichen Konflikt zwischen der UdSSR und Deutschland im Umlauf sind, die jeglicher Grundlage entbehren und von Elementen verbreitet werden, die der UdSSR und Deutschland feindlich gegegenüberstehen.

Ich betonte, dies sei keine endgültige Formulierung für ein Kommuniqué, sondern lediglich eine persönliche Überlegung ... Schulenburg erwiderte, er habe einen anderen Vorschlag. Er hielte es für zweckmäßig, die Übernahme der Funktion des sowjetischen Regierungschefs durch Stalin zu nutzen. Nach Schulenburgs Meinung könnte Stalin in diesem Zusammenhang Briefe an führende Politiker einiger mit der UdSSR befreundeter Staaten richten, z. B. an Matsuoka, Mussolini und Hitler, ›vielleicht auch an die Türkei‹, fügte er hinzu. Darin könnte er anläßlich seines Amtsantritts als Regierungschef (Sch. sagte wiederholt irrtümlich ›Staatsoberhaupt‹) erklären, daß die UdSSR gegenüber diesen Staaten auch weiterhin eine freundschaftliche Politik zu betreiben gedenke. Der Wortlaut der Briefe könnte identisch sein. Bei Hitler sollte ein zweiter Teil angefügt werden, in dem es z. B. heißen könnte, Stalin sei zu Ohren gekommen, daß Gerüchte über eine angebliche Zuspitzung der sowjetisch-deutschen Beziehungen und sogar über einen möglichen Konflikt zwischen unseren Ländern im Umlauf seien. Um diesen Gerüchten entgegenzutreten, schlage Stalin vor, ein gemeinsames deutsch-sowjetisches Kommuniqué mit dem von mir angeregten Inhalt zu veröffentlichen. Darauf werde der Führer antworten, und nach Meinung von Sch. wäre damit das Problem gelöst.

Sch. fügte hinzu, er halte meinen Gedanken an ein Kommuniqué für gut, man müsse aber rasch handeln, und auf diese Weise könnte man beide Vorschläge miteinander verbinden.

Im weiteren verteidigte Schulenburg seine Idee und wiederholte, man müsse rasch handeln. Sein Vorschlag sei schnell zu realisieren. Nach meiner Variante müsse man zunächst einen Textentwurf nach Berlin senden, und wenn Ribbentrop oder Hitler nicht am Ort seien, werde sich die ganze Sache hinziehen. Wenn jedoch Stalin Hitler einen Brief schreibe, werde dieser einen Kurier mit Sonderflugzeug schikken, und es könne sehr schnell gehen.«[11]

Dekanosow reagierte äußerst vorsichtig:

»Als ich sah, daß Schulenburg meine Überlegung, ein gemeinsames Kommuniqué zu veröffentlichen, nicht unterstützt, sagte ich, ich bestehe nicht darauf. Der Botschafter selbst habe mich darauf gebracht, als er seine Sorge über die Gerüchte zum Ausdruck brachte. Das Gespräch über einen Brief des Gen. Stalin an Hitler sei rein hypothetisch, und ich könne keine Einzelheiten debattieren. Außerdem sähe ich Schwierigkeiten bei der Realisierung eines solchen Vorhabens.«

All das berichtete Dekanosow Stalin und Molotow. Diese entschieden, ein drittes Treffen sei erforderlich. Dafür erhielt Dekanosow klare Weisung. Stalin erteilte sie nicht nur mündlich, sondern diktierte Molotow den folgenden Text:

»12. Mai 1941

Ich habe mit Gen. Stalin und Gen. Molotow über Schulenburgs Vorschlag eines Briefwechsels gesprochen, um Gerüchten über eine Verschlechterung der Beziehungen zwischen der UdSSR und Deutschland entgegenzutreten. Sowohl Stalin als auch Molotow haben im Prinzip nichts gegen einen solchen Briefaustausch einzuwenden, sind aber der Meinung, daß er nur zwischen Deutschland und der UdSSR erfolgen sollte.

Da mein Aufenthalt in der UdSSR zu Ende geht und ich noch heute nach Deutschland zurückkehren muß, meinte Stalin, Schulenburg sollte Inhalt und Wortlaut der Briefe sowie des gemeinsamen Kommuniqués mit Molotow besprechen.«[12]

Am 12. Mai trat Schulenburg jedoch den schnellen Rückzug an. Entweder war ihm klar geworden, daß er zuviel versprochen hatte, oder er hielt, da er Hitlers wahre Meinung kannte, das ganze Unternehmen für zu riskant. Man ging ergebnislos auseinander, und Dekanosow kehrte nach Berlin zurück.

War damit der ganze Fall beendet? Ich glaube gewisse Vermutungen über die praktischen Folgen dieser Angelegenheit äußern zu können, wobei ich mich auf Georgi Shukow berufe. Ich sprach mit ihm im Jahre 1966 auf seiner Datsche bei Moskau, wo der Marschall seine letzten Lebensjahre verbrachte. Hier schrieb er auch seine Memoiren, genauer gesagt, er führte einen Papierkrieg mit den Zensoren der Partei, die ihm ihre Sicht auf den Krieg aufzuzwingen suchten und alles strichen, was dort nicht hineinpaßte. Mich empfing der Marschall mit Wohlwollen, was entweder daran lag, daß ich im Frühjahr 1945 in seinem Stab gedient hatte, oder daran, daß ich auf Empfehlung Konstantin Simonows kam, den Shukow gut kannte.

Unser Thema war die Schlacht bei Moskau. Dabei mußte aber der Marschall auf die Vorkriegszeit und seine Rolle als Generalstabschef der Roten Armee eingehen. So kamen wir auch auf die unglückselige TASS-Erklärung zu sprechen, die am 14. Juni 1941 in der Presse erschien. Sie hatte folgenden Wortlaut:

»13. Juni 1941

Bereits vor Eintreffen des britischen Botschafters in der UdSSR, Mr. Cripps, in London, besonders aber nach seiner Ankunft wurden in der englischen und ausländischen Presse Gerüchte debattiert, daß ›ein Krieg zwischen der UdSSR und Deutschland kurz bevorsteht‹. Nach diesen Gerüchten hat 1) Deutschland angeblich Forderungen territorialen und wirtschaftlichen Charakters an die UdSSR gestellt, laufen gegenwärtig zwischen Deutschland und der UdSSR Verhandlungen über eine neue, engere Vereinbarung zwischen ihnen; 2) die UdSSR diese Forderungen angeblich abgelehnt, weshalb Deutschland an den Grenzen der UdSSR Truppen zusammenzieht, um die UdSSR zu überfallen; 3) die Sowjetunion ihrerseits die Vorbereitungen auf einen Krieg mit Deutschland verstärkt und mit Truppenkonzentrationen an dessen Grenze begonnen.

Obwohl diese Gerüchte ganz eindeutig jeglicher Grundlage entbehren, haben es zuständige Kreise in Moskau angesichts dessen, daß sie sich hartnäckig halten, für notwendig erachtet, TASS zu der Erklärung zu bevollmächtigen, daß diese Gerüchte eine plumpe propagandistische Erfindung der UdSSR und Deutschland feindlich gesonnener Kräfte darstellen, die an der Entfesselung und Ausweitung des Krieges interessiert sind.

TASS erklärt: 1) Deutschland hat an die UdSSR keinerlei Forderungen gestellt und keine neue, engere Vereinbarung vorgeschlagen, worüber auch keine Verhandlungen geführt werden konnten. 2) Nach in der UdSSR vorliegenden Informationen hält Deutschland die Bestimmungen des sowjetisch-deutschen Nichtangriffspaktes ebenso strikt ein wie die Sowjetunion, weshalb nach Meinung sowjetischer Kreise die Gerüchte über eine Absicht Deutschlands, den Pakt zu brechen und einen Überfall auf die UdSSR zu verüben, jeglicher Grundlage entbehren. Die in der letzten Zeit zu beobachtende Verlegung deutscher Truppen, die bei den Operationen auf dem Balkan freigeworden sind, in die Ost- und Nordostgebiete Deutschlands erfolgte offenbar aus anderen Gründen, die nichts mit den sowjetisch-deutschen Beziehungen zu tun haben. 3) Ausgehend von ihrer Friedenspolitik hält die UdSSR die Bestimmungen des sowjetisch-deutschen Nichtangriffspaktes ein und beabsichtigt dies auch weiterhin zu tun, weshalb Gerüchte, daß die UdSSR einen Krieg gegen Deutschland vorbereite, verlogen und provokatorisch sind. 4) Die gegenwärtig durchgeführten Sommerlager von Reservisten der Roten Armee und die bevorstehenden Manöver verfolgen kein anderes Ziel als die Ausbildung der Reserve und die Überprüfung der Funktionsweise der Eisenbahn, was jedes Jahr erfolgt, weshalb eine Darstellung dieser Maßnahmen der Roten Armee als gegen Deutschland gerichtet, gelinde gesagt, unsinnig ist.«[13]

Die Sowjetregierung bestritt also kategorisch die Gerüchte über die Vorbereitung eines deutschen Überfalls als von »der UdSSR und Deutschland feindlich gesonnenen Kräften« provoziert. Diese Erklärung stürzte die sowjetischen Menschen damals in tiefe Verwirrung: Einerseits spürte das Volk, daß Krieg in der Luft lag, andererseits wurde eine TASS-Meldung aufgenommen wie das Evangelium.

»Ich habe sie auf meine Weise verstanden«, sagte Marschall Shukow.

»Und wie?«

Hier ist seine Erklärung:

»Anfang Juni faßte ich den Entschluß, ich müßte noch einen Versuch unternehmen, Stalin zu überzeugen, daß die Berichte der Aufklärung über die heraufziehende Gefahr der Realität entsprechen. Bisher hatte Stalin alle derartigen Äußerungen des Generalstabschefs zurückgewiesen. Einer seiner Kommentare lautete: ›Sehen Sie, uns schreckt man mit den Deutschen, und die Deutschen mit der Sowjetunion. Man will uns nur aufeinanderhetzen.‹ Gemeinsam mit Volkskommissar Semjon Timoschenko bewaffnete ich mich mit den Stabskarten, in denen alle Truppenkonzentrationen des Gegners eingezeichnet waren. Meldung erstattete ich. Stalin hörte schweigend, aber aufmerksam zu.

Nach dem Vortrag entließ er uns ohne ein Wort. Ich war tief deprimiert. Einige Tage vergingen, dann ließ mich Stalin rufen. Als ich bei ihm eintrat, saß er an seinem Schreibtisch. Ich trat näher. Er zog die mittlere Schublade auf und nahm einige Blatt Papier heraus. ›Lesen Sie‹, sagte er. Ich tat, wie mir geheißen. Es war ein Brief Stalins an Hitler, in dem er kurz seine Sorge über die deutschen Truppenkonzentrationen darlegte, von denen ich ihm einige Tage zuvor berichtet hatte. ›Und nun lesen Sie auch die Antwort‹, sagte Stalin. Ich fürchte, nach so vielen Jahren bin ich nicht mehr in der Lage, Hitlers Antwort exakt wiederzugeben. Aber an eines erinnere ich mich genau: Als ich am Morgen des 14. Juni die ›Prawda‹ aufschlug, stieß ich zu meinem Erstaunen in der TASS-Meldung auf die gleichen Worte, die ich zuvor in Stalins Arbeitszimmer gelesen hatte. In dem sowjetischen Dokument war Hitlers Argumentation exakt wiedergegeben …«

Shukow hat sich Stalins Brief an Hitler ganz sicher nicht ausgedacht. Er erwähnte ihn auch in einem Gespräch mit der Schriftstellerin Jelena Rshewskaja im Herbst 1968. Ebenso gegenüber Konstantin Simonow.

In den Archiven ist ein solcher Briefwechsel nicht zu finden. In Stalins Archiv gibt es nicht einmal Spuren davon, aber die könnten beseitigt worden sein. Was die deutsche Seite betrifft, so sprechen Augenzeugen von einem geheimen persönlichen Archiv des Führers, zu dem nur er persönlich Zugang hatte. Am 22. April 1945 gab er seinem SS-Adjutanten Julius Schaub den Auftrag, den Inhalt zweier Panzerschränke in seinem Arbeitszimmer im Führerbunker zu vernichten. Solche Schränke suchte Schaub im Auftrage des Führers auch in Hitlers Wohnung in München und im »Berghof«, seiner alten Residenz, auf und verbrannte den Inhalt. Von Hitler wußte Schaub, daß dort neben anderen Dokumenten auch Hitlers persönlicher Briefwechsel mit wichtigen Staatsmännern lag. Es ist durchaus möglich, daß sich darunter Stalins Brief befand.

In den Archiven der sowjetischen Aufklärung finden sich eine Reihe Dokumente mit Hinweisen auf deutsch-sowjetische Verhandlungen in den Monaten April bis Juni 1941.

Dabei handelt es sich nicht nur um Berliner Quellen. Am 30. April 1941 beschaffte die NKWD-Residentur in London aus dem Foreign Office die Kopien zweier Telegramme, die der britische Botschafter, Sir Stafford Cripps, aus Moskau nach London gesandt hatte. Er teilte mit:

»Die Feindseligkeit Deutschlands gegenüber der UdSSR ist nicht geringer, sondern eher größer geworden. Die Militärs, die immer mehr zu einer Kraft außerhalb der Partei werden, sind davon überzeugt, daß der Krieg nicht mehr zu vermeiden ist. Aber sie wünschen sehnlichst, ihn hinauszögern zu können, zumindest bis zum Winter ... Die weitere Entwicklung wird davon abhängen, in welchem Maße Hitler von der UdSSR Unterwerfung fordert, dies wird in allernächster Zeit offenbar werden ...«[14]

Ohne es zu ahnen, war Cripps mit dem Argument, Hitler werde von der Sowjetunion ultimativ »Unterwerfung« fordern, auf die deutsche Desinformation hereingefallen. Am 5. Mai 1941 sandte das NKGB dieses Dokument mit dem Begleitschreiben Nr. 1451/M an Stalin, Molotow und Berija.[15] Am 14. Mai folgte die Sonderinformation Nr. 1612/M. Sie enthielt Hinweise, die man am 9. Mai aus dem Stab der deutschen Luftwaffe erhalten hatte. Darin hieß es:

»Im Stab der deutschen Luftwaffe laufen die Vorbereitungen für die Operation gegen die UdSSR auf vollen Touren.«

Das war eine wertvolle Information. Aber danach folgte der Satz:

»Aus denselben Kreisen ist zu hören, daß Deutschland der Sowjetunion zunächst das Ultimatum stellen wird, den Export nach Deutschland zu erhöhen und die kommunistische Propaganda einzustellen. Um zu garantieren, daß diese Forderungen erfüllt werden, sollen deutsche Kommissare in Industrie- und Wirtschaftszentren sowie in Betrieben der Ukraine stationiert und einige Gebiete der Ukraine von deutschen Truppen besetzt werden. Dem Ultimatum wird ein ›Nervenkrieg‹ vorausgehen, um die Sowjetunion zu demoralisieren.«[16]

So wurde eine Fiktion zur Realität erklärt. Am 26. Mai sandte das NKGB Stalin, Molotow und Berija die Sonderinformation Nr. 1897/M, die sich auf ein von der Londoner Residentur beschafftes Dokument stützte. Darin stellte die Abteilung für politische Aufklärung des Foreign Office fest:

»Dekanosow ist immer noch in Moskau, wohin er die erwarteten deutschen Forderungen aus Berlin gebracht haben kann. Es ist durchaus möglich, daß eine deutsche Delegation in Moskau bereits politische Vorgespräche von höchster Wichtigkeit führt.«[17]

In Moskau trafen weitere von den Deutschen in Umlauf gesetzte Informationen ein. So hieß es z. B., die sowjetisch-deutschen Verhandlungen hätten bereits begonnen. Dadurch wurde die Verwirrung noch größer. So meldete etwa die Residentur des NKGB in Helsinki:

»Präsident Ryti erklärte auf einer Sitzung des Kabinetts am 31. Mai, ... zwischen der UdSSR und Deutschland seien Verhandlungen im Gange, obwohl Moskau dies bestreitet.«[18]

Diesen Bericht erhielten Stalin, Molotow und Berija mit dem Begleitschreiben Nr. 2110 am 5. Juni 1941. Schließlich wurde Hitlers »Ultimatum« als Vorwand für einen Überfall auf die UdSSR von der Residentur in Berlin am 9. Juni 1941 ausführlich behandelt. Diese Information erhielten Stalin, Molotow und Berija unter der Nr. 2110/M ganze 13 Tage vor dem deutschen Angriff. Darin heißt es:

»Der Leiter der Rußlandabteilung beim Stab der Luftwaffe, Oberstleutnant Heymann, teilte mit, die Spannung in der Rußlandfrage werde in der nächsten Woche ihren Höhepunkt erreichen. Dann werde die Frage des Krieges endgültig entschieden. Nach seinen Worten wird Deutschland an die Sowjetunion die Forderung stellen, den Deutschen die Wirtschaftsführung in der Ukraine zu überlassen, die Getreide- und Erdöllieferungen zu erhöhen sowie die sowjetische Kriegsflotte, insbesondere U-Boote, gegen England einzusetzen.«[19]

Stalin, der sich für einen weitblickenden Analytiker hielt, zeigte sich in seiner engsten Umgebung mehrfach überzeugt, er werde das Spiel gegen Hitler gewinnen. Deutschland werde nicht allein gegen die Sowjetunion losschlagen. Oder: Deutschland werde keinen Zweifrontenkrieg führen. Oder, was Molotow gegenüber Dimitroff erwähnt hatte: Es laufe ein großes Spiel, das heißt, man werde die Lage mit politischen Manövern entschärfen. Alle diese Argumente zeigen jedoch nur, wie Stalin irrte und wie er im Frühjahr 1941 seine Möglichkeiten überschätzte.

Das betraf auch das politische Spiel. Stalin glaubte, es werde ihm wie 1939 gelingen, Hitler seinen Willen aufzuzwingen. In Wirklichkeit handelte er selbst, wie Hitler es wollte. Die deutsche Seite nutzte die Psyche ihres Partners sehr geschickt aus und schob ihm die Informationen unter, die er erwartete. In Moskau war man nicht in der Lage, die Spreu vom Weizen zu trennen. Das große Spiel ging verloren. Ja, es wurde gar nicht erst begonnen, denn Hitler hatte nicht die Absicht, Verhandlungen zu führen. Als man in Moskau darauf drängte, war Ribbentrop für Dekanosow einfach unerreichbar – bis zum 22. Juni.

An jenem Morgen ließen die Deutschen ihre Antwort erdröhnen.

VIERUNDZWANZIGSTES KAPITEL

Das Rätsel des Shukow-Planes

Hartnäckig hält sich der Glaube, mit der Öffnung von Archiven seien viele Rätsel der Geschichte zu lösen. Das trifft in der Regel auch zu. Aber wenn neue Dokumente auftauchen, können sie dem Historiker auch neue Rätsel aufgeben. So geschehen mit einem Papier, das Anfang der neunziger Jahre der Welt bekannt wurde. Dabei handelte es sich um einem Vorschlag, der Mitte Mai 1941 von der obersten Militärführung der UdSSR bei Stalin einging. Das Rätsel beginnt damit, daß das Dokument kein Datum aufweist. Es ist auch nicht unterschrieben, obwohl es die Namen zweier Personen trägt: des Volkskommissars für Verteidigung, Marschall Semjon Timoschenko, und des Generalstabschefs, Armeegeneral Georgi Shukow.

Ein besonderer Umstand machte dieses Dokument schlagartig zur Sensation. In Rußland lief gerade die hitzige Debatte um die Behauptung »Suworows«, 1941 hätte nicht Hitler die UdSSR überfallen, sondern Stalin einen Überfall auf Deutschland geplant. Zwar brachten viele russische Historiker und Militärs Einwände vor, aber der Streit hielt an. Und plötzlich taucht da ein echtes Dokument von Timoschenko und Shukow auf, in dem schwarz auf weiß vorgeschlagen wird, gegen die an der sowjetischen Grenze konzentrierten deutschen Truppen loszuschlagen!

Das Dokument liegt vor.[1] Es ist eine Denkschrift im Umfang von 15 Seiten. Sie ist auf dem Kopfbogen des Volkskommissars für Verteidigung von Hand geschrieben. Die Handschrift war leicht zu identifizieren: Die zierliche Perlschrift des späteren Marschalls der Sowjetunion Alexander Wassilewski, damals stellvertretender Leiter der operativen Abteilung des Generalstabes, ist allgemein bekannt. Das Dokument trägt in der Tat keine Unterschriften, solche waren aber vorgesehen. Das war damals allgemeine Praxis, denn derart geheime Dokumente wurden nur in einem einzigen Exemplar ausgefertigt. In der Regel kannten sie allein der Verfasser und der Adressat. Empfänger konnte nur eine einzige Person sein – Stalin. Er hat das Papier jedoch nicht abgezeichnet. Lediglich auf einer der beigelegten Karten ist als Datum der 15. Mai 1941 vermerkt. Damit kann festgestellt werden, daß das Dokument nicht nach dem 15. Mai geschrieben wurde.[2]

Der Sinn dieses typischen Generalstabspapiers (das man, ohne zu zögern, »Shukow-Plan« nennen kann, da es sich um ein Dokument der militärischen Planung handelt, wovon Volkskommissar Timoschenko nicht viel verstand) ist klar und unmißverständlich: Shukow meldet, daß bereits 230 deutsche Infanteriedivisionen, 22 Panzer- und 20 motorisierte Divisionen aufmarschiert sind. Davon wurden an der Grenze der UdSSR bis zu 86 Infanteriedivisionen, 13 Panzer- und 12 motorisierte Divisionen zusammengezogen. Auf Grund des deutschen Aufmarsches hält Shukow einen Überraschungsschlag gegen die Rote Armee für möglich und regt daher an:

»Um das zu verhindern und die deutsche Armee zu zerschlagen, halte ich es für notwendig, dem deutschen Oberkommando auf keinen Fall die Initiative zu überlassen, sondern dem Gegner beim Aufmarsch zuvorzukommen und die deutsche Armee in dem Augenblick anzugreifen und zu vernichten, da sie sich mitten in der Entfaltung befindet, die Front noch nicht aufgebaut und das Zusammenwirken der Waffengattungen noch nicht organisiert hat.«

Shukow entschloß sich allerdings in weiser Voraussicht, das Wort »vernichten« wieder zu streichen. Aber der Sinn war ohnehin klar. Nach Shukows Vorstellung sollte der wichtigste Präventivschlag von der Südwestfront (dem ehemaligen Militärbezirk Kiew) und einem Teil der Westfront (dem ehemaligen Militärbezirk West) mit dem Auftrag geführt werden, »die südlich Demblin aufmarschierten Hauptkräfte der deutschen Armee zu zerschlagen und am 30. Tag der

Operation mit der gesamten Front bis zur Linie Ostrolenka–Fluß Narew–Lowitsch–Łodz–Kreuzburg–Oppeln–Olmütz vorzurücken«.

Der Vorstoß in Richtung Krakau–Kattowitz, so wurde erläutert, werde Deutschland von seinen Verbündeten im Süden, Rumänien und Ungarn, abschneiden. Dem werde die Zerschlagung der deutschen Armee westlich der Weichsel in Richtung Krakau, der Vormarsch bis zum Fluß Narew und die Einnahme des Raumes Kattowitz (d. h., des schlesischen Industriegebietes) folgen. Das war eine grandiose Vorstellung, denn in der Praxis bedeutete sie, die gesamte von Hitler für den Angriff zusammengezogene Streitmacht zu vernichten, die Shukow auf 72 Infanteriedivisionen, 11 Panzer- und 8 motorisierte Divisionen schätzte. Die Rote Armee sollte von Osten in südöstlicher Richtung faktisch durch ganz Polen marschieren und erst an Deutschlands Grenzen haltmachen. Zugleich wären die deutschen Truppen vom Balkan, d. h., vor allem vom rumänischen Erdöl abgeschnitten worden. Aber das war nur der erste Schritt. Weiter hieß es in dem Plan:

»Das folgende strategische Ziel lautet: Mit einem Angriff aus dem Raum Kattowitz in nördlicher oder nordwestlicher Richtung die Hauptkräfte des zentralen und des nördlichen Flügels der deutschen Front zerschlagen, das Gebiet des ehemaligen Polens und Ostpreußens in Besitz nehmen.«

Diesen Satz hatte Georgi Shukow eigenhändig Wassilewskis Text hinzugefügt. 150–160 sowjetische Divisionen sollten kämpfend einen Gewaltmarsch in südöstlicher Richtung durch ganz Polen vollführen und zugleich bis an die Grenze Ostpreußens vorrücken. Das waren gut 500 Kilometer! Aber damit nicht genug: Die Aktion sollte mit der Besetzung Ostpreußens, dieser Bastion des Deutschen Reiches, abgeschlossen werden.

Shukow schlug vor, für das ganze Unternehmen 152 Schützendivisionen einzusetzen. Diese Zahl hatte er allerdings am Ende wieder gestrichen, weil er offenbar den Umfang der

Kräftegruppierung nicht begrenzen wollte. Die Nord-, Nordwest-, West- und Südwestfront sollten insgesamt 136 Schützendivisionen, 44 Panzer-, 23 motorisierte und 7 Kavalleriedivisionen – insgesamt 210 – umfassen. In der Reserve des Oberkommandos im Hinterland der West- und der Südwestfront verblieben 48 Divisionen. Auch die Luftwaffe sollte ihre Hauptkräfte – 144 Regimenter von insgesamt 216 – nach Südwesten verlegen.

Man nimmt an, daß an dem Plan höchstens zwei Wochen gearbeitet wurde. War er eine überstürzte Improvisation? Shukow mußte allerdings nicht beim Stande Null beginnen. Zum Verständnis der Entstehungsgeschichte sei daran erinnert, daß der Generalstab die Hauptdokumente der sowjetischen strategischen Planung bereits im Jahre 1940 ausarbeitete und bestätigen ließ. Shukows Grundgedanke – der Vorstoß in Richtung Südwesten – war darin bereits enthalten. Er kann also nicht als improvisiert angesehen werden. Nur die Reihenfolge änderte sich: Das Ziel, Deutschland von seinen Verbündeten im Süden abzuschneiden, sollte jetzt nicht mehr durch Reaktion, sondern durch Prävention erreicht werden.

Wie konnte sich Shukow zu einem solch kühnen Vorschlag entschließen? Stalins Rede vom 5. Mai muß dafür den letzten Anstoß gegeben haben.

Der »Shukow-Plan« kann nicht ohne Berücksichtigung der Atmosphäre betrachtet werden, die nach der Rede vom 5. Mai unter den sowjetischen Militärs herrschte. Zwar wissen wir, daß Shukow wenig geneigt war, auf die »Kommissare«, die Politoffiziere in der damaligen Roten Armee, zu hören, zugleich aber konnte er diesen für Stalin wichtigen Flügel der Militärführung nicht einfach ignorieren. Er wollte sich ihnen nicht anpassen, aber sie waren eine Realität. Es ist kein Geheimnis, daß die Politische Hauptverwaltung der Roten Armee, die damals unter Führung des Sekretärs des ZK der KPdSU(B) General Alexander Schtscherbakow stand, Stalins Rede als Signal für eine tiefgreifende Wende in der politischen Erziehung der Armee und des Volkes auffaßte. Schtscherbakow, den Andrej Shdanow hoch schätzte, wandelte sich dabei, wie viele andere, geradezu vom Saulus zum Paulus. Während sie zuvor Loblieder auf den 1939 eingeschlagenen Kurs gesungen hatten, priesen sie nun den »offensiven Geist« der Armee in den höchsten Tönen. Eiligst arbeitete die Politische Hauptverwaltung eine entsprechende Direktive aus. Hier einige Auszüge:

»AUFGABEN DER POLITISCHEN PROPAGANDA IN DER ROTEN ARMEE

I. Die Politorgane und die Parteiorganisationen der Roten Armee haben:

a) die Armeeangehörigen in kämpferischem und offensivem Geiste, im Geiste des unvermeidlichen Konflikts der Sowjetunion mit der kapitalistischen Welt und der ständigen Bereitschaft zum vernichtenden Angriff zu erziehen;
b) die politische Agitation und Propaganda, die gesamte Erziehungsarbeit auf das Niveau der aktuellen Aufgaben der Roten Armee anzuheben, auf die Erläuterung des Wesens der Außenpolitik der Sowjetunion, der offensiven Politik des Sowjetvolkes und der Roten Armee zu orientieren;
c) durch das gesamte System der politischen und Parteiarbeit die ständige Gefechtsbereitschaft der Roten Armee in einem Grade sicherzustellen, daß jeder Truppenteil und jede Einheit jeglichen Auftrag von Partei und Regierung in Ehren erfüllt.

II. Die Hauptverwaltung für politische Propaganda in der Roten Armee hat bei der Erläuterung von Fragen der internationalen Lage, der Außenpolitik der UdSSR und der Aufgaben der Roten Armee zwischen mündlicher und schriftlicher Propaganda zu differenzieren:

a) *In der mündlichen Propaganda* (in Lektionen und Vorträgen, im Politunterricht, bei politischen Gesprächen und Politinformationen) *ist* den Angehörigen der Roten Armee zu erläutern, daß die Sowjetunion, gestützt auf ihre gewachsene politische, wirtschaftliche und militärische Stärke, bei der Verteidigung ihrer staatlichen Interessen eine offensive Außenpolitik verfolgt;

zu erläutern, daß der Krieg seitens der UdSSR ein großer und gerechter Krieg sein wird;

die falsche Vorstellung von der Unbesiegbarkeit der deutschen Armee und der deutschen Waffen zu überwinden, die bei einzelnen Rotarmisten, Kommandeuren und Vorgesetzten noch besteht, sind nicht nur die Gründe für die deutschen Erfolge im zweiten imperialistischen Krieg, sondern auch die schwachen Seiten des deutschen Hinterlandes und der deutschen Armee zu erklären;

die Unterdrückungs- und Gewaltpolitik Deutschlands in den besetzten Ländern darzulegen.

b) *In der gedruckten Propaganda ist*

in der Zeitung ›Krassnaja Swesda‹ und in den Militärzeitschriften des Volkskommissariats für Verteidigung eine Artikelserie zur Geschichte zu veröffentlichen, in denen die imperialistischen Ziele der kriegführenden Mächte, die Schwächen und Stärken ihrer Armeen und ihres Hinterlandes, die Erfolge der russischen Armee im Kampf gegen deutsche Truppen sowie die Lage in den von Deutschland besetzten Ländern darzustellen; in den Publikationen der Militärbezirke und Divisionen und in der Zeitschrift ›Der Politunterricht des Rotarmisten‹ nach den Materialien des Pressebüros sind der imperialistische Charakter des Krieges Deutschlands und die Gründe für dessen Erfolge im zweiten imperialistischen Krieg zu erläutern, sind die schwachen Seiten des deutschen Hinterlandes und der deutschen Armee aufzuzeigen, ist die Politik Deutschlands in den besetzten Ländern darzustellen; eine Serie interner Broschüren für Rotarmisten, Kommandeure und Vorgesetzte zu Fragen der internationalen Lage und der Außenpolitik der UdSSR, der Lage in den kriegführenden Staaten, besonders in Deutschland, seiner Armee und der Kriegsschauplätze im Westen herauszugeben.«[3]

Ein russisches Sprichwort lautet: »Laß' einen Dummkopf zu Gott beten, und er wird sich die Stirn blutig schlagen.« So geschah es 1941, als man sich der Worte Lenins aus dem Bürgerkrieg erinnerte und plötzlich wieder vom letzten Gefecht sprach, aber nicht gegen Hitler, sondern gegen den Imperialismus der ganzen Welt. Interessant, daß Schtscherbakows neue Instruktionen nicht Stalins direkte Unterstützung fanden, denn der wußte, wie seine Rede vom 5. Mai wirklich gemeint war. Aber die »Dummköpfe«, die zu ihrem Gott im Kreml beteten, taten das gründlich. Sie trieben nur Propaganda, aber selbst so nüchtern denkende Männer wie Timoschenko und Shukow ließen sich von ihnen anstecken.

Daß zwischen der Denkschrift vom 15. Mai und Stalins Rede vom 5. des Monats ein direkter Zusammenhang besteht, erklärte Shukow Militärhistorikern, mit denen er in seinen letzten Lebensjahren zusammentraf. Hier seine Worte, die Viktor Anfilow 1965 notierte:

»Der Gedanke, Hitlers Überfall zuvorzukommen, kam Timoschenko und mir nach Stalins Rede am 5. Mai 1941 vor den Absolventen der Militärakademien, wo er von der Möglichkeit sprach, offensiv zu handeln. Sofort erhielt Alexander Wassilewski einen konkreten Auftrag. Am 15. Mai legte er dem Volkskommissar und mir den Entwurf der Direktive vor ...«

Sie handelten durchaus logisch. Vieles am Shukow-Plan hätte Stalin tatsächlich gefallen können. Erstens die Kühnheit des politischen Manövers. Zweitens die Aussicht auf militärischen Erfolg. Die zeichnete den Plan tatsächlich aus. Ganz bewußt hatte Shukow den Gedanken eingefügt, nach Norden zu schwenken, um das ehemalige Polen und Ostpreußen zu erobern. Dabei mußte Stalin daran denken, daß man in den bisherigen strategischen Plänen den Gegenschlag stets entweder im Norden oder im Süden führen wollte. Und nun der Gedanke, beides gleichzeitig zu tun! Sowohl bis zur Grenze der Tschechoslowakei vorzustoßen, als auch Ostpreußen einzunehmen! Schließlich konnte Stalin auch nichts dagegen haben, daß sich der Generalstab seine Neuorientierung auf eine »offensive Militärpolitik« so rasch zu eigen machte.

In der Geschichtsforschung gilt die Frage »Was wäre, wenn« als unzulässig. Der Geschichtspublizist darf dagegen fragen: Was wäre geschehen, wenn Stalin Shukows Plan zugestimmt hätte und die Rote Armee bereits Anfang Juni 1941 zum Angriff übergegangen wäre?

Der erste Aspekt: Dieser Angriff hätte die Deutschen überrascht. Niemand im deutschen Generalstab erwartete ihn, ja man bedauerte sogar, daß »die Russen uns nicht den Liebesdienst eines Angriffs erweisen werden«.[4] In seiner Weisung vom 22. Januar 1941 sagte der deutsche Generalstab eine defensive Taktik der Roten Armee an der Grenze voraus. Am 13. Juni wiederholte seine Abteilung Fremde Heere Ost, man könne von den Russen insgesamt ein defensives Verhalten erwarten.[5] Die Deutschen rechneten also nicht mit einem sowjetischen Präventivschlag. Das wußte auch Shukow. Aber eines wußte er nicht. Seine und Stalins Annahme, mit einem Schlag nach Südwesten ins Herz des zu erwartenden deutschen Angriffs zu treffen, war ein schwerwiegender Irrtum. Tatsächlich war die deutsche Kräftegruppierung anders aufgebaut. Ihr »Herz« befand sich nicht im Süden, sondern in der Mitte. Die Offensive war nach der Nordvariante geplant. Nach der Weisung vom Januar 1941 bestand die Heeresgruppe Mitte unter Generalfeldmarschall von Bock aus 24 Divisionen und zwei Panzergruppen, die Heeresgruppe Süd unter Generalfeldmarschall von Rundstedt dagegen nur aus 18 Infanteriedivisionen und einer Panzergruppe. Diese Kräfteverteilung wurde bis zum 22. Juni nicht mehr verändert.

Auf diese Weise hätte die Südwestfront, wenn sie gegen Krakau, Lublin und weiter nach Südwesten vorstieß, Feldmarschall Bock im Norden automatisch eine offene Flanke geboten. Die Westfront des Generals Pawlow hätte dem Hauptschlag der Deutschen in Richtung Minsk und weiter nach Moskau, ins Baltikum und nach Leningrad nichts Gleichwertiges entgegenzusetzen gehabt. Zweifelhaft war auch Shukows Annahme, die Deutschen würden mit 86 Infanteriedivisionen, 13 Panzer- und 12 motorisierten Divisionen losschlagen. Tatsächlich standen dafür 153 Divisionen bereit, jede stärker als eine sowjetische.

Natürlich ist es heute – nach den traurigen Erfahrungen des Jahres 1941 und des ganzen Krieges – leicht, über die Aussichten des Shukow-Planes Vermutungen anzustellen.

Dazu nur eine Einzelheit: Beim geplanten Marsch von Oppeln bis Königsberg hätte die Rote Armee Hunderte Kilometer zurücklegen müssen. Ein solcher Marsch war materiell nicht abgesichert. In dem Plan vom 15. Mai wurde auf das Problem angespielt: »Die Treibstoffvorräte, die für die westlichen Militärbezirke vorgesehen sind, werden (wegen mangelnder Kapazität) in großem Umfang in den weiter östlich liegenden Bezirken gelagert.« Was bedeutete das? Der Sondermilitärbezirk West hatte tatsächlich, wie der Kommandeur berichtete, ausreichend Treibstoff erhalten, aber der lagerte in Maikop, d. h., in einigen Tausend Kilometern Entfernung. Die motorisierten Korps waren erst zu 30 Prozent mit Technik ausgestattet, noch dazu mit veralteten Modellen. Im Militärbezirk Kiew hatten nur zwei Korps die neuen Panzer KW und T-34 erhalten, aber nicht in ausreichender Zahl.

Es drängt sich der Schluß auf: Wäre der Plan vom 15. Mai 1941 realisiert worden, dann hätte die Rote Armee ein noch größeres Desaster erwartet als nach dem 22. Juni. Die unrealistischen Vorstellungen des sowjetischen Planes hätten sich mit den realen Zahlen deutscher Soldaten, Panzer und Flugzeuge multipliziert. Die sowjetischen Truppen wären auf fremdes Gebiet vorgestürmt und hätten das eigene faktisch ohne jeden Schutz gelassen.

Ich gestehe, diese Zeilen zu schreiben ist mir nicht leicht gefallen. Wie kann ich, der als einfacher Hauptmann aus der Armee ausschied, es auf mich nehmen, zwei Marschälle zu kritisieren, noch dazu den legendären Shukow? Nehme ich den Mund nicht zu voll, wenn ich dem Plan vom 15. Mai katastrophale Aussichten zuschreibe? Unerwartete Hilfe kam jedoch erneut von meinem Historikerkollegen Anfilow. In dem genannten Gespräch sagte Shukow zu Stalins Reaktion auf den Plan:

»Gut, daß er uns damals nicht zugestimmt hat. Bei dem Zustand unserer Truppen hätte das Ganze in einer Katastrophe enden können ...«[6]

Klingt das nicht absurd? Der Generalstabschef freut sich

darüber, daß der Oberbefehlshaber seinen Plan zurückweist? Leider war das nicht die einzige absurde Situation jener Zeit.

Hier drängt sich die Frage auf: Warum entschloß sich Shukow (gemeinsam mit Timoschenko und Wassilewski), Stalin einen Plan vorzulegen, an den er selbst nicht glaubte? Eine Antwort gibt uns das Gespräch Stalins mit Shukow über diesen Vorschlag:

»›Haben Sie den Verstand verloren? Wollen Sie die Deutschen provozieren?‹ fragte Stalin gereizt. Wir verwiesen auf die Lage an den Grenzen der UdSSR und auf die Gedanken, die er selbst in seiner Rede vom 5. Mai geäußert hatte. ›Das habe ich gesagt, um die Zuhörer aufzumuntern. Sie sollten an den Sieg denken, nicht an die Unbesiegbarkeit der deutschen Armee.‹«

Offenbar ist hier die Lösung des Rätsels um den Shukow-Plan zu finden. Als der Marschall seine Memoiren schrieb, erklärte er zum Kern des Streits zwischen ihm und Stalin:

»Ich erinnere mich gut, was Stalin sagte, als wir ihm verdächtige deutsche Truppenbewegungen meldeten: ›Hitler und seine Generalität sind nicht so töricht, gleichzeitig an zwei Fronten zu kämpfen. Das hat den Deutschen im ersten Weltkrieg das Genick gebrochen ...‹ Und weiter: ›Hitler ist nicht stark genug, um an zwei Fronten zu kämpfen, und auf Abenteuer läßt er sich nicht ein.‹«[7]

Shukow zerbrach sich den Kopf, was er tun sollte, um diese Mauer des Mißtrauens zu durchbrechen und Stalin vor Augen zu führen, wie gefährlich die Lage bereits war. Möglicherweise ist der Plan vom 15. Mai als ein solcher Verzweiflungsakt zu sehen. Shukow riskierte, sich höchsten Zorn zuzuziehen, um ein Ziel zu erreichen – angesichts der Gefahr, die schon mit Händen zu greifen war, Stalin die Zustimmung zum aktiven Handeln abzuringen. Das könnte auch die vielen Ungereimtheiten und Widersprüche des Planes erklären.

Unter den russischen Militärhistorikern ist bis heute heftig umstritten, wie es mit Timoschenkos und Shukows

Vorschlag weiterging. Diese Debatte lebt davon, daß es keinerlei Belege für eine offizielle Ablehnung des Planes gibt. Man verweist darauf, daß nach dem 15. Mai beschleunigte Truppenbewegungen (insbesondere im Militärbezirk Kiew) stattfanden, daß die Kräftegruppierung an der Grenze durch andere Maßnahmen verstärkt wurde. Das tun vor allem die Anhänger des »Pseudo-Suworow«, die ohne alle Belege behaupten, die Rote Armee sei drauf und dran gewesen, am 6. Juli 1941 (!) die Grenze zu überschreiten und einen gigantischen Befreiungsfeldzug nach Westen zu beginnen.

Ein Prinzip der Logik lautet: »Nach etwas, aber nicht infolge von etwas«. Es ist auf die Situation im Mai/Juni 1941 anwendbar. Tatsächlich wurden in aller Eile neue Verbände aus dem Hinterland herangeführt. Aber in ihren Gefechtsaufgaben gibt es keinerlei Hinweis auf einen bevorstehenden Präventivschlag. Tatsächlich wurde der Standort des Befehlshabers des Militärbezirks Kiew näher zur Grenze nach Ternopol verlegt. Aber in den Direktiven, die dieser Militärbezirk erhielt, wurde ihm strengstens verboten, die Staatsgrenze »ohne besondere Weisung« zu überschreiten. Diese ging bis zum Morgengrauen des 22. Juni nicht ein. Und so weiter, und so fort ...

Als einziges bewirkte der Shukow-Plan – und damit konnte der Generalstabschef durchaus zufrieden sein –, daß die Lage an der Grenze kein Tabuthema mehr war. In Militärkreisen wurde nun von der Möglichkeit eines bevorstehenden deutschen Überfalls gesprochen und in Weisungen des Oberkommandos davon geschrieben.

Was aber wurde tatsächlich unternommen, nachdem Timoschenko und Shukow den Plan vom 15. Mai 1941 vorgelegt hatten? Hier ist nicht nur die formale Seite der Sache von Belang, die Frage also, ob Stalin dem Plan zustimmte oder nicht.

Vor allem darf man den militärpolitischen Gesamtzusammenhang nicht außer acht lassen, in dem Stalin und mit ihm Timoschenko und Shukow handelten. Der Entwurf vom

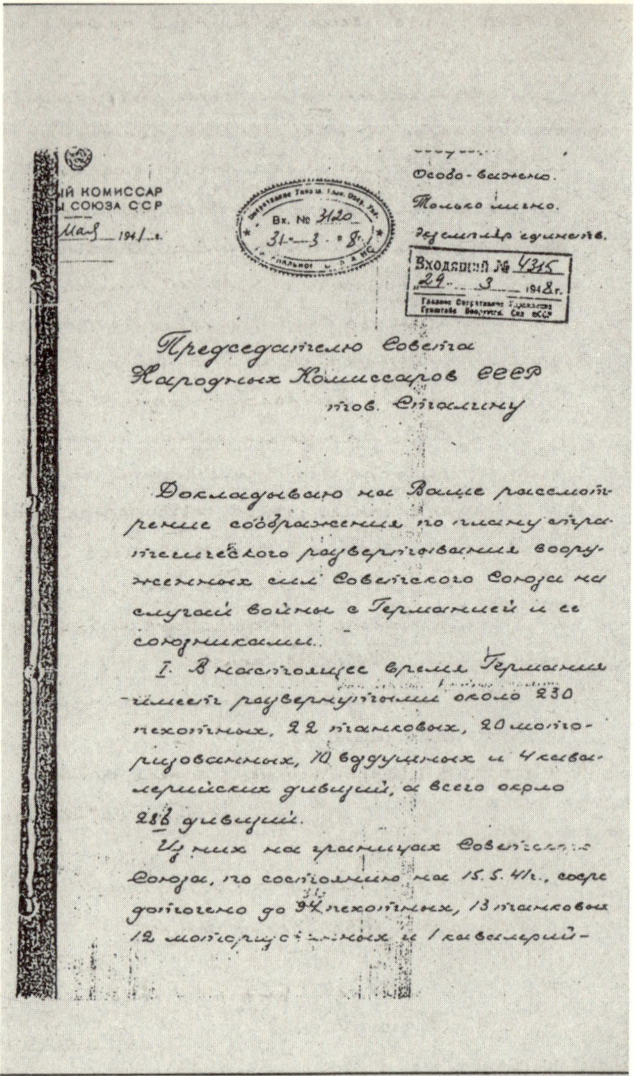

Особо-важно.
Только лично.
Экземпляр единств.

ЫЙ КОМИССАР
Ы СОЮЗА ССР
Мая 1941 г.

Вх. № 3120
31-3-8

Входящий № 4315
29 3 1948 г.
Главное Секретное Управление Генштаба Вооруж. Сил СССР

Председателю Совета
Народных Комиссаров СССР
тов. Сталину

Докладываю на Ваше рассмотрение соображения по плану стратегического развертывания вооруженных сил Советского Союза на случай войны с Германией и ее союзниками.

I. В настоящее время Германия имеет развернутыми около 230 пехотных, 22 танковых, 20 моторизованных, 10 воздушных и 4 кавалерийских дивизий, а всего около 286 дивизий.

Из них на границах Советского Союза, по состоянию на 15.5.41 г., сосредоточено до 86 пехотных, 13 танковых, 12 моторизованных и 1 кавалерий-

Erste und letzte Seite des Shukow-Planes

боевых действий на случай войны с Германией;

2. своевременно разрешить последовательное проведение скрытого отмобилизования и скрытого сосредоточения в первую очередь всех армий резерва Главного Командования и авиации;

3. потребовать от НКПС полного и своевременного выполнения строительства железных дорог по плану 41 года и особенно на Львовском направлении;

4. обязать промышленность выполнить план выпуска материальной части танков и самолетов, а также производства и подачи боеприпасов и горючего строго в назначенные сроки.

Приложения: 1. схема развертывания на карте 1:1.000.000. в 1 экз.;

2. схема развертывания на прикрытие на 3-х картах;

3. схема соотношения сил. в 1 экз.

4. три карты базирования ВВС на запас

Народный Комиссар Обороны СССР
Маршал Советского Союза

/С. Тимошенко/

Начальник Генерального Штаба К.А.
Генерал-Армии

/Г. Жуков/

15. Mai fiel nicht vom Himmel, er war nicht der Anfang der strategischen Planung der Roten Armee. Der strategische Aufmarsch dieser Armee vollzog sich von Januar bis Juni 1941 in zwei Etappen:

In der ersten Etappe (Januar bis März 1941) wurden die Beschlüsse zur Reorganisation und Modernisierung der Armee gefaßt, dazu der Beschluß des Politbüros vom 8. März 1941 über die Einberufung von 900000 Reservisten zu Großübungen, der auf Druck Timoschenkos und Shukows zustande kam. Luftabwehr und Panzertruppen wurden reorganisiert, motorisierte Korps aufgestellt. Die Industrie erhielt Aufträge für neue Rüstungsgüter, insbesondere für die Panzer KW und T-34. Alle diese Maßnahmen betrafen jedoch nicht die Truppen der ersten Sicherungsstaffel und der zweiten strategischen Staffel sowie die Reserve des Oberkommandos. Stalins Gebot, den Deutschen keinen Vorwand für eine Zuspitzung der Beziehungen zu liefern, wurde eisern befolgt.

In der zweiten Etappe (April bis Anfang Juni 1941) folgten die verdeckte Mobilmachung und das Einrücken der Armeen der zweiten strategischen Sicherungsstaffel in die grenznahen Bezirke. Von den mobilisierten 900000 Reservisten kamen bis Juni 800 000 bei der Truppe an. Damit hatte die Hälfte der Divisionen ihre Sollstärke nahezu erreicht, aber nach wie vor waren sie bei weitem nicht ausreichend mit Kraftfahrzeugen, Traktoren und Pferden ausgestattet. Im April wurden drei Korps vom Fernen Osten nach dem Westen verlegt. Ab 13. Mai rückten vier Armeen der zweiten Staffel (die 19., 16., 22. und 21. Armee) in die Sondermilitärbezirke West und Kiew ein. Die Verlegung der Verwaltung von weiteren vier Armeen mit insgesamt 28 Divisionen war in Vorbereitung.

In der dritten Etappe (von Anfang Juni bis zum 22. Juni) gab Stalin dem starken Druck der obersten Militärführung schließlich nach und stimmte der offenen Mobilmachung und Bereitstellung der Armeen der zweiten Staffel der Sondermilitärbezirke West und Kiew zu, ebenso der erhöhten

Gefechtsbereitschaft der Truppen, die die Staatsgrenze sicherten.

Was veränderte sich nach Fertigstellung des Entwurfs »Überlegungen zum strategischen Aufmarschplan« am 15. Mai 1941? Nicht sehr viel. Die Befehle zum Vorrücken der vier Armeen hatten die Truppen schon zuvor – am 13. Mai – erreicht, die Divisionen aus dem Fernen Osten rollten bereits seit April nach Westen. Daher können diese Truppenbewegungen nicht als Beweis dafür gelten, daß Stalin Shukows Plan faktisch akzeptiert habe. Mehr noch: Nach dem 15. Mai 1941 erhielten alle Militärbezirke längs der Grenze – der Leningrader, der Baltische und der Odessaer Militärbezirk sowie die Sondermilitärbezirke West und Kiew die Direktive des Volkskommissars für Verteidigung, Pläne zur Sicherung und Verteidigung der Grenze auszuarbeiten. Die Direktiven tragen die Nummern 503859 für den Sondermilitärbezirk West, 503862 für den Sondermilitärbezirk Kiew, 503874 für Odessa, 503913 für Leningrad und 503920 für das Baltikum.

In allen diesen Direktiven wird (mit kleinen Variationen) gefordert, vom 25. bis 30. Mai Pläne für die Verteidigung der Staatsgrenze und die Luftverteidigung auszuarbeiten und dem Volkskommissariat für Verteidigung vorzulegen. Folgende Aufgaben wurden formuliert:

»...

1. Das Vordringen des Gegners auf das Gebiet des Militärbezirks zu Lande oder in der Luft ist nicht zuzulassen.
2. Die Mobilmachung, Konzentration und Entfaltung der Truppen des Militärbezirks sind durch hartnäckige Verteidigung der Befestigungen längs der Staatsgrenze abzusichern.
3. Das normale Funktionieren der Eisenbahn und die Konzentration der Truppen durch das Handeln von Luftabwehr und Fliegerkräften sind zu gewährleisten ...

II. Die Verteidigung der Staatsgrenze ist zu organisieren und dabei von folgenden grundlegenden Weisungen auszugehen:

1. Hartnäckige Verteidigung der befestigten Räume und der längs der Grenze geschaffenen Feldbefestigungen unter Einsatz aller Kräfte

und Nutzung aller Möglichkeiten für deren weiteren Ausbau. Die Verteidigung muß durch aktive Kampfhandlungen erfolgen. Jegliche Versuche des Gegners, die Verteidigung zu durchbrechen, sind durch Konterattacken mit den Reserven der Korps und Armeen sofort zu unterbinden.

2. Besonderer Wert ist auf die Panzerabwehr zu legen. Sollte es dem Gegner gelingen, die Front mit starken motorisierten Verbänden zu durchbrechen, dann ist der Durchbruch auf direkte Weisung des Kommandos des Militärbezirks durch massierten Einsatz von Artilleriebrigaden, Panzerabwehr, motorisierten Korps und Fliegerkräften zu bekämpfen und abzuwehren.«[8]

Als charakteristisch kann die Direktive für den Sondermilitärbezirk Kiew gelten, dem bei dem Präventivschlag des Shukow-Planes die entscheidende Rolle zugedacht war. Diese Weisung sagt jedoch etwas ganz anderes aus: Dort wurde den Truppen des Militärbezirks die rein defensive Aufgabe gestellt, im Grenzstreifen vier Deckungsräume einzurichten:

»1. Deckungsraum Nr. 1. Chef des Deckungsraumes – Oberbefehlshaber der 5. Armee ... Aufgabe: Verteidigung der Front längs der Staatsgrenze ausschl[ießlich] Wlodawa, Ustmilug und Krystynopol; ein Vordringen des Gegners auf unser Gebiet ist nicht zuzulassen ...

2. Deckungsraum Nr. 2. Chef des Deckungsraumes – Oberbefehlshaber der 6. Armee ... Aufgabe: Verteidigung der Front längs der Staatsgrenze ausschl[ießlich] Krystynopol, Machnow, Senjawa und Radymno; ein Vordringen des Gegners auf unser Gebiet ist nicht zuzulassen ...

3. Deckungsraum Nr. 3. Chef des Deckungsraumes – Oberbefehlshaber der 26. Armee ... Aufgabe: Verteidigung der Front längs der Staatsgrenze ausschl[ießlich] Radymno, Peremyschl, Ljutowiska; ein Vordringen des Gegners auf unser Gebiet ist nicht zuzulassen ...

4. Deckungsraum Nr. 4. Chef des Deckungsraumes – Oberbefehlshaber der 12. Armee ... Aufgabe: Verteidigung der Front längs der Staatsgrenze bei Ljutowiska, Uschok, Worochta, Woltschinez und

Lipkany; ein Vordringen des Gegners auf unser Gebiet ist nicht zuzulassen ...«

Damit waren die neuen Verteidigungsaufgaben aber noch nicht erschöpft. Die Truppen des Sondermilitärbezirks Kiew erhielten außerdem den Befehl:

»In der gesamten Tiefe des Hinterlandes bis zum Dnepr sind Verteidigungsstellungen zu erkunden und vorzubereiten. Ein Plan zur Herstellung der Gefechtsbereitschaft der befestigten Räume von Korosten, Nowgorod-Wolynsk, Letitschew und Kiew, ebenso aller im Jahre 1939 angelegten befestigten Räume ist auszuarbeiten. Für den Fall eines erzwungenen Rückzuges ist ein Plan zur Errichtung von Panzersperren in der ganzen Tiefe des Hinterlandes, zur Verminung von Brücken, Eisenbahnknotenpunkten und möglichen Konzentrationsräumen des Gegners (seiner Truppen, Stäbe, Lazarette usw.) aufzustellen.«[9]

Von der Vorbereitung oder gar Durchführung eines Präventivschlages steht in der Direktive kein Wort. Gestattet war lediglich, »bei günstigen Voraussetzungen bereit zu sein, auf Befehl des Oberkommandos rasche Schläge zur Vernichtung der Gruppierung des Gegners, zur Verlagerung der Kampfhandlungen auf sein Gebiet und zur Eroberung günstiger Positionen zu führen«. Allein die Fliegerkräfte hatten die Aufgabe, »die Eisenbahnbrücken und -knotenpunkte von Kattowitz, Kielce, Tschenstochau und Krakau zu zerstören sowie durch Angriffe auf Gruppierungen des Gegners die Konzentration und Entfaltung seiner Truppen zu stören und zu verhindern«. Die Truppen der 5., 6., 12. und 26. Armee des Sondermilitärbezirks Kiew hatten dagegen lediglich von der Westgrenze bis zum Dnepr tief im Inneren des Landes Verteidigungsstellungen zu errichten. Alle diese Maßnahmen sind absolut eindeutig: von einem Präventivschlag keine Spur. Die Termine für die Fertigstellung der Sicherungs- und Verteidigungspläne lauteten: Militärbezirke Odessa, Leningrad und Kiew – zum 25. Mai, West – zum 20. Mai, Baltikum – zum 30. Mai.[10]

Daß der Shukow-Plan nicht akzeptiert wurde, steigerte noch die Verwirrung und Kopflosigkeit im Handeln des sowjetischen Oberkommandos. Nun wurde es bitter ernst: Im späten Frühjahr und Frühsommer 1941 schloß Deutschland die letzten Vorbereitungen nach dem Plan »Barbarossa« ab, wovon die Aufklärung in allen Einzelheiten berichtete. Zugleich ließen der Volkskommissar für Verteidigung und der Generalstabschef der Roten Armee große Truppenverbände aus den östlichen Landesteilen an die Westgrenze vorrücken und nahmen eine Umgruppierung der Kräfte der Militärbezirke längs der Grenze vor. Dabei trafen sie keinerlei Vorkehrungen, um dem Gegner zuvorzukommen, wodurch sie ihre Truppen dem Risiko eines Erstschlages aussetzten. Andererseits befahlen sie Maßnahmen zur Errichtung von Verteidigungsstellungen im Hinterland, die keiner mehr ausführen konnte. Aus Moskau gingen bei den Stäben der Militärbezirke »zügelnde« Befehle ein. So übermittelte der Generalstabschef dem Kommandierenden des Sondermilitärbezirks Kiew folgenden Befehl des Volkskommissars für Verteidigung:

»1. Das Vorfeld ist ohne Befehl nicht durch Feldeinheiten und Einheiten der befestigten Räume zu besetzen. Der Schutz der Befestigungsanlagen ist durch Wachtposten und Patrouillen zu sichern. 2. Ihre Befehle zur Besetzung des Vorfeldes durch Einheiten der befestigten Räume sind sofort aufzuheben. Ausführungskontrolle und Meldung bis zum 16. Juni 1941. Shukow«[11]

Am 24. Mai 1941 fand bei Stalin eine wichtige Sitzung des Oberkommandos der Roten Armee statt. Wurde dort der Shukow-Plan erörtert? Leider sind bisher keinerlei Dokumente über die Ergebnisse dieser Besprechung gefunden worden. In den Erinnerungen von Teilnehmern gibt es darauf ebenfalls keinen Hinweis. Die Logik der nachfolgenden Entwicklung besagt, daß dort von diesem Dokument keine Rede war. Wenn man nämlich einen Angriff vorbereitet hätte, dann hätten davon zumindest die Kommandeure und Stäbe der Grenzbezirke wissen müssen! Kommandeure,

Stäbe und Truppen erhielten jedoch keinerlei Befehl zur Vorbereitung lokaler Präventivschläge, von einem allgemeinen Angriff auf die deutschen Truppen, die längs der gesamten Grenze der UdSSR zusammengezogen wurden, ganz zu schweigen.

Der Präventivschlag fand nicht statt. Das ist die Realität. Alle Vermutungen von einem Präventivkrieg Stalins gegen Hitler kann man getrost ad acta legen bzw. im besten Falle als belletristische Übungen betrachten.

FÜNFUNDZWANZIGSTES KAPITEL

Nicht nur Stalin verrechnete sich

Die Dokumentenflut zum Plan »Barbarossa« ist kaum zu überblicken. Ich weiche noch einmal von meiner Regel ab und wende mich Dokumenten zu, die nicht im Stalinarchiv liegen. Darunter sind zwei, die weniger für den kleinen Kreis von Politikern, Industriellen und Militärs gedacht waren, sondern für eine viel größere Leserschaft. Sie wurden an alle Einheiten und Verbände der Wehrmacht verschickt. Diese hatte inzwischen in der Tat ganz Europa kennengelernt. Ihre eisernen Kolonnen waren durch Mittel-, Nord-, West- und Südosteuropa marschiert. Aber die Sowjetunion? Selbst Hitler soll einmal bekannt haben, er wisse nicht, was sich hinter ihren Toren verberge …

Der Generalstab des Heeres unter Generaloberst Franz Halder sorgte sich um seine Untergebenen. Am 15. Mai 1941 unterzeichnete er zur Versendung an die Truppen die Mappe G mit »Militärgeographischen Angaben über das europäische Rußland (ohne Moskau)«. Danach folgte am 20. Juni die Mappe H mit Angaben über Moskau.[1] Jede Mappe enthielt die entsprechenden Karten und einen ausführlichen Textteil. Für uns ist eher der Text von Interesse, da dort nicht nur die geographischen Gegebenheiten unseres Landes beschrieben, sondern auch bestimmte Schlüsse über die Aussichten der bevorstehenden Operation gezogen wurden. Schließlich handelte es sich nicht um Reiseführer!

Jedem geographischen Teil folgte eine kurze militärische Einschätzung. So geht es z. B. in der Einleitung um die Rolle Zentralrußlands in der russischen Geschichte und Wirtschaft. Dann die Wertung:

»Man kann aus der russischen Geschichte die Lehre ziehen, daß man Zentralrußland beherrschen muß, wenn man Rußland auf lange Zeit beherrschen will.«

Nach Beschreibung der Oberflächengestalt und des Klimas im mittleren Teil Rußlands stellte der Generalstab fest, die Gegend sei selbst abseits der Wege gut befahrbar, außer nach kräftigen Regenfällen und während des Hochwassers im Frühjahr. Der Winter mit seinen äußerst niedrigen Temperaturen erfordere besondere Vorsichtsmaßnahmen gegen die Kälte. Dafür komme man auf dem gefrorenen Boden besser voran.[2]

Die letzten Zeilen zeigen deutlich, wie haltlos die späteren Versuche waren, die Rückschläge der Wehrmacht mit »unerwarteten Frösten« zu begründen. Nein, auf die Fröste war man eingestellt. Mehr noch, der Generalstab des Heeres gab ihnen sogar den Vorzug vor den aufgeweichten Wegen des Frühjahrs. Nach ausführlicher Erörterung der verschiedenen militärgeographischen, klimatischen und anderen Faktoren folgte als Hauptgedanke, daß Zentralrußland das Herz des Landes sei, mit dessen Besetzung man den ganzen riesigen Sowjetstaat lahmlegen könne.

In Mappe G waren die Ziele der bevorstehenden Operation klar formuliert. Für den deutschen Generalstab war es am 20. Juni 1941 keine Frage, ob es der Wehrmacht gelingen werde, die sowjetische Hauptstadt zu erobern.

Wie lange wollte man sich für das Unternehmen »Barbarossa« Zeit nehmen?

Hier eine Zusammenstellung von Aussagen im Originalton:

Hitler (am 31. August 1940) – fünf Monate

Chef Rückwärtige Dienste des Heeres (zur gleichen Zeit) – vier bis fünf Monate

Generalstab (im Juli 1940) – neun bis neunzehn Wochen

Generalstab (im September 1940) – bis zu 16 Wochen

Generalstab (im September 1940) – acht bis zehn Wochen

Himmler (am 18. Juni 1941) – sechs Wochen

Ribbentrop (am 21. Juni 1941) – acht Wochen.

Der Krieg hatte noch nicht einmal begonnen und schon wurde für ihn ein ständig kürzerer Zeitraum veranschlagt.

Allgemein sah man also den August 1941 als den Zeitpunkt, da die Divisionen der Wehrmacht die Eroberung der sowjetischen Hauptstadt melden würden. Himmler sprach vom 4. August, Halder vom 25. Schließlich erklärte Hitler dem ehemaligen Botschafter in Moskau, Graf von der Schulenburg, als dieser nach Berlin zurückkehrte, Moskau werde am 15. August fallen und der ganze Krieg im Osten bis zum 1. Oktober zu Ende sein.

Bekanntlich hatte er damit die Rechnung ohne den Wirt gemacht. Das sollten Hitlers Generäle schon bald erfahren. Die hier genannten Zahlen mögen allerdings für alle Zeiten von der politischen und militärischen Blindheit jener zeugen, die den Feldzug gegen die Sowjetunion planten. Nicht nur Stalin verrechnete sich, sondern auch Hitler.

Berlins Pläne gingen weiter. Mit der Eroberung Moskaus sollte der Krieg noch nicht zu Ende sein. So erklärte Hitler Generalfeldmarschall von Bock, dessen Truppen Moskau nehmen sollten, »wenn die Besetzung von Ukraine und Fall von Moskau und Leningrad noch nicht zum Frieden führen, dann müßte eben, wenigstens mit schnellen Truppen, weiter nach Ekaterinenburg vorgestoßen werden«[3]. (Der Führer mochte die sowjetischen Ortsnamen nicht; auch Leningrad nannte er meist Petersburg. Für Swerdlowsk zog er, wie man sieht, ebenfalls den Namen aus der Zarenzeit vor.) Als der Generalstab im Juli 1941 den Krieg bereits für gewonnen hielt, entschied er, auch gegen den Ural Truppen marschieren zu lassen. Nicht, um diesen ständig zu besetzen, hier ging es eher um einen kurzen Ausflug.

In der Direktive des OKW vom 27. Juli 1941 finden sich keine Einzelheiten für eine mögliche Begegnung mit japanischen Truppen, obwohl Berlin in dieser Zeit (Juli bis August 1941) gerade sehr energisch darum bemüht war, den Eintritt Japans in den Krieg zu erreichen. In jenen Tagen erklärte Hitler, der Ural werde zur neuen Grenze des Reiches werden. Im Gespräch mit dem japanischen Botschafter Oshima meinte er gar, der deutsche Herrschaftsbereich werde über den Ural hinausgehen. Später sollte der

Meridian 70 Grad östlicher Länge die Einflußsphären Deutschlands und Japans voneinander abgrenzen.

Aber auch das war noch nicht das Ende der geplanten Operation. Als nämlich die Generäle sich über die Zeit nach »Barbarossa« den Kopf zerbrachen, blieb auch die SS nicht untätig. Am 15. Juli 1941 wurde dem Reichsführer SS, Heinrich Himmler, die erste Variante des sogenannten »Generalplans Ost« vorgelegt, den der Planungsstab des Reichssicherheitshauptamtes ausgearbeitet hatte.

In diesem Papier hatte man an alles gedacht. Die eroberten Gebiete werden mit Deutschen besiedelt. 1,5 Millionen Siedler kolonisieren die Regionen, die bis 1941 besetzt werden, 3,3 Millionen die Territorien, die man nach 1941 erobert. Dafür werden 45 Milliarden Reichsmark bereitgestellt. Zugleich werden aus den besetzten Gebieten mindestens 31, möglicherweise aber auch 46–51 Millionen Slawen ausgesiedelt. Von dem Wort »Aussiedlung« darf man sich nicht irreführen lassen – so bezeichneten die Nazis gewöhnlich die Vernichtung von Menschen. Auch die Zahlen sollten noch weiter wachsen: Mit 30–50 Millionen rechnete man, als die Wehrmacht noch nicht einmal die Wolga erreicht hatte. Der Plan zur »Aussiedlung« der sowjetischen Bevölkerung war bereits mit konkreten organisatorischen Maßnahmen unterlegt. Wie der Minister Albert Speer später aussagte, ließ Himmler parallel dazu einen Plan zur Errichtung eines ganzen Systems von Todeslagern ausarbeiten. Darin war vorgesehen, aus den Häftlingen der Konzentrationslager sogenannte »Baubrigaden« zu bilden, jede 4800 Personen stark. Insgesamt wollte man dafür 14 bis 29 Millionen KZ-Häftlinge einsetzen. Sie sollten deutsche Siedlungen, zugleich aber auch KZ zur Vernichtung ihrer eigenen Landsleute errichten.

Alles war also berechnet und abgewogen. Der Ausführung des Planes »Ost« sollte allerdings die Vernichtung der jüdischen Bevölkerung Europas nach dem Plan »Wannsee« vorausgehen.

Nach der Vernichtung der Juden hatte man vor, die

gesamte Bevölkerung Weißrußlands, der Ukraine und der Russischen Föderation in den Ural und nach Westsibirien »auszusiedeln«. Die Polen sollten ebenfalls ausgerottet werden. Wenn also vor dem Nürnberger Kriegsverbrechertribunal ein SS-Mann zugab, daß man die Vernichtung von »30 Millionen Slawen« plante, dann konnte das nur ein bescheidener Anfang sein.

Im Sommer 1941 wähnten sich die Naziführer bereits in Moskau und im Ural. Die deutschen Industriellen sahen sich als die Herren der Naturschätze der Sowjetunion. Aber damit nicht genug. Die Erfolge der Wehrmacht im Krieg gegen die UdSSR galten als Vorstufe zur Eroberung der Weltherrschaft.

Der Nahe Osten lag seit langem im Visier deutscher Politiker. So gab es bei der Ausarbeitung des Plans »Barbarossa« im Generalstab Vorstellungen, daß die Armeen der Wehrmacht, die nach Hitlers Direktive Nr. 32 den Kaukasus überschreiten, im Irak und Iran einmarschieren und sich dort mit den deutschen Verbänden vereinigen sollten, die aus Richtung Suezkanal heranmarschierten. Weiter sollte es dann nach Indien und Afghanistan gehen, wie es in Denkschriften vom 7. April und 18. Juni 1941 hieß. Am 3. Juli 1941 kam Halder zu dem Schluß, daß die neue Operation nun auch praktisch vorbereitet werden müsse. Für den Einmarsch in den Iran legte er vier Infanteriedivisionen, drei Gebirgsjägerdivisionen, zwei Panzer- und zwei motorisierte Divisionen fest. Eine andere Heeresgruppe sollte durch die Türkei marschieren. Das Unternehmen »Barbarossa« war selbst als Ausgangspunkt für aktive Schritte zur Eroberung von Kolonien in Afrika gedacht.[4]

***

Eine erstaunliche Tatsache: Die Geschichte des Unternehmens »Barbarossa« war eine Geschichte der Irrtümer. Es irrte Hitler, der glaubte, die Sowjetunion unterwerfen zu können. Es irrte Stalin, der wähnte, Hitler in der Frage des Krieges überlisten zu können. Sind die Irrtümer einander gleichzusetzen? Eine müßige Frage. Beide haben die Menschheit enorme Opfer und Leid gekostet.

Für Rußland waren Stalins Irrtümer die schmerzlicheren.

Wie schade, daß die russische Öffentlichkeit heute nur noch von Stalin Kenntnis nimmt, wenn im russischen Fernsehen betagte Rentnerinnen mit den Porträts des Generalissimus demonstrieren. Er verdiente wesentlich seriösere Behandlung und Erforschung. Aufmerksamkeit gebührt auch seinen relativ wenigen Arbeiten – in den langen Jahren seiner Herrschaft erschienen ganze 13 Bände seiner Werke und einige Einzelausgaben, in denen man zuweilen erstaunliche, zum üblichen Stalinbild überhaupt nicht passende Sätze finden kann. So enthält das Buch »Über den Großen Vaterländischen Krieg der Sowjetunion« mit Reden und Befehlen Stalins unter anderem eine Ansprache, die er auf dem Festempfang für die Kommandeure der Roten Armee am 24. Mai 1945 in Moskau hielt. Dort sagte Stalin:

»Unsere Regierung hat viele Fehler gemacht. In den Jahren 1941 und 1942 gab es verzweifelte Situationen, da unsere Armee zurückwich, Städte und Dörfer unserer Heimat in der Ukraine, in Weißrußland, in Moldawien, im Leningrader Gebiet, im Baltikum und in der Karelo-Finnischen Republik verließ, weil es keine Alternative gab. Ein anderes Volk hätte seiner Regierung erklärt: Ihr habt unsere Erwartungen nicht erfüllt, verschwindet, wir setzen eine andere Regierung ein, die Frieden mit Deutschland schließt, damit wir endlich Ruhe haben. Aber das russische Volk hat nicht so reagiert, weil es an die Richtigkeit der Politik seiner Regierung glaubte. Es hat viele Opfer auf sich genommen, um Deutschland zu zerschlagen. Dieses Vertrauen des russischen Volkes in die Sowjetregierung war die entscheidende Kraft, mit der wir den historischen Sieg über den Faschismus, diesen Feind der Menschheit, erringen konnten. Dank dem russischen Volk für dieses Vertrauen!«[5]

Wofür dankte der Oberbefehlshaber dem russischen Volk? Für »klaren Geist, standhaften Charakter und Geduld«, wie Stalin in dieser bemerkenswerten Rede erklärte? Oder dafür, daß das russische Volk Stalin nie die Frage gestellt hat, wie es zu der Katastrophe kommen konnte, die an jenem unglückseligen 22. Juni 1941 über uns hereinbrach?

Auf den ersten Blick hätte es dazu nicht kommen dürfen, ja, wie viele sowjetische Menschen glaubten, gar nicht kommen können. Die Sowjetunion, in den Schlachten des Bürgerkrieges und der ausländischen Intervention geboren, war geradezu darauf programmiert, jede feindliche Aggression abzuwehren. Zumindest wurde das jahrelang von allen Tribünen verkündet. Aber nicht nur das, man bereitete sich in der Tat auf eine bewaffnete Auseinandersetzung vor, um das sozialistische Vaterland zu verteidigen. Dafür schonte man weder Kräfte noch Mittel. Die Rote Armee war der Liebling der Nation. Man forderte Wachsamkeit vor den Umtrieben der anglo-französischen Plutokraten, der polnischen Pans und der rumänischen Bojaren. Als Hitler an die Macht gelangte, verhehlte man dem Volk nicht, daß die Sowjetunion nun einen gefährlichen, hinterhältigen Feind vor sich hatte, der seinem »Drang nach Osten« folgen würde. Die UdSSR half den ersten Opfern der Aggression Deutschlands und Japans. Man war darauf eingestellt, keinen Zollbreit des eigenen Bodens herzugeben und auf dem Gebiet des Gegners Vergeltung zu üben. Man schuf die industrielle Basis, um eine Armee zu bewaffnen, die zu Recht als eine der besten in Europa und in der Welt galt. Auf Versammlungen stimmte man einmütig zu, daß mit jenen hart abgerechnet wurde, die sich an ausländische Geheimdienste verkauften, welche den Krieg gegen uns vorbereiteten. Mit einem Wort, die Einstellung auf den Krieg war das Rückgrat der Moral der sowjetischen Gesellschaft. Wie es in einem bekannten Lied hieß: »Wenn morgen Krieg ist, wenn morgen der Marsch beginnt, dann halt' dich schon heute bereit ...«

Und dann dieser 22. Juni 1941! Nicht ein »Zoll«, sondern Tausende Quadratkilometer sowjetischer Erde vom Feind besetzt! Nicht auf dessen Gebiet tobte die Schlacht, sondern vor Leningrad, Kiew und Moskau. In den ersten Kriegsmonaten wurde die Rote Armee geschlagen, die man

»von der Taiga bis zu den britischen Meeren« für die stärkste gehalten hatte.

Wie konnte das geschehen? Zur Ehre des Volkes, dem Stalin im nachhinein dankte, stellte sich diese Frage 1941 niemand. Die Menschen bissen die Zähne zusammen und vollbrachten das Undenkbare: Vor den Toren Leningrads und Moskaus kam der Vormarsch der Wehrmacht zum Stehen. Alle Militärexperten des Westens hatten den Untergang der Roten Armee und der Sowjetunion vorausgesagt. Umstritten war nur der Zeitpunkt. Die sowjetische Gesellschaft fand die innere Kraft, die Wehrmacht zu überwältigen. Zum Überlegen war keine Zeit, und wer sie fand, dem gab man zu verstehen, jetzt keine Fragen zu stellen. Der schließlich so teuer erkämpfte Sieg sollte alles überstrahlen. Damit rechneten zweifellos jene, die für die Verluste des Jahres 1941 die Verantwortung trugen.

Wie konnte ein sozialistisches System die Katastrophe vom Juni 1941 zulassen? Antworten auf diese Frage gibt es seit langem. Hitlers Überraschungsschlag wurde als Überfall, sein Vorgehen zum Treuebruch erklärt. Auch auf sowjetischer Seite räumte man Fehler ein. »Einzelne« Fehler, die die Partei verurteilte und zuweilen hart bestrafte. So wurden z. B. im Jahre 1941 der bekannte General Pawlow und andere zur Abschreckung erschossen. Mit dem gleichen Ziel hatte man bereits zuvor jeden als Vaterlandsverräter gebrandmarkt, der sich gefangennehmen ließ. Als die Zahl der sowjetischen Kriegsgefangenen jedoch in die Hunderttausende ging, fand man eine einfache Lösung: Man berichtete nicht mehr über sie. Da sich angeblich niemand gefangennehmen ließ, brauchte man nichts zu erklären ...

Legenden dieser Art begannen bereits in der Stalinzeit zu bröckeln. Auf den XX. Parteitag folgte ein Erdrutsch. Aber es wurde hartnäckig Widerstand geleistet. Als das Präsidium des ZK der KPdSU die Thesen der Rede Nikita Chruschtschows auf diesem Parteitag erörterte, schlug ein Mitglied vor, auch die Schuld Stalins an der militärischen Katastrophe des Jahres 1941 zu erwähnen. Alle übrigen stellten sich jedoch wie ein Mann vor den großen Feldherrn. Unsägliche Prüfungen und Entbehrungen hatte aber nicht Stalin, sondern hatten die Millionen Soldaten an der Front und die Menschen im Hinterland zu ertragen. Wer konnte damals erwarten, daß bei Minsk und Białystok 323 000 Menschen, bei Uman 103 000, bei Smolensk und Roslawl 348 000, bei Kiew 665 000 und bei Wjasma 662 000 Menschen in Gefangenschaft geraten sollten? Nach deutschen Statistiken fielen allein im Jahre 1941 2 465 000 Menschen in die Hände der Wehrmacht. Wie viele wurden dabei nicht gezählt? Wie viele kamen ums Leben? In jenem Jahr wurde die Berufsarmee, die an den Westgrenzen der Sowjetunion gestanden hatte, faktisch aufgerieben. Sie mußte völlig neu aufgebaut werden. Das gelang. Und der Sieg wurde errungen, wenn jedoch erst nach 1418 Tagen.

Seit dem Krieg ist eine Art vergleichende Historiographie entstanden, die sich vor allem auf die Persönlichkeiten Hitlers und Stalins sowie deren Einfluß auf die Weltentwicklung konzentriert. Den Anfang machte Alan Bullock mit seinem Standardwerk »Hitler und Stalin. Parallele Leben«. Es ist in viele Sprachen übersetzt worden. Ohne mit dem berühmten Historiker konkurrieren zu wollen, möchte der Verfasser dieser Zeilen die Forschungen über den Zweiten Weltkrieg und den Großen Vaterländischen Krieg breiter angelegt sehen. In der Tat haben diese beiden beherrschenden Figuren am Anfang und Ende jenes Krieges gestanden. Ihr Einfluß war nahezu grenzenlos. Aber die Analyse des Krieges sollte nicht auf die Analyse der beiden Diktaturen reduziert werden. Jede hatte ihre eigenen Ursachen, ihre Quellen, ihre Formen der Einflußnahme auf das deutsche und das sowjetische Volk. Die heutige Generation, von der scheidenden Generation der Kriegsteilnehmer ganz zu schweigen, wird wohl kaum in der Lage sein, das abschließende Wort in diesem Erkenntnisprozeß zu sprechen. Uns aber bleiben zumindest die Erinnerung, der Schmerz des Verlustes und die Freude des Sieges über Hitler.

Mappe G

Nur für den Dienstgebrauch!

Militärgeographische Angaben über das Europäische Rußland

Zentral-Rußland

(ohne Moskau)

Textheft

Abgeschlossen am 15. Mai 1941

Generalstab des Heeres
Abteilung für Kriegskarten und Vermessungswesen (IV. Mil.-Geo.)
Berlin 1941

Titelblatt von Materialien des Generalstabs des deutsschen Heeres

Quellen

Wenn der deutsche Leser die ganze Komplexität der Aufgabe verstehen will, die sich der Autor gestellt hat, möge er sich mit den Eigenheiten des Quellenmaterials für die Erforschung der Geschichte der sowjetischen Außen- und Innenpolitik seit 1917 bekanntmachen. Es mag paradox erscheinen, aber Sowjetrußland, das im Zeichen der Offenlegung der Geheimverträge der zaristischen Regierung entstanden war, entwickelte sich schon bald zu einer geschlossenen Gesellschaft. Archive wurden dort nicht für Forschung und Erkenntnisgewinn, sondern für die Geheimhaltung geschaffen, eine Beschäftigung, der sich die Sicherheitsdienste jeder Couleur seit jeher mit Vorliebe widmen. Viele Jahrzehnte lang – bis zur Gorbatschow-Zeit – führten die Archive ein absolutes Eigenleben, isoliert von der Gesellschaft, benutzt nicht von Wissenschaftlern, sondern ausschließlich von Beamten. Wann eine Geheimnisstufe aufgehoben wurde, war nicht per Gesetz festgelegt und hing daher vollständig von den Geheimdiensten oder dem Leiter des jeweiligen Archivs ab. Daher war in der wissenschaftlichen Forschung die Auswertung von Archivmaterialien nicht üblich. Erst mit Beginn der Perestroika, besonders nach dem Zerfall der KPdSU und des Sowjetstaates, wurden die Archive teilweise geöffnet und Gesetze beschlossen, die die notwendigen Verfahren regeln. Die generelle Festlegung, Archivdokumente nach 30 Jahren freizugeben, wird jedoch von den Behörden, die die entsprechenden Gesetze erlassen haben, selber häufig ignoriert.

Als Hauptarchiv gilt offiziell das Staatsarchiv der Russischen Föderation (russische Abkürzung: GARF) und das am gleichen Ort befindliche Russische Staatliche Wirtschaftsarchiv (RGAE). Beide haben ihren Sitz in Moskau.

Allerdings reichen die Staatsarchive zur Erforschung der Geschichte der UdSSR bei weitem nicht aus. Seit ihrem Bestehen hat sich ein ganz eigener Dualismus herausgebildet: Alle wichtigen Beschlüsse wurden nicht vom Staat, sondern von der Partei gefaßt und daher auch dort dokumentiert. Als Stalin seine Diktatur errichtet hatte und die Rolle des Rates der Volkskommissare sowie seiner Organe immer mehr einschränkte, trat an die Stelle des Dualismus nach und nach das Monopol der KPdSU. So nahmen die Archive der Partei auf ganz »natürliche« Weise die Stelle der Archive des Staates ein.

Folglich spielen im heutigen System die Institutionen die Hauptrolle, die aus den Archiven des ZK der KPdSU hervorgegangen sind. Dazu gehören:
- das Archiv des Präsidenten der Russischen Föderation (APRF), in dem auch die Dokumente des Sondersektors VI des ZK der KPdSU für den Zeitraum von 1917–1991 liegen;
- das Russische Staatsarchiv für Sozial- und Politikgeschichte (RGASPI), das auf der Grundlage der Bestände des Zentralen Parteiarchivs des ZK der KPdSU (ZPA) geschaffen wurde und die Dokumente aus der Zeit bis zum Großen Vaterländischen Krieg beherbergt;
- das Russische Archiv für soziale Dokumentation (RASD), das ebenfalls Bestände des Zentralen Parteiarchivs der KPdSU umfaßt, allerdings nur für den Zeitraum seit 1945.

Die Archive des Militärs haben ihre Selbständigkeit bewahrt. Die wichtigsten sind das Zentralarchiv des Ministeriums für Verteidigung der Russischen Föderation (ZAMORF) in Podolsk und das Russische Staatliche Militärarchiv (RGWA) in Moskau. In letzteres ist kürzlich das Sonderarchiv des Innenministeriums eingegangen, in das nach dem Kriege Dokumente eingelagert wurden, die die Sowjetarmee in Deutschland erbeutet hatte, darunter Archivbestände aus Frankreich, Belgien, Polen und anderen von der Wehrmacht besetzten Staaten.

Ebenfalls selbständig geblieben sind die Archive der Nachrichtendienste: das Zentralarchiv des Sicherheitsdienstes der Föderation FSB (ZAFSB), dessen Vorgänger das Volkskommissariat für Innere Angelegenheiten (NKWD) bzw. das Ministerium für Staatssicherheit (MGB)und der Zentrale Abwehrdienst der Föderation (FSK) waren, außerdem das Zentralarchiv des Auslandsaufklärungsdienstes (ZASWR).

Dokumente zur Außenpolitik und zum Außenhandel liegen im Archiv der Außenpolitik der Russischen Föderation (AWPRF), das dem Außenministerium unterstellt ist.

Akten in russischen Archiven sind traditionell eingeteilt in

- fond (russische Abkürzung: f.) – Bestand zu einem bestimmten Thema,
- opis (russische Abkürzung: op.) – Verzeichnis, entspricht dem deutschen Findbuch,
- papka (russische Abkürzung: p.) – Mappe, enthält mehrere Akten,
- delo (russische Abkürzung: d.) – Akte,
- list (russische Abkürzung: l.) – Blatt.

ANSTELLE EINES VORWORTS

1 Materialien zu den Führungsorganen der KPdSU(B) siehe RGASPI, f.17.
2 Siehe ebenda, f.17, op.2, d.790, l.8.
3 Materialien zu Istpart siehe ebenda, f.70.
4 Siehe ebenda, f.17, op.3, d.790.
5 Materialien zum Sondersektor siehe ebenda, d.663.
6 Siehe ebenda, op.113, d.819.
7 Einen entsprechenden Vermerk trugen alle Kopien der Protokolle von Politbürositzungen.
8 Alle Angaben aus dem APRF, Stand: 1. 1. 2000. Möglicherweise haben sich in der letzten Zeit Aufbau und Numerierung der Bestände verändert. Siehe auch RGASPI, f.552.
9 Alle hier angeführten Materialien stammen aus dem Archiv der Kommission 1 des Kongresses der Volksdeputierten der UdSSR (Einschätzung der sowjetisch-deutschen Verträge von 1939) und sind im Besitz des Verfassers.
10 APRF, f.3, op.64, d.675-a.
11 J. G. Murin. In: Rodina, Nr. 11, 1995.

ERSTES KAPITEL

1 Stenografitscheski otschot XVII sjesda WKP(B) (Stenografisches Protokoll des XVII. Parteitages der KPdSU/B), Moskwa 1934, S. 127–129. Siehe auch Adolf Hitler, Mein Kampf. München 1933, S. 742 f., 754, 757.
2 Zitiert nach Edouard Calic, Ohne Maske. Frankfurt/Main 1968, S. 90, 99 f.
3 Carl J. Burkhardt, Meine Danziger Mission 1937–1939. München 1960, S. 372.
4 Zitiert nach Hans Adolf Jacobsen, 1939–1945. Der zweite Weltkrieg in Chronik und Dokumenten. Darmstadt 1959, S. 81 f.
5 W. I. Lenin, Werke. Bd. 27, Berlin 1960, S. 94.
6 RGASPI, f.558, op.4, d.96.
7 Ebenda, d.3928, l.1.
8 S. Wereschtschak, Stalin w tjurme (Stalin im Gefängnis). In: Dni, 22. 1. 1928.
9 Molodaja gwardia, Moskwa, 1939, Nr. 12.
10 J. W. Stalin, Werke. Bd. 2, Berlin 1950, S. 182.
11 RGASPI, f.558, op.4, d.527, l.12-13.
12 APRF, f.45, op.1, d.766, l.1-3.

ZWEITES KAPITEL

1 APRF, f.45, op.1, d.137, l.18; d.4468, l.1.
2 Siehe ebenda, f.3, op.20, d.102a.
3 Ebenda, d.98, l.118–119.
4 Ebenda, l.239–246.
5 Ebenda, f.3, op.64, d.673, l.131.
6 Ebenda, f.3, op.20, d.99, l.12–14.
7 RGASPI, f.17, op.2, d.317, l.22.
8 APRF, f.45, op.1, d.785, l.24, 25.

DRITTES KAPITEL

1 RGASPI, f.2, op.2, d.1151, l.1–5.
2 Ebenda, f.558, op.1, d.4641, l.1.
3 Siehe ebenda, f.2, op.2, d.933, 1332.
4 Ebenda, f.2, op.2, d.1162, l.14.
5 APRF, f.3, op.64, d.644, 668, 933.
6 Siehe ebenda, d.644, l.113.
7 Ebenda, d.645, l.134.
8 Eine wertvolle russische Arbeit ist S. A. Gorlow, Sowerschenno sekretno. Alljans Moskwa–Berlin. 1920–1933 (Streng geheim. Die Allianz Moskau–Berlin. 1920–1933). Moskwa 2001.

9 RGWA, f.33987, op.3, d.235, l.71–78.
10 Ebenda, f.40438, op.3, d.5.

VIERTES KAPITEL

1 J. W. Stalin, Werke, Bd. 13, Berlin 1955, S. 268–272.
2 Eine wertvolle deutsche Arbeit ist H. Schwendemann, Die wirtschaftliche Zusammenarbeit zwischen dem Deutschen Reich und der Sowjetunion von 1939–1941, Berlin 1993. Siehe dazu auch APRF, f.3, op.64, d.662, l.74.
3 Torgowye otnoschenia SSSR s kapitalistitscheskimi stranami (Die Handelsbeziehungen der UdSSR mit den kapitalistischen Ländern), Moskwa 1938, S. 128, 139.
4 Darüber hat B. Pietrow als erste berichtet: B. Pietrow, Stalinismus, Sicherheit, Offensive. Melsungen 1983, S. 40, 45.
5 APRF, f.3, op.64, d.662, l.79.
6 Siehe ebenda.
7 Siehe Dokumente aus der Filiale Tbilissi des Instituts für Marxismus-Leninismus beim ZK der KPdSU; siehe auch das Archiv des Verfassers: Brief aus Tbilissi, 28. 2. 1995, Brief von Tamara Kandelaki an den Verfasser, 15. 4. 1991.
8 DWP, Bd. XVIII, Moskwa 1973, S. 63, 47.
9 APRF, f.3, op.64, d.663, l.1–3.
10 Ebenda, d.570, l.1; d.663, l.31.
11 AWPRF, f.10, p.68, d.36, l.131.
12 DWP, Bd. XVIII, S. 570.
13 Prawda, 31. 3. 1935; APRF, f.3, op.64, d.677, l.103–113; d.663, l.72–79.
14 AWPRF, f.5, op.15, p.113, d.123, l.152–154.
15 Ebenda.
16 DGFP, Serie C, vol.5, p. 1116.
17 AWPRF, f.16, op.11, p.83, d.34, l.130–131.
18 APRF, f.3, op.64, d.633, l.132–136.
19 AWPRF, f.05, op.16, l.118, d.46, l.117–189.
20 ADAP, Serie D, Bd. 6/1, S. 401.
21 Ebenda, f.10, op.11, p.68, d.34, l.130.
22 Brief von Tamara Kandelaki an den Verfasser.
23 AWPRF, f.5, op.17, p.126, d.1, l.17.
24 Ebenda, p.130, d.42, l.6.
25 Ebenda, l.17.
26 Louis Fisher, Russia's Road from Peace to War. New York 1959, p. 240.
27 APRF, f.3, op.64, d.664.
28 DWP, Bd. XX, Moskwa 1976, S. 174.

FÜNFTES KAPITEL

1 Zitiert nach Hans-Adolf Jacobsen, 1939–1945. Der zweite Weltkrieg in Chronik und Dokumenten, S. 83–86, 87.
2 Siehe ADAP, Serie D, Bd. 11, Nr. 133.
3 Carl Burckhardt, Meine Danziger Mission, S. 341.
4 Vgl. I. Machowkow, SSSR – wnutrennie protiworetschia (Die inneren Widersprüche der UdSSR). Moskwa 1992, S. 204–210.
5 ZAMORF, f. 16, op. 2154, d. 4, l.31–34. Zu allen Angaben siehe die wertvolle russische Arbeit von O. Suwenirow, Tragedia RKKA 1937–1938 (Die Tragödie der Roten Arbeiter- und Bauernarmee 1937–1938). Moskwa 1998, S. 21–275.
6 G. A. Kumanew, Rjadom so Stalinym (An Stalins Seite). Moskwa 1999, S. 22.
7 Ebenda, S. 68.
8 Ebenda, S. 231.
9 Aus dem Archiv Alexej Merekalows (im Besitz des Verfassers).
10 Ebenda, undatiert.
11 APRF, f.45, op.1, d.789, l.2.
12 J. W. Stalin, Werke. Bd. 7, Berlin 1952, S. 9–12; vgl. auch RGASPI, f.17, op.2, d.162, l.61–69.
13 RGASPI, f.558, op.2, d.48, l.19–33.

SECHSTES KAPITEL

1 DWP, Bd. XXI., Moskwa 1977, S. 218–219.
2 Ebenda, S. 222–224.
3 Ebenda, S. 243 f.
4 Ebenda, S. 246–247.
5 Siehe dazu die ausführliche Untersuchung des tschechischen Historikers W. Kral, Plan Z. Moskwa 1978, ebenso James Colvin, The Chamberlain Cabinet. London 1971.
6 PRO, CAB 29/21.
7 DWP, Bd. XXI, S. 497.
8 Alexander Cadogan, Diaries of Sir Alexander Cadogan. London 1971, p. 20.
9 Istorija wtoroi mirowoi woiny 1939–1945 (Geschichte des Zweiten Weltkrieges 1939–1945). Moskwa 1974, Bd. 2, S. 82.
10 Dokumenty po istorii mjunchenskogo sagowora (Dokumente zur Geschichte der Verschwörung von München). Moskwa 1979, S. 254 bis 256, 312–315.
11 SSSR w borbe sa mir nakanunje wtoroi mirowoi woiny, sentjabr 1938–awgust 1939 (Die UdSSR im Kampf um den Frieden vor dem Zweiten Weltkrieg, September 1938–August 1939). Moskwa 1971, Bd. 1, S. 240.

12 ADAP, Serie D, Bd. XI, Nr. 476.
13 News Chronicle, 30. 12. 1938; auch Archiv David Irvings.

SIEBENTES KAPITEL

1 Aus dem Archiv Alexej Merekalows (im Besitz des Verfassers), Rückübersetzung aus dem Russischen.
2 AWPRF, f.6, op.1, p.7, d.67, l.17.
3 Gespräche des Verfassers mit Karl Schnurre, Bad Godesberg 1981.
4 Siehe APRF, f.45, op.1, d.665, l.25.
5 PRO, FO 371/23022, 146131, p.79–80.
6 Siehe APRF, f.45, op.1, d.454, l.106–108; d.436, l.38–51.

ACHTES KAPITEL

1 Der Prozeß gegen die Hauptkriegsverbrecher vor dem Internationalen Gerichtshof. Bd. 10, Nürnberg 1947, S. 302.
2 Zitiert nach Gerhard Hass, 23. August 1939. Der Hitler-Stalin-Pakt. Berlin 1990, S. 194.
3 J. W. Stalin, Fragen des Leninismus. Moskau 1947, S. 684–692.
4 Ebenda, S. 709–710.
5 XVIII sjesd WKP(B). Stenografitscheski otschot (XVIII. Parteitag der KPdSU/B. Stenografisches Protokoll). Moskwa 1939, S. 176.
6 Ebenda, S. 183.
7 Ebenda, S. 196.
8 Ebenda, S. 448.
9 Ebenda, S. 175.
10 Ebenda, S. 425–426.
11 Ebenda, S. 203–204.
12 PRO, FO 371/23066, p.141–144; FO 371/23064, p.253–264.
13 Ebenda.
14 XVIII sjesda Stenografitscheski otschot, WKP(B). S. 280.
15 Ebenda, S. 273.
16 Ebenda, S. 613.
17 Denkschrift Hitlers zum Vierjahresplan. In: Ursachen und Folgen. Vom deutschen Zusammenbruch 1918 und 1945 bis zur staatlichen Neuordnung Deutschlands in der Gegenwart. Hrsg. von H. Michaelis und E. Schraepler, Berlin 1964–1976, Bd. 10, S. 542.
18 Aus dem Archiv Alexej Merekalows, im Besitz des Verfassers.
19 Gespräch des Verfassers mit Alexander Trojanowski.

NEUNTES KAPITEL

1 AWPRF, f.17a, op.2, d.8. Dnewnik Maiskogo (Maiskis Tagebuch), l.2.
2 Siehe dazu Iwan Maiski, Ljudi, sobytija, fakty (Menschen, Ereignisse, Tatsachen). Moskwa 1973; Memoiren eines sowjetischen Botschafters. Berlin 1984.
3 Dnewnik Maiskogo, l.2.
4 Ebenda, l.62–66.
5 Siehe AWPRF, f.39, op.1, p.313, d.2133, l.143.
6 Dnewnik Maiskogo, l.69.
7 Ebenda, l.122.
8 Ebenda, l.193.
9 Ebenda, l.99.
10 APRF, f.45, op.2, d.215, l.63.
11 Dnewnik Maiskogo, l.95.
12 Ebenda, l.171.
13 Ebenda, l.92.
14 AWPRF, f.6, op.16, p.27, d.5, l.22–32, APRF, f.45, op.1, d.220, l.10–20.
15 Siehe PRO, FO 371/23098, p.98.
16 Siehe Otscherki istorii rossiskoi wneschnei raswedki (Zur Geschichte der russischen Auslandsaufklärung). Bd. 3, Moskwa 1997, S. 55.
17 Ebenda, S. 54.
18 Ebenda, S. 55–56.
19 APRF, f.45, op.1, d.58, l.53.
20 Ebenda, l.12.
21 AWPRF, f.6, op.16, p.27, d.5, l.88.

ZEHNTES KAPITEL

1 Iswestija, 20. 3. 1939; AWPRF, f.6, op.1, p.7, d.62, l.14–15.
2 Ebenda, p.2, d.11, l.167–168.
3 APRF, f.45, op.1, d.665, l.137.
4 Ebenda, l.3, 11–12.
5 Ebenda, l.23, d.28, l.25.
6 Siehe Heinrich Schwendemann, Die wirtschaftliche Zusammenarbeit zwischen dem Deutschen Reich und der Sowjetunion von 1939–1941, S. 39.
7 Siehe ebenda.
8 Siehe APRF, f.45, op.1, d.28, l.26.
9 Ebenda, f.3, op.64, d.668, l.124.
10 Ebenda, l.93.
11 Ebenda, f.45, op.14, d.28, l.192.

12 Siehe J. Rohwer, M. Monakov, The Soviet Union's Ocean-Going Fleet 1935–1936. in: The International History Review, Bd. XVIII, November 1996, p. 855 ff.; APRF, f.3, op.64, d.666.
13 APRF, f.3, op.64, d.667, l.50.
14 Vilnis Sipols, Tainy diplomatitscheskie (Geheimnisse der Diplomatie). Moskwa 1997, S. 100.

ELFTES KAPITEL

1 Biografische Angaben über Astachow siehe Nowaja i nowejschaja istoria (Neue und neueste Geschichte), Moskwa 1999, Nr. 1.
2 Siehe Archiv Alexej Merekalows.
3 Siehe APRF, f.3, op.64, d.673, l.15–21, 31–40, 41, 43–47, 48–59, 68–70, 71–75, 79–82, 84–86, 94, 120, 141 f.
4 Ebenda, l.31.
5 AWPRF, f.6, op.1, p.7, d.65, l.69–71.
6 Ebenda, d.66, l.21–24.
7 Ebenda, f.11, op.4, p.37, d.59, l.123–127.
8 Ebenda, f.3, op.64, d.673, l.42–48.
9 Ebenda, f.59, op.1, d.2038, l.93.
10 APRF, f.3, op.64, d.673, l.49–52, 53–59.
11 Die Ermittlungsakte Georgi Astachows siehe ZAFSB, d.R-23 775, früher 1089; siehe dazu auch Nowoje wremja (Neue Zeit), Moskwa 1996, Nr. 7.

ZWÖLFTES KAPITEL

1 Siehe ADAP, Serie D, Bd. VI, Dokument 781; APRF, f.3, op.64, d.673, l.53–59.
2 Siehe APRF, f.op.64, d.673, l.67.
3 RGASPI, f.77, d.4.
4 Siehe APRF, f.3, op.64, d.670.
5 Siehe ebenda, f.45, op.1, d.28, l.26.
6 Ebenda, f.3, op.4, d.665, l.40.
7 Ebenda, l.42.
8 Ebenda, d.73, l.87–93.
9 Ebenda, l.95–103.
10 Ebenda, l.104–110.
11 ADAP, Serie D, Bd. VIII, Dokument 133.
12 APRF, f.3, op.64, d.673, l.109 f.
13 Ebenda, f.3, d.73, l.143
14 Ebenda, f.3, op.64, d.673, l.129 f.
15 Ebenda, l.70, 131–133.
16 Zitiert nach Gerhard Hass, 23. August 1939. Der Hitler-Stalin-Pakt, S. 285.

17 Siehe APRF, f.3, op.64, d.673, l.131–133.
18 Siehe ADAP, Serie D, Bd. VI, Dokument 205, 210.
19 APRF, f.3, op.64, d.675a (vormals »verschlossenes Paket Nr. 34«); Gerhard Hass, 23. August 1939. Der Hitler-Stalin-Pakt, S. 194–199.
20 APRF, f.3, op.64, d.675a; Gerhard Hass, 23. August 1939. Der Hitler-Stalin-Pakt, S. 199–204.
21 APRF, f.3, op.64, d.673, l.143. Dieses Dokument wurde auch dem sowjetischen Geschäftsträger in Berlin ausgehändigt. Der übermittelte den Inhalt nach Moskau, wo die Information am 30. August um 2.30 Uhr eintraf. In der sowjetischen Fassung des Telegramms fehlt jedoch der letzte Satz.
22 Georgi Dimitroff, Tagebücher 1933–1945. Berlin 2000, S. 273 f.

DREIZEHNTES KAPITEL

1 APRF, f.45, op.1, d.455, l.9 f.
2 Ebenda, d.454, l.106–108.
3 Zitiert nach SSSR w borbe sa mir nakanunje wtoroi mirowoi woiny (Die UdSSR im Kampf um den Frieden vor dem Zweiten Weltkrieg). Moskwa 1971, S. 362–365.
4 Ebenda, S. 376.
5 Ebenda, S. 414–416.
6 Walther Hubatsch (Hrsg.), Hitlers Weisungen für die Kriegführung 1939–1945. Frankfurt/Main 1962, S. 26, 32.
7 ADAP, Serie D, Bd. VIII, S. 101; Gerhard Hass, 23. August 1939. Der Hitler-Stalin-Pakt, S. 227.
8 Siehe APRF, f.3, op.64, d.673, l.143.
9 Joachim von Ribbentrop, Zwischen London und Moskau. Leoni 1954, S. 266.
10 APRF, f.3, op.64, d.674, l.51-54; Gerhard Hass, 23. August 1939. Der Hitler-Stalin-Pakt, S. 239–242.
11 Siehe Anmerkung Kapitel 12, Nr. 20; Gerhard Hass, 23. August 1939. Der Hitler-Stalin-Pakt, S. 243 f.
12 Ebenda und Gerhard Hass, 23 August 1939. Der Hitler-Stalin-Pakt, S. 245.

VIERZEHNTES KAPITEL

1 Georgi Dimitroff, Tagebücher, S. 279 f.
2 Siehe AWPRF, f.6, op.2, s.t. 138–140, 161–164, p.21, d.248, l.31 f.
3 Siehe DWP, Bd. XXII, S. 2.
4 AWPRF, f.6, op.1, p.12, d.119, l.3–8.
5 Ebenda, d.119a, l.3–8.
6 Siehe Rossija. XX.wek. Dokumenty. 1941 god (Rußland im 20. Jahrhundert, Dokumente – fortan 1941 god). Moskwa 1998, Bd. 1, S. 59 f.

7 RGWA, f.4, op.11, d.54, l.391.
8 Iswestija, 2. 8. 1940.

FÜNFZEHNTES KAPITEL

1 Jelissej Sinizyn, Resident swidetelstwujet (Ein Resident sagt aus). Moskwa 1999, S. 255–268.
2 APRF, f.45, op.2, d.2, l.61.
3 RGASPI, f.17, op.165, d.77, l.75–83.
4 1941 god, Bd. 1, S. 253–260.
5 Ebenda, S. 418–423.
6 Iswestija ZK KPSS (Nachrichten des ZK der KPdSU). Moskwa 1990, Nr. 1, S. 193–208.

SECHZEHNTES KAPITEL

1 Siehe APRF, f.3, op.64, d.675, l.1.
2 Ebenda; siehe auch AWPRF, f.6, op.2, p.15, d.157.
3 Siehe fünfzehntes Kapitel, Anm. 6.
4 A. S. Jakowlew, Zel Shisni (Das Ziel meines Lebens). Moskwa 1970, S. 274.
5 ZAMORF, f.16, op.259, d.239, l.1-37.
6 Siehe Politisches Archiv Außenamt (PA AA) Berlin, Dienststelle Ribbentrop, UdSSR-RC, 7/1, Akte »Peter«; siehe auch Organy gosudarstwennoi besopasnosti SSSR wo wtoroi mirowoi woine (Die Organe der Staatssicherheit der UdSSR im Zweiten Weltkrieg). Moskwa 1998, Bd. 1, S. 11, 73.
7 Siehe ebenda.
8 Prawda, 30. 9. 1940.
9 Siehe AWPRF, f.6, op.2, p.15, d.137, l.29–34.
10 Siehe ebenda, l.47–51.
11 Siehe APRF, f.3, op.64, d.675, l.1.
12 Siehe ADAP, Serie D, Bd. XI/I, S. 248–253.
13 Siehe PA AA Berlin, Bestand RAM, F 11; siehe auch Franz Halder, Kriegstagebuch. Bd. II, Stuttgart 1963, S. 136.
14 APRF, f.3, op.64, d.674, l.51–54.
15 Ebenda, l.52.
16 Ebenda, d.675.
17 Siehe PA AA Berlin, Büro RAM, F 11, Bl. OO224.
18 Siehe ebenda.
19 Ebenda.
20 Ebenda, F 11, Bl. 00226.
21 Ebenda, F. 11, Bl. 00227.
22 Ebenda.
23 ADAP, Serie D, Bd. XI/I, S. 123.

SIEBZEHNTES KAPITEL

1 Siehe DWP, Bd. XXIII, Halbband 1, S. 30–106.
2 APRF, f.56, op.1, d.1161, l.147–155.
3 Ebenda, l.147.
4 Siehe APRF, f.45, Stalins Terminkalender.
5 Siehe AWPRF, f.6, p.27, d.5, l.38.
6 Siehe AWPRF, f.59, op.1, p.339, d.2315, l.1.
7 Siehe ebenda, l.35–39.
8 Siehe ebenda, l.29–36.
9 Siehe ebenda, l.28.
10 AWPRF, f.59, op.1, p.315, d.2165, l.73–76.
11 Georgi Dimitroff, Tagebücher, S. 321 (Eintrag vom 25. 11. 1940).
12 Siehe AWPRF, f.59, op.1, p.339, d.2315, l.16–17.
13 Ebenda, l.16.
14 Ebenda, l.18.
15 Siehe ebenda, l.29–30.
16 Siehe ebenda, d.2314, l.1–18.
17 Ebenda, l.41–44.

ACHTZEHNTES KAPITEL

1 Siehe G. A. Kumanew, Rjadom so Stalinym, S. 401–404.
2 Siehe APRF, f.3, op.64, d.675.
3 Siehe APRF, f.59, op.1, p.316, d.2177, l.178.
4 Siehe AWPRF, f.82, op.23, p.95, d.6, l.141 f.
5 PA AA, Dienststelle Ribbentrop, S. 25993, Akte »Peter«.
6 AWPRF, f.6, op.3, p.1, d.4, l.37.
7 Siehe APRF, f.45, op.1, d.404, l.91-101.
8 AWPRF, f.59, op.1, p.339, d.2315, l.29 f.
9 Siehe ebenda, p.231, d.2275, l.105.
10 Siehe ebenda.
11 Georgi Dimitroff, Tagebücher, S. 320 f. (Eintrag vom 25. 11. 1940).
12 1941 god, S. 431.
13 Georgi Dimitroff, Tagebücher, S. 289 (Eintrag vom 21. 1. 1940).

NEUNZEHNTES KAPITEL

1 ZAMORF, op.14750, d.1, l.12–21.
2 Zitiert nach Hitlers Weisungen für die Kriegführung, S. 84–88.
3 ZAMORF, Podolsk, Trofejny fond (Beutebestand), op.1245, d.67, l.1–18: Operationsstudie »Ost«, S. 35 f. Siehe auch Gerd R. Ueberschär, Lew A. Bezymenskij (Hrsg.), Der deutsche Angriff auf die Sowjetunion 1941. Darmstadt 1998, S. 242 f., 244.

4 ZAMORF, Podolsk, Trofejny fond (Beutebestand), op.1245, d.67, l.1–18: Operationsstudie »Ost«, S. 24–93.

ZWANZIGSTES KAPITEL

1 Siehe ZAMORF, f.218, op.84 s (sekretnaja – Geheim), d.15, l.165–224.
2 Ebenda, f.16, op.2591, d.239, l.121–151.
3 Siehe ebenda, l.137.
4 Ebenda, l.197–234.
5 Ebenda, l.84–90.
6 Ebenda, d.241, l.1.
7 Ebenda, op.2154, d.4, l.199–250.
8 Siehe ebenda, op.2951, d.247, l.1–16.
9 Siehe APRF, f.45, op.1, d.439, l.50–63.
10 Siehe ZAMORF, f.15, op.2154, d.4, l.268–281.
11 Den Übungsplan siehe ZAMORF, f.16, op.2951, d.242, l.134–151.
12 Siehe APRF, f.93.
13 Siehe AWPRF, f.3a, d.316.
14 Siehe ZAMORF, f.16, op.2951, d.242, l.134–151.
15 Fjodor Tschujew, Sto sorok besed s Molotowym (Einhundertvierzig Gespräche mit Molotow). Moskwa 1991, S. 31, 33.
16 Im Archiv des Verfassers.
17 Ebenda.

EINUNDZWANZIGSTES KAPITEL

1 Vermerke über Gespräche mit den Generälen Bokow (1971), Ljaschtschenko (1991) und Tolkonjuk (1980) im Archiv des Autors.
2 Prawda, 6. 5. 1941.
3 ADAP, Serie D, Bd. XII, Nr. 505.
4 Ebenda, Nr. 593.
5 Alexander Werth, Rußland im Kriege. München 1965, S. 106 f.
6 Siehe Viktor Suvorov, Der Eisbrecher. Stuttgart 1989.
7 Das Deutsche Reich und der Zweite Weltkrieg. Bd. 4, Stuttgart 1983, S. 74. Siehe dazu auch Bundesarchiv – Militärarchiv Koblenz, Msg 149/19, fol 25.
8 Gustav Hilger und A. Meyer, Wir und der Kreml. Frankfurt/Main 1956, S. 307 f.
9 RGASPI, f.558, op.1, d.3808, l.1–9.
10 Ebenda, l.10–12.
11 Franz Halder, Kriegstagebuch. Bd. 2, S. 325.
12 Ebenda, S. 396 f.
13 Ebenda, S. 337.

ZWEIUNDZWANZIGSTES KAPITEL

1 APRF, f.45, op.1, d.186, l.138.
2 Ebenda, d.447, l.139–142.
3 Ebenda, d.454, l.106.
4 Ebenda, l.108.
5 ZAMORF, op.14750, d.1, l.21.
6 Ebenda, op.7277, d.1, l.110–152.
7 Organy gossudarstwennoi besopasnosti w welikoi otetschestwennoi woine. Bd. 1, 2. Buch, S. 237.
8 Ebenda.
9 RGASPI, f.17, Sammlung.
10 Siehe Surowye ispytania (Schwere Prüfungen). Moskwa 1955, S. 425 bis 437.
11 Zusammengestellt nach Materialien des Archivs des Präsidenten.
12 Sekrety Gitlera na stole u Stalina (Hitlers Geheimnisse auf Stalins Schreibtisch). Moskwa 1995, S. 169 f.
13 Siehe Iswestija ZK KPSS, 1991, No. 4.
14 Fjodor Tschujew, Sto sorok besed s Molotowym, S. 14.

DREIUNDZWANZIGSTES KAPITEL

1 Georgi Dimitroff, Tagebücher, S. 392 (Eintrag vom 21. 6. 1941).
2 Siehe APRF, f.3, op.64, d.670, l.129–142.
3 Siehe ZASWR, d.21616, t. (Band) 2, l.421–426; ausführlich darüber Otscherki istorii rossiskoi wneschnei raswedki, Bd. 3, S. 338–348.
4 Siehe 1941 god, Bd. 1, S. 661; Bd. 2, S. 195.
5 Siehe PA AA Berlin, Dienststelle Ribbentrop. UdSSR-RG, 7/1. Siehe dazu auch ADAP, Serie D, Bd. XI, S. 816.
6 ZASWR, d.23078, t. 1., l.236–241.
7 Organy gossudarstwennoi besopasnosti ..., Bd. 1, Teil 2, S. 290.
8 1941 god, Bd. 2, S. 232.
9 G. A. Kumanew, Rjadom so Stalinym, S. 23.
10 APRF, f.3, op.64, d.675, l. 138–162.
11 Ebenda.
12 Ebenda, l.174.
13 Ebenda, d.676, l.177 ff.
14 1941 god, Bd. 2, S. 152–153.
15 ZAFSB, f.3, op.8, d.56, l.1160–1163.
16 Ebenda.
17 ZAFSB, f.3, op.8, d.57, l.1552–1556.
18 Ebenda, l.1746.
19 1941 god, Bd. 2, S. 407.

VIERUNDZWANZIGSTES KAPITEL

1 Siehe ZAMORF, f.16, op.2951, d.237.
2 Ebenda, l.1.
3 RGASPI, f.17, op.125, d.27.
4 Zitiert nach Gerd R. Ueberschär, Lew A. Bezymenskij (Hrsg.), Der deutsche Angriff auf die Sowjetunion, S. 223.
5 Ebenda, S. 276 ff.
6 Nesawisimaja Gaseta, 7. 4. 1992.
7 1941 god, Bd. 2, S. 506.
8 ZAMORF, f.16, op.2851, d.242, 241, 237, 253, 227.
9 1941 god, Bd.2, S. 227.
10 Ebenda, S. 236.
11 ZAMORF, f.16, d.295, 253, 242.

FÜNFUNDZWANZIGSTES KAPITEL

1 Siehe Staatsbibliothek Berlin, Abteilung Geographische Karten, Militärgeographische Angaben über das europäische Rußland, Mappen A–H.
2 Ebenda, Mappe A.
3 Bundesarchiv – Militärarchiv (BA–MA), A22/9, KTB GFM von Bock; Eintragung vom 1. 2. 1941.
4 Siehe dazu Lew Besymenski, Rasgadannyje sagadki tretjego reicha, 1940–1945 (Gelöste Rätsel des Dritten Reiches), Smolensk 2001.
5 J. W. Stalin, O welikoj otetschestwennoi woine sowjetskogo sowjusa (Über den Großen Vaterländischen Krieg der Sowjetunion). Moskwa 1950, S. 351–353.

Bildnachweis

Archiv des Präsidenten der Russischen Föderation: Abb. 18, 19
Bildarchiv Verlag Wetsche: Abb. 1, 2, 7, 9–11, 14, 15, 17, 20–24, 26–30.
Privatarchiv Lew Besymenski: Abb. 25
Privatarchiv General Iljin: 8
Privatarchiv Familie Kandelaki: Abb. 13
Privatarchiv Hans Koppi: Abb. 12
Russisches Staatsarchiv für Sozial- und Politikgeschichte: Abb. 3–6
Zentralarchiv des Sicherheitsdienstes der Russischen Föderation: Abb. 16

Personenregister